KLAUS-ULRICH KEUBKE/MANFRED KUNZ

MILITÄRISCHE UNIFORMEN IN DER DDR
1949–1990

Cover hinten:
Ein vereinigtes Musikkorps der NVA in den 1980er Jahren.

Ein Gesamtverzeichnis der lieferbaren Titel der
Verlagsgruppe Koehler/Mittler schicken wir Ihnen gern zu.
Sie finden es aber auch im Internet unter
www.koehler-mittler.de

Bibliografische Information Der Deutschen Bibliothek
Die Deutsche Bibliothek verzeichnet diese Publikation in der
Deutschen Nationalbibliografie; detaillierte bibliografische
Daten sind im Internet über http://dnb.ddb.de abrufbar.

ISBN 3-8132-0869-9
ISBN 978-3-8132-0869-6

2. Auflage 2006
© 2005 by Verlag E.S. Mittler & Sohn GmbH, Hamburg, Berlin, Bonn
Alle Rechte – insbesondere das der Übersetzung – vorbehalten.
Produktion: Anita Krumbügel
Druck: Hans Kock Buch- und Offsetdruck GmbH, Bielefeld
Printed in Germany

KLAUS-ULRICH KEUBKE/MANFRED KUNZ

MILITÄRISCHE UNIFORMEN IN DER DDR 1949–1990

2. durchgesehene Auflage

Seit 1789

Verlag E.S. Mittler & Sohn GmbH
Hamburg · Berlin · Bonn

INHALT

GELEITWORT Admiral a.D. Th. Hoffmann 6
VORWORT 7

1. Die Hauptverwaltung für Ausbildung und die Hauptverwaltung Seepolizei sowie die Grenzpolizei in ihrem äußeren Erscheinungsbild 1948-1952 8

Die ersten „Uniformen" in der SBZ 8
Auf dem Weg zu einheitlichen Dienstgraden 8
Die Uniformen der HVA und Grenzpolizei 10
Die Uniformen der Hauptverwaltung Seepolizei 13
Dienstgrad- und Laufbahnabzeichen sowie andere Abzeichen 16
Die Trageweise von Auszeichnungen und Abzeichen 18
Zur Rolle und Gestaltung militärischer Zeremonielle 18
Über die Grußpflicht 20

2. Die Uniformen der Kasernierten Volkspolizei, der Volkspolizei-Luft (Aero-Klubs) und der Volkspolizei-See 1952-1956 sowie anderer bewaffneter Organe 22

Die Einführung der khakifarbenen Uniformen 22
Zur Einführung der Uniformen der VP-See 29
Dienstgrad- und Laufbahnabzeichen, Waffenfarben und andere Abzeichen 30
Zur Sonderbekleidung in der KVP 49
Veränderungen der KVP-Uniformen bis Ende 1955 50
Khakifarbene Uniformen auch im Ministerium für Staatssicherheit und in der Deutschen Grenzpolizei 51
Über die Organisation „Dienst für Deutschland" 53

3. Die Uniformierung nationaler sozialistischer Streitkräfte in der DDR von 1956 bis 1959/1960 54

3.1 Die Uniformen der Nationalen Volksarmee der DDR 1956 54

Die Hauptuniformarten der NVA 55
Uniformen der Land- und Luftstreitkräfte 55
Uniformen der Seestreitkräfte 56
Uniformen weiblicher Armeeangehöriger 58
Die Waffenfarben der NVA 58
Zu den Dienstgradabzeichen der Teilstreitkräfte 59
Die Effekten an den Uniformen 61
„Nationale" Uniformen für die Soldaten der NVA 61

3.2 Zur Einführung der Uniformen in die NVA in den Jahren 1956 und 1957 62

Uniformen in Khaki und Steingrau bis Ende der 1950er Jahre 62
Mit den NVA-Uniformen erstmals in der Öffentlichkeit 63
Entwicklung und Einführung des Stahlhelms 1956/1957 65
Die Sonderbekleidung 66
Die Sportbekleidung 69
Die erste Bekleidungsvorschrift der NVA 1957 70
Zu einigen Einzelbestimmungen der 1957er Bekleidungsvorschrift 71
Über das Tragen von Auszeichnungen an der Uniform 72
Eine Episode – die Kadetten der NVA 75

3.3 Ergänzungen und Veränderungen in der Uniformierung der NVA bis 1959/1960 77

Zur Einführung von Dienstlaufbahnabzeichen und Abzeichen für Sonderausbildung Ende 1957 77
Die Schützenschnur – eine begehrte Auszeichnung 78
Die Entwicklung und Einführung des Kampfanzuges 79
Veränderungen an den Uniformen 1959/1960 81
Neue Kokarden und Mützenbänder 1960/1961 82

4. Neue zweckmäßige Uniformen der NVA in den 1960er Jahren 84

4.1 Zur Ausgestaltung der NVA-Uniformen 1960 bis 1965 84

Eine neue Bekleidungsvorschrift tritt 1960 in Kraft 84
Die Einführung von Uniformhemdblusen, Sommermänteln und andere Erleichterungen Anfang der 1960er Jahre 85
Veränderte und neue Uniformen für die Luftstreitkräfte/Luftverteidigung 1961/1962 86
Die Uniformen der Grenztruppen der NVA 86
Uniformveränderungen auch bei den weiblichen Armeeangehörigen 1962 88
Die ersten Wehrpflichtigen werden 1962 eingekleidet 88
Verbesserte Winterbekleidung zu Beginn der 1960er Jahre 90
Neue spezielle Bekleidungen der NVA in der ersten Hälfte der 1960er Jahre 91
Militärisches Zeremoniell und Uniform 1962 92
Der Ehrendolch für Offiziere, Generale und Admirale sowie der Paradesäbel der NVA 95

4.2 Entwicklungen der Uniformen der NVA bis Ende der 1960er/Anfang der 1970er Jahre 129

Die Fallschirmjäger und ihre Uniform 1964 129
Uniformveränderungen in den Jahren 1964 und 1965 130
Einige Ergänzungen der Trageweise von Auszeichnungen an der Uniform 130
Neue Dienstlaufbahnabzeichen und Abzeichen für Sonderausbildung 1965 133
Verbesserte Uniformen für die Berufsunteroffiziere Mitte der 1960er Jahre 134
Neue Felddienstuniformen ab 1965 135
Die Kennzeichnungen an den Uniformen von NVA-Angehörigen mit besonderen Sicherungs- und Ordnungsaufgaben 137
Eine neue Sportbekleidung 1966 138
Veränderungen an Uniformen und Sonderbekleidung 138

Uniformen offener Fasson für die Fallschirmjäger 1969/1970 — 140

5. Die Uniformentwicklung der NVA, der Grenztruppen und der Zivilverteidigung der DDR in den 1970er Jahren — 141

5.1 Über die Weiterentwicklung der Uniformierung der NVA und der Grenztruppen der DDR in der ersten Hälfte der 1970er Jahre — 141

Zur Bekleidungsvorschrift von 1971/1972 — 141
Neue Felddienst-Sprunganzüge für Fallschirmjäger 1972 — 142
Die Einführung neuer Uniformen für weibliche Armeeangehörige 1973 — 143
Das 1974 geschaffene Fähnrichkorps und seine Uniformierung — 145
Neue Uniformen für Berufssoldaten der Landstreitkräfte zum 25. Jahrestag der DDR–Gründung 1974 — 146
Über die Erhöhung der Ausstattungsnormen bis 1975 — 147
Die Uniformierung der Grenztruppen der DDR in der ersten Hälfte der 1970er Jahre — 148
Die Einführung einer einheitliche Ausbildungsbekleidung für die Kräfte der Zivilverteidigung 1975 — 148

5.2 Änderungen der Uniformen der NVA, der Grenztruppen und der Zivilverteidigung der DDR bis Ende der 1970er Jahre — 149

Die Einführung von Gesellschaftsuniformen für Offiziere, Generale und Admirale 1976 — 149
Die Militärmusikschüler und ihre Uniformen — 151
Über Veränderungen der Felddienstuniformen 1975/1976 — 152
Die neue Uniformvorschrift von 1977 – eine Zwischenbilanz — 153
Zur Einführung einer neuen Sportbekleidung ab Mitte der 1970er Jahre — 153
Sonderbekleidung der Regulierer ab Mai 1977 — 154
Die Ausstattung der Offiziere und Unteroffiziere der Zivilverteidigung der DDR mit steingrauen Uniformen 1977/1978 — 155
Weitere Veränderungen in der Uniformierung im Jahre 1978 — 155
Nochmals Verbesserungen an der Felddienstbekleidung für Generale und Offiziere 1978 — 156
Zu einigen Veränderungen an den Uniformen der Offiziersschüler — 156

5.3 Die militärischen Uniformen in der DDR am Übergang von den 1970er zu den 1980er Jahren — 157

Die Festlegung neuer Dienstgrade für Fähnriche 1979 — 157
Neue Parade- und Ausgangsuniformen für Soldaten und Unteroffiziere auf Zeit zum Jahrestag der DDR 1979 — 159

6. Die militärischen Uniformen in der DDR in den letzten Jahren ihres Bestehens — 193

6.1 Veränderungen und Ergänzungen in der Uniformierung der NVA, der Grenztruppen und der Zivilverteidigung von 1980 bis 1985 — 193

Wieder eine neue Uniformvorschrift — 193
Die Einführung von Übergangsperioden für das Tragen der Uniformarten 1983 — 194
Neue Uniformstücke und Kombinationsmöglichkeiten für weibliche Armeeangehörige 1983 — 195
Neue Dienstgrade und veränderte Dienstgradkennzeichnungen 1982/1983 — 196

6.2 Die Uniformen von NVA, Grenztruppen und Zivilverteidigung der DDR in der zweiten Hälfte der 1980er Jahre — 196

Die Bekleidungsvorschrift von 1986 — 196
Die Felddienst- und Gefechtsuniformen — 198
Die Dienst- und Stabsdienstuniformen — 199
Die Ausgangsuniformen — 202
Die Paradeuniformen — 203
Die Gesellschaftsuniformen der Offiziere, Generale und Admirale — 205
Die Arbeitsuniformen — 206
Über Waffenfarben, Dienstgradabzeichen und Kennzeichnungen — 207
Zur Trageweise der Auszeichnungen — 210
Die Entwicklung neuer Uniformteile und ihre Erprobung im Truppenversuch von 1985 bis 1990 — 214

6.3 Über die „Nachwendeuniformen" der Monate von Mai bis September 1990 — 216

Die letzte Uniformvorschrift der NVA — 216
Die Uniformen der Land – und Luftstreitkräfte sowie der Truppen der Luftverteidigung — 217
Die Uniformen der Volksmarine — 217
Zur Trageweise der Bekleidung und Ausrüstung und der Auszeichnungen — 218

ANHANG — 221

Kleines Uniformlexikon — 221

QUELLEN- UND LITERATURVERZEICHNIS — 231

Abkürzungen — 233
Bildnachweis — 234
Bildtafel-Verzeichnis — 235

GELEITWORT

Vor mir liegt eine interessante Arbeit. Sie beschäftigt sich mit einem wesentlichen Teil der deutschen Militärgeschichte, mit der Uniformierung der Nationalen Volksarmee und ihrer Vorgänger.

Die Autoren, Dr. Klaus-Ulrich Keubke und Dr. Manfred Kunz, haben in ihrem Buch „Militärische Uniformen in der DDR 1949-1990" in umfangreicher akribischer Forschungsarbeit die Überlegungen und Probleme bei der Uniformierung, der Weiterentwicklung der Uniformen, den Uniformarten und ihrer Trageweise untersucht und interessant aufgeschrieben.

Es handelt sich beim vorliegenden Buch nicht nur um eine Fortschreibung ihres beim Brandenburgischen Verlagshaus, Berlin, im Jahre 1990 erschienenen Buches „Uniformen der Nationalen Volksarmee der DDR 1956-1986", welches sicherlich vielen Lesern bekannt ist, sondern um eine wesentliche Erweiterung. Das läßt sich schon aus dem Titel des Buches ableiten. Der Band enthält darüber hinaus Informationen über Auszeichnungen und ihre Trageweise, über militärische Zeremonielle und andere interessante Details, die die Entwicklung der Uniformen und den Soldatenalltag beeinflußten.

Vieles, was ich im Buch fand, war bei mir, einem langjährigen Träger von Uniformen der NVA, schon in Vergessenheit geraten. Beim Lesen des Manuskripts fühlte ich mich zurückversetzt in die Zeit Ende Mai 1952, als ich als junger 17-jähriger Angehöriger der Seepolizei in der Schiffsstammabteilung Kühlungsborn die Uniform der Seepolizei, eine Marineuniform, in Empfang nahm. Ich war begeistert von der Art, der Qualität und vom Umfang des prall mit Ausrüstungsgegenständen gefüllten Seesackes. Ich ahnte allerdings nichts von den Schwierigkeiten, die mit der Einkleidung der Angehörigen der bewaffneten Kräfte der DDR bestanden.

Die Uniformen machten den besonderen Auftrag der Angehörigen der bewaffneten Kräfte zum äußeren Schutz der DDR sichtbar. Sie waren Ausdruck fortschrittlicher deutscher Militärtraditionen und ab 1956 ein verbindendes Element zu den Angehörigen der Militärkoalition der Teilnehmerstaaten des Warschauer Vertrages. Uniformen waren vor allem die Bekleidung für die Erfüllung der militärischen Aufgaben. Es erfüllt die ehemaligen Angehörigen der NVA mit Befriedigung, daß die Politik der DDR sicherte, daß die Uniformen der NVA nie in einem bewaffneten Einsatz getragen werden mußten.

Im Buch widerspiegelt sich, welchen Veränderungen die Uniformen unterworfen waren. Diese Veränderungen wurden bestimmt durch die Entwicklung in der Gesellschaft, die militärischen Erfordernisse, die sich aus der Entwicklung der Kampftechnik ergaben, durch die Möglichkeiten der Volkswirtschaft und durch die Einflüsse der Mode.

An die Träger von Uniformen der NVA in der Öffentlichkeit wurden natürlich hohe Erwartungen gestellt. Sie, das betraf ganz besonders die Berufssoldaten, hatten die Politik des Staates in der Öffentlichkeit zu vertreten und sollten in jeder Beziehung vorbildlich auftreten.

Viele ehemalige Vorgesetzte werden sich sicherlich daran erinnern, daß es bei der Vielzahl der Uniformarten nicht immer einfach war, die befohlenen Trageweise einheitlich durchzusetzen. Nach dem Lesen des Buches verstehe ich besser, welche großen Anstrengungen durch die Angehörigen des Bekleidungsdienstes gemeinsam mit der Industrie unter Nutzung der Erfahrungen der Truppen und Flottenkräfte unternommen wurden, um die Ausrüstung mit einer zweckmäßigen Bekleidung zu sichern.

Die Uniformen der NVA sind aus dem Bild der Öffentlichkeit verschwunden. Mit der Herstellung der Einheit Deutschlands wurde die NVA aufgelöst. Das Interesse an der Geschichte der NVA ist bei ihren Angehörigen ungebrochen. Das ist nicht verwunderlich, war doch der Dienst in den Streitkräften der DDR für viele ein prägender Abschnitt ihres Lebens.

Die Autoren des Buches „Militärische Uniformen in der DDR 1949-1990" befriedigen das Interesse auf einem wichtigen Gebiet der Militärgeschichte. Ihnen gilt Dank für die umfangreiche sachliche und objektive Darstellung der Uniformierung der NVA. Ich wünsche den Autoren, daß ihr Werk viele interessierte Leser und Käufer findet.

Berlin, Februar 2003

Theodor Hoffmann
Admiral a.D.

VORWORT

Im Juli 1990, unmittelbar nach der Währungsumstellung in der DDR, kam mit dem Titel „Uniformen der Nationalen Volksarmee der DDR 1956-1986" die erste NVA-Uniformgeschichte im Nachfolgeverlag des Militärverlages der DDR heraus. Ziel der damaligen wie der jetzigen Autoren dieses vorliegenden neuen uniformgeschichtlichen Bandes, der Herren Dr. Klaus-Ulrich Keubke und Dr. Manfred Kunz, war und ist es, in einem Sachbuch so viel wie möglich aus der Uniformentwicklung der NVA zu dokumentieren. Dabei konnten und können sie umfangreiche Archiv- und Museumsbestände nutzen. Das gilt auch für dieses Buch, dessen Entstehen durch das Mitwirken des Militärhistorischen Museums der Bundeswehr in Dresden dankenswerterweise umfangreich unterstützt wurde.

Während das Entstehen des 1990er Uniformbuches noch den in der Geschichtsschreibung der DDR üblichen Einschränkungen unterworfen war, konnten nunmehr weitere Bereiche der Geschichte der betreffenden militärischen Uniformen dargestellt werden. Das waren vor allem die Uniformen der Hauptverwaltung für Ausbildung und der Kasernierten Volkspolizei, der Vorläufer der NVA, der Armee selbst bis zu ihrem Ende am 2. Oktober 1990 sowie der Grenztruppen der DDR und ihrer Vorläufer.

Richard Knötel, Altmeister der Uniformenkunde, schrieb 1899, daß diese „eine Hilfswissenschaft (ist), so gut wie manches andere Gebiet der Spezialforschung", und betrachtete es als seine Aufgabe, „eine grosse und umfassende Material-Sammlung anzulegen, weil vorläufig viel zu retten und der Vergessenheit zu entreissen ist". Dieses zeitlos gültige Ziel ist hoffentlich mit dem vorliegenden Buch „Militärische Uniformen in der DDR" weitgehend erreicht.

Doch ungeachtet aller Bemühungen der Autoren bleiben sicherlich auch bei diesem Buch Fragen offen. Einmal war der Schwerpunkt der Untersuchung und Darstellung auf die Uniformierung der NVA und ihrer direkten Vorgänger HVA, HVS, KVP, VP-Luft und VP-See gerichtet. Zum anderen mußte aufgrund der Vielzahl von Details und auch schon verlorengegangenen Materials der „Mut zur Lücke" aufgebracht werden.

Danken möchte ich Herrn Rechtsanwalt Hans-Georg Asmus, der die Fortschreibung dieses Bandes nicht nur angeregt, sondern auch engagiert unterstützt hat, Frau Irene Bunk, Herrn Klaus H. Feder vom Feder-Verlag Brannenburg, den Herren Dr. Torsten Diedrich und Dr. Rüdiger Wenzke, Potsdam, Herrn Dr. Peter Hoch, Potsdam, Herrn Ralf J. Mumm, Rendsburg, Herrn Jochen Schmidt von der Pionierkameradschaft Schwerin und Herrn Oberstarzt d.R. Dr. med. Wilhelm Zoller, Möhrendorf, sowie der Fotostelle des Landesarchives Berlin, der Polizeihistorischen Sammlung Berlin und der Wehrtechnischen Studiensammlung Koblenz.

Erna Keubke

1. Die Hauptverwaltung für Ausbildung und die Hauptverwaltung Seepolizei sowie die Grenzpolizei in ihrem äußeren Erscheinungsbild 1948-1952

Es ist sicher leicht vorstellbar, daß in den Provinzen bzw. Ländern der Sowjetischen Besatzungszone (SBZ), in denen durch die Kommunisten und die mit ihnen sympathisierenden Teile in der Sozialdemokratie und sogar auch durch bürgerliche Kreise der völlige Neuanfang einer gesellschaftlich-wirtschaftlichen Entwicklung in Angriff genommen wurde, sich dieser Bruch mit dem Vergangenen auch in der Einkleidung der ersten Polizeiorgane niederschlug. Für die völlige Neubekleidung gab es nach dem Ende des Krieges noch so gut wie keine materiellen Mittel. Einige Beispiele zeigen, wie man sich damals zu behelfen suchte.

Die ersten „Uniformen" in der SBZ

Der Landrat des brandenburgischen Kreises Ruppin legte auf Anordnung des sowjetischen Kommandanten am 10. Mai 1945 fest: „Die Sicherheitsorgane sind mit weiß-rot-weißer Armbinde am linken Arm zu versehen, die möglichst mit der Aufschrift ´Polizei´ zu beschriften und mit dem Gemeindesiegel zu versehen ist." Der Kommandeur der Berliner Schutzpolizei ordnete in seinem „Kommandobefehl Nr. 1" am 22. Mai 1945 unter anderem an: „2. Die vorgesehenen Beamten tragen eine weiße Armbinde, auf der in russisch und deutsch in schwarzer Schrift der Aufdruck ´Deutsche Polizei´ angebracht ist."

Im mecklenburgischen Teterow erließen der „Leiter der Polizei der Stadt Teterow und Umgebung" und der „Bürgermeister der Stadt Teterow" folgende „Amtliche Bekanntmachung": „Die neue Ordnungspolizei der Stadt Teterow nimmt ihren Dienstbetrieb am 28. Mai 1945 auf. Die Polizeistreifen sind an einer weißen Armbinde mit schwarzem Aufdruck ´Polizei´ erkenntlich." Auch in Dresden wurden ähnliche Lösungen in der Bekleidung der Polizei gesucht. Der „Befehl des Stadtkommandanten von Dresden Nr. 3" vom 11. Juni 1945 über die Schaffung der städtischen Ordnungspolizei schrieb in einem zweiten Punkt fest: „Die Ordnungspolizei trägt eine besondere Uniform - grauen Anzug mit gelb-schwarzer Binde am linken Arm."

Die Bekleidung der ersten Polizeiorgane blieb lange Zeit unzureichend. Farbe, Schnitt und Trageweise dieser „Uniformen" erschienen sehr vielfältig und waren auch innerhalb eines Kreises nicht gleich. Verwendet wurden Zivilsachen mit Armbinden bis hin zu eingefärbten Wehrmachtsuniformen. Im brandenburgischen Kreis Lebus waren noch im Herbst 1945 von den 115 Kreispolizisten gerade 70 notdürftig uniformiert.

Von wirklichen Uniformen, bei denen es ja nicht nur einfach um einheitliche Bekleidung ging, sondern vor allem auch mittels Dienstgrad- und Tätigkeitsabzeichen notwendige Differenzierungen der unterschiedlichsten Art und Weise erfolgten, war man weit entfernt. Erst 1947 traf die in der Deutschen Verwaltung des Innern (DVdI; am 30. Juni 1946 gebildet) bestehende Abteilung Schutzpolizei verschiedene Maßnahmen sowohl zur Vereinheitlichung des schutzpolizeilichen Dienstes als auch Festlegungen einheitlicher Dienstgradbezeichnungen und Dienstgradabzeichen sowie der einheitlichen Uniformierung der Angehörigen der Schutzpolizei. Auch dieser Vorgang verlief noch alles andere als problemlos. In einem Bericht jener Abteilung zum Ende des Jahres 1947 hieß es diesbezüglich: „Anfang 1947 begann die einheitliche Einkleidung, die jedoch wegen der außerordentlichen Beschaffungsschwierigkeiten der erforderlichen Materialien und Zutaten nur langsam vorankommt. Als vorübergehende Lösung wurden zunächst alle vorhandenen alten Uniformen dunkelblau eingefärbt. In Sachsen und Thüringen ist die Polizei zu annähernd 100 % mit einer Uniform, bestehend aus Uniformrock und Hose, ausgerüstet. Mäntel fehlen noch zum überwiegenden Teil. In den Ländern Sachsen-Anhalt, Brandenburg und Mecklenburg sind die Uniformbestände noch äußerst lückenhaft. Etwa 10-15 % der Schutzpolizeiangehörigen sind dunkelblau eingekleidet, während der Rest noch alte, nichteingefärbte Uniformen trägt, da es an Farbstoffen fehlt. Infolge der Freigabegenehmigung seitens der SMAD (Sowjetische Militäradministration in Deutschland - d. Verf.) wurden größere Stoffkontingente zur Verfügung gestellt, so daß die Durchführung einer einheitlichen Uniformierung für die Zukunft vorauszusehen ist. Als besondere Schwierigkeit muß jedoch die Beschaffung der für die Herstellung von Polizeiuniformen notwendigen Zutaten gemeistert werden. Zur weiteren Ausrüstung der Schutzpolizei bedarf es noch größerer Posten an Schuhen, Lederzutaten, Strümpfen und Leibwäsche."

Erste Dienstgradbezeichnungen und -abzeichen sind für die sächsische Polizei für die Zeit um 1947 überliefert; nämlich: Polizeianwärter, Schutzmann, Oberschutzmann, Kommissar, Oberkommissar, Inspektor, Oberinspektor, Polizeirat und Kommandeur.

Auf dem Weg zu einheitlichen Dienstgraden

Ein Durchbruch bei der Festlegung der Dienstgrade und der Gestaltung entsprechender Abzeichen erfolgte erst Ende 1948. Erhal-

Ein Angehöriger der neu errichteten Polizei Berlins in alter Uniform mit Armbinde überwacht die Ausgabe von Lebensmitteln, Mai 1945.

Dienstgradabzeichen der HVA

Dienstgrad	Schulterstück
VP-Anwärter	vier dunkelblaue Baumwollplattschnüre auf dunkelgrüner Tuchunterlage
VP-Unterwachtmeister	wie vorher, dazu Quertresse aus schwarzdurchwirkten Silberplattschnüren
VP-Wachtmeister	zwei dunkelblaue Plattschnüre und zwei schwarzdurchwirkte Silberplattschnüre (außen U-förmig verlaufend)
VP-Oberwachtmeister	wie vorher, dazu ein silberfarbener vierzackiger Aluminiumstern (15 mm Seitenlänge; 6 mm Höhe)
VP-Hauptwachtmeister	wie vorher, dazu zwei Sterne hintereinander
VP-Meister*	drei schwarzdurchwirkte Silberplattschnüre (U-förmig verlaufend), unten von einer doppelten Silberplattschnur geschlossen
Offiziersschüler	wie der Wachtmeister, dazu ein "A" als silberfarbene Metallauflage
VP-Unterkommissar	vier Silberplattschnüre (je 4 mm breit), in der Mitte eine längsverlaufende dunkelblaue Baumwollschnur (2 mm breit)
VP-Kommissar	vier, je 4 mm breite Silberplattschnüre
VP-Oberkommissar	wie vorher, dazu in der Mitte ein vierzackiger goldfarbener Stern (Seitenlänge 15 mm; Höhe 4-6 mm)
VP-Rat	wie vorher, dazu zwei Sterne hintereinander
VP-Oberrat	vier geflochtene Silberplattschnüre
VP-Kommandeur	wie vorher, dazu ein Stern in der Mitte
VP-Inspekteur	wie vorher, dazu zwei Sterne hintereinander
Chefinspekteur der VP	zwei goldfarbene Rundschnüre aus goldfarbenem Metallgespinst, dazwischen eine doppelte Silberplattschnur (je 2 mm breit), in vier Bögen geflochten
Generalinspekteur der VP	wie vorher, dazu in der Mitte ein vierzackiger versilberter Stern (Seitenlänge 15 mm)
Chef der DVP	wie vorher, dazu zwei Sterne hintereinander

* der Meister wurde wohl gelegentlich auch als ""Altmeister"" bezeichnet.

ten geblieben ist von der Landesregierung Sachsen, dem Ministerium des Innern, Hauptabteilung Polizei - Landespolizeibehörde - die Rundverfügung Nr. 46a/48 an alle Polizeipräsidien, Polizeidirektionen und Kreispolizeiämter (jeweils einschließlich der Reviere und nachrichtlich an die Grenzpolizeiabteilungen und Bereitschaften), datiert vom 13. Dezember 1948.

Aus dem Dokument geht zunächst hervor, daß für diesen Adressatenkreis bereits die Rundverfügung Nr. 46/48 vom 9. August 1948 die Dienstgrade und Dienstabzeichen geregelt hatte. Danach gab es – wie auch vor 1945 – die Dienstgrade Polizeioberinspektor, Polizeiinspektor, Polizeikommandeur, Oberpolizeirat, Polizeirat, Polizei-Oberkommissar, Polizei-Kommissar, Polizeimeister, Polizeihauptwachtmeister, Polizei-Oberwachtmeister, Polizei-Wachtmeister und Polizeianwärter.

Sie sind jedoch für die höheren Polizeioffiziere schnell verändert und spezifiziert worden, denn nach dem Befehl Nr. 24 des Präsidenten der Deutschen Verwaltung des Innern (DVdI) vom 14. Dezember 1948 galten ab 1. Januar 1949 tatsächlich die Dienstgrade Chef der Deutschen Volkspolizei, Generalinspekteur der VP und Chefinspekteur der VP als Generale, sodann VP-Inspekteur, VP-Kommandeur und VP-Oberrat als Stabsoffiziere, des weiteren VP-Rat, VP-Oberkommissar, VP-Kommissar und VP-Unterkommissar als Offiziere und VP-Meister, VP-Hauptwachtmeister, VP-Oberwachtmeister, VP-Wachtmeister, VP-Unterwachtmeister sowie VP-Anwärter als Unteroffiziere und Mannschaften.

Zum Dienstgrad des Unterkommissars und des Meisters findet sich in den Akten in dem Protokoll der Leitertagung der HVA vom 13. Dezember 1950 folgende Festlegung: „Eine Ernennung zum Unterkommissar darf noch nicht vorgenommen werden, bevor sie von uns noch nicht bekannt gegeben ist. Der Unterkommissar ist die unterste Stufe des Offiziers. Er bekommt ein besonderes Rangabzeichen. Der Meister ist also der Stamm-Meister, er bekommt auch ein besonderes Rangabzeichen. An den Schulen wird gleichfalls ein besonderes Rangabzeichen eingeführt werden."

Alle diese Dienstgradgruppen belegen bereits, daß noch eine recht weitgehende Nähe zu der früheren deutschen oder besser preußischen Polizei bestand. Vor allem traf das auf die Gestaltung der Dienstgradabzeichen zu. Das zeigen die obenstehende Tabelle und die nachfolgenden Abbildungen.

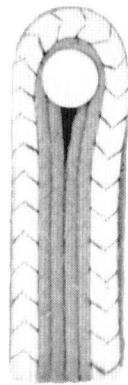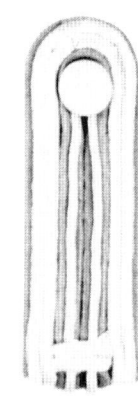

VP-Anwärter, VP-Wachtmeister, VP-Oberwachtmeister, VP-Hauptwachtmeister und VP-Meister.

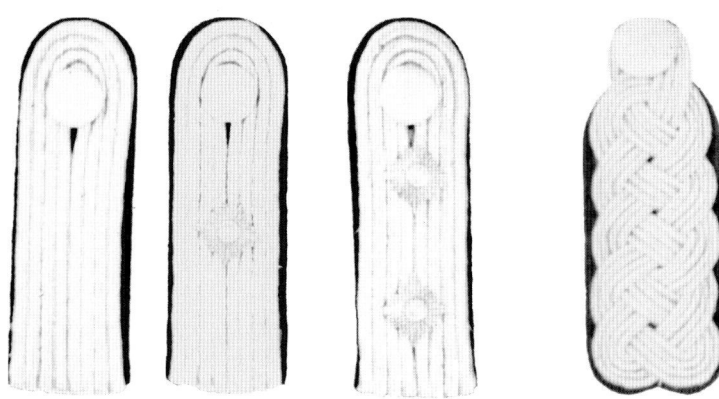

VP-Kommissar, VP-Oberkommissar, VP-Rat und VP-Oberrat.

VP-Kommandeur, VP-Inspekteur, Chefinspekteur der VP und Generalinspekteur der VP.

Kragenspiegel für Anwärter/Wachtmeister, Offiziere und Generale der HVA.

Kordeln erkennen. Bei den Skimützen lag rund um den Mützendeckel bei den Offizieren und Generalen eine schmale silber- bzw. goldmetallene Schnur. In der gesamten Zeit des Bestehens der HVA unterschieden sich diese Dienstgradgruppen des weiteren wie folgt voneinander: vom VP-Anwärter bis VP-Meister wurden grüne Kragenspiegel ohne Einfassung, vom VP-Unterkommissar bis zum VP-Inspekteur solche mit silbernen Einfassungen und von den Generaldienstgraden golden eingefaßte Kragenspiegel geführt.

Allerdings waren die Kragenspiegel der VP-Meister in der Zeit von 1949 bis Oktober 1951 noch wie bei den Offizieren eingefaßt. Generell befand sich im oberen Drittel aller dieser Kragenspiegel ein Emblem in Gestalt des Polizeisterns mit schwarzrotgoldenem Schildwappen.

In diesem Zusammenhang sei auch auf die Tatsache verwiesen, daß die dargestellte einheitliche Regelung der Dienstgradabzeichen ab dem 1. Januar 1949 für alle bewaffneten Organe der Deutschen Verwaltung des Innern (DVdI; ab 12. Oktober 1949 Ministerium des Innern) galt. Es traf also auch für die Grenzpolizei und für die Hauptverwaltung zum Schutz der Volkswirtschaft (aus ihr wurde dann am 8. Februar 1950 das Ministerium für Staatssicherheit gebildet) zu.

Die Uniformen der HVA und der Grenzpolizei

Für die Uniformen der Deutschen Volkspolizei (DVP) und die der Hauptverwaltung für Ausbildung (HVA) sowie die der Verwaltung für Schulen folgte die DVdI ebenfalls zum großen Teil dem historischen preußisch-deutschen Vorbild. So waren 1928 von der preußischen Schutzpolizei eine Uniformjacke offenen Schnitts sowie darunter Hemd und Binder probeweise getragen worden. Die Jacke besaß aufgesetzte Brusttaschen. Allerdings verwendete die HVA keine Tschakos mehr. Vielmehr wurden Schirmmützen und im Winter Skimützen aufgesetzt, jeweils mit einem dem preußischen Gardestern nachempfundenen Mützenemblem und darin das kleine schwarzrotgoldene Wappenschild der DVP. Diese aus Aluminium geprägten, mattsilbernen Mützenembleme gab es in unterschiedlicher Größe von 35 bzw. 27 bis 30 mm für Schirm- und Skimützen.

Die Dienstgradgruppen der Wachtmeister (natürlich auch der Anwärter und der Meister), der Offiziere und der Generale ließen sich bereits bei den Schirmmützen an grünen, silber- und goldmetallenen

Die dunkelblauen Uniformjacken waren also mit offenem Schnitt und vier aufgesetzten Taschen gearbeitet. Demzufolge trugen die HVA-Angehörigen darunter sowie in der Sommerzeit für sich allein Uniformhemden und Binder. Jene Hemden waren - so der gegenwärtige Erkenntnisstand - etwa bis Sommer 1950 wie in der gesamten Deutschen Volkspolizei einschließlich der Grenzpolizei blau und der Binder rot. Ab dieser Zeit erhielt die HVA khakifarbene Hemden mit zwei aufgesetzten Brusttaschen und ebensolchen Bindern. Ebenfalls dunkelblau waren der Uniformmantel und die Uniformhose sowie für die Frauen in der HVA das Uniformkostüm. Hinzu kamen dann schwarzes Schuhwerk wie Stiefel, Schnallenschnürschuhe und Halbschuhe sowie schwarzes Koppel mit Schloß und braunes Koppel mit Schnalle, dazu ein Schulterriemen. Diese und sonstige Bekleidungs- und persönliche Ausrüstungsteile, die HVA-Angehörigen nach ihrem Dienstgrad teils schon hatten, teils erhalten sollten, führt eine Aufstellung der Intendantur der Verwaltung für Schulen in der DVdI unter dem 12. Oktober 1949 auf. Diese Aufstellung bezieht sich auf den Befehl Nr. 25 des Präsidenten der Deutschen Volkspolizei vom 1. Oktober 1948. Die damalige wirtschaftliche Situation, vor allem infolge des Krieges und noch an die Sowjetunion und Polen zu leistende Reparationen, zwang zu großer Sparsamkeit und führte deshalb zur ungenügenden Versorgung der Polizeiangehörigen mit Bekleidung und Ausrüstung.

Die Aufstellung der Intendantur der Verwaltung für Schulen gab neben der laufenden, hier weggelassenen Nummer eine Bezeichnung des Artikels, die auszugebende Anzahl immer nach der

Der Leiter der HVA, Generalinspekteur H. Hoffmann, und Teile seines Stabes in Sommeruniform bei einem Besuch des Präsidenten der DDR, W. Pieck, am 17. August 1951.

Uniformteile der Hauptverwaltung für Ausbildung für die höhere, mittlere und untere Laufbahn.

Artikel	höhere Laufbahn	mittlere Laufbahn	untere Laufbahn	Jahre Tragezeit
Uniformschirmmütze	1	1	1	2
Uniformskimütze	1	1	1	2
Uniformjacke	1	1	1	2
Uniformjacke (So)	1	1	1	2
Uniformhemd	3	3	3	1
Binder	2	2	2	1
Pullover	1	1	1	2
Uniformhose, lang	1	1	2	2
Uniformhose, lang (So)	1	1	1	1
Stiefelhose	1	1	-	2
Hosenträger	1	1	1	2
Taschentücher	4	4	4	1
Unterhemd	3	3	3	1
Unterhose	3	3	3	1
Socken	4	4	4	1
Fußlappen	-	3	3	1
Schnürschuhe	1	1	1	2
Stiefel	-	1	1	2
Offiziersstiefel	1	-	-	2
Schnallengamaschen	1	1	1	2
Uniformmantel	1	1	1	2
Wettermantel	1	1	1	2
Halstuch	1	1	1	2
Handschuhe, gestrickt	1	1	1	1
Drillichjacke	-	1	1	1
Drillichhose	-	1	1	1
Sporthemd	1	1	1	2
Sporthose	1	1	1	2
Badehose	1	1	1	4
Sportschuhe	1	1	1	2
Koppel	1	1	1	4
Schulterriemen	1	-	-	4
Patronentasche	-	2	2	5
Brotbeutel	1	1	1	5
Trinkflasche mit Becher	1	1	1	8
Kochgeschirr	1	1	1	?
Eßbesteck, kombiniert	1	1	1	10
Rucksack	1	1	1	4
Kochgeschirr-Riemen	2	2	2	10
Mantelriemen	3	3	3	10
Zeltbahn mit Zubehör	1	1	1	?
Decke (Einsatz)	1	1	1	5
Ledersohlen, Paar	2	2	2	1
Trainingsanzug	1	1	1	?

Dienstgradgruppe und die Tragezeit in Jahren wieder. Es wurden die Bezeichnungen höhere, mittlere und untere Laufbahn für diese Dienstgradgruppen verwendet und das Dokument handschriftlich derart erläutert, daß die höhere Laufbahn ab Oberrat, die mittlere Laufbahn mit dem Kommissar beginnt sowie die untere Laufbahn bis zum Meister geht.

Befehle und Anweisungen zu den Tragezeiten der Uniformstücke waren offenbar mehrmals verändert worden. Es muß auch noch eine Reihe anderer Probleme gegeben haben. Zum Beispiel kritisierte die Zeitschrift „Die Volkspolizei" gelegentlich reparaturbedürftige Schuhe, mittels eines Keils verbreiterte Hosenbeine, die an „Tangojünglinge" erinnern würden, sodann alle Arten von Schals, besonders weiße Seidenschals, sowie auch weiße oder grüne Oberhemden mit schwarzem Binder.

Ideologisch komplizierter erwiesen sich solche Auffassungen, die sich gegen die Rangabzeichen, eine bessere Uniform für die Offiziere und vor allem gestaffelte Gehälter richteten. Auch hier äußerte sich „Die Volkspolizei" eindeutig. Unter der Überschrift „Ein typischer Fall von Gleichmacherei" erwiderte sie einem Angehörigen der Transportpolizei, gültig aber für alle, folgendes: „Dem Kameraden Döring ist der Unterschied zwischen der faschistischen Wehrmacht und unserer Volkspolizei, die die Interessen des werktätigen Volkes vertritt, noch nicht klar, sonst könnte er nicht derartige Ansichten vertreten. Wenn Kamerad Döring so fest für eine ´Gleichheit im Nehmen´ eintritt, möchte er sich erst einmal dazu äußern, ob er auch für die ´Gleichheit im Geben´ ist, d.h. ob er in der Lage ist, die gleiche Leistung und die gleiche Verantwortung wie ein VP-Offizier zu entwickeln."

Kopfbedeckungen der Hauptverwaltung für Ausbildung für Anwärter/Wachtmeister (links) und Frauen (Mitte) sowie Offiziere (rechts).

Grenzpolizisten beim Reitunterricht in der Reitschule der Deutschen Volkspolizei in Hoppegarten am 23. April 1952.

Die Uniformen der Hauptverwaltung Seepolizei

Offiziell wurde am 15. Juni 1950 beim Ministerium des Innern der DDR die Hauptverwaltung der Seepolizei (HVS) gebildet. Ein längerer Prozeß fand damit seinen Abschluß. Die Ausstattung der Angehörigen der HVS mit Uniformen, die deutlich denen einer Marine entsprachen, erfolgte in den nächsten Monaten schrittweise. In den überlieferten Quellen lassen sich drei Schritte nachweisen.

In einem ersten Schritt wurde mit dem Befehl Nr. 35 vom 7. September 1950 eine Änderung des Dienstanzuges angeordnet. Danach hatten alle Angehörigen der HVS, die noch im Besitz der „allgemein üblichen Polizeiuniform" waren, „bis zum Montag, den 11.9.1950", diese, wie dann ausgeführt, abzuändern. Für die Offiziere und Meister galt folgende Regelung:

„a) Die Dreiecke mit der Aufschrift ´Seepolizei´ sind am linken Oberarm, obere Spitze des Dreiecks 12 cm unterhalb der Schulternaht, anzubringen.

b) Die Ärmelstreifen sind an der Außenseite beider Ärmel, mit gleichem Abstand von Naht zu Naht, vom Ärmelanfang bis zum 1. Streifen 9 cm, anzunähen.

c) Die Laufbahnabzeichen werden in der Mitte beider Unterärmel, Unterkante Laufbahnabzeichen 4 cm oberhalb des letzten Ärmelstreifens, aufgenäht.

d) Die grünen Kragenspiegel sind abzutrennen.

e) Die silberfarbigen Knöpfe sind abzutrennen und an deren Stelle goldfarbige Ankerknöpfe 20 mm Durchmesser anzunähen.

f) Die Schulterstücke werden gegen gleiche Schulterstücke mit blauem Untergrund ausgetauscht.

g) Die Mützen werden vorschriftsmäßig geliefert.

h) Bis auf weiteres behalten das blaue Hemd und der rote Binder Gültigkeit.

i) Ab 11. September ist das Tragen von weißen Mützenbezügen nicht mehr gestattet."

Für die Mannschaften galten die unter den Punkten d) bis i) aufgeführten Festlegungen ebenfalls. Anstelle der Punkte a) bis c) schrieb für sie ein Punkt a) fest: „Die Laufbahnabzeichen werden in der Mitte des linken Oberarms, Oberkante 12 cm unterhalb der Schulternaht, angenäht." Mit der unter „i" formulierten Weisung deutet sich die schon sehr bald folgende Unterteilung in Winter- und Sommertrageperiode an. Als Sommerzeit galten die Monate Mai, Juni, Juli und August sowie die ersten Septembertage. Des weiteren kam für die Meister und Offiziere noch die Anweisung, daß jene von ihnen, welche „nicht im Besitze von blauen Hemden sind, bis 11.9. olivgrüne Hemden abzuliefern und blaue zu empfangen" hatten. Es hieß zusätzlich: „Bis auf weiteres sind zum blauen Hemd nur rote Binder zu tragen. Soweit weiße Hemden bei einzelnen vorhanden sind, diese getragen werden, ist zum weißen Hemd ein schwarzer Binder anzulegen." Für das Wachbataillon Wolgast schloß der Befehl mit dem Hinweis, daß Laufbahnabzeichen bis zum 16. September 1950 angeliefert werden und ab 18. September zu tragen seien.

In einem zweiten größeren Schritt erhielten die Unteroffiziere und Mannschaften der HVS - geregelt durch den Befehl Nr. 73 der Hauptabteilung Intendantur vom 6. Oktober 1950 - schrittweise ihre neuen Bekleidungsstücke. Festgelegt waren die drei Etappen bis 6., 15. und 20. Oktober des Jahres für jeweils die Seepolizeischule Parow, den Räumverband und das Wachbataillon Wolgast. Diese zeitliche Differenzierung einmal unberücksichtigt gelassen, sollten die Unteroffiziere und Mannschaften Ende Oktober 1950 eingekleidet sein. Die Unteroffiziere und Mannschaften des Kommandos Baubelehrung bzw. die des Zentralen Versorgungslagers Wolgast und des Stabes der HVS erhielten ihre Bekleidung wie der Räumverband bzw. wie das Wachbataillon Wolgast. Von den Bekleidungskammern wurden bis zum 10. Oktober 1950 von diesem Personenkreis eingezogen: die VP-Uniformhosen, die nach dem Befehl Nr. 35 abgeänderten VP-Blusen, die blauen Uniformhemden, die roten Binder, die VP-Skimützen und die Koppel mit Schloß. Dagegen konnten die Seepolizei-Offiziere diese VP-Uniformstücke bis zur Ausgabe einer zweiten Seepolizei- Uniform noch behalten.

Der entscheidende dritte Schritt in der Uniformierung der Angehörigen der HVS geschah am Ende des Jahres 1950, als mit dem Befehl Nr. 112 vom 5. Dezember die „Bekleidungs- und Anzugsordnung der HVS" mit dem 10. Dezember in Kraft trat. Das ist durchaus als

Anwärter und Hauptwachtmeister der Hauptverwaltung Seepolizei um 1950.

Kranzniederlegung durch HVS-Angehörige in Sommeruniformen in Berlin-Friedrichshain am 10. September 1950.

Zeichen zu werten, daß die Einkleidung der Angehörigen der HVS weitgehend abgeschlossen war. Zudem kann davon ausgegangen werden, daß im Grundsatz bei der Uniformierung natürlich die Abstimmung mit der HVA erfolgt war. Deshalb soll dieser Befehl Nr. 112 ausführlich dargestellt werden. In einem kurzen ersten Teil „Allgemeines" wurden die Angehörigen der HVA verpflichtet, eine „saubere, gepflegte und der Vorschrift entsprechende Uniform zu tragen" und ihnen zugleich die „Kombination von Uniform- und Zivilbekleidungsstücken ... untersagt". Das Tragen von Zivilbekleidung konnte für die HVS- Angehörigen bis einschließlich dem Dienstgrad Seepolizei-Rat „nur in besonders begründeten Fällen" vom jeweiligen Dienststellenleiter genehmigt werden und war zeitlich kurz zu begrenzen. Erst die Seepolizei-Offiziere vom Dienstgrad Oberrat aufwärts durften in der dienstfreien Zeit und im Urlaub zwar Zivil anziehen, doch wurde von ihnen „erwartet, daß von dieser Erlaubnis nur in Ausnahmefällen Gebrauch gemacht wird".

Im zweiten, schon längeren Teil über die „Ausgabe der Bekleidung und Ausrüstung" stellte die Leitung der HVS erst einmal klar fest, diese „Bekleidungs- und Ausrüstungsstücke sind Volkseigentum" und darum „schonend und pfleglich zu behandeln". Dem folgte die Drohung, bei „fahrlässigem Verlust wird für jedes Stück der dreifache Anschaffungspreis erhoben".

Vor allem enthielt aber dieser Teil die Übersichten über die auszugebenden Bekleidungs- und Ausrüstungstücke jeweils an die Seepolizei-Offiziere und Meister, an die Seepolizei-Unteroffiziere und Mannschaften und an die weiblichen Angehörigen der HVS. Nachfolgende Tabellen geben diese wieder.

Anzahl Uniform- und Ausrüstungsstück

2	Uniformjacken ab Oberrat aufwärts Maßanfertigung
2	Uniformhosen ab Oberrat aufwärts Maßanfertigung
1	Uniformmantel ab Oberrat aufwärts Maßanfertigung
1	Bordanzug (Bluse und Hose; Bord- und Masch.-pers. 2 Anzüge)
2	Uniformjacken, weiß
1	Uniformmütze mit festem, blauem Bezug
1	Uniformmützengestell
1	Mützenbezug, blau
2	Mützenbezüge, weiß
2	Uniformhemden, weiß
3	Uniformhemden, grau
3	Binder, schwarz
je 2	Unterhemden und -hosen, Sommer und Winter
2	Unterhosen, kurz
2	Sporthemden
je 1	Sporthose, Badehose und Trainingsanzug
3	Paar Wollsocken*
2	Paar Socken, schwarz*
1	Pullover, weiß*
1	Westover, weiß*
1	Schal, weiß*
1	Halstuch, weiß
4	Taschentücher
je 1	Paar Lederhandschuhe, gefüttert und ungefüttert
je 1	Paar Schnürschuhe, Halbschuhe und Sportschuhe
1	Koffer
1	Garnitur Hosenträger, Sockenhalter und Ärmelhalter

Die Meister bekamen anstelle der mit * gekennzeichneten Positionen vier Paar Wollsocken und einen blauen Schal zugeteilt. Die Offiziere an Bord erhielten außerdem je eine Basken- und eine Wollmütze sowie einen Kopfschützer, dann je ein Paar Arbeitshandschuhe, Bordschuhe und Seestiefel. Für die Offiziere der Landeinheiten gab es nach Bedarf ein Paar Arbeitshandschuhe, einen Kopfschützer und ein Paar Halbschaftstiefel.

Anzahl Uniform- und Ausrüstungsstück

2	Überzieher
2	Klapphosen
2	Kieler Hemden
2	Bordanzüge (Bluse und Hose)
3	Matrosenkragen
1	Matrosenmütze mit festem blauen Bezug
1	Mützengestell
1	Mützenbezug, blau
2	Mützenbezüge, weiß
2	Mützenbänder "Seepolizei"
1	Baskenmütze
2	Unterhemden, blau-weiß gestreift
2	Unterhemden und -hosen, Winter
1	Unterhemd und -hose, Sommer
2	Unterhosen, kurz
2	Sporthemden
je 1	Sporthose, Badehose und Trainingsanzug
4	Paar Wollsocken
1	Rollkragenpullover
1	Wollschal, blau
4	Taschentücher
1	Wollmütze
1	Paar Wollhandschuhe
1	Paar Schnürschuhe
1	Paar Sportschuhe
1	Seesack

Die Unteroffiziere und Mannschaften an Bord erhielten zusätzlich ein Paar Arbeitshandschuhe, einen Kopfschützer, ein Paar Bordschuhe und ein Paar Seestiefel. Für diese Leute in den Landeinheiten gab es nach Bedarf einen Kopfschützer, ein Paar Halbschaftstiefel und ein Paar Arbeitshandschuhe. Übrigens bestand die Borddienstuniform für Anwärter und Wachtmeisterdienstgrade aus khakifarbenen Uniformstücken, nämlich einer kurzen Bundbluse mit aufgesetzten Taschen, einer Überfallhose und einer Baskenmütze.

Da nun der Dienst in Marineverbänden in hohem Maße schweren Wetterbedingungen unterlag, standen auch für die Schiffsbesatzungen und für die Kraftfahrer der HVS spezielle Winter- und Wetterschutzbekleidung zur Verfügung. Bei Bedarf konnten Gummischutzmäntel, Gummischutzjacken, Gummischutzhosen, Südwester, Wachmäntel, Pelzmäntel, Fellwesten, Filzstiefel und Gummistiefel ausgegeben werden.

Für die weiblichen Angehörigen der HVS, die in der Verwaltung und im Sanitätsdienst tätig waren, schrieb diese Anzugsordnung Uniformkostüm, Baskenmütze, graue Hemdbluse für den Dienst bzw. weiße zur Freizeit (beide Male mit schwarzem Binder), braune Seidenstrümpfe und schwarze Halbschuhe vor. Bei kalter Witterung waren es Uniformmantel bzw. Uniformregenmantel, Lederhandschuhe, Skihose und Stiefel. Ein weißer Pullover durfte von ihnen immer, der Westover nur im Außendienst angezogen werden. Letzterer galt beim Besuch von Lokalen, Theatern und festlichen Veranstaltungen als nicht angebracht. Für den Sommer waren Kniestrümpfe oder Söckchen, in den Diensträumen sogar das Ablegen der Kostümjacke, erlaubt.

Anzahl	Uniform- und Ausrüstungsstück
je 2	Uniformkostümjacken und -röcke
1	Skihose
je 1	Uniformmantel und -regenmantel
2	Baskenmützen
2	Uniformblusen, weiß
3	Uniformblusen, grau
3	Binder, schwarz
je 2	Garnituren Unterwäsche (Sommer und Winter), dreiteilig
2	Büstenhalter
1	Strumpfhaltergürtel
2	Sporthemden
je 1	Sporthose, Badehose und Trainingsanzug
3	Paar Kniestrümpfe, Kunstseide
2	Paar Kniestrümpfe
2	Paar Söckchen
1	Wollschal, blau
1	Halstuch, weiß
1	Pullover, weiß
1	Westover, weiß
4	Taschentücher
je 1	Paar Lederhandschuhe, gefüttert und ungefüttert
je 1	Paar Halbschuhe und Sportschuhe
1	Koffer
1	Bordanzug

Ein sehr umfangreicher dritter Teil „Anzugsordnung" legte die Einheitlichkeit der Trageweise der Uniformstücke für die jeweiligen Dienstgradgruppen fest. Generell unterschied diese Anzugsordnung den Dienst- und Wachanzug, den Ausbildungs- und Arbeitsanzug, den Freiwachanzug, den Ausgehanzug und den Sportanzug sowie die Bekleidung für weibliche Angehörige der HVS. Danach trugen die Unteroffiziere und Mannschaften zum Dienst die Matrosenmütze, die Tuchklapphose und das Kieler Hemd (beide II. Garnitur), den Matrosenkragen und das blau-weiß gestreifte Unterhemd. Bei kaltem Wetter kamen der Überzieher - Kulani genannt -, Rollkragenpullover, Wollhandschuhe und für den Wach- und Borddienst anstelle jener Matrosen- die Wollmütze hinzu. Im Innendienst war der Überzieher nicht gestattet. Beim Schuhwerk konnte zwischen Schnürschuhen und Halbschaftstiefeln bzw. Seestiefeln gewählt werden. Nur bei geschlossenem Auftreten einer Seepolizei-Einheit wurde auch gleiches Schuhwerk angeordnet. An Bord zogen die Unteroffiziere und Mannschaften ihre Bordschuhe an.

Die Seepolizei-Offiziere und Meister versahen ihren Dienst mit einer Uniform aus Schirmmütze, blauer Jacke und Hose, grauem Hemd mit schwarzem Binder sowie schwarzen Halb- oder Schnürschuhen. Bei kalter Witterung kamen Uniformmantel bzw. Uniform-

Mannschaften und Unteroffiziere der Hauptverwaltung Seepolizei um 1950.

regenmantel und Lederhandschuhe hinzu. Ihren weißen Pullover konnten diese Dienstgrade nach eigenem Ermessen unterziehen. Der Westover blieb ihnen aber nur im Außendienst und in der Freizeit gestattet. In der heißen Jahreszeit wiederum durfte die weiße Uniformjacke angezogen werden. Als heiße Jahreszeit galten offensichtlich die Tage vom 1. Mai bis zum 15. September des Jahres, denn in diesem Zeitraum war für alle auch der weiße Mützenbezug für den Dienst- und Wachanzug, für den Freiwachanzug und für den Ausgehanzug vorgeschrieben.

Bei der Grundausbildung in der Hauptverwaltung Seepolizei um 1951.

Der Ausbildungs- und Arbeitsanzug setzte sich für die Unteroffiziere und Mannschaften aus der Baskenmütze, dem Bordanzug (I. Garnitur zur Ausbildung, - II. Garnitur zur Arbeit) und dem blau-weiß gestreiften Unterhemd zusammen. Das Aufsetzen der Matrosenmütze mußte gegebenenfalls besonders befohlen werden. Angehörige der Landeinheiten trugen in der Regel Schnürschuhe,

Schiffsbesatzungen dagegen Bordschuhe. In der kalten Jahreszeit durften Trainingsanzug und Rollkragenpullover untergezogen werden. Möglich war auch, den Bordanzug in besonderen Fällen als Überbekleidung zum Dienst- und Wachanzug zu verwenden

Angehörige der Hauptverwaltung Seepolizei in Watteanzügen beim Minenräumen um 1951.

Für die Seepolizei-Offiziere und Meister sah der Ausbildungs- und Arbeitsanzug die Schirmmütze, den Bordanzug sowie das graue Uniformhemd mit schwarzem Binder vor. Grundsätzlich setzten sie keine Baskenmütze auf; die einzige Ausnahme galt für die Offiziere im Borddienst.

Ein eigentlicher Freiwache-Anzug existierte nur für die Unteroffiziere und Mannschaften. Die Seepolizei-Offiziere und Meister trugen zu diesem Zweck hier den Dienst- und Wachanzug. Sie konnten aber auch ein weißes Uniformhemd mit schwarzem Binder und die weiße Uniformjacke anziehen. Die Unteroffiziere und Mannschaften trugen also in ihrer Freizeit innerhalb ihres Dienststellenbereiches bzw. an Bord sowie auf Anordnung auch zum Unterricht die Matrosenmütze, die weiße Klapphose, das weiße Kieler Hemd und das blau-weiß gestreifte Unterhemd. In der kalten Jahreszeit durften der Rollkragenpullover untergezogen und die Wollmütze aufgesetzt werden.

Für den Ausgehanzug schrieb die Ordnung die gleiche Uniform wie für den Dienst- und Wachanzug vor, aber - wenn dann eingeführt - dazu eine I. Garnitur. Zum Landurlaub waren den Unteroffizieren und Mannschaften sogar private mausgraue Lederhandschuhe und schwarze Halbschuhe erlaubt, gleichfalls der Überzieher, der Rollkragenpullover und die Wollhandschuhe. Den Seepolizei-Offizieren und Meistern wurden das weiße Uniformhemd mit schwarzem Binder sowie in der warmen Jahreszeit die weiße Uniformjacke zugestanden. Das Tragen des weißen Westovers beim Besuch von Lokalen, Theatern und festlichen Veranstaltungen wurde ihnen ausdrücklich verwehrt. Sporthemd, Sporthose sowie Trainingsanzug und Badehose bildeten die Teile des Sportanzuges für alle Dienstgrade.

Dienstgrad- und Laufbahnabzeichen sowie andere Abzeichen

Der vierte und fünfte Teil der Bekleidungs- und Anzugsordnung der HVS regelte ausführlich Gestaltung und Trageweise der Dienstgrad- und Laufbahnabzeichen. Es fällt auf, daß hier der Seepolizei-Meister in die Gruppe der Unteroffiziere und Mannschaften eingeordnet wurde. Im vorliegenden Dokument war außerdem der Dienstgrad Seepolizei-Hauptwachtmeister nachträglich eingefügt worden. Es gab somit die Dienstgrade Seepolizei-Anwärter, Seepolizei-Wachtmeister, Seepolizei-Oberwachtmeister, Seepolizei-Hauptwachtmeister und Seepolizei-Meister. Alle Mannschafts- und Unteroffiziersdienstgrade (außer dem Meister) führten auf Überzieher und Bordjacke Schulterstücke sowie auf dem blauen bzw. weißen Kieler Hemd auf dem linken Oberärmel unterhalb des Laufbahnabzeichens gelbe bzw. blaue Ärmelstreifen von 5 cm Länge und 1 cm Breite; der Seepolizei-Hauptwachtmeister einen unklaren Anker, d.h. gelbe Stickerei auf blauem oder blaue Stickerei auf weißem Grund ihres blauen bzw. weißen Kieler Hemdes. Auf die Wachmäntel kamen keine Schulterstücke; außer bei Kraftfahrern, wenn sie solche Mäntel zum persönlichen Gebrauch erhalten hatten.

Die Seepolizei-Meister trugen wie die Offiziere Schulterstücke auf dem blauen Jackett, der weißen Jacke, dem Uniformmantel, dem Uniformregenmantel und der Bordjacke. Die Seepolizei-Offiziere befestigten außerdem auf dem blauen Jackett an beiden Unterärmeln mit 10 cm Abstand vom unteren Ärmelrand 12 cm lange Ärmelstreifen aus vergoldeter Gespinsttresse.

Die Dienstgradabzeichen in Gestalt der Schulterstücke der Angehörigen der HVS entsprachen natürlich denen der HVA. Hinzu kamen jedoch die schon erwähnten marinetypischen Ärmelstreifen für die meisten Dienstgrade. Die Tabelle auf der folgenden Seite gibt diese wieder. Dabei ist bemerkenswert, daß der letztgenannte Dienstgrad allerdings niemals verliehen worden ist, da W. Verner als Leiter der HVS „nur" General-Inspekteur der Seepolizei 2. Grades war. Er unterzeichnete auch immer als ein General-Inspekteur der Seepolizei. Der unterste Offiziersdienstgrad des Unterkommissars ist erst mit Wirkung vom 1. Oktober 1951 eingeführt worden. Bis dahin führten die Seepolizei-Kommissare eine Tresse.

Die Generalinspekteure der VP H. Hoffmann (Leiter der HVA), W. Verner (Leiter der HVS) und H. Keßler (Leiter des Aufbaustabes z.b.V. – VP-Luft).

Dienstgrad	Ärmelstreifen
Seepolizei-Anwärter	keine
Seepolizei-Unterwachtmeister	eine goldfarbene bzw. blaue Tresse (10 mm breit; 50 mm lang)
Seepolizei-Wachtmeister	zwei solcher Tressen
Seepolizei-Oberwachtmeister	drei solcher Tressen
Seepolizei-Hauptwachtmeister	Klarer Anker auf hochovaler Unterlage
Seepolizei-Unterkommissar	eine 16 mm breite Tresse
Seepolizei-Kommissar	eine 16 mm breite Tresse, darüber eine 9 mm breite
Seepolizei-Oberkommissar	zwei 16 mm breite Tressen
Seepolizei-Rat	wie vorher, dazwischen eine 9 mm breite Tresse
Seepolizei-Oberrat	drei 16 mm breite Tressen
Seepolizei-Kommandeur	wie vorher, darüber eine 9 mm breite Tresse
Seepolizei-Inspekteur	vier 16 mm breite Tressen
Chefinspekteur der Seepolizei	eine 50 mm breite Tresse, darüber eine 16 mm breite
General-Inspekteur der Seepolizei 2. Grades	wie vorher, darüber zwei 16 mm Tressen
General-Inspekteur der Seepolizei 1. Grades	wie vorher, darüber drei 16 mm Tressen

Insgesamt ist das Beispiel der deutschen Kriegsmarine bei der Gestaltung der Dienstgradabzeichen der Hauptverwaltung Seepolizei unverkennbar. Dies gilt auch für weitere Abzeichen.

Im Hinblick auf die Dienstgradabzeichen ist unbedingt die Einführung „eines neuen Abzeichens für die in Ausbildung stehenden Seepolizei-Angehörigen" mit Dienstanweisung des Stabschefs der HVS vom 15. Oktober 1951 zu nennen. Von diesem Tag an hatten sämtliche in der Ausbildung stehende Mannschaften auf ihren Schulterstücken den in Metall geschlagenen Buchstaben „A" zu tragen. Dieser war in der Mitte des Schulterstücks zu befestigen und stand mit beiden Schenkeln nach außen und mit der Spitze zum Knopf.

Neben diesen direkten Dienstgradabzeichen bestand noch ein System unterschiedlicher Kennzeichnungen für die einzelnen Dienstgradgruppen. So waren es zunächst einmal „Anker"-Embleme am Sportzeug, d.h. an der Trainingsjacke auf der linken Brustseite und an der Sporthose, 5 cm oberhalb des Randes am linken Bein. Hier handelte es sich um einen klaren Anker, der für Mannschaften in roter Stickerei auf blauem Grund, für Unteroffiziere und Meister in gelber Stickerei auf blauem Grund und für Offiziere ein ebensolcher Anker, aber in ovaler Umrandung, war. Die Mannschaften und Unteroffiziere (außer dem Meister) trugen wie bereits erwähnt die Matrosenmütze in der Form wie bei der früheren Kriegsmarine mit blauem oder weißem Bezug. Dazu gehörte ein schwarzseidenes Mützenband (150 cm lang und 3,2 cm breit) mit der goldfarben eingewebten Inschrift „Seepolizei". Vorn am Mützenbezug

befestigten sie den goldmetallenen Polizeistern mit dem Wappen der DDR. Der Polizeistern kam auch an die dunkelblaue Baskenmütze, die für diesen Personenkreis zum Ausbildungs- und Arbeitsanzug aufgesetzt wurde. Links an der Baskenmütze war ein mit Goldstickerei eingefaßtes Dreieck angenäht, das wiederum die Inschrift „Seepolizei" (goldfarben) enthielt. Ein derartiges „Seepolizei-Dreieck" führten auch alle Dienstgrade vom Meister bis zum General-Inspekteur in Goldstickerei auf blauem Grund am linken Oberärmel, die Spitze 12 cm unterhalb des Ärmelansatzes, des blauen Jacketts, der Kostümjacke (Frauen), des Uniformmantels und des Uniformregenmantels. In blauer Stickerei auf weißem Grund kam es an die weiße Jacke und an die graue bzw. weiße Uniformhemdbluse der Frauen. Ab dem 10. März 1952 war aufgrund des Befehls Nr. 59/52 des Leiters der HVS vom 29. Februar 1952 dieses „Seepolizei-Dreieck" als überflüssig angesehen, von sämtlichen Bekleidungsstücken zu entfernen und diese bis zum 20. März an das Referat Bekleidung der HVS abzuführen.

Die Meister und Offiziere trugen Schirmmützen mit blauem oder weißem Bezug. Vorn am Mützenband befand sich ein goldgestickter Eichenlaubkranz mit jenem Polizeistern. Vor allem am Mützenschirm ließen sich die Dienstgradgruppen erkennen. Die Meister besaßen eine Schirmmütze mit einem schwarzen Blanklederschirm und einem kleinen, mit gelber Kunstseide gestickten Eichenlaubkranz (60 x 40 mm) mit Polizeistern sowie ein schwarzes Ledersturmband. Alle Offiziersdienstgrade trugen einen großen, handgestickten Eichenlaubkranz (goldfarbenes Metallgespinst; 70 x 55 mm) mit Polizeistern. Des weiteren hatten sie tuchbezogene Mützenschirme mit einer einfachen Goldstickerei (Halbmondleiste) für die Dienstgrade Kommissar bis Rat und einer Eichenlaubstickerei gleicher Art für die Dienstgrade Oberrat bis General-Inspekteur. Nur die Chef- und General-Inspekteure trugen anstelle des Ledersturmbandes eine Mützenkordel aus goldfarbenem Metallgespinst. Laufbahnabzeichen - für eine Marine stets unverzichtbar - befestigten die Mannschaften (aber noch nicht die Anwärter) und Unteroffiziere einschließlich Hauptwachtmeister auf dem linken Oberärmel des Kieler Hemdes und des Überziehers 10 cm unterhalb des Ärmelansatzes. Es gab rotgestickte Abzeichen auf blauem Grund für die blaue und blaugestickte auf weißem Grund für die weiße Uniform. An die Bordanzugsjacke kam kein solches Laufbahnabzeichen. Insgesamt schrieb die Vorschrift für die Laufbahn I bis X dieses Personenkreises folgende Abzeichen von 50 mm Durchmesser fest:

Seemännische Laufbahn: ein fünfzackiger Stern
Navigationslaufbahn: zwei gekreuzte klare Anker

Maschinenlaufbahn:	ein Zahnrad
Funklaufbahn:	ein Blitzstrahl
Signallaufbahn:	zwei gekreuzte Signalflaggen
Mechanikerlaufbahn:	ein Zahnradkranz
Räumlaufbahn:	ein Schleppanker
Verwaltungslaufbahn:	ein Merkurstab
Sanitätslaufbahn:	ein Äskulapstab
Kraftfahrerlaufbahn:	ein geflügelter Autoreifen.

Auch die Meister und Offiziere sowie die weiblichen Angehörigen der HVS führten Laufbahnabzeichen - allerdings in goldmetallener Stickerei und auf den beiden Unterärmeln des blauen Uniformjackets bzw. der Kostümjacke. Die Meister und die Frauen, die nicht im Offiziersrang standen, befestigten dieses Laufbahnabzeichen 12 cm oberhalb des Ärmelrandes; die Offiziere die Abzeichen 4 cm über den Ärmelstreifen. Es galten folgende Laufbahnabzeichen von 40 mm Durchmesser:

Seemännische Laufbahn:	ein fünfzackiger Stern
Ingenieur-Laufbahn:	ein Zahnrad
Sanitätslaufbahn:	ein Äskulapstab
Mechanikerlaufbahn:	ein Zahnradkranz
Räumlaufbahn:	ein Schleppanker
Verwaltungslaufbahn:	ein Merkurstab
Funktechnische Laufbahn:	ein Blitzstrahl
Kraftfahrerlaufbahn:	ein geflügeltes Autorad

Die Trageweise von Auszeichnungen und Abzeichen

Von jener Flut an Auszeichnungen wie sie am Ende der DDR bestand, war zu Beginn dieses Staates und seiner bewaffneten Organe noch nicht einmal im Ansatz die Rede. Die staatlichen Orden der DDR wurden wie der Karl-Marx-Orden und der Vaterländische Verdienstorden erst 1953 und 1954 sowie noch später gestiftet. Für die Deutsche Volkspolizei gab es seit 1949 bereits die Medaille „Ehrenzeichen der Deutschen Volkspolizei" in nur einer Stufe. Sie konnte für hervorragende Leistungen beim umfassenden Aufbau des Sozialismus und der Festigung der Arbeiter-und-Bauern-Macht, für persönliche Tapferkeit und selbstlosen Einsatz der eigenen Person zum Schutze der DDR und für hervorragende Leistungen zur Stärkung der bewaffneten Organe des Ministeriums des Innern verliehen werden. Dieses Ehrenzeichen bestand aus einer 35 mm großen, grün emaillierten Grundplatte mit einem silberfarbenen Polizeistern, in dem zwei goldfarbene Figuren, ein Arbeiter und ein Volkspolizist, eingelassen waren. Die Figuren trugen gemeinsam die schwarzrotgoldene Fahne, die jenen oberen Medaillenrand um 5 mm überragte. Unter dem Polizeistern war goldfarben die Schriftzeile „Für Dienst am Volke" eingelegt. Zudem trug in der ersten Ausführung von 1949 bis 1955 diese Fahne im schwarzen und roten Feld die Schrift „Dem vorbildlichen Volkspolizisten". Die rückseitig von 0001 bis 0700 numerierten Medaillen waren aus Bronze, die von 0701 bis 1500 aus Eisen und die folgenden wiederum aus Bronze. Auf ihrer glatten Rückseite war senkrecht eine Befestigungsnadel angelötet.

An weiteren Auszeichnungen und Abzeichen konnten in dieser Zeit an den Uniformen getragen werden: „Aktivistenabzeichen, Spanienkämpferabzeichen, VVN- Abzeichen, FDJ-Abzeichen, Welt-Jugend-Abzeichen, Abzeichen für gutes Wissen, Sportabzeichen der FDJ, Friedensmedaille der FDJ, Abzeichen der Gesellschaft für Deutsch-

Angehörige der Hauptverwaltung Seepolizei auf dem IV. Parlament der FDJ in Leipzig am 28. Mai 1952.

Sowjetische Freundschaft, Anstecknadel aus besonderem Anlaß auf Anordnung des Dienststellenleiters." Nur das „Ehrenzeichen der Deutschen Volkspolizei" durfte an der Dienst- und Ausgangsuniform, und dort über der linken Brusttasche der Uniformjacke, getragen werden. Die anderen Abzeichen blieben nur für die Ausgangsuniform erlaubt; allerdings außer dem „Ehrenzeichen der Deutschen Volkspolizei" und einer Anstecknadel aus besonderem Anlaß nicht mehr als zwei weitere Abzeichen.

Für die Angehörigen der Hauptverwaltung Seepolizei regelte die Bekleidungsordnung vom 5. Dezember 1950 die Trageweise der Auszeichnungen und Abzeichen so: „Das Ehrenabzeichen der Volkspolizei wird am blauen Jackett und an der weißen Jacke über der linken Brusttasche getragen. Weitere Abzeichen sind an dem blauen Jackett unter der Brusttasche in der Anordnung nebeneinander und an der weißen Jacke auf der Falte der Brusttasche untereinander anzulegen. Anstecknadeln mit zeitlich befristeter Tragedauer werden am linken Rockaufschlag befestigt. Seepolizei-Unteroffiziere und -Mannschaftsdienstgrade tragen am Überzieher und am Kieler Hemd die Abzeichen in entsprechender Anordnung wie Offiziere am blauen Jackett.

Zur Rolle und Gestaltung militärischer Zeremonielle

Bereits die erste zentrale Parteikonferenz in der HVA hatte betont, worauf es der Parteiführung ankam: „Liebe zum Volk und zum Frieden, Haß auf die imperialistischen Kriegsbrandstifter, Freundschaft zur Sowjetunion, eine klare Haltung zur Oder-Neiße-Friedensgrenze, Überwindung pazifistischer Anschauungen und Durchsetzung einer bewußten, strengen Disziplin." Dazu, vor allem bei der Durchsetzung einer insgesamt straffen Haltung, schien den führenden Parteigenossen ein äußeres Erscheinungsbild ihrer bewaffneten Organe erstrebenswert, wie es auch von der vergangenen Wehrmacht bzw. Reichswehr in Erinnerung war. Die erhaltenen Bruchstücke überlieferter Dokumente bestätigen diesen Eindruck durchaus.

Am 9. Dezember 1949 forderte Chefinspekteur H. Heitsch auf einer Tagung von Leitern der Schulen und Bereitschaften u.a. auch: „Noch etwas zum Auftreten in der Öffentlichkeit. Tragen Sie dafür Sorge, daß bei Ausbildungsmärschen einheitlicher Anzug getragen

Eine der vielen Demonstrationen - Angehörige der HVA marschieren zum 1. Mai 1950 in Halle.

wird. Es ist keine Schwierigkeit, daß angeordnet wird, wer Regenmantel trägt, nach hinten, und wer blauen Mantel trägt, nach vorne, damit das Bild geschlossen ist."

Als im Juni 1950 der Chef der Deutschen Volkspolizei, Kurt Fischer, plötzlich starb, wurde erstmals ein gewisses militärisches Trauerzeremoniell durchgeführt. Teile der Berliner Volkspolizei und auch der HVA stellten auf der Strecke ab der Hauptverwaltung der Deutschen Volkspolizei in Berlin-Niederschönhausen bis zum Krematorium in Berlin-Baumschulenweg ein Ehrenspalier. An dieser Trauerfeier nahm auch Wilhelm Pieck als Präsident der DDR teil. Die Berliner Polizei stellte 1 550 Mann und die HVA 2 500 Mann, welche auf beiden Seiten der Strecke gestaffelt in einem Abstand von 12 m postiert wurden. Als Dienstanzug - von einer Paradeuniform war hier noch nicht die Rede - galt für die männlichen VP-Angehörigen die Mütze, das Koppel, der Schulterriemen, das blaue Hemd, die rote Krawatte, die Stiefelhose und die Stiefel sowie für die weiblichen VP-Angehörigen die Mütze, das Koppel, der Schulterriemen, das blaue Hemd, die rote Krawatte, das Dienstkostüm und die Schnürschuhe. Besonders wurde auf eine Ehrenbezeigung hingewiesen, die zu leisten war. Es hieß da: „Die Ehrenbezeigung wird von den VP- Wachtmeistern ohne Blickwendung durch aufrechte Haltung und von den VP-Offizieren ohne Blickwendung durch Anlegen der rechten Hand an die Kopfbedeckung bei Durchfahrt des Trauerzuges von der Spitze bis zum Kranzwagen erwiesen. ...Von allen eingesetzten VP- Angehörigen erwarte ich eine vorbildliche Dienstausübung und straffe disziplinierte Haltung, um dem verstorbenen Chef der Deutschen Volkspolizei somit die letzte Ehre zu erweisen."

Bereits in dieser Frühzeit bewaffneter Organe der DDR kam es zu ihrer Beteiligung an Großdemonstrationen. Zum Beispiel fand am 24. Juli 1950 zum Abschluß des III. Parteitages der SED auf dem Berliner „Lustgarten eine Massenkundgebung mit anschließender Demonstration der Werktätigen Berlins vor dem neu gewählten ZK" statt, an der sich die HVA mit einer „Delegation" in Stärke von 5 000 Mann beteiligte. Es wurde ein Einsatzstab gebildet, der das Heranführen und die Teilnahme der HVA-Angehörigen aus Prenzlau, Brandenburg und Berlin koordinierte. Der Demonstrationszug gliederte sich in vier Bereitschaften zu je drei Kommandos; diese zu je vier Abteilungen, diese zu je drei Zügen; diese zu je drei Gruppen in Stärke von einem Unteroffizier und neun Mann. Dieses Mal war der Auftritt sehr viel militärischer. Es wurden von den Mannschaften und Unteroffizieren die Skimütze, das Khakihemd mit gleichfarbenem Binder, die lange Hose und Schnallengamaschen, die schwarzen

Schnürschuhe und das schwarze Koppel mit VP-Emblem getragen. Die Offiziere bis zum Dienstgrad VP- Kommandeur waren mit der Skimütze, dem Khakihemd mit Binder, blauer Stiefelhose und schwarzen Stiefeln sowie braunem Koppel uniformiert; bei den Dienstgraden vom VP-Inspekteur aufwärts war es außerdem der Schulterriemen. Waffen wurden nicht mitgeführt.

Interessant die Anweisung zum Tragen von Abzeichen, denn es sollten maximal nur zwei sein. Natürlich marschierten die Teilnehmer des Stabes der HVA in der Mehrzahl in der Spitzengruppe des Demonstrationszuges. Nur eine Minderheit von Offizieren und Unterführern diente zur Auffüllung von Lücken in den Bereitschaften. Ein Jahr später scheint die Art und Weise der Durchführung solcher Demonstrationszüge weiter in Richtung tatsächlicher Paraden vervollkommnet zu sein. Einer „Anweisung für die Vorbereitung zur Teilnahme an der Demonstration zu Ehren des 1. Mai in Berlin 1952" zufolge war der Marsch so geregelt: An der Spitze der Stellvertreter Ausbildung, mit drei Schritt Abstand folgten der Leiter der Polit-Kultur-Organe und daneben der Stabchef, fünf Schritte dahinter ein Fahnenträger mit der DDR-Fahne, anschließend in drei bis fünf Schritten von links nach rechts Fahnenträger mit je einer Fahne der SED, des Weltbundes der Demokratischen Jugend und der FDJ. Jener Fahnengruppe folgten zwei VP- Angehörige mit Porträtschildern von Stalin und Pieck im Abstand wie zuvor. Dann kam im gleichen Abstand ein Transparent mit einer Losung. Es folgten mit etwa zehn Schritten Abstand ein Orchester, Marschblocks und Losungen.

Tatsächlich wurden die bewaffneten Kräfte der DDR, insbesondere der HVA und der HVS, immer wieder herangezogen, wenn es galt, Feiertage von Partei und Staat zu begehen.

Über die Grußpflicht

Im Zusammenhang mit der Uniformierung sei auch auf die Fragen Anrede der Polizeiangehörigen untereinander und Grußpflicht bzw. Grußerweisung knapp eingegangen. Zwar bestimmte natürlich die SED eindeutig das Geschehen in der Polizei, doch wurde jene in der Partei gebräuchliche Anrede „Genosse" noch nicht verwandt. „Herr" kam als bürgerlich nicht in Frage. Es wurde vielmehr die Anrede „Kamerad" gewählt.

Noch deutlicher zeigte sich dieses Bestreben, eine „eiserne Disziplin" zu erzielen, bei der Durchsetzung der Grußpflicht in der Truppe. Klar war, daß Dienstgradniedere die Dienstgradhöheren stets zu grüßen hatten; in der Regel durch das Anlegen der rechten Hand an die Kopfbedeckung. Für heute lebende „Bürger und Bürgerinnen" mag der in der Zeitschrift „Die Volkspolizei" veröffentlichte Beitrag eines VP- Oberrates „Einiges über die Grußpflicht" von Interesse sein. Deshalb sei hier ein größerer Teil zitiert: „Besonders höheren VP-Offizieren, die meist persönlich oder durch ihre Rangabzeichen bekannt sind, entbietet er (der VP-Angehörige - d. Verf.) aus persönlicher Achtung Gruß und Ehrenbezeugung, auch wenn es sich um weibliche VP-Angehörige in leitender Stellung handelt.

Wie ist es nun aber mit den Kameradinnen? Sollen sie grüßen oder nicht; denn sie sind ja schließlich Frauen, die nach den allgemeinen Formen der Höflichkeit nicht den Mann zuerst grüßen, sondern es von ihm erwarten. Vielleicht machen sie höheren VP-Offizieren gegenüber eine Ausnahme. Aber im großen und ganzen vermeiden sie jeden Gruß, weil ihnen das Anlegen der rechten Hand an die Kopfbedeckung nicht liegt und ungewohnt und komisch erscheint. Im Rahmen der Ordnungsübungen ist unseren Kameradinnen genügend Gelegenheit gegeben, sich in die ´Geheimnisse´ des Grußes in Uniform einweihen zu lassen und nach einiger Übung hat man ´den Bogen raus´. Auch das gegenseitige Grüßen auf der Straße und in den Verkehrsmitteln verschafft die notwendige Sicherheit in der Ausübung dieser für manche noch ungewohnten Begrüßung. Abschließend sei bemerkt: Die Grußpflicht untereinander muß zur Selbstverständlichkeit bei allen Männern und Frauen der Volkspolizei werden. Die im bürgerlichen Leben bestehenden Formen, daß der Mann die Frau zuerst zu grüßen hat, haben nur dann Geltung, wenn es sich um eine Kameradin handelt, die im Dienstgrad höher steht, sonst grüßt der Dienstgrad zuerst, der an nachgeordneter Stelle steht, gleichgültig ob Frau oder Mann. Bei gleichen Dienstgraden liegt die Initiative bei dem jüngeren Kameraden."

Noch eine Besonderheit muß in diesem Zusammenhang dargestellt werden, weil sie über diese Gepflogenheiten des militärischen Umgangs hinausgehend die herrschende Ideologie erkennen läßt. Ende September 1951 wies ein Befehl der Leitung von HVA und HVS eine Grußpflicht ihrer Angehörigen gegenüber den Offizieren

Eine HVA-Einheit, angetreten in Ausbildungs- oder Dienstuniformen, wird vom Präsidenten der DDR, W. Pieck, besucht, 1950.

der Sowjetarmee ab dem 5. Oktober des Jahres ausdrücklich an. Entgegen sonstigen Gewohnheiten wurde dem eigentlichen Befehl eine ausführliche politisch-ideologische Begründung vorangestellt und außerdem hatte noch aufgrund einer gesonderten Direktive 6/51 der Hauptabteilung Polit-Kultur die „politische Vorbereitung und ausgiebige Erläuterung" dieses Befehls durch die PK-Stellvertreter zu geschehen. Dazu war schon in dem Befehl die Richtung folgendermaßen vorgegeben: „Durch die Opfer von Millionen der besten Söhne und Töchter der Heimat haben uns die Völker der Sowjetunion und ihrer unbesiegbaren Armee in einem erbitterten und blutigen Kampf vom Joch des Faschismus befreit und den Weg in eine glückliche Zukunft geebnet. Immer mehr setzt sich bei den Menschen der Deutschen Demokratischen Republik und besonders bei unseren Volkspolizisten das Bewußtsein durch, daß die großen Erfolge der Deutschen Demokratischen Republik nur möglich sind, dank der uneigennützigen und aufopferungsvollen Freundschaftsbeweise der Völker der Sowjetunion und ihrer heldenhaften Armee. Jeder Volkspolizist ist von tiefer Dankbarkeit und Freundschaft zum großen Sowjetvolk und seiner Armee erfüllt. Um diese Verbundenheit, Liebe und Freundschaft zur Sowjetunion noch stärker zum Ausdruck zu bringe, befehle ich:

1.) Alle Offiziere, Unteroffiziere und Mannschaften haben ab 5.10.1951 alle Offiziere der Sowjetarmee zu grüßen."

Eine Bewertung, inwieweit diese „Befreiung" wohl eher der Besetzung eines besiegten Landes und der Unterdrückung seines Volkes entsprach, mag der Leser selbst vornehmen.

Auch in den Kasernen wurde auf einen sehr förmlichen Umgang geachtet. So forderte Chefinspekteur Bechler am 12. Dezember 1950 auf einer Leitertagung, daß einem Bereitschaftsleiter, wenn er eine Mannschaftsstube betritt, wie folgt gemeldet wird: „Herr Inspekteur ... (Dienstgrad), Stube ... (1) belegt mit ... Mann (Tätigkeit) es meldet VP (Dienstgrad und Name) !" Dann wies Bechler ausdrücklich darauf hin, „Achtung" zu rufen, wenn Offiziere Mannschaftsstuben betreten. Haben dagegen Offiziere Unterricht und der Bereitschaftsleiter kommt, dann ruft der dienstälteste Offizier „Meine Herren Offiziere", die Offiziere erheben sich und er meldet. Der Vortrag Bechlers schließt mit dem Hinweis auf die künftige Durchführung eines Morgen- und Abendappells in jeder Abteilung.

Zu Beginn des Bestehens bewaffneter Organe in der DDR war es das Bestreben der Führung, militärisches Zeremoniell für eine enge Verbindung zur Bevölkerung zu nutzen. Stellvertretend dafür steht der Befehl Nr. 120/52 vom Generalinspekteur W. Verner, dem Leiter der Hauptverwaltung Seepolizei, vom 26. April 1952 „über die Antwort von Seepolizeiangehörigen bei Begrüßung und Belobigungen". Es heißt: „Um die Verbundenheit aller Angehörigen der Seepolizei mit der werktätigen Bevölkerung und mit der Regierung der Deutschen Demokratischen Republik noch stärker als bisher zum Ausdruck zu bringen, befehle ich:

1.) Wenn bei offiziellen Veranstaltungen, Demonstrationen und Vorbeimärschen Einheiten der Seepolizei begrüßt werden, so antworten alle Angehörigen der Einheiten auf diese Begrüßung mit einem geschlossenen 3maligen ´Hurra´.

2.) Wenn einzelnen Seepolizei-Angehörigen der Dank ausgesprochen wird, sie eine Belobigung erhalten oder sie sonstwie ausgezeichnet oder angesprochen werden, antwortet der einzelne Seepolizei-Angehörige mit den Worten: ´Ich diene dem deutschen Volk´."

Bemerkenswert ist natürlich hier die Tatsache, daß später in der NVA die Formel „Ich diene der Deutschen Demokratischen Republik" verwendet wurde.

Es gab noch andere Probleme, die mit dem inneren Zustand der jungen bewaffneten Organe und gewissermaßen mit der Uniform zusammenhingen. In einem gesonderten Befehl vom 7. Juli 1949 sah sich gar der Präsident der DVdI gezwungen, auf die Frage des Besuches von Tanzveranstaltungen in Uniform einzugehen. Der Inhalt dieses Befehls gibt Wirklichkeit und Wunsch der SED- und Polizeiführung damals auf eine amüsant-interessante Weise wieder. Es hieß in dem Befehl: „In der Volkspolizei hat sich die irrige Meinung breit gemacht, daß die Uniform nicht das geeignete Kleidungsstück sei, mit dem der Angehörige der Volkspolizei auch in seiner Freizeit dem Vergnügen des Tanzens nachgehen könne. Eine solche Meinung birgt eine Diffamierung des Ehrenkleides der Volkspolizei in sich. Ich befehle:

Ab sofort sind in der gesamten Volkspolizei alle Befehle und Anordnungen aufzuheben, die ein Tanzen in Uniform verbieten. Das Tanzen in Uniform ist zu gestatten. Von allen Angehörigen der Volkspolizei wird erwartet, daß sie nur solche Lokalitäten aufsuchen und nur solchen Vergnügungen nachgehen, die das Ansehen der Volkspolizei vor der arbeitenden Bevölkerung nicht schädigen."

Foto von Berliner Volkspolizisten anläßlich ihrer Verabschiedung zur Aufnahme ihres Dienstes in der Kasernierten Volkspolizei am 22. Oktober 1952.

2. Die Uniformen der Kasernierten Volkspolizei, der Volkspolizei-Luft (Aero-Klubs) und der Volkspolizei-See 1952-1956 sowie anderer bewaffneter Organe

Uniformen der Kasernierten Volkspolizei, VP-Luft und VP-See; links Offiziere, rechts Unteroffiziere/Mannschaften.

Mit Wirkung vom 1. Juli 1952 erfolgte – so lautete der Befehl des am 9. Mai 1952 zum Minister des Innern berufenen Willi Stoph vom 16. Juni 1952 über die Bildung der KVP (Land), der VP-Luft und der VP-See – nicht nur die Umbenennung der HVA, sondern wurden wirkliche militärische Strukturen und damit der direkte Vorgänger der Nationalen Volksarmee geschaffen. Dieser gesamte Vorgang und die Geschichte der KVP sind wie die der HVA umfassend von T. Diedrich und R. Wenzke (Die getarnte Armee) behandelt.

Zumindest der Beginn der Darstellung der Uniformierung der Kasernierten Volkspolizei (KVP), der Volkspolizei-Luft und der Volkspolizei-See stellt sich etwas einfacher dar, als die Behandlung der Uniformen von HVA und HVS. Die am 1. Februar 1953 bestätigten „Vorläufigen Richtlinien der Bekleidungsordnung für den Dienstbereich des Ministeriums des Innern" schrieben noch einmal zusammenfassend fest, was seit der Formierung jener neuen drei bewaffneten Organe der DDR galt. Trotzdem bleiben auch hier sicher noch Fragen offen. Auch einzelne Befehle und Anordnungen zur Uniformierung der KVP konnten für die folgenden Ausarbeitungen herangezogen werden.

Die Einführung der khakifarbenen Uniformen

Aufgefunden wurde eine „Vorschrift über die Bekleidung der Streitkräfte der Deutschen Demokratischen Republik" für „Land", „Luft" und „See" wohl vom Oktober 1952. Diese stellte einen Entwurf dar, formulierte Grundsätze der Uniformierung und regelte vor allem für die KVP und die VP-Luft auch Einzelheiten. Diese Regelungen galten ebenfalls für die Deutsche Grenzpolizei und die Einheiten der Staatssicherheit, ohne daß sie im folgenden laufend erwähnt werden. Zusammenfassende Aussagen zu diesen beiden bewaffneten Organen enthält der vorletzte Abschnitt des Kapitels.

Die Entscheidungen über die Uniform der KVP, eingeschlossen die VP-Luft und VP-See, wurden bereits vorher getroffen. Warum allerdings als Uniformfarbe für die KVP und VP-Luft das Khaki gewählt wurde, läßt sich nur vermuten. Die Breite der Skala gedeckter Farben, die den Forderungen der Kriegführung Mitte des 20. Jahrhunderts entsprachen, ist gering. Das Graugrün des Heeres der ehemaligen deutschen Wehrmacht stand zu diesem Zeitpunkt sicher noch nicht zur Diskussion. So blieb eigentlich nur die Farbe Khaki, die viele Streitkräfte in der Welt, natürlich auch der westlichen, führten. In der sowjetischen Einflußsphäre war es allgemein das erdbraune Khaki, vor allem bei der Sowjetarmee selbst, der eindeutig bestimmenden Kraft. Wieweit nun im einzelnen beim Schnitt der KVP- und VP-Luft- Uniformen, der Gestaltung der Dienstgradabzeichen und anderer Elemente der Bekleidung und Ausrüstung sowjetischen oder sogar deutschen Beispielen gefolgt wurde, soll in der Folge mit berücksichtigt werden. Nur von „Russenuniformen" zu sprechen, wie es der Volksmund tat, ist sicher zu einfach. Bei der Marine, also der VP-See, wirkten ohnehin ganz allgemein die internationalen Einflüsse in ihrer Entwicklung schon seit dem 19. Jahrhundert weiter.

Der Minister des Innern, W. Stoph, gratuliert W. Pieck, Präsident der DDR, zum 77. Geburtstag. Hinter ihm Generalleutnant V. Müller und der Chef Rückwärtige Dienste der HVA/KVP von 1951 bis 1953, Generalmajor H. Heitsch.

Erhalten geblieben sind einige Alben mit Dienstgradabzeichen der KVP (Originalstücke), Uniformmustern der KVP, VP-Luft und VP-See (Fotos von Uniformvorführungen), Mustern der Waffenfarben (Stoffproben), Stoffmustern der KVP-Uniformen, Uniformmustern der VP-Luft und Dienstgradabzeichen der KVP, auch VP-Luft und VP-See. Es handelt sich dabei um Musteralben, die alle am 5. Oktober 1952 vom damaligen Minister des Innern, W. Stoph, bestätigt worden waren.

Auf den ersten Blick bleibt bei den Uniformen der KVP und der VP-Luft hinsichtlich ihrer Farbe und besonders auch des Schnitts der Jacken der Eindruck von sowjetischen Uniformen bestehen. Aber schon bei den Generalen und Offizieren folgte die Stiefelhose dem Beispiel der früheren deutschen Uniformen. Ganz augenscheinlich bestimmte auch die Entwicklungslinie deutscher Armeen die Gestaltung der Dienstgradabzeichen, d.h. der Schulterklappen und Schulterstücke. Doch dazu später in einem eigenen Abschnitt.

Die bereits erwähnte „Vorschrift über die Bekleidung der Streitkräfte der Deutschen Demokratischen Republik" von 1952 blieb ganz offenbar ein Entwurf und trat nie in Kraft. Dagegen galten die „Vorläufigen Richtlinien der Bekleidungsordnung ..." vom 1. Februar 1953 bis zum Ende der KVP als verbindliche Bekleidungsvorschrift. Sie beschrieben die „eingeführten Anzugsarten" und enthielten „die An-

Angehörige der Kasernierten Volkspolizei bei der Ausbildung. Das untere Bild zeigt Offiziersschüler.

weisungen, zu welchen Gelegenheiten diese getragen werden müssen". Dieses rechtfertigt ihre ausführliche Wiedergabe in der Folge.

Zu Beginn jener „Richtlinien" wurde schon im ersten Punkt eindeutig gefordert: „Die strenge Einhaltung dieser Richtlinien der Bekleidungsordnung ist ein Mittel zur Stärkung der militärischen Disziplin und zur Festigung des Ansehens der VP in der Öffentlichkeit. Alle Kommandeure sind daher verpflichtet, diesen Anweisungen das nötige Gewicht beizulegen und haben deren einheitliche Durchführung und Einhaltung genau zu überwachen."

Der zweite Punkt legte das Inkrafttreten der „Richtlinien" für den 10. Februar des Jahres sowie deren „Gültigkeit für alle dem Ministerium des Innern unterstellten Dienststellen" fest. In dem dritten Punkt ging es um das Tragen von Zivilkleidung. Es hieß dazu: „Das Tragen von Zivilkleidung außer Dienst ist nur Offizieren vom Major/Korvettenkapitän an aufwärts gestattet. Es ist Ehrenpflicht dieser Offiziere, das Tragen von Zivilkleidung nur auf ganz besondere Ausnahmefälle zu beschränken. Allen anderen VP-Angehörigen kann im Urlaub den Dienstanzug, den Bordanzug, den Wachanzug, den Ausgehanzug und um die Sonderbekleidung. Die Tatsache, daß für alle drei bewaffneten Organe unter „6." die „Trageweise der Mützen" immer noch einmal ausdrücklich vorgeschrieben wurde, hängt sicherlich damit zusammen, daß bereits zuvor die HVA und HVS gerade die Kopfbedeckungen wie in allen Armeen der Welt besonders „schneidig" aufgesetzt wurden. Beleg für den Zeitdruck und noch gewisse Unfertigkeiten damals mochte sein, daß der Text dieses Punktes von KVP und VP-Luft gedankenlos an die VP-See übertragen wurde, dort also zum Beispiel nicht die Tellermütze genannt wurde.

Im Unterschied zur HVA zeigte sich in der KVP schon ein sehr viel differenzierteres Erscheinungsbild der Uniformen. Ein weiterer Schritt in Richtung Streitkräfte wurde auch auf diesem Gebiet vollzogen. Es fehlte eigentlich nur noch eine Paradeuniform. Ihre Einführung ließen die ökonomischen Zwänge nicht zu. Die in den „Vorläufige(n) Richtlinien" festgelegten Uniformarten sind für die KVP in nachfolgender Tabelle zusammengefaßt.

Uniformarten der KVP 1953

Uniformart	Träger	Anlaß
Dienstanzug	Soldaten/Unteroffiziere	zum Dienst (außer Arbeitsdienst), soweit nicht auf besonderem Befehl zur Ausbildung der getragen wurde; Wach- und Meldeanzug
Dienstanzug	Offiziere	zum Dienst; Wach- und Meldeanzug
Dienstanzug	Generale (Stiefelhose/Stiefel)	bei Meldungen; beim Auftreten vor der Front
Dienstanzug	Generale (lange Hose/Halbschuhe)	Stabsdienst
Felddienstanzug	Soldaten/Unteroffiziere	Ausbildung im Gelände, soweit nicht Arbeitsanzug befohlen war
Felddienstanzug	Offiziere/Generale	Ausbildung im Gelände und Truppenübungen
Arbeitsanzug	Soldaten/Unteroffiziere	Arbeitsdienst und auf Befehl zur Ausbildung
Ausgehanzug	alle Dienstgrade	im Urlaub; Teilnahme an Kulturveranstaltungen; Kommandierungen zu Delegationen und Ehrenabordnungen; besondere Anlässe auf Befehl
Sonderbekleidung	Lkw-, Krad- und Fahrer auf Sonder-Kfz	Fahrdienst
Sonderbekleidung	Werkstattpersonal, C-Besatzungen und C-Werkstattpersonal*	Werkstattarbeit, Ausbildung an C-Geräten*
Sonderbekleidung	Krankenschwestern	Schwesterndienst

* C = Panzertruppe.

und in begründeten Ausnahmefällen durch die Kommandeur die Genehmigung zum Tragen von Zivilkleidung schriftlich für eine befristete Zeitspanne erteilt werden."

Die „Richtlinien" schrieben fünf Anzugsarten vor. Für die KVP und die VP-Luft waren dies der Dienstanzug (bei der VP-Luft unterteilt in Dienstanzug I und II), der Felddienstanzug, der Arbeitsanzug (für Soldaten und Unteroffiziere), der Ausgehanzug und die Sonderbekleidung. Bei der VP-See handelte es sich annähernd analog um

Die diesbezüglichen Regelungen für die VP-Luft wiesen nur geringe Abweichungen auf. So gab es für ihre Offiziere und Generale die Uniformarten „Dienstanzug I" und „Dienstanzug II". Zu erstem gehörten Stiefelhose und Stiefel sowie braunes Koppel mit Schnalle und Schulterriemen; zum zweiten die lange khakifarbene Uniformhose und schwarze Halbschuhe. Dieser „Dienstanzug II" war zum Stabsdienst, bei kulturellen Veranstaltungen und bei besonderen Anlässen auf Befehl anzuziehen. Bei der Regelung zur Sonderbekleidung, die ansonsten ebenfalls mit der KVP übereinstimmte, fällt jedoch auf, daß keine solche für den Flugdienst aufgeführt wurde.

Eine Fahnenabordnung der VP-Luft 1955.

Auch für die VP-See galten in etwa diese Uniformarten und Tragebestimmungen mit nur wenigen Modifizierungen. So wurde der Dienstanzug von den Mannschaften, Maaten, Meistern und - immer gesondert genannt - Obermeistern sowie Offizieren zum Dienst, bei geschlossenem Auftreten in der Öffentlichkeit, als Meldeanzug und bei besonderen Anlässen auf Befehl getragen; von den Admiralen nur zum Dienst und als Meldeanzug. In der VP-See trat an die Stelle des Felddienstanzuges natürlich der Bordanzug. Ihn trugen Mannschaften und Maate zum Ausbildungsdienst, zum Arbeitsdienst und zur Frei-Wache; Meister, Obermeister und Offiziere zum Ausbildungsdienst; Admirale bei Teilnahme am Ausbildungsdienst, an Bord und im Gelände sowie bei Truppenübungen.

Dann gab es einen extra ausgewiesenen Wachanzug für alle, außer Admiralen, zum Wachdienst. Bei der Sonderbekleidung wurde die weiße Uniform genannt, die „nur auf ausdrücklichen Befehl des Chefs VP-See" zu tragen war. Sehr wichtig war in der VP-See natürlich eine „Winterdienst-Uniform" für Bordbesatzungen und in besonderen Fällen für Wachmannschaften - gleich für Mannschaften und Offiziere. Des weiteren wurde in der Bekleidung der VP-See bereits zwischen den Jahreszeiten unterschieden, denn vom 1. Mai bis 30. September jeden Jahres trug man die weiße Kopfbedeckung und das weiße Kieler Hemd und vom 1. Oktober bis 30. April grundsätzlich nur die blaue Kleidung. In der Sommerzeit konnten Meister, Obermeister und Offiziere zum Dienstanzug Halbschuhe und während der Winterzeit Schnürschuhe anziehen.

Für die Angehörigen der KVP, VP-Luft bzw. Aeroklub und VP-See war bereits eine Vielzahl von Bekleidungs- und Ausrüstungsstücken vorgesehen, die zu den jeweiligen Uniformarten gehörten. In welchem Umfang und in welcher Güte diese Teile wirklich ausgegeben worden waren, läßt sich nicht feststellen. Überliefert ist der Befehl Nr. 65/54 des Ministers des Innern vom 28. April 1954. Dieser regelte die „Bekleidungs- und Ausrüstungsnormen und Tragezeiten für den Personalbestand der Kasernierten Volkspolizei und Zivilangestellten sowie Ausstattungs- und Verbrauchsnormen für Schneider- und Schuhmacherwerkstätten". Damit wurden dann rückwirkend zum 1. April dieses Jahres die Ausrüstungsnormen und Tragezeiten in Kraft gesetzt. Sie sollen - mit den Generalen der KVP beginnend - für die eigentlichen Bekleidungs- sowie wenige Ausrüstungsstücke tabellarisch weitgehend wiedergegeben werden.

Ausstattungsnorm für Generale der KVP

Anzahl	Artikel	Tragezeit in Jahren
2	Schirmmützen	3
1	Schirmmütze, Sommer	2
je 1	Feld- und Wintermütze	2
1	Mantel, khaki	3
1	Sommermantel	3
1	Mantel, graublau	5
1	Regenmantel	3
1	Ledermantel	5
1	Uniformjacke	1
1	Uniformjacke, Sommer	2
1	Ausgehjacke	2
1	Hose, lang, blau	1
1	Stiefelhose, blau	1
1	Stiefelhose, khaki	2
2	Oberhemden	1
1	Binder	1
1	Paar Stiefel, Chromleder	2
1	Paar Stiefeletten	1
1	Koppel mit Schnalle	5
1	Schulterriemen	5
1	Kartentasche	5

Die Schirmmütze für den Sommer, der Sommer-, der Regen- und der Ledermantel mußten von den Generalen selbst bezahlt werden. Die Generale der Verwaltung der Aeroklubs bzw. vorher der VP-Luft besaßen eine ähnliche Ausstattung an Uniformteilen. Nicht viel anders sah es bei den männlichen Offizieren der KVP und der Aeroklubs aus.

Der Block der KVP auf der Parade zum 1. Mai 1953 in Berlin. An der Spitze ein Generalmajor sowie ein Offizier, begleitet von zwei Unteroffizieren mit Karabiner, als Fahnenträger.

Die Fußlappen und die Socken sowie die Gegenstände ab dem Rucksack erhielten nur die Offiziere in den Dienstgraden Unterleutnant bis Hauptmann. Auch sie mußten ihre Schirmmütze für den Sommer, den Sommer- und Regenmantel selbst bezahlen. Offiziere der Stäbe und direkt unterstellter zentraler Einrichtungen hatten für die lange blaue Hose, die blaue und khakifarbene Stiefelhose, die Feldmütze und den Mantel veränderte Tragezeiten. Die Offiziere der Aeroklubs bzw. davor der VP-Luft sollten keinen Stahlhelm führen. Sie besaßen weiterhin keine blaue Stiefelhose, aber eine lange khakifarbene Hose, blaugraue Oberhemden und Binder, anstelle der groblederen Stiefel chromlederne Halbschuhe sowie einen weißen Schal aus Kunstseide und einen khakifarbenen Wollschal.

Noch größer gestaltete sich die Übereinstimmung zwischen den männlichen Unteroffizieren und Mannschaften von KVP und Aeroklubs. Hier war nur der Stahlhelm nicht vorgesehen. Dazu erhöhte sich die Tragezeit für jenen Personenkreis im Stabsdienst beim Mantel und bei der Feldmütze auf drei bzw. zwei Jahre. Sportschuhe, Sporthemd und Sporthose waren nur gegen Bezahlung zu erhalten.

Ausstattungsnorm für männliche KVP-Offiziere

Anzahl	Artikel	Tragezeit in Jahren
1	Schirmmütze	2
1	Schirmmütze, Sommer	2
je 1	Feld- und Wintermütze	2
1	Stahlhelm	unbegrenzt
1	Mantel	2
1	Sommermantel	3
1	Regenmantel	3
2	Uniformjacken	2
1	Uniformjacke, Sommer	2
1	Hose, lang, blau	1
1	Stiefelhose, khaki	1
je 3	Unterhosen/-hemden	1
1	Paar Stiefel, Chromleder	2
1	Paar Stiefel, Grobleder	2
je 2	Paar Sohlen, Absätze und Fußlappen	1
4	Paar Socken, schwarz	1
1	Pullover	3
1	Kopfschützer	1
1	Koppel mit Schnalle	5
1	Schulterriemen	5
1	Kartentasche	5
1	Rucksack	4
1	Brotbeutel	3
1	Feldflasche, komplett	?
1	Zeltbahn mit Zubehör	5
1	Kochgeschirr mit Riemen	?
1	Eßbesteck	?
1	Einsatzdecke	2
3	Mantelriemen	?
3	Kragenbinden	1

Ausstattungsnorm für männliche KVP-Unteroffiziere/Mannschaften

Anzahl	Artikel	Tragezeit in Jahren
1	Schirmmütze	2
1	Feldmütze	1
1	Wintermütze	2
1	Stahlhelm	unbegrenzt
1	Mantel	2
1	Uniformjacke/-hose	1 ½
1	Uniformjacke/-hose, Sommer	1
1	Hose, lang, blau	2
1	Ausgehjacke/-hose	1 ½
je 4	Unterhosen/-hemden	1
1	Paar Halbschaftstiefel	1 ½
1	Paar Schnürschuhe	1 ½
1	Paar Sportschuhe	1
je 2	Paar Fußlappen/Socken, Baumwolle	1
1	Paar Handschuhe, gestrickt	1
1	Pullover	3
1	Kopfschützer	3
1	Koppel mit Schloß	5
1	Rucksack	4
1	Brotbeutel	3
1	Feldflasche, komplett	?
1	Zeltbahn mit Zubehör	5
1	Kochgeschirr mit Riemen	?
1	Eßbesteck	?
1	Einsatzdecke	2
1	Sporthemd/-hose	1
3	Mantelriemen	?
3	Kragenbinden	1
2	Hosenträger	3

Parade der KVP, hier Offiziere in Winteruniformen, am 9. März 1953 in der Berliner Karl-Marx-Allee.

Angehörige der VP-Luft auf der Parade zum 1. Mai 1953 auf dem Berliner Marx-Engels-Platz.

Bei den weiblichen Offizieren, Unteroffizieren und Mannschaften der KVP und der Aeroklubs (zuvor VP-Luft) bestanden in der Bekleidung und Ausrüstung ebenfalls große Gemeinsamkeiten. Abweichungen gab es vor allem bedingt durch die Gestaltung der Uniformen, nämlich für die khakifarbenen Blusen blaugraue Oberhemden, dann zwei schwarze Binder, ein weißer kunstseidener Schal, ein khakifarbener Wollschal und nur eine Strickjacke.

Ausstattungsnorm für weibliche KVP-Offiziere

Anzahl	Artikel	Tragezeit in Jahren
1	Baskenmütze, blau	1
2	Baskenmützen, khaki	1
1	Wintermütze	2
1	Mantel	2
je 1	Sommermantel/Regenmantel	3
2	Uniformjacken	2
1	Uniformjacke, Sommer	2
1	Wollrock, blau	1 ½
1	Rock, khaki	1
4	Blusen, khaki	1
2	Binder, khaki	1
4	Garnituren Unterwäsche, dreiteilig	1
je 1	Paar Stiefel und Halbschuhe, Chromleder	2
2	Paar Sohlen/Absätze	1
4	Paar Strümpfe, Kunstseide	1
1	Strickjacke bzw. Pullover	3
1	Koppel mit Schnalle	5
1	Schulterriemen	5
1	Kartentasche	5
1	Einsatzdecke	2
1	Rucksack	4
1	Brotbeutel	3
1	Feldflasche, komplett	?
1	Zeltbahn mit Zubehör	5
1	Kochgeschirr mit Riemen	?
3	Mantelriemen	?
1	Eßbesteck	?

Der weibliche KVP-Unteroffizier führt am Unterarm den Winkel für die mehr als dreijährige Dienstzeit.

Von diesen Teilen mußten von Frauen der Sommer- und der Regenmantel sowie zwei der khakifarbenen Blusen bezahlt werden. Die Gegenstände ab der Einsatzdecke waren nur für die Dienstgrade Unterleutnant bis Hauptmann vorgesehen. Für die weiblichen Offiziere der KVP im Stab und in den direkt unterstellten zentralen Einrichtungen galten für die khakifarbene Baskenmütze und den gleichfarbigen Rock sowie für den Mantel Tragezeiten von jeweils zwei bzw. dann drei Jahren.

Nicht viel anders sah es bei den weiblichen Unteroffizieren und Mannschaften in den anderen bewaffneten Organen aus. Alle hier und nachfolgend aufgeführten Aussagen zur Uniformierung der Frauen trafen natürlich auch auf die Grenzpolizei und das Ministerium bzw. Staatssekretariat für Staatssicherheit zu. Die Grundlage der Betrachtung auch dieser Uniformen soll wieder eine Tabelle sein.

Ausstattungsnorm für weibliche KVP-Unteroffiziere/Mannschaften

Anzahl	Artikel	Tragezeit in Jahren
2	Baskenmützen, khaki	1
1	Wintermütze	2
1	Mantel	2
1	Regenmantel	3
2	Uniformjacken	2
1	Uniformjacke, Sommer	2
1	Wollrock, khaki	1 ½
1	Sommerrock, khaki	2
2	Blusen, khaki	1
2	Binder, khaki	1
4	Garnituren Unterwäsche, dreiteilig	1
1	Paar Stiefel, Chromleder	3
1	Paar Halbschuhe, Chromleder	1 ½
1	Paar Sportschuhe	1
4	Paar Strümpfe, Kunstseide	1
1	Paar Handschuhe, gestrickt	1
1	Strickjacke	3
1	Koppel mit Schloß	5
1	Sporthemd/-hose	1
1	Einsatzdecke	2
1	Rucksack	4
1	Brotbeutel	3
1	Feldflasche, komplett	?
1	Zeltbahn mit Zubehör	5
1	Kochgeschirr mit Riemen	?
3	Mantelriemen	?
1	Eßbesteck	?

Auch von Frauen in diesen Dienstgraden waren Sporthemd, Sporthose und Sportschuhe selbst zu bezahlen. Bei den Aeroklubs bestanden folgende Unterschiede: Die Frauen erhielten zwei khakifarbene Wollröcke und zwei weitere ebensolche Blusen gegen Bezahlung. Die Tragezeit für den Mantel der im Stabsdienst tätigen Frauen wurde dagegen um ein Jahr verlängert.

Zur Einführung der Uniformen der VP-See

Eine große Vielfalt an Bekleidungsstücken fand sich natürlich bei der Marine, bei der VP-See sowie auch bei den Angehörigen der Deutschen Grenzpolizei-See. Auch sie wird nachfolgend nicht dauernd gesondert erwähnt. Wie die nachstehenden Tabellen belegen, galten allerdings die gleichen Regeln wie bei der KVP und der Verwaltung der Aeroklubs.

Ausstattungsnorm für Admirale/Generale der VP-See

Anzahl	Artikel	Tragezeit in Jahren
2	Schirmmützen	3
4	Schirmmützen, Sommer	1
1	Bordkäppi	2
1	Mantel	3
1	Regenmantel	3
1	Ledermantel	5
2	Uniformjacken	2
1	Ausgehjacke	3
2	Hosen, lang, blau	2
1	Hose, lang, blau	3
je 2	Oberhemden, weiß und blaugrau	2
2	Binder, schwarz	2
1	Paar Stiefeletten	1
1	Paar Halbschuhe, Chromleder	2
1	Schal, Kunstseide	2
1	Koffer	5

Die vier weißen Mützenbezüge, der Regen- und Ledermantel sowie der Schal und der Koffer waren zu bezahlen. Bei den männlichen Offizieren sind einige Gegenstände zusätzlich aufgeführt. Insgesamt sind es diese, von denen zwei weiße Mützenbezüge, der Regenmantel und der Koffer bezahlt werden mußten. Die Socken gab es nur für die Dienstgrade vom Unterleutnant bis zum Kapitänleutnant bzw. Hauptmann.

Ausstattungsnorm für männliche Offiziere der VP-See

Anzahl	Artikel	Tragezeit in Jahren
1	Schirmmützengestell	2
4	Schirmmützenbezüge, weiß	1
1	Schirmmützenbezug, blau	1
1	Bordkäppi	2
1	Mantel	2
1	Regenmantel	3
2	Uniformjacken	2
1	Ausgehjacke	2
3	Hosen, lang, blau	2
1	Bordanzug, blau	2
je 2	Oberhemden, weiß und blaugrau	2
2	Binder, schwarz	1
3	Unterhemden/-hosen	1
1	Paar Schnürschuhe	2
1	Paar Halbschuhe, Chromleder	1
2	Paar Sohlen und Absätze	1
4	Paar Socken, schwarz	1
1	Schal, weiß, Kunstseide	2
1	Pullover	3
1	Koffer	5

Für die Dienstgrade Meister und Feldwebel sowie für Kfz-Angehörige gab es eine entsprechende Ausstattung an Bekleidung und persönlicher Ausrüstung. Es änderten sich jedoch die nachfolgend aufgeführten Positionen - in Klammern die Tragezeit in Jahren. Somit besaßen diese Dienstgrade zwei Schirmmützenbezüge (2), ein Bordkäppi (1), zwei Bordanzüge (2), je vier Unterhemden und Unterhosen (1), zwei Paar Halbschaftstiefel (1 ½), ein Paar Schnürschuhe (1 ½), ein Paar Sportschuhe (1), vier Paar baumwollene Socken (1), ein Paar gestrickte Handschuhe (1), einen Wollschall (2), ein Koppel mit Schloß (4), einen Rucksack (4), einen Seesack (?), einen Brotbeutel (3), eine komplette Feldflasche (?), eine Zeltbahn mit Zubehör (5), ein Kochgeschirr mit Riemen (?), ein Eßbesteck (?) und drei Mantelriemen (?).

Die Sportschuhe mußten von diesen Dienstgraden bezahlt werden.

Der Block der VP-See auf der Parade zum 1. Mai 1953 in Berlin. Bemerkenswert sind die von den Offizieren angelegten Schulterriemen zum Lederkoppel.

Diese Regelung traf auch noch auf die männlichen Unteroffiziere und Mannschaften zu. Für diese kam nun wirklich eine Vielzahl an Uniform- und Ausrüstungsgegenständen zusammen.

Ausstattungsnorm für männliche Unteroffiziere/Mannschaften der VP-See

Anzahl	Artikel	Tragezeit in Jahren
1	Tellermützengestell	2
2	Tellermützenbezüge, blau	2
4	Tellermützenbezüge, weiß	1
1	Bordkäppi	1
2	Kulani und Klapphosen	2
je 2	Bordanzüge, blau und weiß	2
3	Kieler Kragen	2
je 2	Kieler Hemden, weiß und blau	2
4	Unterhemden/-hosen	1
2	Unterhemden, blau-weiß gestreift	2
1	Sporthemd/-hose	?
Je 1	Paar Halbschaftstiefel und Schnürschuhe	1 ½
1	Paar Bordschuhe	2
1	Paar Sportschuhe	1
4	Paar Socken, Baumwolle	1
1	Paar Handschuhe, gestrickt	1
1	Wollschal, blau	2
1	Pullover mit Rollkragen	3
je 1	Koppel mit Schloß und Rucksack	4
1	Brotbeutel	3
1	Feldflasche, komplett	?
1	Zeltbahn mit Zubehör	5
1	Kochgeschirr mit Riemen	?
1	Eßbesteck	?
3	Mantelriemen	?
1	Einsatzdecke	2

Die weiblichen Angehörigen der VP-See verfügten ebenfalls über eine stattliche Anzahl an Bekleidungs- und persönlichen Ausrüstungsgegenständen.

Auch von den Frauen im Offiziersrang mußten der Regenmantel, der weiße Schal und der Koffer selbst bezahlt werden.

Bei den weiblichen Unteroffizieren und Mannschaften der VP-See lassen sich nur geringfügige Veränderungen feststellen. Dabei handelte es sich um zwei weiße Baskenmützen (1), je zwei weiße und blaugraue Hemdblusen (2), ein Paar chromlederne Stiefel (3), ein Paar chromlederne Halbschuhe (1½), ein Paar Sportschuhe (1), ein paar gestrickte Handschuhe (1), ein blauer Wollschal (2), eine Strickjacke oder ein Pullover (3), ein Koppel mit Schloß (3), eine Einsatzdecke (2), ein Sporthemd und eine Sporthose (1) sowie drei Kragenbinden. In Klammern ist die Tragezeit in Jahren angegeben. Darüber hinaus hatten auch diese Frauen ihre Sportbekleidung selbst zu bezahlen. Für die weiblichen Offiziere und Meister der VP-See galt insgesamt die nebenstehende Ausstattungsnorm.

Ausstattungsnorm für weibliche Offiziere/Meister der VP-See

Anzahl	Artikel	Tragezeit in Jahren
1	Bordkäppi	2
1	Baskenmütze, blau	1
2	Baskenmützen, weiß	2
1	Mantel	2
1	Regenmantel	3
2	Uniformjacken	2
1	Ausgehjacke	2
3	Wollröcke, blau	2
1	Bordanzug, blau	2
je 2	Hemdblusen, weiß und blaugrau	2
2	Binder, schwarz	1
4	Garnituren Unterwäsche, dreiteilig	1
je 1	Paar Stiefel und Halbschuhe, Chromleder	2
2	Paar Sohlen und Absätze	1
4	Paar Strümpfe, Kunstseide	1
1	Schal, weiß, Kunstseide	2
1	Pullover	3
1	Koffer	5

Dienstgrad- und Laufbahnabzeichen, Waffenfarben und andere Abzeichen

Während sich die Angehörigen der KVP und der VP-Luft im Unterschied zu denen der VP-See schwer mit khakifarbenen Uniformen taten – sie stießen weder bei der Mehrzahl von ihnen noch bei der Bevölkerung ob ihrer großen Ähnlichkeit mit den Uniformen der Sowjetarmee auf Gegenliebe – war das bei den eingeführten Dienstgraden und Dienstgradabzeichen deutlich anders. Hier wurden einmal statt der Polizeidienstgrade solche militärischen Charakters eingeführt. Zum anderen folgte die Gestaltung der Dienstgradabzeichen den bekannten deutschen Vorbildern.

Die militärischen Dienstgrade und Dienstgradabzeichen der KVP wurden mit dem Befehl Nr. 9/1952 des Ministers des Innern, W. Stoph, vom 27. August 1952 eingeführt.

Anzumerken bei dieser hier wiedergegebenen Übersicht ist, daß es sich bei dem Innendienstleiter und dem Hauptfeldwebel um Dienststellungen handelte. Der Innendienstleiter blieb als solcher in den Kompanien der späteren Bereitschaftspolizei erhalten. Der Dienstgrad Obermaat konnte nur im Flottendienst geführt werden. Des weiteren gab es natürlich auch schon die Dienstgrade Generaloberst/Admiral und sogar Armeegeneral/Flottenadmiral. Es war auch vorgesehen, daß die Generale die Bezeichnung der Waffengattungen und Dienste, denen sie angehörten, führen sollten. Sogar die Admirale sollten nach solchen des Küstenschutzes (KS) und des Ingenieur-Schiffs-Dienstes (Ing.) mit den entsprechenden Waffenfarben (siehe Seite 32) unterschieden werden – so die Dienstanweisung Nr. 3/53 des Leiters der VP-See vom 27. Januar 1953. Bei den Generalen ist diese Unterscheidung vereinzelt praktiziert worden. Später blieb es einige Jahre beim Medizinischen Dienst und beim Justizdienst genauso üblich. Im Oktober 1952 setzte die praktische Umwandlung der Dienstgrade der Offiziere ein, die vor allem die zahlenmäßig starke Gruppe der Leutnante zu Beförderungen führte. Das geschah – so ein Schreiben an die Leiter der KVP-Dienststellen vom 26. September 1952 - folgendermaßen:

Alte VP-Dienstgrade	Neue militärische KVP-Dienstgrade
VP-Anwärter	Soldat/Matrose
VP-Wachtmeister	Gefreiter/Obermatrose
VP-Offiziersanwärter	Offiziersanwärter
VP-Oberwachtmeister	Unteroffizier/Maat
VP-Hauptwachtmeister	Feldwebel/Obermaat
VP-Meister	Oberfeldwebel/Meister
VP-Innendienstleiter	Hauptfeldwebel/Obermeister
VP-Unterkommissar	Unterleutnant
VP-Kommissar	Leutnant
VP-Oberkommissar	Oberleutnant
VP-Rat	Hauptmann/Kapitänleutnant
VP-Oberrat	Major/Korvettenkapitän
VP-Kommandeur	Oberstleutnant/Fregattenkapitän
VP-Inspekteur	Oberst/Kapitän zur See
VP-Chefinspekteur	Generalmajor/Konteradmiral
VP-Generalinspekteur	Generalleutnant/Vizeadmiral

Die Gestaltung der Dienstgradabzeichen auf der Schulter entsprach in einem hohen Maße denen der Deutschen Wehrmacht. Allerdings erhielt der Gefreite für seinen Dienstgrad eine 9 mm breite silberfarbene Aluminiumtresse, die 1 cm von der Unterkante entfernt anzubringen war. Ähnlich sah es bei der VP-See aus. Der Obermatrose war an seiner, aber nur 7 mm breiten goldfarbenen Tresse aus Metallgespinst an gleicher Stelle der Schulterklappen zu erkennen. Seine Tresse war schmaler, da die Unteroffizierdienstgrade Maat und Obermaat zusätzlich eine Tresse bzw. zwei Tressen führten. Die Schulterklappen der Unteroffiziere der anderen betreffenden bewaffneten Organe blieben mit jener 9 mm breiten silberfarbigen Tresse U-förmig eingefaßt. Vollständig von silberfarbenen und goldmetallenen Tressen finden sich die Schulterklappen von Feldwebel und Oberfeldwebel bzw. Meister und Obermeister umrahmt. Hinzu kamen ein oder zwei silberfarbene, vierzackige Aluminiumsterne mit einer Seitenlänge von 16 mm.

Die Offizierschüler der drei Lehrjahre führten den Unteroffizieren entsprechende Schulterklappen und dem Buchstaben „A" als Metallauflage. Zunächst hatte das 1. Lehrjahr die U-förmige Tresse und das 2. und 3. Lehrjahr eine bzw. zwei 9 mm Quertressen. Ab 1954 gab es entsprechend dem Lehrjahr ein bis drei Tressen.

Die Dienstgradabzeichen, d.h. die Schulterstücke der Offiziere, bestanden aus nebeneinanderliegenden bzw. geflochtenen Silberplattschnüren. Die Anzahl der Gradsterne wies den Dienstgrad aus. Dabei erhielten die Dienstgrade Unterleutnant bis Hauptmann/Kapitänleutnant vierzackige, goldfarbene Sterne mit einer Seitenlänge von 11,5 mm und die Stabsoffizierdienstgrade solche von 13 mm Seitenlänge.

Die Schulterstücke der Generale bzw. Admirale bestanden aus zwei goldfarbenen Rundschnüren aus Metallgespinst, einer dazwischen befindlichen Silberplattschnur und war in vier Bogen geflochten. Den genauen Rang kennzeichneten fünfzackige versilberte Metallsterne von 20 mm Seitenlänge.

Als marinetypische Besonderheit blieb den Angehörigen der VP-See das System der Ärmeltressen im wesentlichen erhalten. Somit befestigten die Dienstgrade Obermatrose, Maat und Obermaat ein bis drei 60 mm lange und 7 mm breite Tressen im Abstand von 2 cm unterhalb des Laufbahnabzeichens am linken Ärmel des Kieler Hemdes oder des Überziehers, nicht aber an der Bordbluse des Bordanzuges. Die Tressen waren aus goldfarbenem Metallgespinst oder blauer Wollstickerei, je nach Uniformart. Meister und Obermeister besaßen keine Ärmeltressen.

Bei den Offiziersschülern wurden entsprechend den Lehrjahren die Laufbahnabzeichen mit ein, zwei oder drei Ringen eingefaßt. Diese Abzeichen, angebracht 12 cm vom Ärmelansatz entfernt, gab es in gleichem Material wie bei den Maaten.

Die Ärmeltressen der Offiziere und Admirale sowie der Generale der Verwaltungs- und Küstendienstlaufbahn bestanden aus goldfarbenem Metallgespinst von einheitlich 100 mm Länge, aber je nach Dienstgrad in Breiten von 7 mm, 14 mm und 50 mm wie folgt zusammengestellt:

Dienstgrad	Dienstgradabzeichen
Unterleutnant zur See/ Unterleutnant	eine 14 mm breite Tresse
Leutnant zur See/Leutnant	wie vorher und eine 7 mm Tresse
Oberleutnant zur See/ Oberleutnant	zwei 14 mm breite Tressen
Kapitänleutnant/Hauptmann	wie vorher und eine 7 mm Tresse
Korvettenkapitän/Major	drei 14 mm breite Tressen
Fregattenkapitän/ Oberstleutnant	vier 14 mm breite Tressen
Kapitän zur See/Oberst	eine 50 mm breite Tresse
Konteradmiral/Generalmajor	wie vorher und eine 14 mm Tresse
Vizeadmiral/Generalleutnant	wie vorher und zwei 14 mm Tressen
Admiral/Generaloberst	wie vorher und drei 14 mm Tressen
Flottenadmiral/Armeegeneral	wie vorher und vier 14 mm Tressen

Diese Art der Anordnung der Tressen blieb auch nach 1956 bei den Seestreitkräften bzw. bei der Volksmarine der NVA bis 1990 gültig. Nur das Tressenmaterial änderte sich 1961/1962.

Darüber hinaus waren die einzelnen Dienstgradgruppen in der VP-See an Dekorationen an den Mützenschirmen, die sehr unterschiedlich gearbeitet waren, leicht zu erkennen. Für die Dienstgrade von Unterleutnant bis Kapitänleutnant war es eine aufgestickte goldfarbene Halbmondleiste aus Metallgespinst, für die Stabsoffiziere ein solcher Eichenlaubkranz und für die Admirale und Generale der VP-See eine ebensolche doppelte Eichenlaubranke. Außerdem befanden sich an der Schirmmütze der Dienstgrade Meister bzw. Feldwebel bis Kapitän zur See bzw. Oberst ein Ledersturmband und an der Mütze der Admirale bzw. Generale eine goldfarbene Mützenkordel von 7 mm Durchmesser. Ebenfalls gab es entsprechend unterschiedliche Mützenkränze. In sie war die schwarzrotgoldene Kokarde eingesetzt, nämlich Meister/Feldwebel ein 60 x 40 mm messendes Eichenlaub mit links und rechts je fünf Eichenblätter, die Offiziere einen solchen von 70 x 55 mm, links und rechts mit je sechs Eichenblättern aus gelber Kunstseidenstickerei für die Dienstgrade bis Kapitänleutnant/Hauptmann bzw. mit handgesticktem goldfarbenem Metallgespinst für die Stabsoffiziere und Admirale bzw. Generale.

Ebenfalls früherem deutschen Beispiel folgend, lebten die Waffenfarben als bedeutsames Unterscheidungsmerkmal wieder auf, wenn es auch zu anderen Farben und Zuordnungen kam. Derzeit ist es nicht möglich, die wirklich verwendeten Waffenfarben in der KVA und bei den uniformierten Angehörigen des Staatssekretariats für Staatssicherheit (1953-1957) festzustellen. Eine der Grundlagen für nachfolgende Tabelle sind 1953 mit dem Hinweis „Nur für den Dienstgebrauch" gedruckte Anschauungstafeln der KVP, VP-Luft und VP-See.

Die Waffenfarben der KVP und der Staatssicherheit

KVP

Generale	Rot
Infanterie	Malino
Artillerie	Schwarz
Panzer	Kobaltblau
Nachrichten	Schwarz
Pioniere	Schwarz
Chemische Truppen	Schwarz
Kfz-Truppen	Schwarz
Eisenbahntruppen	Schwarz
Intendantur, Administrativer-, medizinischer- und juristischer Dienst	Dunkelgrün
VP-Luft	Hellblau
VP-See	
Flottendienst	Dunkelblau
Verwaltungsdienst	Silbergrau
Küstendienst	Weinrot
Ministerium/Staatssekretariat für Staatssicherheit	Rot
Deutsche Grenzpolizei	Hellgrün

Es blieb jedoch nicht bei diesen Hauptwaffenfarben, sondern es gab einige Modifizierungen hinsichtlich farbiger Einfassungen der Kragenspiegel und der Uniformbiesen. Sie sind den Farbtafeln auf den Seiten 42, 43 und 44 zu entnehmen.

Es gab schon damals - von 1954 bis 1956 - zwei Dienstlaufbahnabzeichen in der VP-Luft bzw. Verwaltung Aeroklubs in Gestalt von Brustabzeichen – für das fliegende Personal und für Flugzeugmechaniker/Techniker. Erstere trugen eine vierblättrige Luftschraube in einem hochovalen, geschlossenen Eichenlaubkranz und die anderen dieselbe Luftschraube mit einem halboffenen Zahnkranz und links und rechts stilisierte Schwingen (100 x 20 mm). Bei erstem Abzeichen handelte es sich um ein silberfarbenes, handgesticktes Metallgespinst auf khakifarbener Tuchunterlage. Im zweiten Fall war das Abzeichen aus silbergrauer Kunstseide maschinengestickt.

Die übergroße Zahl an Laufbahnabzeichen und Abzeichen für Sonderausbildung existierte allerdings nur in der VP-See. Das bemerkenswerteste an ihnen war ihre grundlegende Unterteilung in die drei Grundlaufbahnen Flotten-, Verwaltungs- und Küstendienst. Für die Matrosen, Maate und Meister des Flottendienstes bzw. für die Soldaten und Unteroffiziere der beiden anderen Grundlaufbahnen bestanden diese Abzeichen je nach Uniformart aus mattgelber bzw. blauer Maschinenstickerei auf einer unverstärkten, am Rand abgenähten, runden Tuchunterlage von 50 mm Durchmesser. Sie wurden auf dem linken Oberärmel der Kieler Hemden bzw. der Uniformjacken, der Überzieher und wohl sogar der Wintermäntel im Abstand von 12 cm von der Schulternaht angebracht. Es waren für Matrosen, Maate und Meister im:

Flottendienst
- der fünfzackige Stern der Seemännischen Laufbahn,
- das stilisierte Zahnrad mit sechs Speichen der Maschinenlaufbahn und
- der stilisierte, nach unten gerichtete Blitzstrahl der Funk/Nachrichten-Laufbahn.

Verwaltungsdienst
- der klare Anker für die Administrative Laufbahn,
- der Merkurstab für die Intendantur-Laufbahn,
- der Äskulapstab für die Medizinische Laufbahn,
- der Anker mit Waage für die Justizlaufbahn,
- das stilisierte Zahnrad mit sechs Speichen der Technischen Laufbahn und
- zwei gekreuzte Federkiele für die Schreiber-Laufbahn.

Küstendienst
- die flammende, geflügelte Granate für die Küstenartillerie-Laufbahn,
- der geflügelte Autoreifen für die Kraftfahrerlaufbahn,
- der unklare Anker für die Küstendienst-Laufbahn an sich,
- der verstellbare Werkzeugschlüssel für die Pionierlaufbahn,
- die Lyra für die Musiklaufbahn,
- der Zahnkranz für die Waffentechnische Laufbahn und
- der nach unten gerichtete Blitzstrahl für die Funk/Nachrichten-Laufbahn.

Die im wesentlichen gleichen Laufbahnabzeichen der Offiziere dieser drei Grundlaufbahnen bestanden aus einer goldfarbenen Stickerei auf einer Tuchunterlage von 40 mm Durchmesser. Sie wurden auf beiden Unterärmeln der Uniformjacken im Abstand von 30 mm über den Dienstgradtressen getragen. Im Flottendienst gab es den fünfzackigen Stern für die Offiziere der Seemännischen Laufbahn, das stilisierte Zahnrad mit sechs Speichen der Maschineningenieur-Laufbahn und den nach unten gerichteten Blitzstrahl für die Funk/Nachrichten-Laufbahn. Im Verwaltungsdienst waren es analoge Abzeichen zu den Mannschaften und Unteroffizieren für die Administrative Laufbahn, Intendantur-Laufbahn, Medizinische Laufbahn und Justiz-Laufbahn. Die technische Laufbahn hieß bei den Offizieren Ingenieur-Laufbahn; die Schreiber-Laufbahn entfiel natürlich. Im Küstendienst gab es für die Offiziere mit den ebenfalls analogen Abzeichen der Mannschaften und Unteroffiziere die Küstenartillerie-Laufbahn, Kraftfahrzeugtechnische Laufbahn (anstelle der Kraftfahrerlaufbahn), Küstendienstlaufbahn, Pionier-Laufbahn, Musiklaufbahn, Waffentechnische Laufbahn und Funk/Nachrichten-Laufbahn.

In der Dienstanweisung des Leiters der VP-See Nr. 3/53 vom 27. Januar 1953 wurden auch die Abzeichen für Sonderausbildung der Matrosen bzw. Soldaten und Maate bzw. Unteroffiziere festgeschrieben. Sie wurden auch damals bereits nach dem erfolgreichen

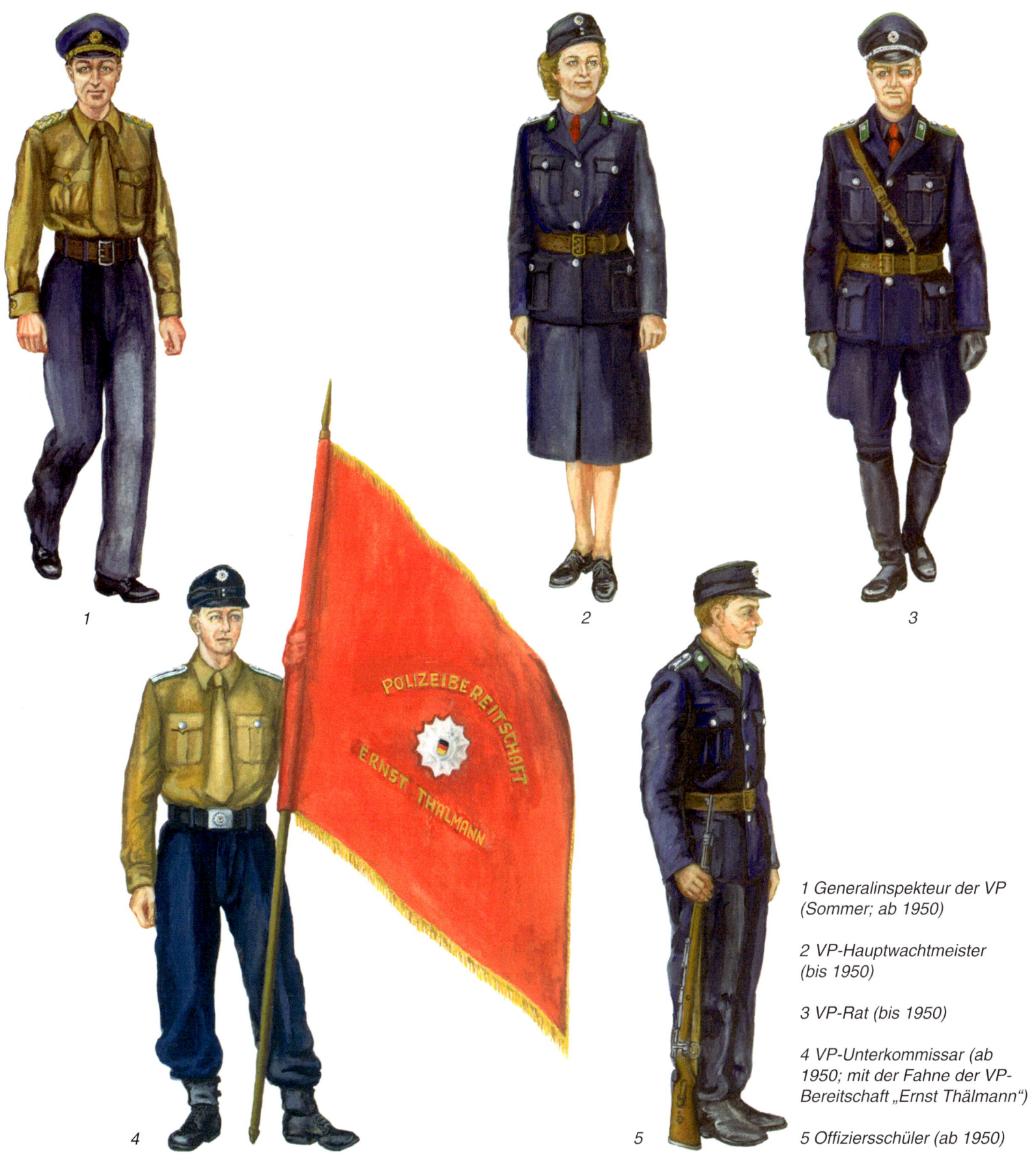

Uniformen der Hauptverwaltung Seepolizei sowie Sonderbekleidung von HVA und HVS

1 Dienst- bzw. Ausbildungsuniform (Winter), Seepolizei-Oberwachtmeister

2 Borduniform, Seepolizei-Anwärter

3 Dienstuniform (Sommer), Generalinspekteur der Seepolizei 1. Grades

4 VP-Wachtmeister im Kradmantel

5 VP-Wachtmeister im Wachtmantel (Schaffell)

6 Seepolizei-Wachtmeister im Watteanzug

Uniformen der Kasernierten Volkspolizei und der Volkspolizei-Luft 1952-1956

1 Felddienstuniform, Gefreiter, VP-Luft

2 Felddienstuniform Major, Artillerie

3 Dienstuniform, Feldwebel, rückwärtige Dienste

4 Dienst- bzw. Felddienstuniform, Generalmajor, VP-Luft

5 Ausgangsuniform, Leutnant, VP-Luft

6 Dienstuniform, Soldat, Infanterie

Uniformen der Kasernierten Volkspolizei, der Volkspolizei-Luft und der Volkspolizei-See 1952-1956

1 Ausgangsuniform, Unteroffizier, Nachrichten

2 Ausgangsuniform Hauptmann, VP-Luft

3 Dienstuniform, Generalmajor, KVP

4 Dienstuniform, Oberleutnant, Panzertruppen

5 Ausgangsuniform (Sommer), Unterleutnant, VP-See

6 Borduniform, Obermeister, Maschinenpersonal

Uniformen der Volkspolizei-See 1952-1956

1 Dienstuniform (Winter; mit Überzieher), Obermaat, Flottendienst

2 Dienstuniform (Winter), Unterleutnant, Verwaltungslaufbahn

3 Dienstuniform (Winter), Korvettenkapitän, Flottendienst

4 Dienst- bzw. Ausbildungsuniform (Sommer), Matrose, Seemännische Laufbahn (Signaldienst)

5 Borduniform (Sommer), Meister, Küstendienstlaufbahn

6 Borduniform (weiß), Matrose

Uniformen der Kasernierten Volkspolizei und der Volkspolizei-Luft 1952-1956

1 Dienstuniform, Generalmajor

2 Ausgangsuniform, Major, Artillerie

3 Dienstuniform, Soldat, Infanterie

4 Arbeitsuniform, Soldat, VP-Luft

5 Dienstuniform, Generalmajor, VP-Luft

6 Dienstuniform, Unterleutnant, VP-Luft

Uniformen der Volkspolizei-See 1952-1956

1 Ausgangsuniform (Winter), Konteradmiral

2 Ausgangsuniform, Unterleutnant, Verwaltungslaufbahn

3 Ausgangsuniform (Sommer), Korvettenkapitän

4 Borduniform, Kapitänleutnant, Verwaltungslaufbahn

5 Spezialbekleidung (Winter)

6 Wachuniform, Unterleutnant, Verwaltungslaufbahn

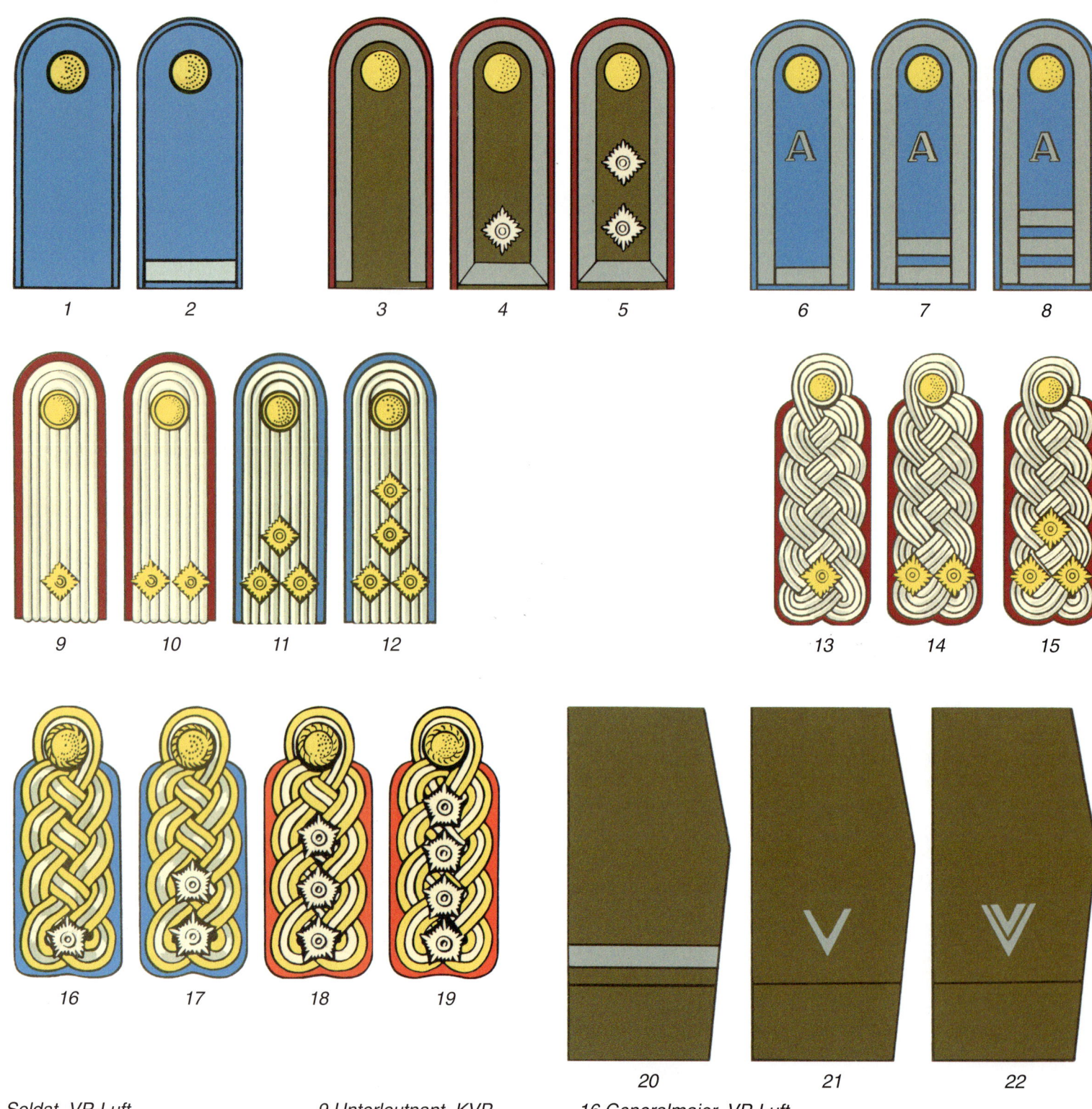

Dienstgradabzeichen der Kasernierten Volkspolizei und der Volkspolizei-Luft 1952-1956

1 Soldat, VP-Luft
2 Gefreiter, VP-Luft
3 Unteroffizier, KVP
4 Feldwebel, KVP
5 Oberfeldwebel, KVP
6 Offiziersschüler, 1. Jahr, VP-Luft
7 Offiziersschüler, 2. Jahr, VP-Luft
8 Offiziersschüler, 3. Jahr, VP-Luft

9 Unterleutnant, KVP
10 Leutnant, KVP
11 Oberleutnant, VP-Luft
12 Hauptmann, VP-Luft

13 Major, KVP
14 Oberstleutnant, KVP
15 Oberst, KVP

16 Generalmajor, VP-Luft
17 Generalleutnant, VP-Luft
18 Generaloberst, KVP
19 Armeegeneral, KVP

20 Abzeichen für Hauptfeldwebel
21 Abzeichen für über 3jährige Dienstzeit
22 Abzeichen für über 5jährige Dienstzeit

Effekten der Volkspolizei-Luft 1952-1956

1 Mütze für Soldaten und Unteroffiziere
2 Mütze für Offiziere
3 Mütze für Generale

4 Kokarde, 23 mm, gestanzt
5, 6 gestanzte Abzeichen
14, 15, 16 gestickte Abzeichen

7 Kragenspiegel für Soldaten und Unteroffiziere
8 Kragenspiegel für Offiziere
9 Kragenspiegel für Generale

11 Feldmütze für Soldaten und Unteroffiziere (auch KVP)
10 Feldmütze für Offiziere

12 Barett für weibliche Soldaten und Unteroffiziere (auch KVP)
13 Barett für weibliche Offiziere

Die Offiziere des Fliegenden Personals führten die Mützenabzeichen, Schwingen und Einfassungen in Gold; Soldaten und Unteroffiziere die Schwingen in Gold. Das übrige Personal erhielt diese Abzeichen in Silber.

Die Waffenfarben der Soldaten und Unteroffiziere der Kasernierten Volkspolizei an Mütze und Kragenspiegel sowie Einfassung der Schulterklappen 1952-1956

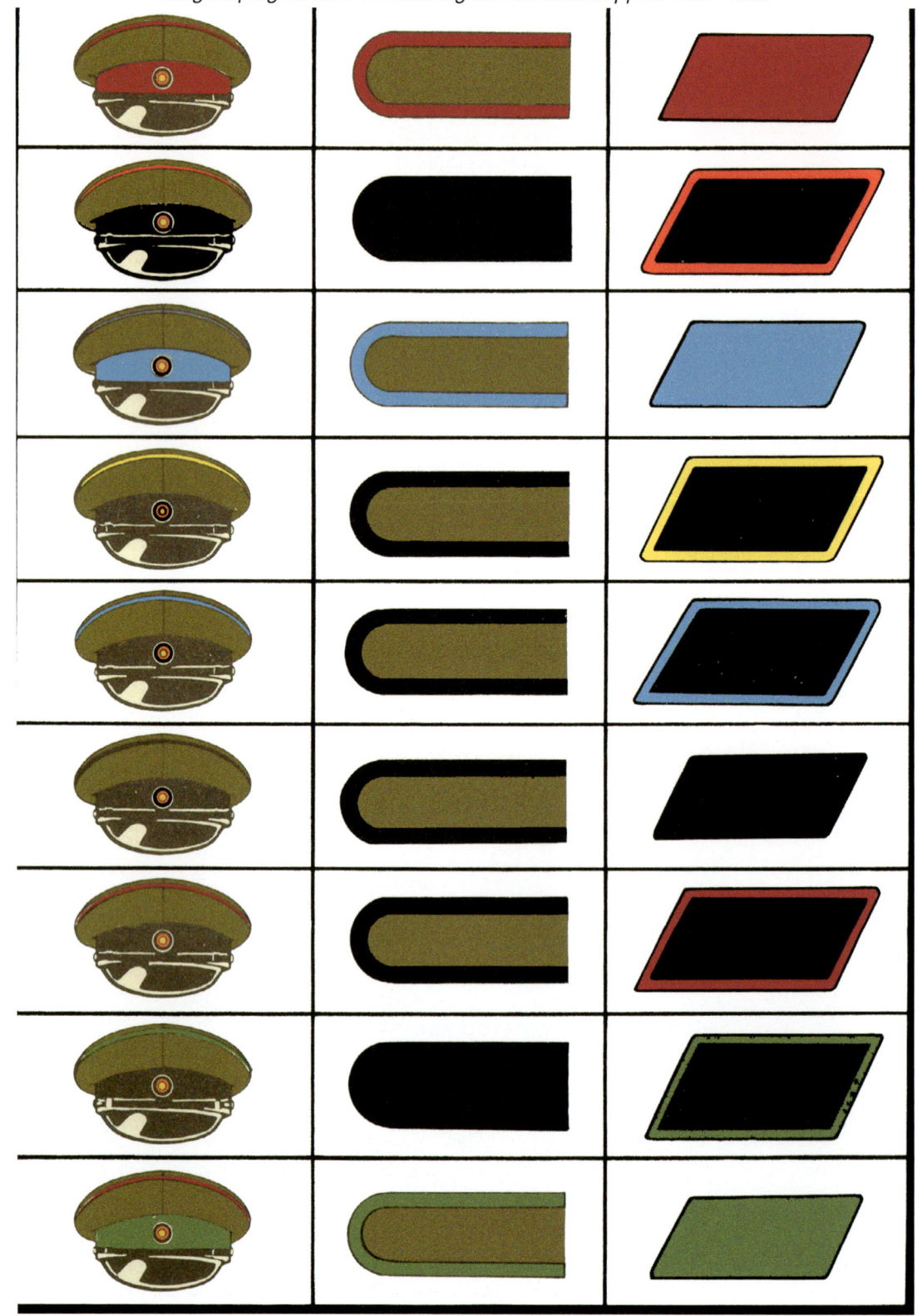

Reihe 1 = Infanterie
Reihe 2 = Artillerie
Reihe 3 = Panzer
Reihe 4 = Nachrichten
Reihe 5 = Pioniere
Reihe 6 = Chemische Truppen
Reihe 7 = Kfz-Truppen
Reihe 8 = Eisenbahntruppen
Reihe 9 = Intendantur, Administrativer-, medizinischer- und juristischer Dienst

42

Die Waffenfarben der Offiziere der Kasernierten Volkspolizei an Mütze, Kragenspiegel und als Untergrund der Schulterstücke sowie als Uniformbiese 1952-1956

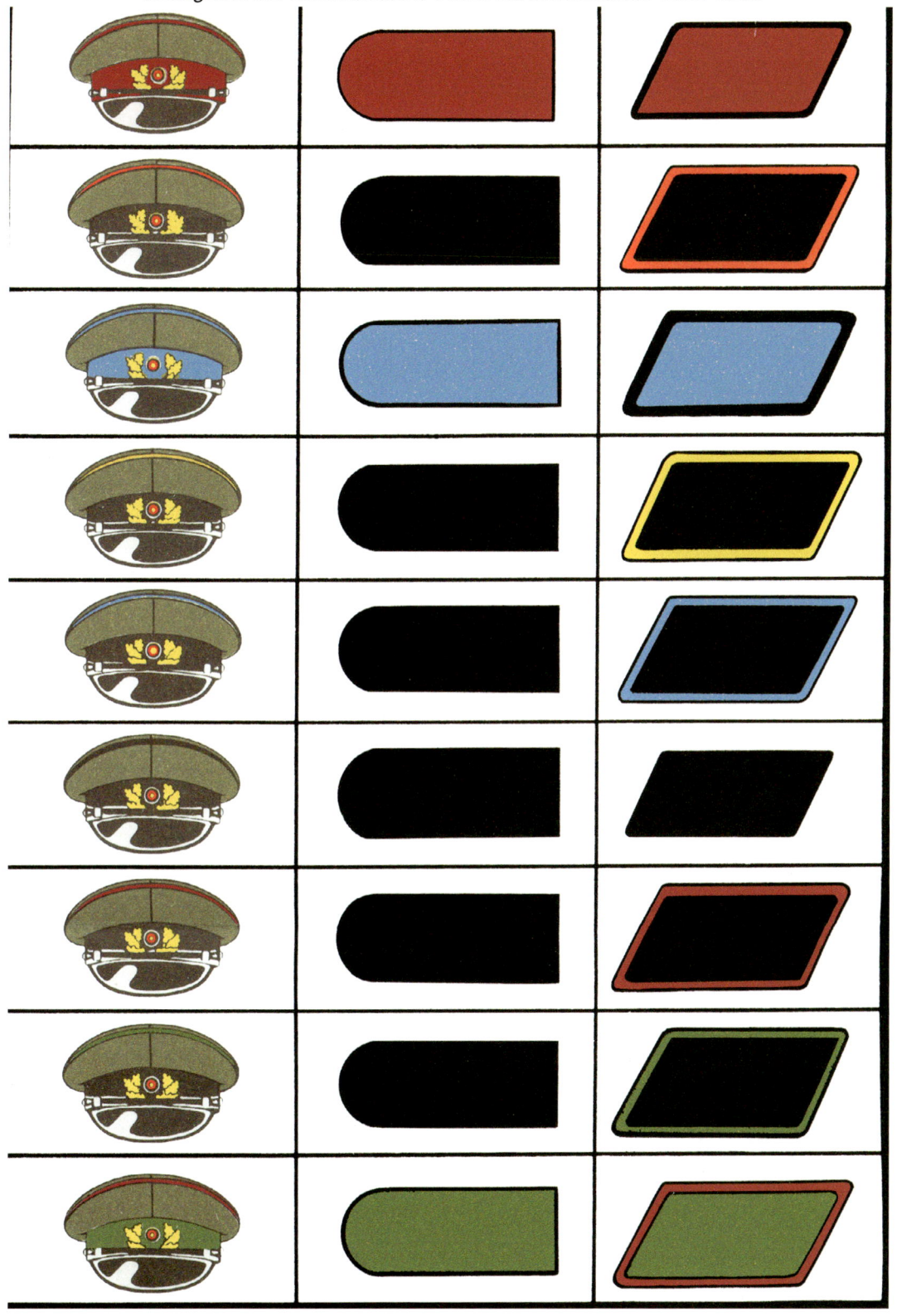

Reihe 1 = Infanterie
Reihe 2 = Artillerie
Reihe 3 = Panzer
Reihe 4 = Nachrichten
Reihe 5 = Pioniere
Reihe 6 = Chemische Truppen
Reihe 7 = Kfz-Truppen
Reihe 8 = Eisenbahntruppen
Reihe 9 = Intendantur, Administrativer-, medizinischer- und juristischer Dienst

Die Waffenfarben der Generale der Kasernierten Volkspolizei an Mütze, Kragenspiegel und als Untergrund der Schulterstücke sowie als Uniformbiese 1952-1956

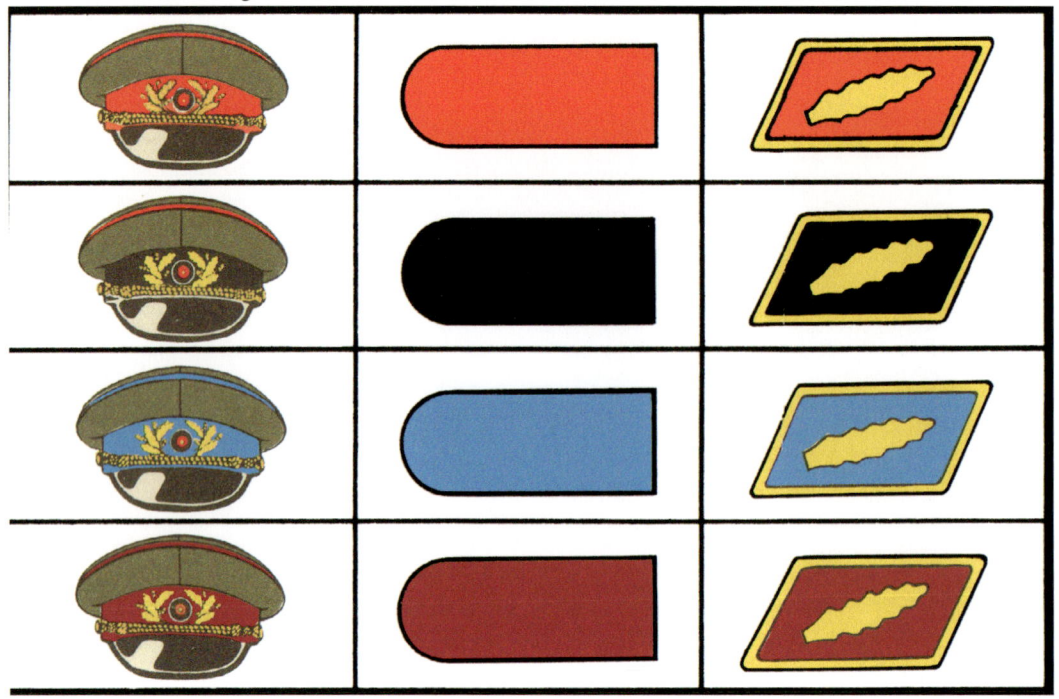

Reihe 1 = Infanterie; Reihe 2 = Artillerie; Reihe 3 = Panzer; Reihe 4 = Nachrichten, Pioniere, Chemische Truppen, Kfz-Truppen und Eisenbahntruppen sowie Intendantur, Administrativer-, medizinischer- und juristischer Dienst

Mützenabzeichen der Kasernierten Volkspolizei 1952 - 1956

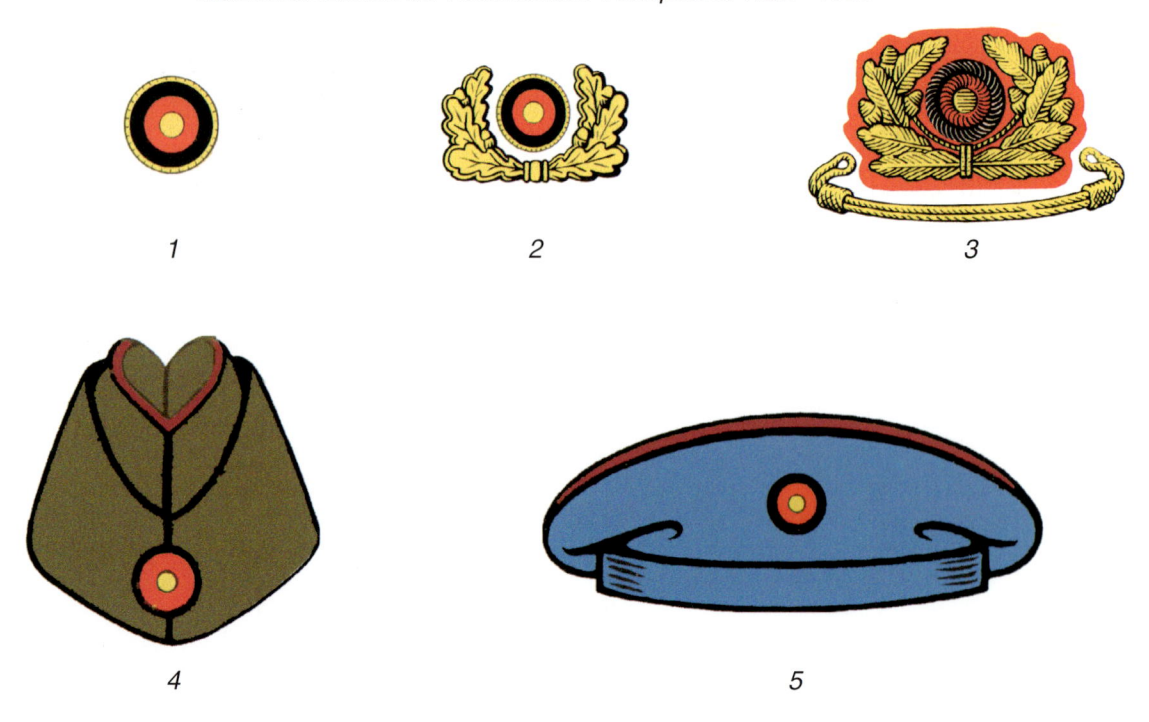

1

2

3

4

5

Mützenabzeichen an der Schirmmütze
1 Soldaten und Unteroffiziere, gestanzt 30 mm
2 Offiziere, gestanzt 23 mm
3 Generale, gestickt

4 Feldmütze für Offiziere (Biese in der jeweiligen Waffenfarbe)
5 Barett für weibliche Offiziere (Biese in der jeweiligen Waffenfarben)

Dienstgradabzeichen und Waffenfarben der Volkspolizei-See 1952-1956 für Matrose, Maate und Meister sowie Offiziersschüler

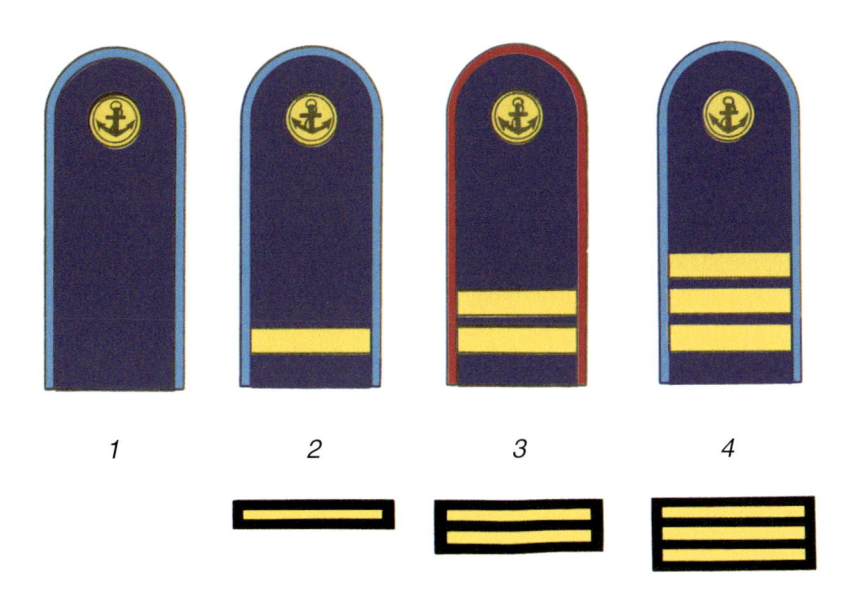

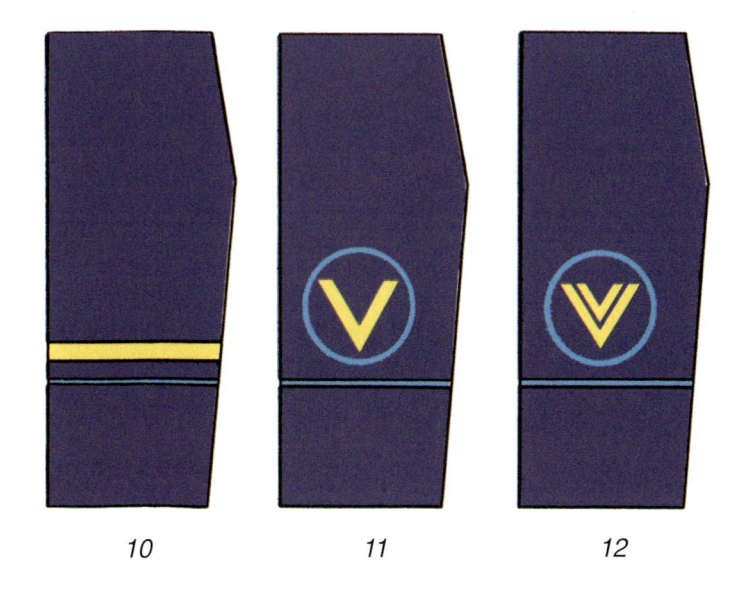

1 Matrose (F)
2 Obermatrose (F)
3 Unteroffizier (K)
4 Obermaat (nur F)
5 Feldwebel (V)
6 Obermeister (F)

7 Offiziersschüler, 1. Jahr (F)
8 Offiziersschüler, 2. Jahr (F)
9 Offiziersschüler, 3. Jahr (F)

10 Abzeichen für Hauptfeldwebel
11 Abzeichen für über 3jährige Dienstzeit
12 Abzeichen für über 5jährige Dienstzeit

Die tressenförmigen Dienstgradabzeichen wurden unter dem Dienstlaufbahnabzeichen auf dem linken Oberarm getragen.

F = Flottendienst   K = Küstendienstlaufbahn   V = Verwaltungslaufbahn

Dienstgradabzeichen und Waffenfarben der Volkspolizei-See 1952-1956 für Offiziere, Generale und Admirale

1 Unterleutnant (K)	5 Korvettenkapitän (F)	8 Generalmajor (V)
2 Leutnant zur See (F)	6 Oberstleutnant (K)	9 Vizeadmiral (F)
3 Oberleutnant zur See (F)	7 Kapitän zur See (F)	10 Admiral (F)
4 Kapitänleutnant (F)		11 Flottenadmiral (F)

Die Offiziere, Generale und Admirale trugen alle Ärmelstreifen auf beiden Unterarmen.

F = Flottendienst   K = Küstendienstlaufbahn   V = Verwaltungslaufbahn

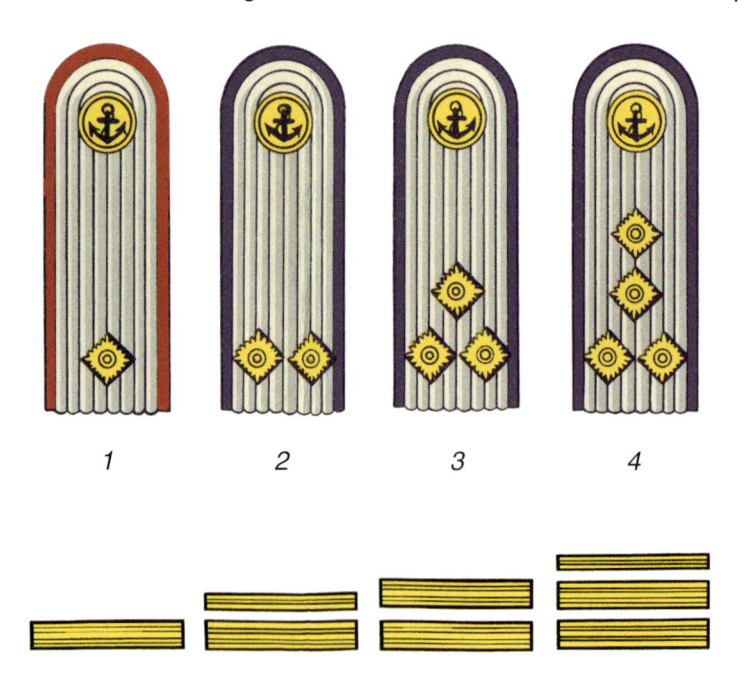

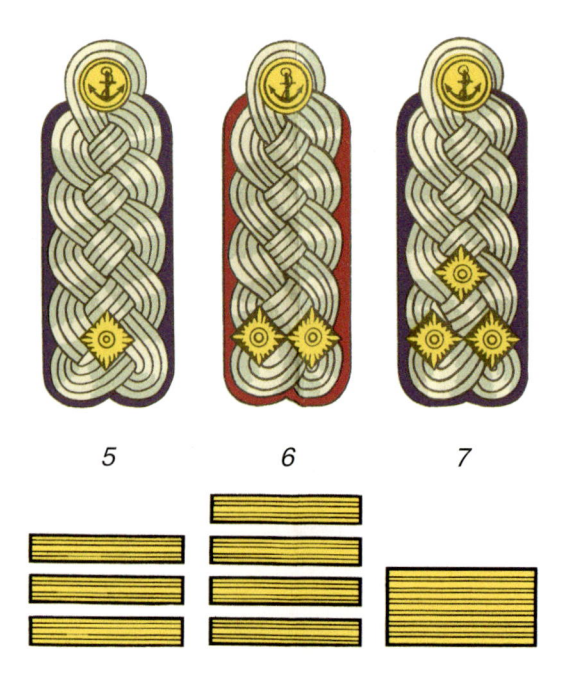

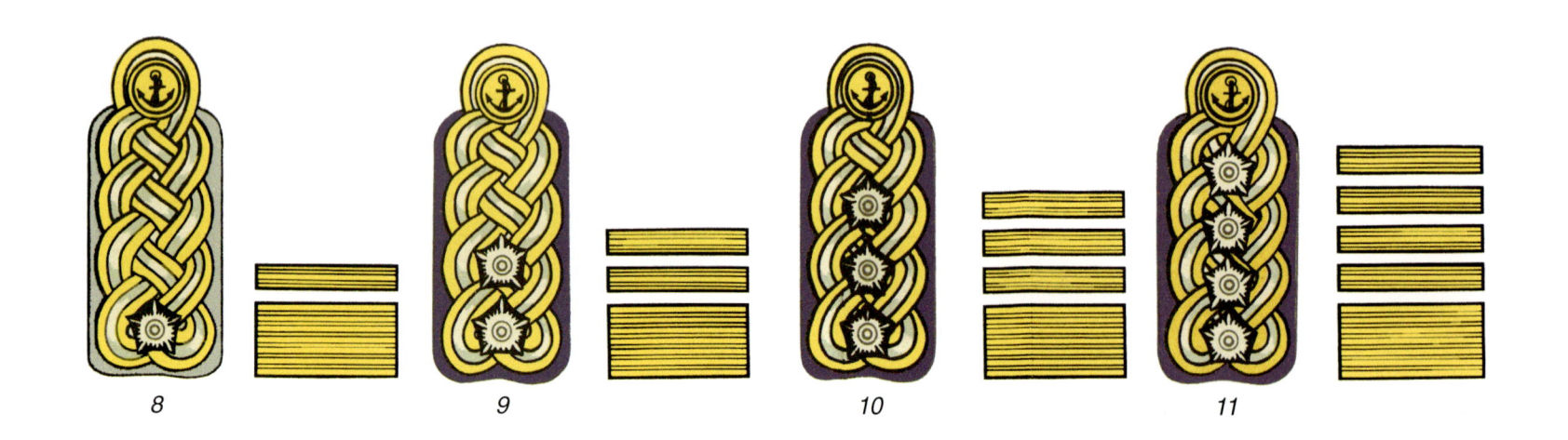

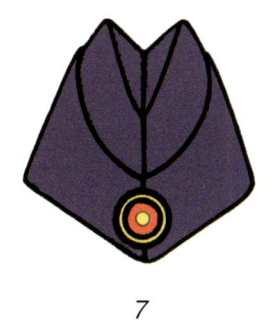

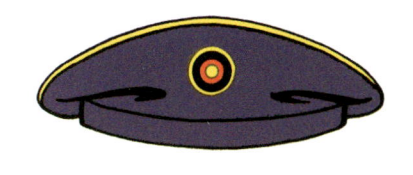

Die Kopfbedeckungen der Angehörigen der Volkspolizei-See 1952-1956

1 Tellermütze für Matrose bis Obermaat (gestanzte 30-mm-Kokarde)

Schirmmützen
2 für Kraftfahrer (nur mit gestanzter Kokarde und blauer Kordel)
3 für Meister/Feldwebel und Obermeister/Oberfeldwebel
4 für Unterleutnant bis Kapitänleutnant/Hauptmann
5 für Korvettenkapitän/Major bis Kapitän zur See/Oberst
6 für Konteradmiral/Generalmajor bis Flottenadmiral/Armeegeneral

Feldmützen
7 für Mannschaften und Unteroffiziere (gestickte 23-mm-Kokarde)
8 für Offiziere (gestanzte 23-mm-Kokarde)

Barett für Frauen
9 für Soldaten und Unteroffiziere (gestanzte 30-mm-Kokarde)
10 für Offiziere (goldene Paspel und gestanzte 30-mm-Kokarde)

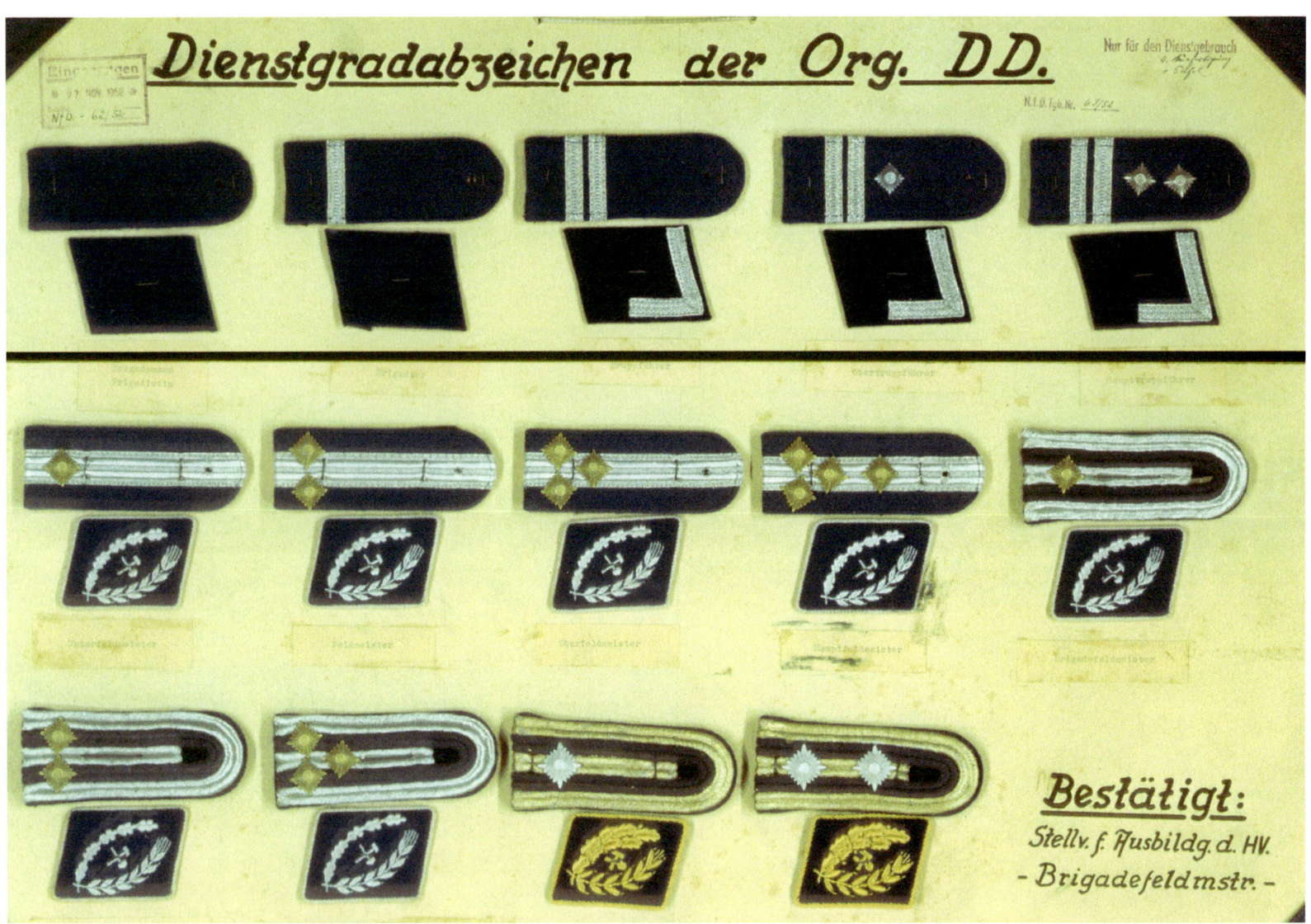

Dienstgrade und Dienstgradabzeichen im Dienst für Deutschland

Brigademann/Brigadistin   Brigadier   Truppführer   Obertruppführer   Haupttruppführer
Unterfeldmeister   Feldmeister   Oberfeldmeister   Hauptfeldmeister   Brigadefeldmeister
Brigadeoberfeldmeister   Brigadehauptfeldmeister   Generalfeldmeister   Generaloberfeldmeister
(nicht abgebildet ist der Generaloberfeldmeister als Leiter der Hauptverwaltung; Dienstgradabzeichen wie vorher, aber drei Sterne)

1    2    3

1 Mützenabzeichen für Mannschaften und Unterführer
2 Mützenabzeichen bis Brigadehauptfeldmeister
3 Metallabzeichen

48

Abschluß einer Spezialausbildung verliehen. Diese Abzeichen von 55 mm Durchmesser kamen maschinengestickt aus roter Kunstseide auf eine dunkelblaue bzw. weiße Tuchunterlage an den linken Oberärmel von Kieler Hemd und Überzieher 2 cm unter dem Laufbahnabzeichen bzw. die Dienstgradtressen. Ende des Jahres 1954 gab es kurzzeitig auch die blaue Stickerei des Symbols für die weißen Uniformstücke. Es legten also an:

Artillerie-Mechaniker	Zahnkranz mit zwei gekreuzten Geschützrohren
Bordartillerie	Granate mit Flugpfeilen
Geschützführer Bordartillerie	flammende, geflügelte Granate
Geschützführer Küstenartillerie	flammende Kugel
Torpedo-Mechaniker	waagerecht liegender Torpedo im Zahnkranz
Torpedo-Vormann	waagerecht liegender Torpedo
Sperrmechaniker	senkrecht stehende Ankertaumine im Zahnkranz
Sperrvormann	senkrecht stehende Ankertaumine
Steuermann	zwei gekreuzte Anker
Elektrotechniker	Zahnrad mit Blitzbündel
Funk-Meß	zwei Pfeile, Spitzen zueinander
Motorentechniker	Schiffsschraube
Signäler	zwei gekreuzte Winkflaggen
Hydro-Akustiker	Pfeil, Spitze nach unten
Taucher	Taucherhelm
Zimmermann	Zirkel
Fernschreiber	zwei gekreuzte Blitze
Scheinwerferbedienung	Pfeil, Spitze nach oben, darunter Bogenstück
Horcher-Luft	Pfeil, Spitze nach oben

Außer diesen Laufbahnabzeichen und Abzeichen für Sonderausbildung gab es bereits mit Schaffung der KVP noch einige Kennzeichnungen, die sich später ebenfalls in der NVA wiederfanden. Das war einmal die 9 mm breite silberfarbene Metallgespinsttresse der Hauptfeldwebel. Sie wurde 9 cm oberhalb des Ärmelsaums um beide Unterärmel der Dienstuniformjacke angebracht. Dann wurden sogenannte silberfarbene, 9 mm breite „Dienstalter-Winkel" für eine mehr als dreijährige Dienstzeit (spitzer Winkel) und für eine mehr als fünfjährige Dienstzeit (Doppelwinkel) auf hochovaler khakifarbener Tuchunterlage am linken Ärmel von Uniformjacke und –mantel, 15 cm vom unteren Rand entfernt, getragen. In der VP-See waren diese Abzeichen von goldfarbener Metallgespinst- bzw. blauer Baumwolltresse.

Angehörige des Sportklubs „Vorwärts" der KVP kennzeichnete auf der linken Brustseite der Trainingsjacke eine Emblemaufschrift. Sie lautete „SK Vorwärts der KVP". Sie war diagonal in den Farben Gelb, Schwarz und Schwarz-Rot-Gold eingefaßt und aus Kunstseide maschinengestickt. Analog gab es in der VP-See für die Angehörigen der Sportgemeinschaft „Sturmvogel" das Symbol eines ebenso gestickten, silbergrauen Sturmvogels auf ovaler, dunkelblauer Tuchunterlage.

Zur Sonderbekleidung in der KVP

Neben diesen Uniformen gab es noch eine Reihe von Sonderbekleidungen, so zum Beispiel für schwere Wetterbedingungen sowie spezifische Tätigkeiten. Dazu gehörten auch erste wattierte Jak-

Das Abzeichen der Sportgemeinschaft der VP-See „Sturmvogel".

KVP-Artilleristen bei der Ausbildung an der 76-mm-Kanone.

ken und Hosen. Für Kraftfahrer gab es in der KVP jeweils eine khakifarbene und eine blaue Arbeitskombi, eine Sonnenbrille und einen Watteanzug. Weiterhin erhielten sie eine Schutzbrille, einen Sturzhelm, einen Kradregenmantel, einen Pullover mit Rollkragen, Kradhosen, ein Paar Stulpenhandschuhe und eine khakifarbene Arbeitskombi. Die C-Besatzungen (Panzer) verfügten über zwei dunkelblaue und eine khakifarbene Arbeitskombi, einen Watteanzug und Kombi-Handschuhe. Für Wachposten der KVP sorgten bei strengem Frost ein Pelzmantel und Filzstiefel für Abhilfe; für die der VP-See waren es der sogenannte Übermantel, ein kurzer oder ein langer Pelzmantel, Filzstiefel und Zweifingerhandschuhe. Nur für die VP-See wurde für ein Bordkommando an Spezialbekleidung ebenfalls gesonderte Bekleidung, die zum Bootsbestand gehörte, ausgegeben.

An Sonderbekleidung standen für die Angehöriggen der VP-See zur Verfügung: je einmal Ölzeug, bestehend aus Jacke, Hose, Mantel und Südwester (3 Jahre Tragezeit), je ein Paar kurze und lange Gummistiefel (2), ein Ledermantel (6), je eine Lederjacke und Lederhose (4), je eine Wattejacke und Wattehose (3), eine Pelzmütze (3) und je ein Paar Faust- und Arbeitshandschuhe (1).

Wesentlich umfangreicher mit Spezialbekleidung waren die Aeroklubs, zuvor VP-Luft, ausgestattet. So erhielt das Flugplatzpersonal „nach ihrer Tätigkeit unter Berücksichtigung der klimatischen Bedingungen leihweise zur Normausstattung" Übermantel, Watteanzug, Pelzmantel (für Startposten bei Temperaturen unter 15 Grad), Zweifingerhandschuhe, lammfellgefütterte Handschuhe aus Segeltuch und Winter-Arbeitsmütze. Für das technische Personal der Flieger sind eine ungefütterte Kombination, eine Jacke mit ausknöpfbarem Futter und Fellkragen und eine wattierte Hose in der Norm gewesen. Zum Schutz vor Öl und Benzin kamen ein Kopfschutz, eine Jacke und eine Hose aus braunem Lederol hinzu. Des weiteren gab es lammfellgefütterte Segeltuchhandschuhe, Bordschuhe und Winterarbeitsmütze. Das Fliegende Personal verfügte natürlich über besonders vielgestaltige Bekleidungs- und Ausrüstungsteile.

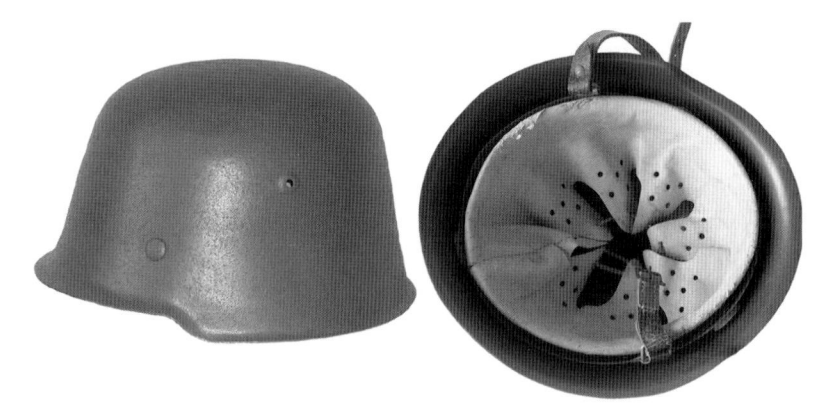

Der Stahlhelm der Deutschen Volkspolizei.

Ausstattungsnorm für Spezialbekleidung des Fliegenden Personals der Aeroklubs

Anzahl	Artikel	Tragezeit in Jahren
1	Leinenkopfhaube ohne FT-Teil	3
1	Fliegerweste, Sommer	5
1	Fliegerweste, wattiert, mit Reißverschluß, Herbst	5
1	Fliegerhose, wattiert, mit Reißverschluß	5
1	Spezialhosenträger	5
1	Fliegerweste, lammfellgefüttert mit Pelzkragen, Winter	5
1	Paar Lederhandschuhe mit Gummizug, ungefüttert	2
1	Paar Stulpenhandschuhe, lammfellgefüttert, mit Schnallen	3
je 1	Fliegerpullover und Fliegerhalsschal, Wolle	3
1	Paar Fliegerpelzstiefel	4
1	Paar Einlegesohlen, Lammfell	2
1	Paar Chromlederstiefel	2
1	Stiefelhose, khaki	2
1	Spezialkartentasche mit Zubehör	5
1	Fliegerbrille mit Ersatzgläsern	?
1	Kappmesser	?
1	Paar Fellfußwärmer	4
1	Hose, lang, khaki	2

Die Chromlederstiefel waren nur für Unteroffiziere und Mannschaften und die lange khakifarbene Hose zusätzlich für weibliche Flieger bestimmt.

Veränderungen der KVP-Uniformen bis Ende 1955

In den wenigen Jahren des Bestehens der Kasernierten Volkspolizei, der Volkspolizei-See und der Aero-Klubs gab es keine wesentlichen Veränderungen bei den Uniformen mehr. Allerdings wurde an verschiedenen Verbesserungen gearbeitet. So geht aus einer Hausmitteilung der Verwaltung Auftragserteilung an den Chef Rückwärtige Dienste der KVP, Generalmajor H. Heitsch, vom 6. April 1953 hervor, daß der KVP am 5. Januar des Jahres von dem VEB Schwerter Emaillierwerk Lauter 24 Musterstahlhelme zur Erprobung übergeben worden waren. Der Stellungnahme dieser Verwaltung vom 9. März 1953 ist zu entnehmen, daß tatsächlich Trageversuche mit diesem Stahlhelm in einer Schützengruppe, einer Granatwerfergruppe, bei der Geschützausbildung und im Stellungsbau sowie beim Kradfahren durchgeführt wurden. Da gewichtige Mängel festgestellt wurden, sollten nochmals 80 verbesserte Musterhelme für eine weitere Erprobung hergestellt werden. Mit ihrer Lieferung wurde für Ende Juli gerechnet. Dann verlieren sich leider vorerst die Spuren der

KVP-Offiziere mit sowjetischem Stahlhelm bei der Geländeausbildung.

Entwicklung eines eigenen KVP-Stahlhelms. Für die Ausbildung im Gelände griff die KVP gelegentlich auf den Stahlhelm der Sowjetarmee zurück. Erst in der NVA (siehe das 3. Kapitel) wurde die Problematik des Stahlhelms gelöst.

Ebenfalls wurde im ersten Halbjahr 1953 mit der Entwicklung eines neuen Mannschaftsstiefels – eines Schaftstiefels – begonnen. Er sollte und hat schließlich auch den alten Schnallenschnürschuh abgelöst. Des weiteren wurde schon ab Juli 1953 an der Verbesserung der hellblauen Kombination für Panzerbesatzungen gearbeitet. Diese bemängelten vor allem den verwendeten Stoff als zu dünn, forderten eine Verstärkung an Knie und Ellbogen sowie zusätzlich eine Tasche auf dem rechten Oberschenkel. Auch diese Forderun-

Generalmajor W. Allenstein Chef Rückwärtige Dienste der KVP/NVA von 1953 bis 1972 (seit 1961 auch Stellvertreter des Ministers für Nationale Verteidigung der DDR).

gen wurden erst mit der Einführung einer schwarzen Kombination in der NVA verwirklicht.

Darüber hinaus gab es auch Veränderungen an der Uniformierung, die weniger praktischen Zielen als dem äußeren Erscheinungsbild dienten. So wurde im Jahre 1954 an der Wintermütze der Offiziere herumexperimentiert. Dann wies der neue Chef Rückwärtige Dienste, Generalmajor W. Allenstein, am 16. Februar 1954 an, khakifarbene Stiefelhosen der Offiziere künftig ohne farbige Biesen anzufertigen. Und, schon seit dem 3. Oktober 1953 (Anordnung in Intendanturangelegenheiten B/A Nr. 8/53) war es den Offizieren, Hauptfeldwebeln und Feldwebeln (soweit sie Längerdienende waren) gestattet, bei einer HO-Verkaufsstelle die Stoffe, Zutaten und Effekten für die Anfertigung einer Extrauniform oder Extramütze gegen Vorlage eines Berechtigungsscheines zu erwerben.

Khakikfarbene Uniformen auch im Ministerium für Staatssicherheit und in der Deutschen Grenzpolizei

Das Ministerium für Staatssicherheit (MfS) war am 8. Februar 1950 aus der Hauptverwaltung zum Schutz der Volkswirtschaft gebildet worden. 1953 wurde es als Staatssekretariat für Staatssicherheit dem Ministerium des Innern unterstellt und ab 1. November 1957 erneut als MfS formiert. Von 1950 bis 1953 trugen die Mitarbeiter dieser Einrichtung die Uniformen und Effekten der Deutschen Volkspolizei. Sie führten auch die entsprechenden Dienstgrade. Die Angehörigen des schon bestehenden Wachbataillons hatten allerdings die Abzeichen der HVA erhalten.

Mit der Einführung khakifarbener Uniformen und militärischer Dienstgrade für die KVP erhielt auch das MfS bzw. Staatssekretariat ab Beginn des Jahres 1953 seine analoge Uniformierung. Als Waffenfarbe wurde Rot und für die ihm unterstellte Grenzpolizei Hellgrün festgelegt. Die Kragenspiegel der Offiziere waren schwarz und die der Generale goldfarben eingefaßt. Die Teilnehmer der Staatssicherheit an den damaligen Ein-Jahreslehrgängen an der Schule des MfS in Potsdam-Eiche führten ein „K" für „Kursant" auf den Schulterklappen.

In einem Vorgriff sei an dieser Stelle die Entwicklung der Bekleidung für die uniformierten Angehörigen des MfS bis zur Auflösung desselben Ende 1989 skizziert. So wie Anfang 1953 die khakifarbenen Uniformen der KVP übernommen wurden, geschah es ein weiteres Mal ab 1957 mit den steingrauen Uniformen der NVA. Das betraf vor allem das aus dem Wachbataillon 1953 hervorgegangene Wachregiment (seit 15. Dezember 1967 „Feliks Dzierzynski") und andere Diensteinheiten des MfS. Die Uniformeffekten entsprachen dann denen der Landstreitkräfte der NVA. Als Waffenfarbe wurde wiederum Rot, allerdings ein Dunkel- bzw. Bordeauxrot, gewählt. Dieser Ton entsprach nicht dem der ersten 1950er Jahre. Diese neue Waffenfarbe galt bis 1976/1977 einheitlich in allen Diensteinheiten für die Kragenspiegel, Schulterklappen und Schulterstücke sowie Ärmelpatten, danach nur noch für die Angehörigen des Wachregiments „Feliks Dzierzynski". In den anderen Diensteinheiten wurde ab 1977 für die Offiziere und Berufsunteroffiziere sowie ab 1980 für die Soldaten auf Zeit die Waffenfarbe Weiß analog wieder den Landstreitkräften der NVA eingeführt. Bei der militärischen Ausbildung wurde natürlich der Felddienstanzug der NVA mit den entsprechenden mattgrauen Dienstgradabzeichen und Effekten getragen.

Angehörige der Deutschen Grenzpolizei in Dienstuniformen.

Seit 1969 befestigten die Angehörigen des Wachregiments „Feliks Dzierzynski" ein steingraues Ärmelband mit silbergrauer bzw. goldfarbener Kunstseidenstickerei „Wach-Rgt. F. Dzierzynski" am linken Unterärmel (13 cm vom Ärmelsaum entfernt) ihrer Uniform. Soweit dieser Vorgriff der Uniformierungsgeschichte der DDR und zurück in die Zeit der ersten Hälfte der 1950er Jahre.

Einweisung einer Grenzstreife, diese in weißer Tarnbekleidung.

Die Grenzpolizei schied am 16. Mai 1952 aus der seit Ende 1949 bestehenden Hauptabteilung der Deutschen Volkspolizei beim Ministerium des Innern. Nunmehr als Deutsche Grenzpolizei (DPG) unterstand sie – wiederholt wechselnd – dem Ministerium bzw. Staatssekretariat für Staatssicherheit oder dem MdI. Zu Organisation und Bewaffnung sowie zur Rolle dieser DGP, ihrer Vorläufer und vor allem Nachfolger Grenztruppen der NVA bzw. Grenztruppen der DDR gibt das Werk „Im Dienste der Partei. Handbuch der bewaffneten Organe der DDR" hinreichend Auskunft.

Mit der Formierung der DGP ging die Einführung militärischer Dienstgrade einher. Bis 1958 trugen ihre Angehörigen auch die khakifarbenen Uniformen wie in der KVP. Dann blieben ihre Uniformen zwar bis 1961 ebenfalls noch khakifarben, doch entsprach der Schnitt ihrer Jacken mit den vier aufgesetzten Taschen bereits dem der NVA-Uniformen. Das wichtigste Merkmal der Uniformen der DGP war jedoch die schon genannte hellgrüne Waffenfarbe, die bis zum Ende als Grenztruppen der DDR erhalten blieb.

Zur Gestaltung der Dienstgrade der DGP ist der Befehl des Ministers für Staatssicherheit der DDR vom 24. September 1952 „Über die Einführung der neuen Rangbezeichnungen und Rangabzeichen in der Deutschen Grenzpolizei" ab 1. Oktober des Jahres überliefert. Er war in Vertretung von E. Mielke, damals Staatssekretär im MfS, unterzeichnet worden. Interessant sind zwei der drei Anlagen des Befehls. Die Anlage I enthielt die Aufzählung der neuen Dienstränge und die Anlage III eine Beschreibung der Rangabzeichen.

Bemerkenswert ist in der Anlage I, daß die Dienstgrade „Gefreiter" und „Obermatrose" als neue Rangabzeichen aufgeführt wurden und es „Jüngere Offiziere" und „Ältere Offiziere" gab. Die ersteren umfaßten die vom Unterleutnant bis Hauptmann bzw. Kapitänleutnant, die letzteren die Stabsoffiziere – dort allerdings für die DGP-See nur den Korvettenkapitän und den Fregattenkapitän. Darüber hinaus galt für die Angehörigen verschiedener Dienste der DGP die Festlegung, diese auch kenntlich zu machen, zum Beispiel in

Unteroffiziere des technischen Dienstes
Feldwebel des medizinischen Dienstes
Oberfeldwebel der Verwaltung
Unterleutnant des Intendanten-Dienstes
Leutnant des medizinischen Dienstes
Major der Verwaltung
oder die Offiziere des ingenieur-technischen Dienstes in
Unterleutnant (Techniker)
Leutnant (Ingenieur)
Kapitänleutnant (Ingenieur).
Bei den Generalen kam der Zusatz „der Grenzpolizei" hinzu.

In der Gestaltung entsprachen die Dienstgradabzeichen denen der KVP. Im Hinblick auf die Dienstgrade ist noch anzumerken, daß mit dem 1. Juni 1957 der des Stabsgefreiten eingeführt wurde (Befehl Nr. 31/57 des Ministers des Innern) und im Jahre 1961 zeitgleich dann mit der NVA die des Unterfeldwebels und des Stabsfeldwebels.

Auch die Kragenspiegel variierten in jenen Jahren. Auf alle Fälle kam von 1958 bis 1961 bei den Soldaten, Unteroffizieren und Offiziersschülern eine silberfarbene Doppellitze mit hellgrünem Mittelstreifen hinzu. Sie trugen vorher nur einfache hellgrüne Kragenspiegel. Die Offiziere führten bereits von 1954 bis 1958 auf ihren schwarz eingefaßten hellgrünen Tuchspiegeln der Parade- und Ausgangsjacke eine handgestickte silberfarbene Litze. Ab 1958 waren dann diese Kragenspiegel der Offiziere insgesamt verwendet und mit einer Silberkordel umrandet. Bei den Generalen gab es das schräge handgestickte, goldfarbene Eichenlaub aus Metallgespinst auf dem Kragenspiegel und die goldfarbene Einfassung desselben. Mit dem 1. Juni 1958 wurde das Anlegen von silberfarbenen Ärmelpatten an den Parade- und Ausgangsjacken der Soldaten, Unteroffiziere und Offiziere der DGP befohlen.

Leider bleiben gerade beim Zweig Deutsche Grenzpolizei-See immer noch Fragen offen. Bis 1957 offenbar mehrmals umorganisiert, existierten seit Anfang des Jahres 1958 hier militärisch strukturierte, fahrende Einheiten in Gestalt von Bootsgruppen in den Grenzabteilungen der drei selbständigen Grenzbereitschaften der Grenzbrigade Küste. Diese war als 6. Grenzbrigade Küste in der Zeit vom 1. November 1961 bis 15. April 1990 operativ in den Bestand der Volksmarine der NVA eingegliedert.

Angehörige der Deutschen Grenzpolizei-See.

Die Angehörigen der DGP-See trugen wohl auch meist Uniformen und Effekten der VP-See bzw. dann der Seestreitkräfte der NVA. Die hellgrüne Waffenfarbe soll nach der verdienstvollen Arbeit von Klaus Walther (Band I, S. 87) erst ab dem 1. Januar 1958 „an den Schulterklappen und Schulterstücken der seeseitig eingesetzten Kräfte eingeführt" worden sein. Die Dienstgrade Obermaat und Stabsobermeister gab es hier seit dem 13. Mai 1961. Bemerkenswert ist auch, daß die Führungskader der Grenzbrigade Küste zunächst keine seemännischen Dienstgrade führten und auch die khakifarbene Uniform der DGP-Land trugen. Der Chef dieser Brigade war ein Oberst. Auch die Ärmeltressen, wie sie schon in der VP-See und dann in den Seestreitkräften der NVA verwendet wurden, gab es für die Offiziere der DGP-See erst seit dem 17. Januar 1959. Auf der Matrosenmütze befand sich auf schwarzem Seidenband silberfarben (um 1958) oder goldfarben (um 1959) aufgedruckt bzw. mit goldgelber Kunstseide eingewebt (1959-1961) die Aufschrift „Grenzpolizei der DDR".

An Laufbahnabzeichen gab es in der DGP-See nur die der Seemännischen (fünfzackiger Stern) und der Technischen Laufbahn (Zahnrad mit sechs Speichen) sowie die Verwaltungslaufbahn (Merkurstab). Für Matrosen und Maate kamen noch diese Abzeichen für

Sonderausbildung in roter Stickerei auf dunkelblauem Tuch oder weißem Nessel hinzu:

Navigation	zwei gekreuzte Anker
Signal	zwei gekreuzte Flaggen
Motoren-Technik	dreiflügelige Schiffsschraube
Elektro-Technik	Zahnrad, schräg, mit vier Strahlenbündeln
Artillerie	flammende, aufrecht stehende, geflügelte Granate
Kraftfahrer	geflügelter Autoreifen
Funk	Blitzstrahl mit Spitze nach unten

Die Symbole dieser Abzeichen befanden sich fast alle auf einer runden Tuchunterlage von 6 cm Durchmesser. Nur für das Abzeichen Funk gab es zusätzlich auch eine hochovale Unterlage. Angebracht wurden diese Abzeichen auf dem linken Oberärmel der Kieler Hemden bzw. des Überziehers in einem Abstand von 2 cm unter dem Laufbahnabzeichen bzw. den Dienstgradtressen der Ober- oder Stabsmatrosen.

Über die Organisation „Dienst für Deutschland"

Eine uniformgeschichtliche Episode sei diesem Kapitel abschließend angefügt. Am 24. Juli 1952 beschloß der Ministerrat der DDR, die paramilitärische Organisation „Dienst für Deutschland" zu errichten. Bewußt wurde dabei die Anlehnung einmal an den Reichsarbeitsdienst des Deutschen Reiches gewählt. Zusätzlich orientierte sich die DDR-Führung auch an sowjetisches Vorbild und an den Polens „Sluzba Polsce" („Dienst für Polen"). Über den damaligen „Dienst für Deutschland" ist schon verschiedentlich geschrieben worden.

Ihre Aufgabe bestand neben der Durchführung einer Wehrausbildung im Mitwirken an der Schaffung der geplanten gewaltigen Kasernenanlagen der KVP, vor allem im relativ menschenarmen Nordosten der DDR. Das in jeder Hinsicht erfolglose Ende dieser Einrichtung für den Arbeitsdienst nach nur einem knappen Jahr ist auch bekannt. Noch am 30. September 1952 mußten in dieser Organisation 3 677 Jungen und 2 367 Mädchen ihren Dienst versehen. Ende Februar 1953 wurde der Dienst für Deutschland aufgelöst.

Wie auf vielen anderen Gebieten, ist ebenfalls beim „Dienst für Deutschland" die Anleihe beim nationalsozialistischen Reichsarbeitsdienst bemerkenswert. Das zeigt sich besonders in den Dienstgraden und in der Gestaltung der Dienstgradabzeichen dieser khakifarben uniformierten Jugendlichen beiderlei Geschlechts. Leider ist die Quellenlage für die Uniformierung des „Dienst(es) für Deutschland" unzureichend. Nur der Befehl über die Einführung von Dienstgraden und Dienstgradabzeichen im „Dienst für Deutschland" Nr. 1/52 ist erhalten geblieben, ebenfalls eine Tafel originaler Dienstgradabzeichen (Farbtafel auf Seite S. 48).

Die Mannschaften und Unterführer trugen darüber hinaus ein gewebtes Mützenabzeichen mit Ähre und Eichenlaub, gekreuzten Hammer und Spaten. Die Offiziersdienstgrade bis zum Brigadehauptfeldmeister führten ein solches silbergesticktes Mützenabzeichen und die Generalfeldmeister dieses Abzeichen goldgestickt. Hinzu kam für letztere eine Goldkordel anstelle des Ledermützenbandes. Der Leiter des „Dienstes für Deutschland", der vom Politbüro der SED berufene Gerhard Balzer, erhielt am 4. November 1952 den Rang eines Generalfeldmeisters.

Obertruppführer der Organisation „Dienst für Deutschland" in Ausgangsuniform.

3. Die Uniformierung nationaler sozialistischer Streitkräfte in der DDR von 1956 bis 1959/1960

3.1 Die Uniformen der Nationalen Volksarmee der DDR 1956

Die einzelnen Schritte unmittelbar vor Schaffung der NVA und insbesondere die Festlegung ihrer Uniformierung lassen sich nicht ganz genau bestimmen. Zugunsten der Entscheidung für die traditionellen deutschen Uniformen soll nach Aussagen des langjährigen Ministers für Nationale Verteidigung, Armeegeneral H. Hoffmann, folgende Episode eine Rolle gespielt haben: Aus Anlaß der Unterzeichnung des Warschauer Vertrages sei er im Mai 1955 in seiner damaligen Dienststellung als Chef der KVP in dieser khakifarbenen, dem Beispiel der Sowjetarmee nachempfundenen Uniform in Warschau gewesen. Nach der offiziellen Begrüßung habe ihn M. Bulganin, Vorsitzender des Ministerrates der UdSSR und zuvor Minister für Verteidigung, zur Seite genommen und mißbilligend gesagt: „Ihr seid doch Deutsche! Warum tragt ihr nicht auch deutsche Uniformen?"

Wie dem auch sei: Laut dem Protokoll Nr. 9 über die außerordentliche Sitzung des Kollegiums der Kasernierten Volkspolizei am 17. Januar 1956, 18.00 Uhr, informierte Generaloberst W. Stoph als Stellvertreter des Vorsitzenden des Ministerrates der DDR dieses Gremium über die Beschlüsse ihrer Regierung „über die Schaffung der Nationalen Volksarmee, die Bildung des Ministeriums für Nationale Verteidigung und die Einführung der Uniform für die Nationale Volksarmee". Kurz und bündig gab er die bis zum Ende der NVA gültige Argumentationslinie vor, indem er sagte: „Mit der Nationalen Volksarmee soll auch eine neue Uniform eingeführt werden, die den alten deutschen Traditionen der Volksbefreiungsarmeen entspricht. Es kann kein Zweifel darüber bestehen, daß die westdeutschen Söldnerformationen, die unter amerikanischem Oberbefehl stehen, die amerikanische Uniform besitzen, über amerikanische Waffen verfügen und nach amerikanischem Muster ausgebildet werden, niemals die Interessen des deutschen Volkes vertreten können."

Noch einen Monat vorher, am 19. Dezember 1955, hatte das Kollegium der KVP in Anwesenheit von W. Stoph, hier als Generaloberst im Protokoll geführt, nochmals zu Fragen der Uniformierung der NVA getagt. Im Protokoll war natürlich auch wieder nur von neuen Uniformen der KVP die Rede. Auf dieser Tagung wurden etliche Einzelheiten der neuen Uniformen festgelegt, die später bei Errichtung der NVA teils eingeführt, teils aber doch nicht verwirklicht wurden. Beispielsweise sollten die „jüngeren Offiziere" (nach damaliger Ansicht die Dienstgrade Unterleutnant bis Hauptmann) ihre Schulterriemen behalten, was dann nicht geschah. Für die „mech.- und Panzer-Truppen" wurde die Waffenfarbe Rosa zusätzlich aufgenommen, die für die Panzertruppen auch blieb. In selbständigen Artillerie- und Flak-Einheiten sollte und gab es schließlich die Dienstgradbezeichnungen „Wachtmeister" und „Oberwachtmeister" ebenso wie „bei den Einheiten die alten deutschen Bezeichnungen ´Gruppenführer´, ´Zugführer´ und ´Kompaniechef´, ´Batl.-Kdr´ wieder eingeführt" wurden. Interessant ist sicherlich auch, daß Generaloberst W. Stoph abschließend auf Aspekte der politischen Vorbereitung der Einführung dieser neuen, der NVA-Uniformen hinwies. Vor allem hielt er es für notwendig, „durch Presse, Film und Funk die im amerikanischen Stil gehaltene Uniform der westdeutschen Söldner anzuprangern". In der Tat boten die Uniformen der Bundeswehr dafür ausreichende Möglichkeiten.

Schon vor diesen eher fachlichen Tagungen des Kollegiums der KVP unterbreitete die Sicherheitskommission des Politbüros des ZK der SED - so der Beschluß ihrer 5. Sitzung am 29. Juni – „den sowjetischen Genossen den Vorschlag, auf der Grundlage der Aufstellung einer Volksarmee Mitte August dieses Jahres einen entsprechenden Antrag in der Volkskammer zu beraten und zu beschließen." Das gleiche Gremium legte dann am 22. November 1955 fest, „daß die Produktion der neuen Uniformen erfolgen kann und die Einführung der Uniform nach und nach bei allen Truppenteilen erfolgen soll (KVP, Grenze, Innere Truppen)".

Als die Mitglieder der Volkskammer der DDR am 18. Januar 1956 mit der Drucksache Nr. 63 das „Gesetz über die Schaffung der Nationalen Volksarmee und des Ministeriums für Nationale Verteidigung" formal behandelten und natürlich „einstimmig" verabschiedeten, hatten sie auch die Uniformen dieser ersten sozialistischen deutschen Armee bestätigt (Drucksache Nr. 64 „Beschluß über die Einführung der Uniform für die Nationale Volksarmee"). Eine ungewöhnliche Maßnahme - eine Modenschau - ging diesem Akt voraus. Im Länderkammersaal der Volkskammer hatten die Abgeordneten jene

W. Stoph, Stellvertreter des Vorsitzenden des Ministerrates der DDR, begründet am 18. Januar 1956 vor der Volkskammer das Gesetz über die Schaffung der NVA und des Ministeriums für Nationale Verteidigung. Er trägt die Uniform eines Generalobersten der KVP.

Uniformen besichtigt, die für die Nationale Volksarmee vorgesehen waren.

Die Uniformen der NVA werden am 19. Januar 1956 der Presse vorgestellt. Offiziere der Teilstreitkräfte in Dienstuniformen.

Die Hauptuniformarten der NVA

Natürlich war die Entscheidung über die Uniformierung der Armee längst vorher gefallen und auch die Produktion erster Bekleidungsstücke bereits angelaufen. Eine weitere ungewöhnliche Maßnahme ergab sich aus dem von der Propaganda geweckten und wohl auch vielfach vorhandenen Interesse der Bevölkerung der DDR. Ein besonderes Ereignis zog die Menschen an. In Räumen der Deutschen Sporthalle drängten sie sich vor den dort ausgestellten Uniformen und Effekten. Sie erfuhren, welche hauptsächlichen Uniformarten für die Angehörigen der Nationalen Volksarmee vorgesehen waren: die Soldaten und Unteroffiziere der Land- und Luftstreitkräfte würden steingraue Drillich-, Dienst-, Parade- und Ausgangsuniformen erhalten. Die Offiziere beider Teilstreitkräfte sollten ebenfalls über steingraue Dienst-, Parade- und Ausgangsuniformen verfügen, nicht aber über die Drillichuniform. Generale würden außerdem mit zwei Modifikationen der Dienstuniform, für den Stabs- und den Felddienst, ausgestattet werden.

Uniformen der NVA 1956

Uniformart	Träger	Anlaß
Drillichuniform	Soldaten, Unteroffiziere	Arbeitsdienst, Waffen- und Revierreinigen, Ausbildung im Gelände und im Objekt
Bordanzug	Matrosen, Maate, Meister und Offiziere der Seestreitkräfte	wie oben, aber Meister und Offiziere nur zum täglichen Dienst an Bord, beim Exerzieren und bei der Schießausbildung
Dienstuniform	alle, außer Generale, auch Frauen	Wach- und 24-Stundendienst, täglicher Dienst, Meldungen beim Vorgesetzten, Felddienst, Marschanzug bei Versetzungen und Kommandierungen
Dienstuniform I	Generale	Felddienst, Truppenbesichtigungen
Dienstuniform II	Generale	Stabsdienst
Paradeuniform	alle	Paraden, Staatsfeiertage, -akte, Empfänge, besondere Anlässe wie Ehrenkompanien, Trauerparaden etc.
Ausgangsuniformen	alle, auch Frauen	Ausgang, Urlaub, Kulturveranstaltungen

In den Seestreitkräften würde es auch Dienst-, Parade- und Ausgangsuniformen für alle Dienstgradgruppen geben. Anstelle des Drillichs der Soldaten und Unteroffiziere der Land- und Luftstreitkräfte sollten auch die Matrosen, Maate, Meister sowie auch die Offiziere der Seestreitkräfte für bestimmte Tätigkeiten an Bord der Schiffe und Boote einen Bordanzug tragen.

Für weibliche Angehörige aller Teilstreitkräfte der NVA, in medizinischen und administrativen Dienststellungen tätig, waren Dienst- und Ausgangsuniformen in einem modischen Kostümschnitt vorgesehen.

Uniformen der Land- und Luftstreitkräfte

Viele Besucher der Ausstellung nahmen sich die Zeit und betrachteten genau die Uniformen der einzelnen Teilstreitkräfte. Die Drillichuniform für die Soldaten und Unteroffiziere der Land- und Luftstreitkräfte bestand in der Sommertrageperiode (1. April bis 30. September) aus Feldmütze, Drillichjacke und -hose, Halbschaftstiefel und schwarzem Lederkoppel mit Schloß. Auf dem silberfarbenen Koppelschloß war das Staatswappen der DDR eingeprägt. Zum Innendienst konnten auf Befehl des jeweiligen Kommandeurs auch Schnürschuhe getragen werden. Im Winter setzten die Armeeangehörigen eine Wintermütze in Form der viele Jahrzehnte typischen Skimütze auf, zogen Diensthandschuhe aus Wolle und – wieder auf Befehl – den Wintermantel an. Der Kragen der ungefütterten, einreihigen Drillichjacke mit den zwei Brusttaschen wurde im Sommer offen gelassen und im Winter geschlossen. Die Uniformhosen wurden anfangs noch von vorn nach hinten eingeschlagen und in die Stiefel gesteckt, kurze Zeit später von hinten nach vorn.

Die Dienstuniform der Soldaten und Unteroffiziere beider Teilstreitkräfte bestand aus Feldmütze, Uniformjacke und -hose, schwarzen Halbschaftstiefeln (oder auf Befehl des Kommandeurs Schnürschuhen) und Koppel mit Schloß. Für die Winterperiode wurde diese Uniformart durch Wintermütze, Uniformmantel und Diensthandschuhe komplettiert.

In der Ausstellung „Uniformen der Volksarmee" am 27. Januar 1956.

Nur unwesentlich unterschied sich die Parade- von der Ausgangsuniform der Soldaten und Unteroffiziere der Land- und Luftstreitkräfte. Schirmmütze, Paradejacke, Uniformhose, Halbschaftstiefel und Koppel mit Schloß sowie Uniformmantel und Diensthandschuhe im Winter bestimmten das Aussehen der Paradeuniform. Bei der Ausgangsuniform traten Handschuhe und Halbschuhe bzw. Stiefeletten an die Stelle der Diensthandschuhe und der Halbschaftstiefel.

Die Offiziersuniformen beider Teilstreitkräfte wiesen vor allem eine andere Stoffqualität (Kammgarn statt Streichgarn) und Fertigungsart auf. Offiziere der Landstreitkräfte trugen als Dienstuniform im Sommer Schirmmütze, Dienstjacke mit geschlossenem Kragen, Stiefelhose und braunes Lederkoppel mit Schnalle; im Winter Wintermütze und zusätzlich schwarze oder braune Lederhandschuhe sowie Uniformmantel. Dagegen bestand die Dienstuniform der Offiziere der Luftstreitkräfte aus einer Uniformjacke offener Fasson, einem silbergrauen Hemd und einem dunkelgrauen Binder. Da im Winter auch der Uniformmantel oben offen getragen wurde, gehörte ein grauer Schal dazu.

Analog zu den Uniformstücken der Dienstuniform gestalteten sich die Parade- und die Ausgangsuniformen für die Offiziere beider Teilstreitkräfte. Die Parade-/Ausgangsjacke wurde, wie bereits geschildert, offen bzw. geschlossen gehalten. Bei der Paradeuniform ergänzten stets schwarze Chromlederstiefel und silberfarbene Feldbinde die Anzugsordnung. Zur Ausgangsuniform gehörten schwarze Halbschuhe oder Stiefeletten. Alle Offiziere der Land- und Luftstreitkräfte konnten ihre Paradejacken und die Uniformhosen als Ausgangsuniform tragen. Sie durften aber auch eine spezielle zweireihige Ausgangsjacke kaufen bzw. sie beim Schneider auf eigene Kosten anfertigen lassen. In diesem Fall zogen auch die Offiziere der Landstreitkräfte ein silbergraues Uniformhemd mit dunkelgrauem Binder an und verwendeten im Winter den grauen Schal. Zu allen Uniformarten wurde den Offizieren im Ausgang und auf dem Wege zum und vom Dienst das Tragen des Sommers- oder des Regenmantels gestattet.

Generale der Land- und Luftstreitkräfte zogen zur Ausgangsuniform ein weißes Oberhemd an und trugen stets die zweireihige, offene Ausgangsjacke. Zur Paradeuniform der Generale waren zusätzlich die goldfarbene Feldbinde und braune Lederhandschuhe vorgeschrieben. Im Winter ergänzte ein blaugrauer Uniformmantel beide Uniformen der Generale; zur Ausgangsuniform kam noch ein weißer Schal hinzu.

Wie an anderer Stelle schon erwähnt, konnten Generale zwischen der Dienstuniform I zum Felddienst und zu Truppenbesichtigungen und der Dienstuniform II zum täglichen Dienst im Stab wählen. Zum je nach Teilstreitkraft offenen oder geschlossenen Kragen der Uniformjacke der Dienstuniform I gehörten Stiefelhose und Schaftstiefel, zur Dienstuniform II bei allen Generalen die zweireihige, offene Uniformjacke, das silbergraue Hemd mit dunkelgrauem Binder, die steingraue Uniformhose und Stiefeletten oder Halbschuhe. Im Sommer konnten sie entsprechend den Witterungsverhältnissen den Sommer- oder einen Ledermantel zum Dienst und zum Ausgang tragen. Im Winter waren der graue Uniformmantel, Lederhandschuhe und ein grauer Schal obligatorisch.

Uniformen der Seestreitkräfte

Eine größere Vielfalt der Uniformierung als bei den Land- und Luftstreitkräften fanden die Besucher der Ausstellung in der Deutschen Sporthalle bei den Seestreitkräften vor. Der Andrang vor den Uniformen dieser Teilstreitkraft war außerordentlich groß. Die gravierendsten Unterschiede zwischen den Uniformen der Seestreitkräfte und denen der Land- und Luftstreitkräfte bestanden in der Farbgebung und der Schnittgestaltung. Weiterhin ließen die meisten Uniformarten neben der blauen noch eine weiße Ausführung für die Sommertrageperiode, die bei den Seestreitkräften die Zeit vom 1. Mai bis zum 30. September umfaßte, zu.

Für Matrosen und Maate war das Tragen des weißen oder des blauen Bordanzuges möglich. Vorgeschrieben waren dementsprechend Bordkäppi, -bluse und -hose sowie Halbschaftstiefel, Schnürschuhe oder Bordschuhe und Koppel mit Schloß. Im Unterricht und beim Exerzieren kam der Kieler Kragen hinzu. In der Wintertrageperiode ergänzten die Matrosen und Maate den blauen Bordanzug durch ein blau-weiß gestreiftes Unterhemd mit langen Ärmeln und blaue Wollhandschuhe. Bei schlechten Witterungsverhältnissen konnte der Kommandeur befehlen, Überzieher und Rollkragenpullover anzuziehen.

Meister und Offiziere der Seestreitkräfte besaßen ausschließlich den blauen Bordanzug. Dieser bestand aus Bordkäppi, -jacke und -hose sowie Halbschaftstiefeln (nur bei den Meistern) oder Schnürschuhen bzw. Bordschuhen. Zusätzlich schützten sich die Meister mit blauen Wollhandschuhen und die Offiziere mit schwarzen Lederhandschuhen gegen die Winterkälte.

Die Dienst-, die Parade- und die Ausgangsuniformen der Matrosen und Maate setzte sich aus vielen Uniformstücken zusammen. Von einer oftmals unterschiedlichen Ausführung abgesehen, wiesen die Dienst-, die Parade- und die Ausgangsuniformen der Meister,

Uniformen der Matrosen und Maate

Dienstuniform, Sommer	Paradeuniform, Sommer	Ausgangsuniform, Sommer
Matrosenmütze (weißer Bezug) oder Stahlhelm	Matrosenmütze (weißer Bezug)	Matrosenmütze (weißer Bezug)
Kieler Hemd (blau)	Kieler Hemd (weiß)	Kieler Hemd (blau oder weiß)
Kieler Kragen	Kieler Kragen	Kieler Kragen
seidenes Halstuch	seidenes Halstuch	seidenes Halstuch
Klapphose	Klapphose	Klapphose
Halbschaftstiefel oder Schnürschuhe	Halbschaftstiefel	Schnürschuhe, Halbschuhe oder Stiefeletten (schwarz)
Koppel mit Schloß	Koppel mit Schloß	Koppel mit Schloß

Dienstuniform, Winter	Paradeuniform, Winter	Ausgangsuniform, Winter
Matrosenmütze (blauer Bezug)	Matrosenmütze (blauer Bezug)	Matrosenmütze (blauer Bezug)
Unterhemd (blau-weiß gestreift)	Kieler Hemd (blau)	Kieler Hemd (blau)
Überzieher	Kieler Kragen	Kieler Kragen
Wollhandschuhe (blau)	Überzieher	Überzieher
entsprechend den Witterungsverhältnissen auf Befehl des Kommandeurs: Wollschal (blau)	Wollhandschuhe (blau)	Wollhandschuhe (blau), gestattet: Wollschal (blau)

Uniformen der Meister

Dienstuniform, Sommer	Paradeuniform, Sommer	Ausgangsuniform, Sommer
Schirmmütze (weißer Bezug) oder Stahlhelm	Schirmmütze (weißer Bezug)	Schirmmütze (weißer Bezug)
Dienstjacke (weiß oder blau)	Paradejacke (blau)	Ausgangsjacke
Uniformhose	Uniformhemd (weiß)	Uniformhemd (weiß oder silbergrau)
Schnürschuhe oder Stiefel	Binder (schwarz)	Binder (schwarz)
entsprechend den Witterungsverhältnissen: Regenmantel	Uniformhose	Uniformhose
	Schnürschuhe	Schnürschuhe, Halbschuhe oder Stiefeletten (schwarz)
	Koppel mit Schloß	

Dienstuniform, Winter	Paradeuniform, Winter	Ausgangsuniform, Winter
Schirmmütze (blauer Bezug)	Schirmmütze (blauer Bezug)	Schirmmütze (blauer Bezug)
Dienstjacke (blau)	Uniformmantel	Uniformmantel
Uniformmantel	Wollhandschuhe (blau)	Wollhandschuhe (blau)
Wollhandschuhe (blau)		Wollschal (blau)
entsprechend den Witterungsverhältnissen: Wollschal (blau)		

Uniformen der Offiziere

Dienstuniform, Sommer	Paradeuniform, Sommer	Ausgangsuniform, Sommer
Schirmmütze (weißer Bezug) oder Stahlhelm	Schirmmütze (weißer Bezug)	Schirmmütze (weißer Bezug)
Dienstjacke (weiß oder blau)	Paradejacke (blau)	Ausgangsjacke (blau oder weiß)
Uniformhose	Uniformhemd (weiß)	Uniformhemd (weiß oder silbergrau)
Schnürschuhe oder Halbschuhe	Binder (schwarz)	Binder (schwarz)
entsprechend den Witterungsverhältnissen: Regenmantel oder Regenumhang	Uniformhose	Uniformhose
	Schnürschuhe	Halbschuhe oder Stiefeletten (schwarz)
	Schärpe (silberfarben)	entsprechend den Witterungsverhältnissen: Regenmantel oder Regenumhang
	Lederhandschuhe (schwarz)	

Dienstuniform, Winter	**Paradeuniform, Winter**	**Ausgangsuniform, Winter**
Schirmmütze (blauer Bezug)	Schirmmütze (blauer Bezug)	Schirmmütze (blauer Bezug)
Dienstjacke (blau)	Uniformmantel	Ausgangsjacke (blau)
Uniformmantel	Lederhandschuhe (schwarz)	Uniformmantel
Lederhandschuhe (schwarz)		Lederhandschuhe (schwarz)
		Schal (weiß)

Uniformen der Admirale

Dienstuniform, Sommer	**Paradeuniform, Sommer**	**Ausgangsuniform, Sommer**
Schirmmütze (weißer Bezug)	Schirmmütze (weißer Bezug)	Schirmmütze (weißer Bezug)
Dienstjacke (weiß)	Paradejacke (blau)	Ausgangsjacke (blau oder weiß)
Uniformhemd (weiß oder silbergrau)	Uniformhemd (weiß)	Uniformhemd (weiß oder silbergrau)
Binder (schwarz)	Binder (schwarz)	Binder (schwarz)
Uniformhose	Uniformhose	Uniformhose
Stiefeletten, Halbschuhe oder Schnürschuhe	Stiefeletten	Halbschuhe oder Stiefeletten
entsprechend den Witterungsverhältnissen	Schärpe (goldfarben)	
zum Dienst und Ausgang: Sommermantel oder Ledermantel	Lederhandschuhe (schwarz)	

Dienstuniform, Winter	**Paradeuniform, Winter**	**Ausgangsuniform, Winter**
Schirmmütze (blauer Bezug)	Schirmmütze (blauer Bezug)	Schirmmütze (blauer Bezug)
Uniformmantel	Uniformmantel	Uniformmantel
Dienstjacke (blau)		Ausgangsjacke (blau)
Schal (weiß)		Schal (weiß)
Lederhandschuhe (schwarz)		Lederhandschuhe (schwarz)

Offiziere und Admirale der Seestreitkräfte viele Gemeinsamkeiten auf. Offiziere der Küsten- und der Flakartillerie, der Pionier- und der Schutzkompanien, des Kfz-Dienstes sowie Kommandeure und Ausbildungsoffiziere in Ausbildungs- und Wacheinheiten trugen zu bestimmten Anlässen eine blaue Stiefelhose und Schaftstiefel. Das traf bei den Offizieren des Kfz-Dienstes nur für den Fahrdienst und die Ausbildung an Fahrzeugen, bei den anderen Offizieren für den Wachdienst, das Exerzieren, die Schießausbildung, für Märsche, Übungen und Besichtigungen zu. Admirale zogen bei Übungen und Besichtigungen von Landeinheiten ebenfalls die blaue Stiefelhose und Schaftstiefel an.

Entsprechend den Witterungsverhältnissen konnte von den Admiralen der Sommer- oder Ledermantel zum Dienst und Ausgang getragen werden.

Uniformen weiblicher Armeeangehöriger

Zu den ausgestellten Uniformen für die weiblichen Armeeangehörigen fühlten sich besonders die Frauen und jungen Mädchen hingezogen. Die beiden Uniformarten, die Dienst- und die Ausgangsuniform, folgten im Schnitt der damaligen Damenmode. Die Uniformen für die Frauen setzten sich generell bei den Land- und Luftstreitkräften für die Sommertrageperiode aus Baskenmütze, einreihiger Uniformjacke der Dienstuniform bzw. zweireihiger Ausgangsjacke, silbergrauer Bluse, dunkelgrauem Binder, Schaftstiefeln oder schwarzen Halbschuhen zur Dienstuniform, schwarzen Halbschuhen zur Ausgangsuniform, modefarbenen Strümpfen oder weißen Söckchen und Regenmantel zusammen. Die Offiziere verfügten zusätzlich über einen Sommermantel. Im Winter zogen die Frauen in den Land- und Luftstreitkräften den Uniformmantel und Diensthandschuhe (Offiziere schwarze bzw. braune Lederhandschuhe) an, legten einen grauen Schal ein und setzten zur Dienstuniform eine Wintermütze auf.

In den Seestreitkräften besaßen die Frauen ebenfalls die entsprechenden Uniformstücke, aber meist nur in Blau. Im Sommer trugen sie eine weiße und im Winter eine blaue Baskenmütze. Die Frauen konnten zwischen der weißen und der blauen Dienstjacke und die weiblichen Offiziere dieser Teilstreitkraft außerdem noch zwischen der weißen oder der blauen Ausgangsjacke wählen. Zur Ausgangsuniform nahmen die Angehörigen aller Dienstgradgruppen entweder eine silbergraue oder eine weiße Bluse. Außer dem Regenmantel für beide Uniformarten der weiblichen Matrosen, Maate, Meister und Offiziere besaßen letztere zusätzlich einen Regenumhang zur Dienstuniform.

Die Waffenfarben der NVA

Viele Besucher der Ausstellung in der Sporthalle achteten sehr auf die Details der Uniformen wie die Waffenfarben der Luft- und Seestreitkräfte bzw. die der Waffengattungen, Spezialtruppen und Dienste der Landstreitkräfte und spezielle Kennzeichnungen.

Genau vorgeschriebene Waffenfarben auf den Kragenspiegeln und Paspelierungen (in die Nähte der Uniformen eingefügte schmale Stoffstreifen, die als farbige Vorstöße erscheinen) charakterisierten die einzelnen Teilstreitkräfte bzw. kennzeichneten die Waffengattungen, Spezialtruppen und Dienste der Landstreitkräfte zusätzlich.

Waffenfarben der NVA 1956	
Teilstreitkräfte/Waffengattungen, Spezialtruppen und Dienste	Waffenfarbe
Landstreitkräfte	
mot.Schützen und Aufklärungstruppenteile	Weiß
Truppenteile der Artillerie/Truppen der Luftverteidigung	Ziegelrot
Panzertruppenteile	Rosa
Truppenteile der Pioniere, der chemischen Truppen, der Kfz-Truppen, des Eisenbahndienstes und der entsprechenden technischen Dienste	Schwarz
Nachrichtentruppenteile und Funkortungseinheiten	Gelb
rückwärtige Dienste, Justiz, Bauwesen, Finanzwesen und andere administrative Dienste	Grün
Generale	Hochrot
Luftstreitkräfte	Hellblau
Seestreitkräfte	Kornblumenblau

Während in den Luft- und Seestreitkräften alle Dienstgrade nur die jeweils eine festgelegte Waffenfarbe führten, wiesen die Landstreitkräfte noch zusätzliche Differenzierungen auf. In den Truppenteilen wie auch an den Offizierschulen galt für alle Soldaten, Unteroffiziere und Offiziere einheitlich eine Waffenfarbe, zum Beispiel Rosa in einem Panzerregiment oder Weiß in einer Infanterieschule. In den Divisionsstäben trugen die Soldaten und Unteroffiziere die Waffenfarbe, der die Division angehörte, Offiziere aber die Farbe ihrer Waffengattung oder Spezialtruppe.

Zu den Dienstgradabzeichen der Teilstreitkräfte

Auch die Festlegungen der Dienstgradbezeichnungen und die Gestaltung der Dienstgradabzeichen der NVA fanden aufmerksame Betrachter unter den Ausstellungsbesuchern. Im militärischen Leben spielen Dienstgrade, die die Ranghöhe der Armeeangehörigen bestimmen, eine wichtige Rolle. Mit dem Beschluß des Ministerrates der DDR vom 18. Januar 1956 über die Einführung der Uniform, der Dienstgradbezeichnungen und der Dienstgradabzeichen wurden sie für die NVA festgelegt. Die Tabelle (Seite 60) gibt Auskunft über die einzelnen Dienstgradbezeichnungen in den Dienstgradgruppen der Soldaten, Flieger und Matrosen, der Unteroffiziere, Maate und Meister, der Offiziere und der Generale bzw. Admirale. Einiges ist aber noch zu ergänzen: Die Seeoffiziere der drei Leutnantsdienstgrade führten zusätzlich zum Dienstgrad die Bezeichnung „zur See". Die Anrede für die drei Kapitäns- und die beiden ersten Admiralsdienstgrade der Seestreitkräfte war gewissermaßen zusammenfassend „Genosse Kapitän" bzw. „Genosse Admiral". Ähnliches galt für die beiden ersten Generalsdienstgrade, deren Träger mit „Genosse General" anzusprechen waren. Des weiteren wurden zu diesem Zeitpunkt die Unteroffiziers- und die Offiziersschüler noch nicht als Dienstgrade benannt und entsprechend eingeordnet.

Als Dienstgradabzeichen erhielten die Soldaten und Unteroffiziere Schulterklappen. Auch die Unteroffiziers- und Offiziersschüler wurden durch solche gekennzeichnet. Offiziere, Generale und Admirale trugen Schulterstücke.

Die Schulterklappen für Soldaten, Flieger und Matrosen wurden aus dem Grundtuch des Uniformstoffes gefertigt und mit einer Biesenumrandung aus Paspelband der jeweiligen Waffenfarbe versehen. Gleiches galt für die Unteroffiziere, deren Schulterklappen zum großen Teil oder vollständig mit einer Tresse umgeben waren. Je nach dem Dienstgrad kamen ab Dienstgrad Feldwebel und Meister vierzackige 13-mm-Sterne aus Aluminium hinzu. Sie zeigten mit einer Spitze zum Knopfloch der Schulterklappe. Außerdem war bei den

Angetretene Infanterie im Winter 1956.

Unteroffizieren am vorderen unteren Rand des Uniformjackenkragens bzw. am Kragen des Überziehers eine Tresse aufgenäht. Die Tressen auf Schulterklappen und Jackenkragen bestanden bei den Land- und Luftstreitkräften aus Aluminiumgespinst, bei den Seestreitkräften aus goldfarbener Tresse.

Unteroffizierschüler aller drei Teilstreitkräfte trugen die gleichen Schulterklappen wie die Soldaten, Flieger und Matrosen, führten aber an der unteren Kante der Schulterklappen ein aufgeschobenes, 7 mm breites Paspelband in der Waffenfarbe.

Die Abzeichen der Offiziersschüler entsprachen denen der Unteroffiziere. Sie waren jedoch für das 1. Lehrjahr am unteren Rand geschlossen und für jedes weitere Lehrjahr mit einer zusätzlichen

Dienstgradbezeichnungen in der NVA 1956

Landstreitkräfte	Luftstreitkräfte	Seestreitkräfte
Soldat	Flieger	Matrose
Schütze für Infanterie, Aufklärung, rückwärtige Dienste, topographische Dienste und Stäbe		
Kanonier für Artillerie, Granatwerfer ab 120 mm, Flakartillerie, Panzerjäger, Artillerieaufklärung		
Funker für Nachrichten, Funkaufklärung, Funkmeßdienst		
Panzerschütze für Panzer und SFL		
Pionier für Pioniertruppen, Eisenbahnpioniere, für Straßenbau		
Kraftfahrer für Kfz-Dienste		
Gefreiter	Gefreiter	Obermatrose
Stabsgefreiter	Stabsgefreiter	Stabsmatrose
Unteroffizier	Unteroffizier	Maat
		Obermaat
Feldwebel/Wachtmeister	Feldwebel	Meister
Oberfeldwebel/Oberwachtmeister	Oberfeldwebel	Obermeister
Unterleutnant	Unterleutnant	Unterleutnant
Leutnant	Leutnant	Leutnant
Oberleutnant	Oberleutnant	Oberleutnant
Hauptmann	Hauptmann	Kapitänleutnant
Major	Major	Korvettenkapitän
Oberstleutnant	Oberstleutnant	Fregattenkapitän
Oberst	Oberst	Kapitän zur See
Generalmajor	Generalmajor	Konteradmiral
Generalleutnant	Generalleutnant	Vizeadmiral
Generaloberst	Generaloberst	Admiral
Armeegeneral		

7 mm breiten Quertresse versehen. Die Paspelierung erfolgte wieder in einer Waffenfarbe. Ein „A" aus Metall kennzeichnete die Offiziersschüler zunächst noch als Anwärter. Bald wurde aber das 17 mm hohe und 12 mm breite „S" aus silber- bzw. goldfarbener Kunstseide verwendet.

Die Offiziersschüler der Seestreitkräfte führten am linken Oberärmel des Kieler Hemdes, der Bordbluse und des Überziehers ein ovales goldfarben- oder blauumrandetes Abzeichen und darunter, je nach Lehrjahr, ein bis vier nach oben, offene stumpfe Winkel.

Offiziere bis zum Dienstgrad Hauptmann und Kapitänleutnant waren an Schulterstücken aus vier nebeneinanderliegenden Silberplattschnüren auf der Tuchunterlage mit der jeweiligen Waffenfarbe und der Anzahl vierzackiger goldfarbener 11,5-mm-Sterne zu erkennen. Eine Spitze dieser Dienstgradsterne war zum Knopfloch des Schulterstückes gerichtet. Stabsoffiziere unterschieden sich von diesen Offizieren durch Schulterstücke aus vier nebeneinanderliegenden, viermal geflochtenen Silberplattschnüren. Diese liefen am Ende in eine Schlaufe aus und lagen ebenfalls auf einer Tuchunterlage in der Waffenfarbe. Je nach Dienstgrad wurden ein bis drei vierzackige goldfarbene 13-mm-Sterne mit einer Spitze zur Schlaufe befestigt.

Generale und Admirale trugen Schulterstücke aus dreimal geflochtenen Goldschnüren (2 Stück) und einer in der Mitte befindlichen Silberplattschnur. Auch sie liefen am Ende in eine Schlaufe aus und befanden sich auf hochroter (Landstreitkräfte), hellblauer (Luftstreitkräfte) oder dunkelblauer (Seestreitkräfte) Tuchunterlage. Der spezielle Dienstgrad wurde durch die Anzahl fünfzackiger 19-mm-Silbersterne bestimmt. Die Spitze dieser Sterne zeigte anfangs noch nach außen, war aber bald ebenfalls zur Schlaufe gerichtet.

Die Dienstgrade der meisten Angehörigen der Seestreitkräfte waren, außer an den Schulterklappen und –stücken, an einem System unterschiedlicher goldfarbener Tressen festzustellen. Ober- und Stabsmatrosen nähten auf dem linken Oberärmel ihres Kieler Hemdes, ihrer Bordbluse und ihres Überziehers eine oder zwei 5,5 cm lange und 7 mm breite goldfarbene bzw. blaue Tressen auf. Der Maat führte an diesen Uniformstücken an gleicher Stelle einen goldfarbenen oder blaugestickten klaren Anker; der Obermaat einen solchen Anker mit einem oben offenen Winkel. Zum Überzieher kam bei den Maaten und Obermaaten statt des gestickten ein metallgeprägter Anker hinzu.

Während die Meister und Obermeister sowie weibliche Offiziere keine Ärmelstreifen trugen, gab es für die Offiziere und Admirale, wie schon angeführt, ein ganzes System in Anzahl und Breite unterschiedlicher goldfarbener Tressen. Sie wurden 9 cm von der Unterkante beider Jackenärmel entfernt an der blauen Dienstjacke sowie auf der blauen und der weißen Parade-/Ausgangsjacke aufgenäht.

An den Uniformjacken der Admirale befand sich über dem obersten Ärmelstreifen ein fünfzackiger Seestern mit Republikemblem auf dunkelblauer bzw. weißer Tuchunterlage. Übrigens nahm sich der damalige Chef der Seestreitkräfte, Admiral W. Verner, das Recht heraus, die Ärmel seiner Uniformjacken unten mit jeweils drei goldenen Ankerknöpfen schmücken zu lassen. Noch in den 1960er Jahren trug der Kraftfahrer seines Nachfolgers Vizeadmiral W. Ehm, ein

Stabsobermeister diese Jacken auf – zwar ohne die Ärmeltressen, aber mit jenen Knöpfen.

Die jeweiligen Dienstgradgruppen der Offiziere und die Admirale konnten auch mit einem Blick auf die von ihnen getragene Schirmmütze bestimmt werden. So war der Mützenschirm für die Leutnante und den Kapitänleutnant mit einem am Rand entlangführenden, ungefähr 7 mm breiten, stumpf gezackten, goldfarbenen Streifen, für die Dienstgrade Korvettenkapitän bis Kapitän zur See mit einer etwa 18 mm breiten, goldfarbenen Eichenlaubranke und für die Admirale mit einer doppelten Eichenlaubranke versehen. Außerdem befand sich an der Schirmmütze der Offiziere ein Sturmriemen und an der der Admirale eine goldfarbene Kordel.

Die Effekten an den Uniformen

Differenzierungen zwischen den und innerhalb der Dienstgradgruppen aller Teilstreitkräfte zeigten sich auch in speziellen Effekten, zumindest in ihrer Fertigungsart. Dazu zählten u.a. unterschiedliche Schirm-, Feld- und Baskenmützen sowie die verschiedenen Waffenfarben an den Ärmelpatten der Parade-/Ausgangsjacke der Angehörigen der Landstreitkräfte. Während Soldaten und Unteroffiziere aller Teilstreitkräfte ein Koppel mit Koppelschloß verwendeten, benutzten Offiziere eine silber-, Generale und Admirale eine goldfarbene Koppelschnalle. Zur Paradeuniform legten Offiziere, Generale und Admirale silber- bzw.- goldfarbene Feldbinden und Schärpen mit Schloß an. Das Feldbindenschloß der Generale und Admirale sowie der Offiziere der Seestreitkräfte war goldfarben.

Arabesken zierten die Ärmel der Parade-/Ausgangsjacke der Generale; goldfarben bestickt waren ihre hochroten oder hellblauen Kragenspiegel, und an ihren Uniformhosen befanden sich hochrote bzw. hellblaue Tuchstreifen, die Lampassen. Die Kragenecken beider Uniformarten der Admirale waren mit einer goldenen Eichenlaubstickerei versehen.

Von Beginn an unterschieden sich die einzelnen Dienstgradgruppen der Angehörigen der Luftstreitkräfte auch durch ihre Kragenspiegel. Flieger und Unteroffiziere führten solche mit hellblauem Besatz und einer silberfarbenen Metallschwinge. Die der Leutnante und des Hauptmanns wiesen einen halben, offenen, gestickten Eichenlaubkranz und eine gestickte Schwinge aus Aluminiumgespinst auf. Zusätzlich umrandete ihre Kragenspiegel eine 2 mm dicke, dreibiesige Aluminiumdrahtgespinstkordel. Die Spiegel der Stabsoffiziere bestanden außerdem aus einem geschlossenen Eichenlaubkranz mit Schwinge.

Soldaten und Unteroffiziere der drei Teilstreitkräfte legten nach mehr als dreijähriger Dienstzeit einen einfachen, spitzen Winkel am linken Unterärmel der Uniformjacke an. Für eine mehr als fünfjährige Dienstzeit war es ein ebensolcher Doppelwinkel. Diese Winkel bestanden für die Angehörigen der Land- und Luftstreitkräfte aus Aluminiumgespinst auf steingrauer Tuchunterlage. Bei den Angehörigen der Seestreitkräfte waren die Winkel für die blaue Bekleidung aus goldgelber und für die weiße Uniform aus blauer Wollstickerei gefertigt. Eine spezielle Kennzeichnung war bei den als Hauptfeldwebel eingesetzten Unteroffizieren festgelegt. In den Land- und Luftstreitkräften befestigten sie an beiden Unterärmeln der Uniformjacken und -mänteln (10 cm vom unteren Rand entfernt) einen 15 mm breiten Ärmelstreifen aus Aluminiumgespinst; Meister und Obermeister der Seestreitkräfte nähten derartige Streifen aus Goldgespinst auf.

Nachdem viele Besucher ihren Rundgang durch die Ausstellung beendet hatten, tauschten sie mit Arbeitskollegen, Familienangehörigen und Freunden ihre Gedanken aus. Auf einen Nenner gebracht, lauteten sie: Unsere Soldaten der NVA werden nationale Uniformen tragen! Nicht wenige von ihnen beschäftigten aber noch weitere Gedanken und Fragen, die auch andere Bürger und zahlreiche Menschen im anderen deutschen Staat (geprägt von einer bislang in der Geschichte beispiellosen Umerziehung) sowie im Ausland bewegten: Waren dies nicht die alten deutschen Uniformen, die schon im Ersten und im Zweiten Weltkrieg getragen wurden und – so die heutige Lesart – Unglück über andere Völker gebracht hatten?

„Nationale" Uniformen für die Soldaten der NVA

Die Wahl der steingrauen Uniformen für die Land- und Luftstreitkräfte der NVA und der dunkelblauen bzw. weißen Uniformen für die Seestreitkräfte im Jahre 1956 war vor allem eine politische Entscheidung.

Eine Bewertung der Uniformen der NVA hat zweifelsohne von den Voraussetzungen und Bedürfnissen auszugehen, die bei der Schaffung der Armee bezüglich deren Bekleidung bestanden. Es wurde für das Auftreten der Soldaten in der Öffentlichkeit eine Uniform benötigt, die ihre Träger als Angehörige nationaler Streitkräfte der DDR charakterisierte und sie damit gleichzeitig von anderen Uniformierten hinreichend unterschied – sowohl von den zivilen, beispielsweise den Eisenbahnern oder den Postangestellten, als auch von denen anderer bewaffneter Organe.

Gleichermaßen sollte die Uniform militärischen Erfordernissen Rechnung tragen und zweckmäßig gestaltet sein. Sie mußte entsprechend den natürlichen Bedingungen in Mitteleuropa für die Ausbildung und mögliche Handlungen im Gelände eine gute Tarnung gewähren. Vor allem deshalb wurde auf einen Grauton zurückgegriffen, der, seit dem international zu verzeichnenden Ersetzen des „bunten Rockes" ab Ende des 19. Jahrhunderts durch eine unauffällige Uniform, das Erkennen des Kämpfers auf dem Gefechtsfeld erschwerte. In den deutschen Armeen war bis 1945 eine feldgraue, d.h. graugrüne Tönung der Uniform üblich. In den Seestreitkräften Deutschlands wie nahezu aller anderen Staaten galten blaue und im Sommer weiße Uniformen von jeher als typisch.

Zum Steingrau als erhalten gebliebene Grauvariante der Land- und Luftstreitkräfte kamen weitere Elemente des nationalen militärischen Erbes hinzu. Dazu gehörten der charakteristische Schnitt der Uniformjacke mit den meist vier aufgesetzten Taschen, die Form der Schirm-, der Feld- und der Wintermütze, die Paspelierung in Waffenfarben, feste Halbschaftstiefel und die Beibehaltung von Schulterklappen und -stücken als Dienstgradabzeichen. Es gab jedoch einige Modifizierungen in der Uniformgestaltung. Um das Zusammenwirken innerhalb der Vereinten Streitkräfte der Teilnehmerstaaten des Warschauer Vertrages zu erleichtern, wurden Dienstgradbezeichnungen und Dienstgradabzeichen ergänzt. Auf den Schulterklappen angebrachte Tressenstreifen ließen die speziellen Soldaten- und Matrosendienstgrade besser erkennen. Bei den Offiziersdienstgraden kamen die des Unterleutnants und des Armeegenerals hinzu. Auf den Schulterstücken der Offiziere ordnete man die gleiche Anzahl von Dienstgradsternen zur einheitlichen Kennzeichnung des Dienstgrades an wie in den meisten sozialistischen Bruderarmeen.

Mit der Uniformierung der NVA wurde ein pragmatischer Sinn für das militärgeschichtliche Erbe der Vergangenheit deutlich bekundet. Offiziell war in der DDR der eindeutige Bruch mit dem militaristischen Erbe preußisch-deutscher Militärgeschichte vollzogen worden. Klassencharakter und Auftrag der Nationalen Volksarmee unterschieden sich prinzipiell von dem aller früheren deutschen Armeen, bestand doch der Sinn des Soldatseins im ersten deutschen Arbeiter- und Bauern-Staat – so die offizielle Lesart - von Anfang an ausschließlich darin, an der Seite der Bruderarmeen den Sozialismus und das friedliche Leben der Bürger des Landes zu schützen. Eroberungsabsichten und Bedrohung anderer Völker und Staaten sollten den neuen Streitkräften wesensfremd sein. Der Armee blieb die Probe auf's Exemple erspart.

Der Bruch mit dem reaktionären militärgeschichtlichen Erbe bedeutete andererseits kein nihilistisches Verhalten zur deutschen Militärgeschichte in ihrer Gesamtheit. Während sich die Nationale Volksarmee hinsichtlich ihrer Traditionen auf den von den Kämpfen der Volksmassen, besonders der revolutionären Arbeiterbewegung, sowie auch auf den der progressiven Kräfte im Kampf gegen das napoleonische Joch 1813/14 hervorgebrachten Teil des Erbes berief, lehnte sie sich in ihrer Uniformierung hingegen an frühere deutsche Armeen an.

Hierin zeigt sich auch ein wesentlicher Unterschied zur Bundeswehr der BRD. Deren Schöpfer wählten einen an die USA-Armee angelehnten Uniformstil, hofierten so die NATO-Partner und wollten zugleich von der angeblichen politischen Wesensverwandtschaft der Bundeswehr mit den früheren deutschen Armeen ablenken.

3.2 Zur Einführung der Uniformen in die NVA in den Jahren 1956 und 1957

Die Aufstellung der Stäbe, Verbände und Truppenteile der NVA 1956 war eine gewaltige Leistung der verantwortlichen Generale, Admirale und Offiziere. Die große Arbeit der rückwärtigen Dienste, insbesondere der Angehörigen der damaligen Verwaltung Bekleidung und Ausrüstung sowie der für dieses Fachgebiet zuständigen Offiziere in den Teilstreitkräften, Militärbezirken, Verbänden und Truppenteilen, trug entscheidend dazu bei, die Probleme zu lösen, die mit der Uniformierung einer ganzen Armee verbunden waren. Die Versorgung aller Verbände und Truppenteile mit den Uniformen und mit Sonderbekleidung ging bis Ende der 1950er Jahre vonstatten. Zugleich wurde mit der notwendigen Entwicklung zusätzlicher Uniformen und verbesserter Uniformstücke sowie von Sonderbekleidung für spezielle militärische Aufgaben begonnen.

Mit der Unterzeichnung des Warschauer Vertrages am 14. Mai 1955 auch durch die DDR wurde bereits sichtbar, daß eigene nationale Streitkräfte zu schaffen waren. Praktische Schritte dazu wurden von den Leitungsorganen der Kasernierten Volkspolizei noch vor der Gesetzgebung der Volkskammer der DDR beraten. So fand am 19. Dezember 1955 eine Sitzung des Kollegiums leitender Kader der KVP statt, auf der Muster der beabsichtigten neuen Uniformen vorgestellt und beraten wurden. Den Vorsitz führte der Stellvertreter des Vorsitzenden des Ministerrates der DDR, Generaloberst W. Stoph. Neben dem Aussehen der Uniformen standen hier wie bei ähnlichen Gelegenheiten Normen und Tragezeiten der Bekleidung im Mittelpunkt der Überlegungen.

Uniformen in Khaki und Steingrau bis Ende der 1950er Jahre

Als einen Monat später mit dem gesetzgeberischen Akt der Volkskammer der DDR die Schaffung der Nationalen Volksarmee endlich auch formal beschlossen worden war, steigerte sich die ohnehin schon angespannte Arbeit der Angehörigen der rückwärtigen Dienste der NVA und vieler in der Bekleidungs-, Schuh und Lederwarenindustrie der DDR beschäftigten Werktätigen nochmals. Es war im Gründungsjahr der NVA natürlich nicht sofort möglich, die Armeeangehörigen vollständig mit den vorgesehenen Uniformarten zu versorgen. Die ökonomische Lage und die kurze Zeitspanne von der Gesetzgebung bis zur Aufstellung der Verbände und Truppenteile der NVA machten es erforderlich, die Uniformierung etappenweise durchzuführen. Deshalb legte der Minister für Nationale Verteidigung der DDR, Generaloberst W. Stoph, in seinem ersten Befehl zur „Bildung der Nationalen Volksarmee, des Ministeriums für Nationale Verteidigung und Einführung der Uniformen der Nationalen Volksarmee" vom 10. Februar 1956 fest, die Armeeangehörigen entsprechend dem Zeitplan der Aufstellung der Einheiten so einzukleiden, „daß zunächst alle Angehörigen der neu aufzustellenden Dienststellen mit je einer Uniform (Ausgehuniform) ausgestattet werden". Schon im Frühjahr folgte die Ausgabe der ersten Dienstuniformen.

Um von Beginn an den täglichen Dienst und die militärische Ausbildung durchführen zu können, griff die Führung der NVA, wie es seit langem bei ähnlichen Situationen in anderen Ländern geschah, auf vorhandene Uniformbestände anderer bewaffneter Organe zurück. So wies Generaloberst W. Stoph im selben Befehl an, während des Dienstes verfügbare Uniformen aus dem Bestand der KVP, deren Auflösung bis zum 1. Dezember 1956 erfolgte, aufzutragen.

Viele Angehörige der KVP hatten sich „bereit erklärt", in die zu bildenden Streitkräfte einzutreten. Sie trugen zunächst ihre khakifarbenen Uniformen weiter. Da sich auch noch große Vorräte an KVP-Uniformen und entsprechende Uniformstoffe in den Lagern befanden, konnten diese Uniformen im täglichen militärischen Dienst bis Ende der 1950er Jahre genutzt werden. Damit wurde die Volkswirtschaft der jungen Republik beträchtlich entlastet.

Bei den Seestreitkräften war die Uniformierung ihrer Angehörigen in allen Dienstgraden einfacher. Die Volkspolizei-See (VP-See) war schon in der Gestaltung ihrer Uniformen nationalen Beispielen wie auch einem international einheitlichen Trend in der Entwicklung der Marineuniformen gefolgt. Anfangs trugen die Matrosen der Seestreitkräfte der NVA noch wenige Wochen ein Mützenband mit der Aufschrift „See" an der Tellermütze. Bereits am 3. Februar 1956 ordnete der Minister für Nationale Verteidigung der DDR an, auf den Mützenbändern die Bezeichnung „Seestreitkräfte" zu führen.

Die Verwendung von khakifarbenen Uniformen der KVP in den Land- und Luftstreitkräften der NVA bis zur vollständigen Einführung steingrauer Dienstuniformen regelte der Chef Rückwärtige Dienste der NVA, Generalmajor W. Allenstein, in einer speziellen Anordnung vom 18. April 1956. Sie sah u.a. vor, wie die khakifarbenen Uniformen der Soldaten und Unteroffiziere beider Teilstreitkräfte geringfügig verändert werden sollten. Die Uniformmäntel blieben ohne Kragenspiegel. Dagegen wurden auf den Kragen der Dienst- und der Drillichuniformen Kragenspiegel aufgenäht und Schulterklappen der NVA getragen. Alle diese Uniformen wurden mit silberfarbenen Knöpfen versehen. Die Koppelschlösser der Lederkoppel wurden schrittweise gegen solche mit dem geprägten Staatsemblem der DDR aus-

streitkräfte mußten dabei unterschiedliche Paspelierungen der Waffenfarben bei der Produktion beachtet werden. Ein anderer Betrieb, die Halleschen Kleiderwerke, lieferte zum selben Termin 9 000 Offiziersuniformen. Sie bestanden aus Uniformjacke, -hose und Stiefelhose. Der VEB Leipziger Bekleidungswerke stattete die NVA bis zum 30. April 1956 mit fast 34 000 Uniformmänteln für Soldaten und Unteroffiziere aus.

Als außerordentlich kompliziert erwies sich die Fertigung der Effekten für die Uniformen, insbesondere die Herstellung der Kragenspiegel und Ärmelpatten. Sie wurden in noch größerer Anzahl, nämlich auch für khakifarbene Uniformen, benötigt. Dabei waren vor allem Werktätige mit ausgeprägtem handwerklichen Geschick gefragt. Zugleich galt es auch, Betriebe mit geeigneten Stickmaschinen und entsprechenden Kapazitäten zu finden.

Mit den NVA-Uniformen erstmals in der Öffentlichkeit

Der Öffentlichkeit in der DDR präsentierte sich die junge NVA, d.h. erste aufgestellte Truppenteile und Verbände, im Frühjahr 1956 bei solchen militärischen Zeremoniellen, wie sie sich in dieser Form noch über drei Jahrzehnte wiederholen sollten. Am 30. April, dem Vorabend des „Kampftages der internationalen Arbeiterklasse", waren die Soldaten, Unteroffiziere und Offiziere des 1. mech. Regiments der NVA in ihren neuen Paradeuniformen zu einem feierlichen Appell in Oranienburg angetreten. Funktionäre der SED, des Staates und der Massenorganisationen, Arbeiterveteranen, antifaschistische Widerstandskämpfer und Kämpfer der Interbrigaden wohnten diesem Zeremoniell auf der Ehrentribüne bei. Neben der Tribüne standen Einheiten der Kampfgruppen, Abordnungen der GST und der FDJ. Nach der Meldung an den Minister für Nationale

Ein Unterleutnant der NVA in einer mit NVA-Effekten versehenen, umgeänderten Dienstuniform der KVP.

gewechselt. Vorhandene khakifarbene Ausgangsuniformen und –mäntel ersetzten, eingezogen und gereinigt, bei Bedarf abgetragene Dienstuniformen bzw. –mäntel der NVA.

Die Schirmmützen der Offiziere bekamen ein dunkelgraues Mützenband und eine silberfarbene Kordel. Bei den Landstreitkräften wurden sie außerdem mit einem Mützenemblem gleicher Farbe, bei den Luftstreitkräften mit Schwinge und Kokarde sowie Propeller mit Ährenkranz versehen. Diese Änderungen wurden auch an den Wintermützen der Offiziere vorgenommen. Wie bei den Soldaten und Unteroffizieren wurden auch die Uniformjacken der Offiziere mit Kragenspiegeln und Schulterstücken der NVA und silberfarbenen Knöpfen (auch an den Mänteln) versehen. Generale trugen ihre Schirmmützen ebenfalls mit den Effekten der NVA.

Geplant war, bis zum Sommer 1958 die khakifarbenen Uniformen restlos aufzutragen. Ab Herbst des genannten Jahres wurden in der NVA die steingrauen Uniformen bestimmend. Die Werktätigen der Bekleidungswerke und die Angehörigen der rückwärtigen Dienste leisteten in jenen Wochen und Monaten eine angespannte Arbeit. Beispielsweise hatte die NVA mit dem VEB Burger Bekleidungswerk – später Leitbetrieb für Dienstbekleidungen in der DDR – vereinbart, bis zum 30. April 1956 für Soldaten und Unteroffiziere 55 000 Uniformen, d.h. Uniformjacken und –hosen, auszuliefern. Dies erfolgte schrittweise nach einem festgelegten Größenschlüssel. Für die Land-

Die Übergabe der Truppenfahne an das 1. mech. Regiment durch Generaloberst W. Stoph am 30. April 1956.

Infanteristen (unter ihnen Unteroffiziere mit dem Winkel für eine längere Dienstzeit) und Kradschützen unmittelbar vor der ersten Parade der NVA am 1. Mai 1956.

Offiziere, Unteroffiziere und Soldaten (sogar mit MG und Panzerfaust) während der Maiparade 1956.

Verteidigung der DDR, Generaloberst W. Stoph, sprach dieser zu den Soldaten. Er verpflichtete die Armeeangehörigen, das Kampfbanner der bewaffneten Volksmacht als Zeichen der Würde des Truppenteils stets in Ehren zu halten. Dann übergab er dem Kommandeur des Regiments die Truppenfahne. Aus den Händen seines Kommandeurs nahm stolz ein Unteroffizier die Fahne entgegen. Vier junge Soldaten traten aus der Paradeformation hervor, schritten auf die Fahnegruppe zu und berührten symbolisch für alle Angehörigen des Regiments die feierlich gesenkte Fahne. Von hunderten Soldaten erschallte der Schwur: „Ich schwöre, meinem Vaterland, der Deutschen Demokratischen Republik, allzeit treu zu dienen, sie auf Befehl der Arbeiter- und Bauern-Regierung unter Einsatz meines Lebens gegen jeden Feind zu schützen, den militärischen Vorgesetzten unbedingten Gehorsam zu leisten, immer und überall die Ehre unserer Republik und ihrer Nationalen Volksarmee zu wahren."

Am folgenden Tag nahm das Regiment – aufgesessen auf Lkw G 5 – an der ersten Truppenparade der NVA in Berlin anläßlich des 1. Mai teil. Ein Blick auf die am 2. Mai in der Presse veröffentlichten Fotos von der Maiparade verrät eine Vielzahl von Details der Uniformierung und Bewaffnung der paradierenden Einheiten. So trugen die Musikkorps der Land- und Luftstreitkräfte an beiden Oberärmeln die aus der Geschichte bekannten Schwalbennester – mit Längs- und Querborten verzierte Achselwülste, die ursprünglich wie die Schulterklappen das Herunterklappen des Lederzeugs verhindern sollten. Auf neuen Schützenpanzerwagen vom Typ BTR 152 hatten die Soldaten und Unteroffiziere mit ihren neuen Stahlhelmen und Schützenwaffen in Paradehaltung Platz genommen.

Entwicklung und Einführung des Stahlhelms 1956/1957

Zur persönlichen Ausrüstung des Soldaten und zur Vervollständigung der Uniform gehörte in der NVA wie auch in anderen modernen Armeen der Stahlhelm. Er wurde insbesondere bei Handlungen in der Gefechtsausbildung, aber auch beim Wachdienst getragen. Seine Zweckmäßigkeit hatte sich schon während der äußerst verlustreichen Kämpfe des Ersten Weltkrieges sehr rasch als unverzichtbarer Schutz des Kopfes vor Geschossen, Splittern und Schlageinwirkung erwiesen.

Auch die bewaffneten Organe der jungen DDR, die Bereitschaften der Volkspolizei, waren schon teilweise mit einem Stahlhelm ausgerüstet worden. Er war in seiner Form Sturzhelmen nachempfunden und blieb deshalb für die Belange von Streitkräften unzureichend. Aus diesem Grunde wurden bereits durch die Führungsorgane der KVP Überlegungen angestellt, einen neuen Stahlhelm zu entwickeln. Vereinzelt verwendeten Einheiten der KVP und später der NVA – beispielsweise in Übungen – auch den Stahlhelm der Sowjetarmee. Schließlich entschloß sich die Führung der NVA aber, einen auf die Uniform der Volksarmee abgestimmten Helm herstellen zu lassen. Demzufolge vereinbarten die rückwärtigen Dienste der NVA und das Amt für Technik gemeinsam mit dem VEB Eisen-Hüttenwerk Thale und dem VEB Sattler- und Lederwarenfabrik Taucha Ende Januar 1956 Maßnahmen, um die Entwicklung eines für die NVA geeigneten Stahlhelms abzuschließen und diesen unverzüglich in die Verbände und Truppenteile einzuführen. In diesem Prozeß griffen die Konstrukteure, verantwortlicher Ingenieur war Erich Kiesan, auf eine der letzten Entwicklungen des Stahlhelms der deutschen Wehrmacht zurück, die bis 1943 vorangetrieben worden war. Dieser Helmtyp wurde aber nicht mehr eingesetzt. Bei den bekannten Stahlhelmen der Wehrmacht Modell 1935 und Modell 1942 traten insbesondere an den Knickstellen des Helms an Stirn und Nacken infolge von Durchschlägen häufig Kopfschüsse auf. Deshalb wählten die Konstrukteure nun eine überschräge Form, die Geschosse und Splitter im wesentlichen abgleiten ließ. Auch die Innenausstattung des Helms und die Metallegierung wurden weiter verbessert.

Die Arbeiten an dem Stahlhelm der NVA gingen rasch und erfolgreich voran. Die Erprobung des neuen Helms hatte gerade erst begonnen, als anläßlich der ersten Parade der NVA am 1. Mai 1956 Teile der über den Marx-Engels-Platz paradierenden Einheiten schon mit diesem Stahlhelm an die Öffentlichkeit traten.

Die systematischen Erprobungen des Stahlhelms setzten erst Mitte Mai 1956 ein. Insbesondere Beschußproben zogen sich – äußerste Sorgfalt war geboten – bis Ende des Jahres hin. In seiner Anordnung Nr. 15/56 vom 14. Mai 1956 regelte der Minister für Nationale Verteidigung der DDR, Generaloberst W. Stoph, die Erprobung des Stahlhelms VM 1/56 (Versuchsmodell 1/56). Zwischen dem 16. und

Von der Stahlhelmherstellung, Aufnahme März 1974.

19. Mai sollten mittels Beschuß- und Festigkeitsproben die Formgebung und die Materialhaltbarkeit getestet und im Juni die Tragemöglichkeiten über längere Zeit festgestellt werden.

Beschuß- und Festigkeitsproben erfolgten durch direkten Beschuß mit der Pistole TT 33 (10 m bis 25 m), mit der MPi PPSch 41 (25 m bis 100 m), mit dem Scharfschützengewehr D (300 m bis 600 m) und mit dem sMG (600 m) sowie auch mit Handgranaten am 16. und 17. Mai. Weitere Beschußproben fanden am 17. und 18. Juli sowie am 27. Dezember 1956 statt. Während der Erprobung im Juli des Jahres wurde der Stahlhelm auch der Wirkung von Artilleriemunition – des 82-mm-Granatwerfers, der 76-mm-Kanone und der 122-mm-Haubitze – ausgesetzt.

Alle diese Versuche zeigten eindeutig: Der Stahlhelm bot seinem Träger mit absoluter Sicherheit Schutz vor der Schußeinwirkung durch Pistolen ab 10 m Entfernung und vor der von Maschinenpistolen ab 50 m. Noch 1 m von der Detonationsstelle einer Handgranate entfernt, hielt der Stahlhelm der Splittereinwirkung stand. Auch beim Detonieren von Artilleriemunition konnte der Soldat mit dem Stahlhelm vor Kopfverletzungen geschützt werden. So bestand beim genannten Granatwerfer ab 10 m, bei der Kanone ab 20 m und bei der Haubitze ab 25 m von der Detonationsstelle Sicherheit. Ebenfalls erfolgreich verliefen alle Versuche zur Feststellung der Druck- und Schlagfestigkeit.

Um die Zweckmäßigkeit des Stahlhelms hinsichtlich der Tragfähigkeit bei den verschiedensten militärischen Tätigkeiten zu erproben, führten ein Schützenzug, ein Aufklärungszug, ein Granatwerferzug (82-mm-Granatwerfer), eine Geschützbedienung (122-mm-Hau-

bitze), ein Zug des Wachregiments, ein Nachrichtenzug, ein Pionierzug und ein Zug der Truppen der chemischen Abwehr Trageversuche durch. Sie fanden bei der Grundausbildung, bei Marschübungen und bei der Schießausbildung sowie während der Fahrten mit dem SPW, mit Kfz und Krad statt. Es galt festzustellen, ob die Innenausstattung des Stahlhelms auch bei Wendungen, beim Hinlegen oder Aufstehen und beim Exerzier- oder Laufschritt stets einen einwandfreien Sitz gewährleistete. Der Helm durfte keine Druckschmerzen hervorrufen. Meteorologische Bedingungen wie Sonne, Regen und Wind sollten sich nicht störend auswirken, zum Beispiel Regen und Wind nicht das Wahrnehmen von Geräuschen beeinträchtigen.

Insgesamt erbrachten die Materialerprobungen und die Trageversuche sowie vorgenommene Verbesserungen am Stahlhelm hinsichtlich der Legierung des Stahlblechs sowie bei der Innenausstattung des Helms bis zum Ende des Jahres 1956 sehr gute Ergebnisse. Sie erlaubten es, die Massenfertigung des Stahlhelms M 56 aufzunehmen und die Teilstreitkräfte mit ihnen auszustatten. Bereits vor den Erprobungen des Stahlhelms rechtfertigten es Formgestaltung und Materialzusammensetzung, Helme dieses Typs in drei Größen bis Mitte April 1956 in sehr kleiner Stückzahl an die Paradetruppen auszuliefern. Sie waren farblich steingrau-matt gehalten, an der linken Seite mit einem schwarz-rot-goldenen Wappen als Abziehbild versehen und von innen mit einem Stempel „S 1/56" als besondere Serie gekennzeichnet.

Anfang 1957 wurden die Herstellungs- und Abnahmevorschriften bestätigt und die Produktion der Stahlhelme in den drei Größen 60 cm, 64 cm und 68 cm Bezugsmaß aufgenommen. Bis Ende September 1957 lieferte die Industrie ungefähr 50 000 Stahlhelme an die Truppe aus. Etwa ein Jahr später gewährleistete sie die restlose Versorgung der Verbände und Truppenteile der NVA mit diesem Stahlhelm.

Den Hauptanteil an der Entwicklung des Stahlhelms in weniger als einem Jahr, den der Ingenieur Erich Kiesan geleistet hatte, anerkannte die Führung der NVA zum 1. Mai 1957 mit der Verdienstmedaille der NVA in Bronze.

Ergänzend zur Entwicklung und Einführung des Stahlhelms M 56 sei noch angemerkt, daß es diesen Helm bis zum Ende der NVA in zwei Formen gab. Bei der ersten Form ist das Helmfutter durch drei außen sichtbare Nieten befestigt, während bei der zweiten Form das Futter innen durch sechs Metallknöpfe aufgehängt ist. Die Ehrenformationen der NVA verfügten, wie international vielfach üblich, über einen am 17. Juni 1957 bestätigten Kunststoffhelm mit einem Gewicht von 500 Gramm.

Die Sonderbekleidung

Eine Geschichte der Uniformierung der NVA wäre unvollständig, ohne die vielfältige Sonderbekleidung nicht wenigstens zu erwähnen. Nicht immer ist sie auch eindeutig als Uniform zu bestimmen, d.h. die Zugehörigkeit des Trägers von Sonderbekleidung zu einem Dienstgrad bzw. zu einer Dienstgradgruppe läßt sich nicht erkennen. Moderne Armeen benötigen seit Mitte des 20. Jahrhunderts derartige spezielle Bekleidungen für extreme klimatische Bedingungen, für verschiedene Tätigkeiten im militärischen Dienst und für Spezialisten.

In allen Teilstreitkräften der NVA erhielten die Kraft- und auch die Kradfahrer zusätzliche Bekleidungsstücke: die Kraftfahrer zum Park-

Spezielle Bekleidung in den 1950er Jahren ....

... für Kradfahrer,

... für Flugzeugführer

... für Panzerbesatzungen,

... und für Techniker (Luftstreitkräfte).

dienst und bei Reparaturen die Arbeitskombination, für Fahrten im Winter ebenso wie die Kradfahrer einen Watteanzug und Filzschaftstiefel. Zur Ausstattung der Kradfahrer gehörten eine Kradhose, ein Kradregenmantel, Kradhandschuhe, Schutzbrille und eine graue Kombination.

Die Panzerbesatzungen der Landstreitkräfte der NVA verfügten zum Parkdienst über eine blaue Arbeitskombination, hinzu kam zur Ausbildung und zur Fahrausbildung mit dem Panzer T-34 jene Kopfhaube, die auch die sowjetischen Waffenbrüder besaßen. Des weiteren konnten die Panzerfahrer zu besonderen Anlässen eine graue Kombination und zur Fahrausbildung im Winter eine Wattekombination anziehen.

Das Werkstattpersonal war generell mit blauen Arbeitskombinationen ausgestattet. Posten erhielten im Winter bei Temperaturen unter minus 6°C Pelz- bzw. Übermäntel und Filzschaftstiefel.

In den Luftstreitkräften gab es differenzierte Sonder- bzw. Spezialbekleidung für das fliegende Personal, für Fallschirmspringer und das fliegertechnische Personal sowie sonstiges Flugpersonal. Die Flugzeugführer trugen im Sommer die Fliegerkopfhaube mit FT-Teil (darunter eine Leinenkopfhaube), Fliegerlederjacke, Oberhemd und Binder, Stiefelhose, Chromlederstiefel, ungefütterte Lederhandschuhe, einen gelben Fliegerschal, Fliegerbrille, Sauerstoffmaske, ein Kappmesser und eine Spezialkartentasche. Im Winter traten die Fliegerkopfhaube (Winter), eine zweiteilige, wattierte blaue Fliegerkombination, Fliegerpelzstiefel, lammfellgefütterte Stulpenhandschuhe, Fliegerpullover und Fliegerwollschal an die Stelle ent-

Lederbekleidung des Maschinenpersonals, 1950er Jahre.

Ledermantel für Schiffsoffiziere in den 1950er Jahren.

Matrosen im Watteanzug und mit Pelzmütze, 1950er Jahre.

sprechender Sommerbekleidungsstücke. Die Flugschüler zogen im Sommer statt der Fliegerlederjacke eine ungefütterte einteilige Fliegerkombination an.

Fallschirmspringer erschienen im Sommer mit einer ledernen Fliegerkopfhaube ohne FT-Teil, einer einteiligen Fliegerkombination, Sprungschuhen, Fliegerbrille und Kappmesser zum Sprungdienst. Im Winter waren sie mit Fliegerkopfhaube ohne FT-Teil, einer zweiteiligen, wattierten Fliegerkombination, lammfellgefütterten Stulpenhandschuhen und Fliegerpullover mit Rollkragen versehen.

Eine besondere Ausstattung erhielt das fliegertechnische Personal für beide Jahreszeiten. Flieger, Unteroffiziere und Offiziere, die als Techniker ihren Dienst versahen, trugen im Sommer eine ungefütterte einteilige schwarze Kombination. Die Offiziere setzten dazu eine Schirmmütze auf. Im Winter arbeiteten sie in einer gefütterten schwarzen Kombination aus Segeltuch und Filzschaftstiefeln. Start- und Sonderposten trugen im Winter Pelz- bzw. Übermäntel.

Bei den Seestreitkräften erhielten Boots- und Schiffsbesatzungen zunächst das Recht, während des Borddienstes folgende Bekleidungsstücke zu tragen: Ledermantel oder lange Lederjacke, kurze Lederjacke und Lederhose für das Maschinen- und Sperrpersonal beim Dienst an der Maschine oder am Sperrgerät, Ölzeug für das Oberdeckpersonal sowie für diesen Personenkreis auch Pelzmütze. Watteanzug, Pelz- oder Wachmantel und Filzstiefel je nach Witterung. Unter Berücksichtigung strengster Sparsamkeit ordnete der Chef der Seestreitkräfte am 7. Juni 1957 an, Lederbekleidung als Schutzbekleidung nur an das gesamte Personal von Torpedoschnellbooten und an das Maschinenpersonal der Hochdruck-Heißdampfmaschinen auszugeben. Matrosen und Maate des Maschinenpersonals anderer Schiffe und Boote erhielten zusätzlich zur bisherigen Ausstattung einen weiteren blauen Bordanzug, so daß sie während der Bordzeit über drei derartige Uniformen verfügten. Nur die Kommandanten und Flottillenchefs behielten Ledermantel und -jacke.

Die Sportbekleidung

In der NVA wurde von Beginn an der Sport groß geschrieben. Die meisten Armeeangehörigen trieben auch schon damals über den Dienstsport hinaus aktiv Sport. Dazu bot die am 1. Oktober 1956 gegründete Armeesportvereinigung „Vorwärts" vielfältige Möglichkeiten.

Im Verlauf der Jahre 1956 und 1957 gab der B/A-Dienst der rückwärtigen Dienste der NVA an alle Soldaten, Unteroffiziere und Offiziere einheitliche Sportbekleidung gegen Bezahlung aus. Die Tatsache, daß das Sportzeug letztlich in den persönlichen Besitz seines Trägers überging, rechtfertigte diese kurzzeitige Regelung. Die Sportbekleidung setzte sich bis Mitte der 1960er Jahre aus einem dunkelblauen Trainingsanzug, schwarzer Sporthose, weißem Sporthemd, dunkelblauer Schwimmhose und schwarzen Ledersportschuhen zusammen. Der entsprechende Befehl des Ministers für Nationale Verteidigung der DDR vom Sommer 1956 schrieb für den Dienstsport

Sportbekleidung in den Seestreitkräften in den 1950er Jahren.

bei kalter Witterung die Drillichuniform vor, solange Trainingsanzüge noch nicht ausreichend vorhanden waren. Bei strengem Frost konnten die Armeeangehörigen die Dienstuniform und den Uniformmantel überziehen.

Der Minister forderte weiterhin, bis zum 1. Dezember 1956 eine Regelung zu treffen, nach der die Unteroffiziere und Offiziere im Sportzeug ihrem Dienstgrad nach erkennbar sind. Davon ausgehend wurden für die Trainingsanzüge wie auch für Kombinationen und Schutzbekleidung der Angehörigen der Land- und Luftstreitkräfte der NVA Dienstgradabzeichen in Tressenform eingeführt. Sie waren am linken Oberärmel befestigt, d.h. der obere Rand des Abzeichens befand sich 14 cm unter der Schulternaht. Die Dienstgrade von Unteroffizier bis Oberst führten silbergraue, die Generale goldfarbene Tressen. Ein Unteroffizier trug eine 9 mm breite und 10 cm lange silbergraue Perlongespinsttresse, ein Feldwebel zwei und ein Oberfeldwebel drei derartige Tressen in einem Abstand von jeweils 5 mm zwischen den Tressen. Der Unterleutnant war an einer 15 mm breiten und 10 cm langen Tresse und darüber einer 5 mm breiten und ebenso langen Tresse erkennbar. Die Dienstgrade bis Hauptmann fügten stets eine weitere 9-mm-Tresse hinzu. Der Major trug zwei der beschriebenen Tressen von 15 mm und eine von 9 mm Breite. Für die Dienstgrade Oberstleutnant und Oberst erhöhte sich die Zahl der 9-mm-Tressen um je eine. Ein Generalmajor besaß die gleiche Tressenanordnung wie ein Major – nur in goldfarbener Ausführung. Ebenfalls weitere goldfarbene 9-mm-Tressen kamen für die Dienstgrade Generalleutnant, Generaloberst und Armeegeneral hinzu, so daß letzterer zwei goldfarbene 15-mm- und darüber vier 9-mm-Tressen aufwies.

Nicht unerwähnt soll bleiben, daß die Unteroffiziere der Land- und Luftstreitkräfte der NVA auf den weißen Sporthemden am Halsausschnitt eine 9 mm breite Perlongespinsttresse und die Offiziere zwei derartige Tressen, im Abstand von 3 mm eingefaßt, trugen. Maate und Meister der Seestreitkräfte befestigten an der Sportbekleidung einen gewebten goldfarbenen klaren Anker auf ovaler Tuchunterlage aus blauem Stoff. Für Offiziere galt der gleiche Anker, jedoch mit einer goldfarbenen Umrandung versehen.

Die erste Bekleidungsvorschrift der NVA 1957

Die Uniformierung einer Armee vollzieht sich nicht einfach dadurch, daß Uniformen hergestellt und an die Soldaten ausgegeben werden. Es galt, die verschiedenen Uniformen militärischen Tätigkeiten zuzuordnen, die Trageweise zu bestimmen und Normen für die Tragezeiten der einzelnen Uniformstücke festzulegen. Dazu bedurfte es umfangreicher und sorgsam abgewogener Überlegungen von Angehörigen vieler Dienstbereiche. Der Minister für Nationale Verteidigung der DDR wies in einer Anordnung über „Vorbereitungsmaßnahmen für die Einführung der Uniform der Land-, Luft- und Seestreitkräfte der Nationalen Volksarmee" bereits am 4. Februar 1956 an, daß durch den Chef des Hauptstabes der NVA bis Ende des Monats der Entwurf einer Dienstvorschrift über die Bekleidungsordnung und durch den Chef Rückwärtige Dienste die Normen und Tragezeiten für alle in die NVA eingeführten Bekleidungs- und Ausrüstungsgegenstände auszuarbeiten sind. Des weiteren sollte bis Ende März der Entwurf einer Instruktion für die Regelung der B/A-Wirtschaft erarbeitet werden.

Matrosen während der Ausbildung an Land in den 1950er Jahren.

Viele Vorschläge sachkundiger Offiziere aus nahezu allen Dienstbereichen gingen im Ministerium ein, nachdem Ende August 1956 der Entwurf der Bekleidungsvorschrift zur Stellungnahme in die Truppe versandt worden war. Am 15. Juni 1957 setzte der Minister für Nationale Verteidigung der DDR die „Vorläufige Bekleidungsordnung der Nationalen Volksarmee" in Kraft. Er hatte schon vier Monate zuvor die Chefs der Luftstreitkräfte, der Luftverteidigung, der Seestreitkräfte sowie die der beiden Militärbezirke der Landstreitkräfte angewiesen, alle Angehörigen ihrer Dienstbereiche mit dieser Ordnung vertraut zu machen. Die ständige Pflege und Instandhaltung der Bekleidung und Ausrüstung sowie die Einhaltung der Bekleidungsordnung galt es durchzusetzen, um das disziplinierte Auftreten und das äußere Bild der NVA-Angehörigen in der Öffentlichkeit zu verbessern.

Im ersten Punkt der „Allgemeinen Grundsätze" dieser Bekleidungsordnung unterstrich die Führung der NVA den Charakter der Uniform der NVA. Sie ist, hieß es, „das Ehrenkleid aller Angehörigen der Nationalen Volksarmee der Deutschen Demokratischen Republik. Jeder Angehörige der bewaffneten Kräfte der Deutschen Demokratischen Republik ist verpflichtet, die Ehre und Würde der Uniform zu wahren".

Weitere Punkte jener Grundsätze regelten das Tragen der Uniformen für Soldaten, Matrosen, Unteroffiziere, Maate, Offiziere, Generale und Admirale, die im aktiven Dienst der NVA stehen bzw. für diejenigen, die aus dem aktiven Dienst entsprechend den Dienstlaufbahnbestimmungen ausgeschieden sind. In mehreren Kapiteln bestimmte die Vorschrift die Uniformarten, die Art und die Trageweise der Uniformen sowie die Trageweise der Orden, Medaillen und Abzeichen.

Festgelegt wurde, welche Uniformarten für welche Dienste galten; innerhalb der Einheiten mußte die Uniform bei gleicher Dienstverrichtung einheitlich sein. Die Sommerbekleidung wurde in den Land- und Luftstreitkräften in der Zeit vom 1. April bis zum 30. September, in den Seestreitkräften vom 1. Mai bis zum 30. September getragen. Die restlichen Monate blieben der Winterbekleidung vorbehalten, es sei denn, die Standortältesten verkürzten oder verlängerten aufgrund der Wetterverhältnisse die Tragezeit der Sommer- bzw. Winteruniformen.

Auf eine Besonderheit soll in diesem Zusammenhang verwiesen werden. Generale erhielten schon seit geraumer Zeit eine zusätzliche Uniform – eine Modifikation der Ausgangsuniform. Aufgrund einer Anordnung des Ministers für Nationale Verteidigung der DDR vom 5. Juli 1956 war bei besonderen feierlichen Anlässen in der heißen Jahreszeit das Tragen einer weißen Uniformjacke mit Schulterstücken und Kragenspiegeln sowie einer weißen Mütze mit breitem roten Rand genehmigt. Dazu wurde die steingraue Tuchhose getragen.

Ein Hauptbestandteil der „Vorläufigen Bekleidungsordnung der Nationalen Volksarmee" von 1957 sind Regelungen zur Trageweise der einzelnen Uniformstücke. Eines ist allerdings allen Armeen der Welt in Geschichte und Gegenwart eigen: Manche Soldaten, Unteroffiziere und sogar Offiziere suchen nach Möglichkeiten, um ihre „persönliche Note" in die Uniformierung einzubringen. Dies trat auch in der NVA in der Art und Weise zutage, die Kopfbedeckung aufzusetzen. Gelegentlich wurde auch der Mützenring der Schirm- oder der Matrosenmütze entfernt, um diesen ein – nach Ansicht der Träger – gefälligeres Aussehen zu verleihen. Auch ein Knicken der Schulterklappen nach der Hälfte der Dienstzeit ist bis zuletzt ein häufiger Brauch der Soldaten und Unteroffiziere geblieben.

Zu einigen Einzelbestimmungen der 1957er Bekleidungsvorschrift

Im folgenden werden Festlegungen zur Trageweise der Uniformstücke in den Teilstreitkräften für die Jahre 1957 bis 1960 wiedergegeben. Grundlegende Festlegungen haben sich bis bis zum Jahre 1990 nicht geändert. Die einzelnen Mützenarten waren so aufzusetzen, daß sich die Kokarde immer in der Verlängerung der Mittellinie des Gesichts befand. Der untere Schildrand der Schirm- und der Wintermütze sollte mit den Augenbrauen abschließen, die Feldmütze aber rechts einen Fingerbreit über der Augenbraue sitzen. Der waagerecht zu tragende Stahlhelm mußte mit seinem vorderen Rand in Höhe der Augenbrauen liegen.

Der Sitz der Uniformjacke war bereits beschrieben worden. Alle Angehörigen der Landstreitkräfte knöpften aus hygienischen Gründen eine weiße Kragenbinde so innen in den Jackenkragen ein, daß ein 2 mm breiter Rand gleichmäßig überstand.

Die Soldaten und Unteroffiziere der Land- und Luftstreitkräfte steckten bei Halbschaftstiefeln die Uniformhose zur Drillich-, zur Dienst- und zur Paradeuniform in die Stiefel. Dazu schlugen sie die Hosenbeine von hinten nach vorn außen ein. Ähnlich verfuhren die Matrosen und die Maate mit ihren Bordhosen zu den Halbschaftstiefeln beim Exerzieren und in der Schießausbildung. Dagegen ließen sie zum Wachdienst, bei der Stellung von Ehrenkompanien und auf Befehl ihre Klapphosen über die Stiefel auf den sogenannten halben Schlag fallen, d.h., sie legten die Hosenbeine zweimal nach außen zu einem 4 cm breiten Umschlag um.

Komplizierte Bestimmungen regelten die Verwendung des Kieler Kragens und des seidenen Halstuches durch die Matrosen und Maate. Die Dienst-, die Parade- und die Ausgangsuniformen mit Kieler Hemd wurden durch den Kieler Kragen und das seidene Halstuch ergänzt. Dagegen wurde beim Exerzieren, bei der Schießausbildung und zum Unterricht zwar nicht auf den Kieler Kragen zum blauen oder weißen Bordanzug, jedoch auf das Halstuch verzichtet. Backschafter (Tischdienst, Bedienungspersonal) erschienen im weißen Bordanzug mit Kieler Kragen, Matrosen zum Arbeitsdienst an Land oder an Bord aber immer ohne. Ihre Freizeit verbrachten die Matrosen und Maate im weißen Bordanzug mit Kieler Kragen. Die Kommandeure konnten zu Kulturveranstaltungen sowie an Sonnabenden, Sonntagen und gesetzlichen Feiertagen zusätzlich das seidene Halstuch befehlen.

Feste Regeln gab es für das Umschnallen von Koppel und Feldbinde bzw. Schärpe. Schloß oder Schnalle saßen stets in der Mitte der Knopfreihe oder zwischen beiden Knopfreihen. Soldaten und Unteroffiziere der Land- und Luftstreitkräfte sowie Offiziere der Landstreitkräfte trugen das Koppel zwischen dem vierten und fünften Knopf (von oben) der Uniformjacke, Offiziere der Luftstreitkräfte so, daß der unterste Knopf verdeckt blieb. Wurde das Koppel über dem Uniformmantel getragen, so befand es sich ebenfalls zwischen dem vierten und fünften Knopf von oben. Diese Trageweise war bindend. Offiziere und Generale der Land- und Luftstreitkräfte schnallten zur Paradeuniform die Feldbinde wie das Koppel um; Offiziere und Admirale der Seestreitkräfte legten ihre Schärpe zwischen dem dritten und vierten Knopf der Paradejacke an.

Matrosen und Maat in Paradeuniform. Der Maat führt die Bootsmannspfeife.

Die Matrosen und Maate zogen das Koppel zur Dienst-, zur Parade- und zur Ausgangsuniform durch die Schlaufen der Bordhose. Zum täglichen Dienst und in der Freizeit konnte das Koppel weggelassen werden. Im Winterhalbjahr saß das Koppel zwischen dem vierten und fünften Knopf des Überziehers. Meister trugen es bei bestimmten Anlässen wie Exerzieren, Schießausbildung, Wachdienst und Paraden; Offiziere bei gleichen Gelegenheiten, jedoch nicht zu Paraden. In den Uniformmantel oder in den Überzieher konnte der Schal glatt, d.h. nicht geknotet, eingelegt werden. Einige weitere Einzelbestimmungen seien noch erwähnt: Hauptfeldwebel und Unteroffiziere der Land- und Luftstreitkräfte, die den Dienst in Offiziersplanstellen versahen (z.B. als Zugführer) setzten zum Dienst, wenn nicht anders befohlen, die Schirmmütze auf. Offizieren war es gestattet, zum Innendienst die Uniformhose zur Dienstuniform bzw. auch Stiefelhose und Dienstjacke ohne Koppel zu tragen.

Über das Tragen von Auszeichnungen an der Uniform

Ein besonderer Abschnitt der „Vorläufigen Bekleidungsordnung der Nationalen Volksarmee" von 1957 umfaßte Bestimmungen zur Trageweise der Auszeichnungen an den Uniformen. Die Tabelle gibt Auskunft über jene Orden, Medaillen und Abzeichen sowie Ordens- und Medaillenspangen, die nach der Verleihung in jener Zeit an den Parade- und Ausgangsuniformen aller Armeeangehöriger sowie an den Dienstuniformen der Offiziere, Generale und Admirale getragen wurden.

Staatliche Auszeichnungen der DDR 1957

Karl-Marx-Orden

Vaterländischer Verdienstorden in Gold, Silber und Bronze

Nationalpreis 1., 2. und 3. Klasse

Held der Arbeit

Orden "Banner der Arbeit"

Hervorragender Wissenschaftler des Volkes

Hans-Beimler-Medaille

Clara-Zetkin-Medaille

Verdienter Arzt des Volkes

Verdienter Lehrer des Volkes

Verdienter Techniker des Volkes

Verdienstmedaille der NVA in Gold, Silber und Bronze*

Medaille für treue Dienste in der Nationalen Volksarmee in Gold, Silber und Bronze*

Medaille für treue Dienste in der Kasernierten Volkspolizei

Medaille für treue Dienste in der Deutschen Grenzpolizei

Medaille für treue Dienste in der Deutschen Volkspolizei

Medaille "Ehrenzeichen der Deutschen Volkspolizei"

Leistungsabzeichen der Nationalen Volksarmee

Medaille für vorbildlichen Grenzdienst

Medaille für ausgezeichnete Leistungen des Ministeriums für Staatssicherheit

Verdienter Eisenbahner der DDR

Verdienter Bergmann der DDR

Verdienter Meister

Meisterhauer

Bester Facharbeiter

Aktivist des Fünfjahrplanes

Medaille für ausgezeichnete Leistungen im Wettbewerb

Brigade der hervorragenden Leistung

Hervorragende Jugendbrigade der DDR

Verdienstmedaille der Deutschen Reichsbahn

Verdienter Meister des Sports

Medaille für die Bekämpfung der Hochwasserkatastrophe im Juli 1953

Preis für künstlerisches Volksschaffen

* Beide Medaillen waren am 1. Juni 1956 gestiftet worden.

Diese Regelung galt auch für ausländische Orden und Medaillen, die an Bürger der DDR für Verdienste im Kampf gegen den Faschismus, für den Frieden und den Aufbau des Sozialismus verliehen wurden. Als Medaillen und Abzeichen gesellschaftlicher Organisationen konnten das Ehrenzeichen für Parteiveteranen der SED, die Ernst-Thälmann-Medaille, die Ernst-Moritz-Arndt-Medaille, die Friedensmedaille des Deutschen Friedensrates, die Friedensmedaille der FDJ, das Abzeichen „Für gutes Wissen" der FDJ in Gold, Silber und Bronze, das Sportabzeichen in Gold, Silber und Bronze, das

Trageweise von Abzeichen und Auszeichnungen durch Soldaten und Unteroffiziere in den 1950er Jahren

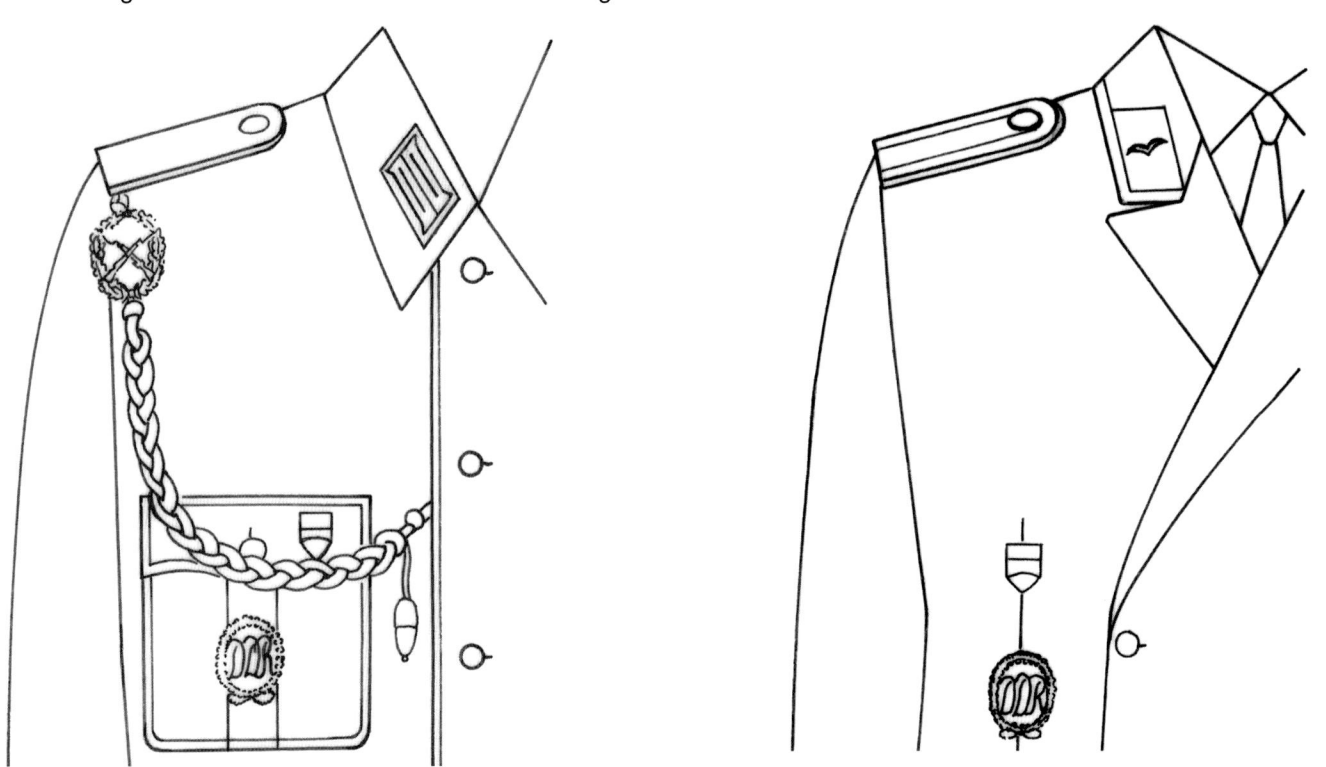

links - Hochgeschlossene Uniformjacke: FDJ-Abzeichen auf der rechten Brusttasche (in der Mitte der rechten Hälfte des Taschenaufschlages); Sportabzeichen in der Mitte der Längsfalte der rechten Brusttasche; Schützenschnur von der rechten Schulterklappe bis zum zweiten oberen Knopf (bis 1979).
rechts - Zweireihige Ausgangsjacke: Sportabzeichen 5 cm rechts von der Knopfleiste entfernt zwischen dem oberen und mittleren Knopf; FDJ-Abzeichen 6 cm über dem Sportabzeichen (bis 1979).

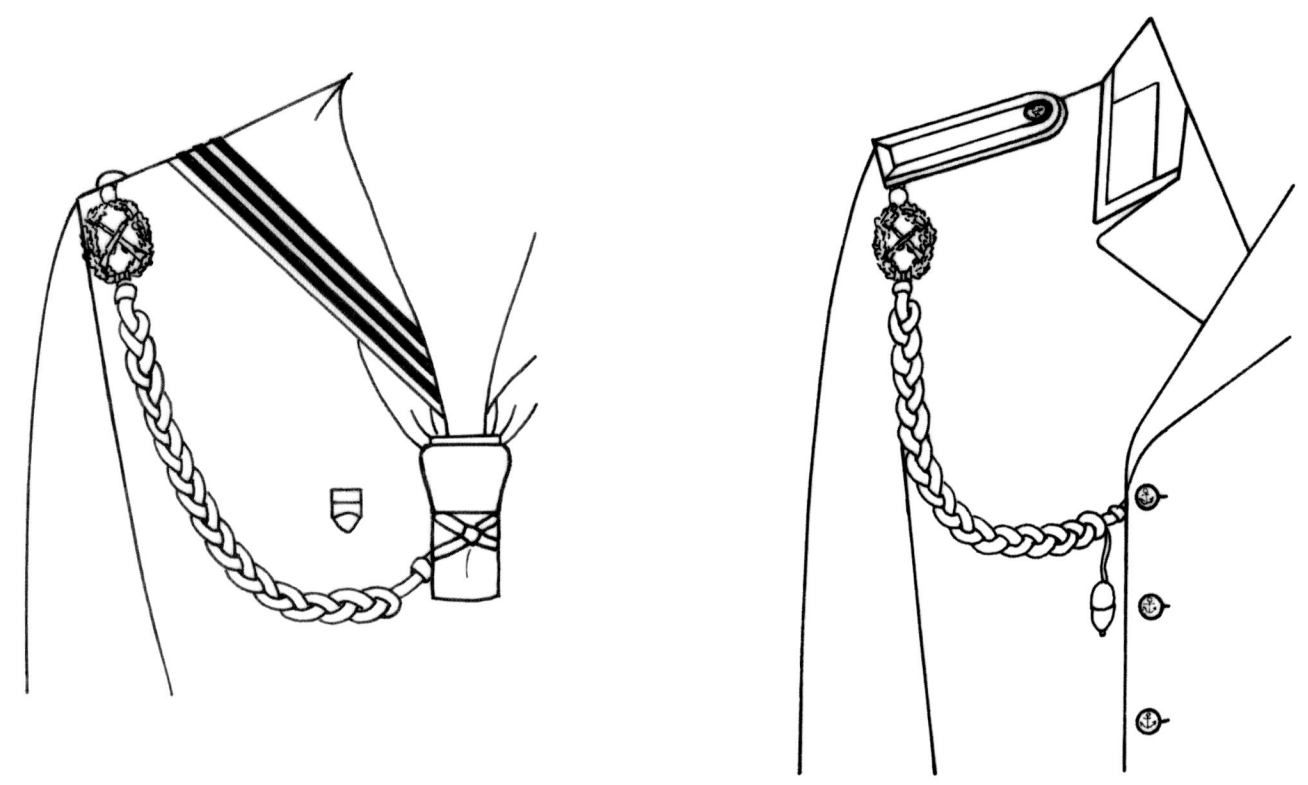

links - Kieler Hemd: FDJ-Abzeichen auf der rechten Seite; Schützenschnur zum Knoten des Halstuches (bis 1990).
rechts - Überzieher: Schützenschnur von der rechten Schulterklappe zum oberen Knopf der rechten Knopfleiste (bis 1990).

Trageweise von Auszeichnungen durch Offiziere, Generale und Admirale in den 1950er Jahren

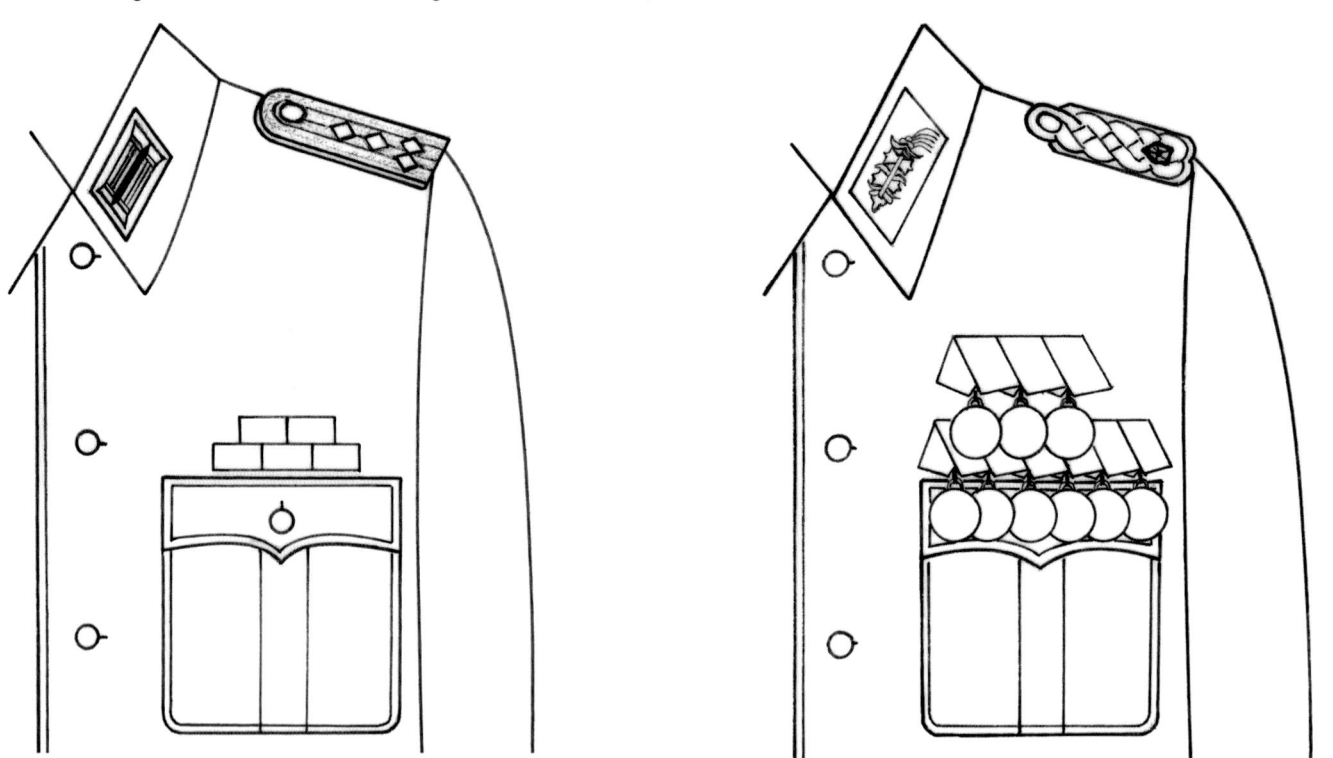

links - Einreihige Uniformjacke (hochgeschlossen oder offener Fasson): Interimsspangen, die höchste Auszeichnung innen, staatliche Auszeichnungen auf der linken Seite; die untere Kante der Interimsspange schloß mit der oberen Naht des Taschenaufschlages der linken Brusttasche ab, die Breite der Spangenreihe durfte die Taschenbreite nicht überschreiten.
rechts - Paradejacke (hochgeschlossen oder offener Fasson): Orden und Medaillen am Band, bildeten oben eine einheitliche Kante, Abstand zwischen zwei Reihen 5 mm; 6 bis 8 Auszeichnungen in einer Reihe war möglich, aber nicht breiter als 14 cm.

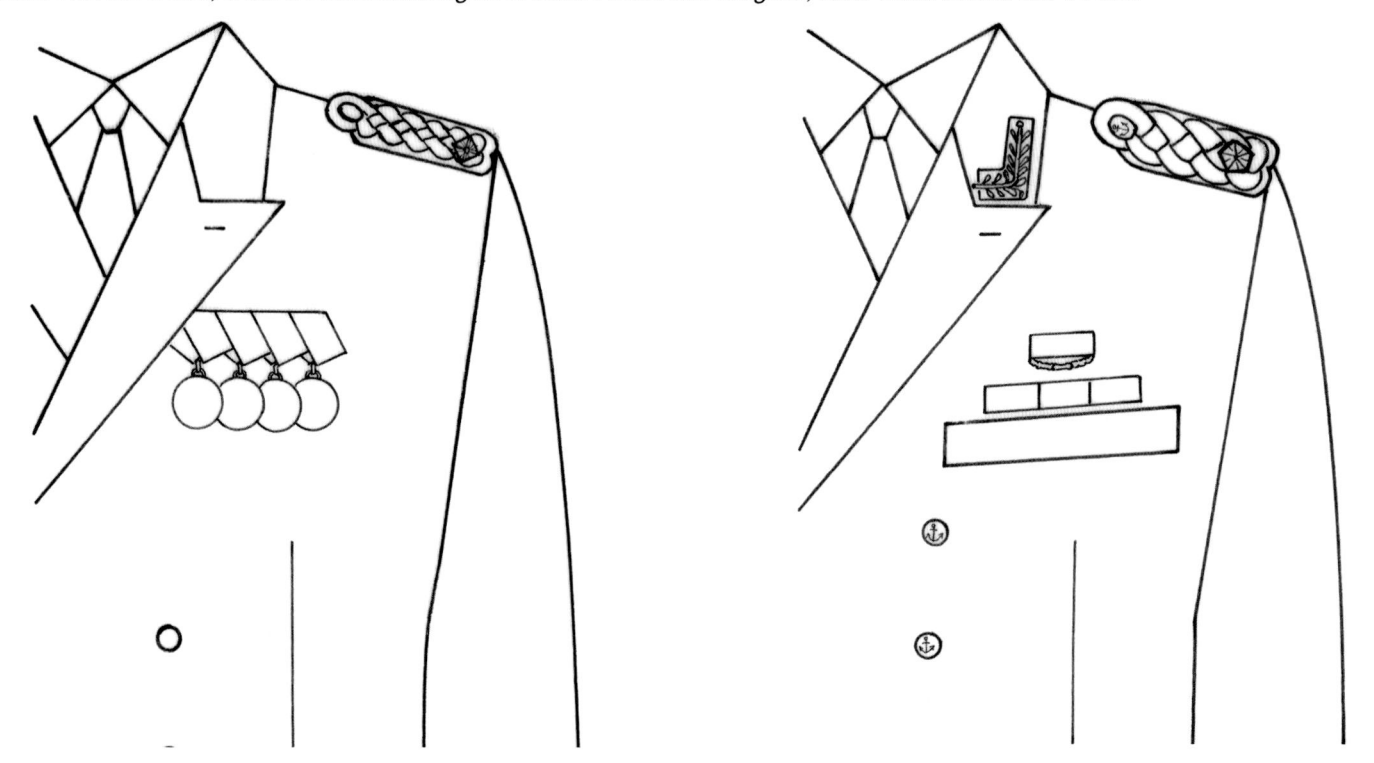

links - Zweireihige Ausgangsjacke: Orden und Medaillen am Band, erste Auszeichnung 5 cm unter dem Knopfloch des linken Revers.
rechts - Paradejacke: Vaterländischer Verdienstorden bei mehr als drei weiteren Auszeichnungen über den Interimsspangen, bei weniger als erste Auszeichnung der Spange (Meister trugen Auszeichnungen wie Offiziere).

Abzeichen Partisanen des Weltbundes der Demokratischen Jugend und das FDJ-Abzeichen getragen werden.

Komplizierte Bestimmungen, die sich an international übliche Gepflogenheiten anlehnten, regelten die Art und Weise sowie den Platz der jeweiligen Auszeichnungen an den Uniformen. Grundsätzlich befanden sich Orden und Medaillen mit Band links und die ohne Band bzw. Abzeichen rechts auf der Uniformjacke. Ihrer Bedeutung nach waren sie alle von rechts nach links auf der Uniformjacke anzubringen. Ausländische Auszeichnungen ordneten sich nach Bedeutung und Zweckbestimmung in diese Reihenfolge ein, folgten aber immer den entsprechenden Auszeichnungen der DDR. Für die Trageweise der Orden und Medaillen am Band an der offenen Jacke der Offiziere galt die Regelung, daß 6 bis 8 Auszeichnungen hintereinander in einer Reihe angelegt werden durften. Das Ordensband sollte aber keine größeren Ausmaße als 14 cm Länge aufweisen.

Im Zusammenhang mit der Trageweise von Auszeichnungen an der Uniform soll hier auf eine Episode der Geschichte der NVA hingewiesen werden. Das nachstehende Foto zeigt einen älteren Matrosen, ausgezeichnet mit dem Vaterländischen Verdienstorden. Es handelt es sich natürlich um keinen wirklichen Mannschaftsdienstgrad, sondern um Konteradmiral Felix Scheffler (von 1959 bis 1961 Stellvertretender Chef der Seestreitkräfte bzw. der Volksmarine der NVA für Ausbildung), der tatsächlich einige Wochen seinen Dienst als Matrose versah, um das „Leben an der Basis" zu studieren. Andere Generale, Admirale und Offiziere setzten diesem „chinesischen Experiment" der SED wohl soviel passiven Widerstand entgegen, daß es dann rasch scheiterte.

Eine Episode – die Kadetten der NVA

In der Geschichte der NVA gab es eine weitere Episode, die insbesondere heute unglaublich klingt. Über sie soll an dieser Stelle kurz berichtet werden. Die Armee unterhielt also in den Jahren von 1956 bis 1960 in Naumburg eine Kadettenschule. Diese war ihrem Charakter nach eine allgemeinbildende Oberschule mit Grundzügen einer militärischen Ordnung. Die Kadetten – Jungen im Alter zwischen 12 und 18 Jahren – wurden zum Abitur geführt und dabei auch mit bestimmten militärfachlichen Grundkenntnissen vertraut gemacht. Bevor die Kadetten nach bestandener Reifeprüfung an einer Offiziersschule der NVA ein Studium aufnahmen, dienten sie fünf Monate in der Truppe als Soldat.

Zu den Uniformen der Kadetten konnten nicht alle Einzelheiten geklärt werden. Im Aktenbestand „Schriftverkehr des Chefs Rückwärtige Dienste" (Bundesarchiv-Militärarchiv, Nr. 1013, Bd. 4) finden sich 1956 und 1957 bestätigte Dokumente, die nachfolgend beschriebene Uniformstücke für die Kadetten vorsahen. Danach ähnelten die Uniformen der Kadetten im Schnitt und im steingrauen Farbton denen der NVA. Die einzelnen Uniformen und Uniformteile sollen wie in den Dokumenten erwähnt wiedergegeben werden. Das war einmal der ganz abgefütterte Dienst/Ausgangsrock, einreihig, hochgeschlossen, auf fünf Knöpfe geknöpft, flacher Stehumfallkragen mit Haken und Öse, der offen und geschlossen getragen werden konnte. An der Vorderseite befanden sich je zwei aufgesetzte Brusttaschen und zwei gerade Seitentaschen mit Patten. Hinzu kam eine Innentasche. Die Ärmel waren zweiteilig mit Aufschlägen und das Rückenteil mit einer Mittelnaht gearbeitet. Den Oberkragen aus dunkelgrauem Kragentuch zierte an den Kragenecken eine 0,8 cm breite Goldtresse. In den Kragen war eine Kragenbinde einzuknöpfen.

Die dazugehörige lange Uniformhose war mit verlängertem Rundbund, zwei Bundfalten, zwei einpaspelierten Seitentaschen, einer Gesäßtasche und einer Uhrentasche sowie sechs Schlaufen, Hinterhosenverlängerer und Seitennähte mit einer 0,2 cm breiten Biese gearbeitet. Diese Dienst- und Ausgangsuniform der Kadetten ist aus grauem Streichgarngewebe (40 Prozent Wollanteil und je 20 Prozent Reißspinnstoff, Perlon und Zellwolle) hergestellt worden.

Dann waren die Kadetten auch mit einer Drillichuniform aus grauem Drellgewebe (je zur Hälfte aus Baumwolle und Leinen/Flockenbast) versehen worden. Der Drillichrock war einreihig mit fünf Knöpfen versehen, hoch geschlossen, hatte einen flachen Stehumfallkragen mit Haken und Öse und konnte offen oder geschlossen angezogen werden. Der Vorderteil war mit zwei aufgesetzten Brusttaschen mit Patten und im Rückenteil mit einer Mittelnaht und Taillenzug versehen und ungefüttert, aber die Ärmel mit Ellbogenverstärkung gearbeitet. Beide Teile wiesen Rundlöcher für die Taillenhaken auf. Zum Kragen gehörte die einknöpfbare Kragenbinde. Die Drillichhose war mit verlängertem Rundbund, zwei Bundfalten, zwei einpaspelierten Seitentaschen, einer Gesäßtasche, einer Uhrtasche und sechs Schlaufen sowie sogenannten Hinterhosenverlängerern gearbeitet. Hinzu kam noch eine Knieverstärkung.

Für die Kadetten muß es nach genannter Aktenlage auch einen weißen Sommerrock und eine steingraue Sommerhose gegeben haben. Das Material der Hose bestand je zur Hälfte aus Wolle und Zellwolle. Ansonsten war sie mit der langen Uniformhose identisch. Der Sommerrock war aus Material von je 50 Prozent Baumwolle und Leinen hergestellt. Die ungefütterte einreihige Jacke offener Fasson wurde von drei Knöpfen geschlossen, hatte zwei gerade Seitentaschen mit Patten, einen glatten Rücken mit Mittelnaht und zweiteilige Ärmel mit Aufschlägen. Der Kragen war natürlich mit der schon genannten Goldtresse versehen.

Die Uniformierung der Kadetten ergänzte in der kalten Jahreszeit der Uniformmantel. Der graue, halb abgefütterte Uniformmantel aus Streichgarn (40 Prozent Wolle und je 20 Prozent Reißspinnstoff,

mit einer farbigen Biese abgesetzt. Des weiteren kam zur Schirmmütze der schwarze Lackschirm und der Lacklederriemen sowie auf der Bundmitte der goldene Eichenlaubkranz mit der schwarzrotgoldenen Kokarde.

Einige Details zu den Effekten der Uniform sollen noch erwähnt werden: Die Uniformknöpfe aller Uniformarten der Kadetten waren goldfarben, gekörnt mit Rand, aus Metall und hatten einen Durchmesser von 18 mm. Es gab die „Dienstgrade" Kadett und Oberkadett. Ihre dunkelgrauen, weiß paspelierten Schulterklappen bestanden aus Oberklappe, Unterklappe und Lasche. Auf den Schulterklappen befand sich ein goldmetallenes bzw. maschinengesticktes „K". Auf dem Oberkragen des Dienst- und Ausgangsuniformrockes – mit dunkelgrauem Kragentuch bezogen – sowie des Sommerrockes verlief vom Kragenbruch bis zur Spitze eine 0,8 cm breite Goldtresse.

Für die Normen und Tragezeiten der Uniformen der Kadetten sind nachfolgende Vorstellungen überliefert, die wohl auch verwirklicht worden sind:

Artikel	Tragezeit in Jahren
1 Schirmmütze	2
2 Feldmützen	2
1 Wintermütze	2
1 Tuchmantel	2
1 Drillichuniform	2
2 Tuchuniformen, Dienst und Ausgang zum Ausgang offener Rock	3
1 Sommerrock, steingrau	2
1 Sommerrock, weiß	2
1 Sommerhose, steingrau	2
1 Kniehose (im Sommer)	2
3 Uniformhemden, silbergrau, mit aufgesetzten Taschen	2
3 Uniformhemden mit kurzen Ärmeln	2
2 Binder, dunkelgrau	1
1 Paar Schnürschuhe, Grobleder	2
1 Paar Schnürschuhe, Chromleder	2
3 Unterhosen, lang	2
2 Unterhosen, kurz	2
3 Unterhemden, lange Ärmel	2
3 Unterhemden, kurze Ärmel	2
3 Nachthemden	2
3 Paar Socken	2
3 Paar Söckchen	2
1 Paar Handschuhe, gestrickt	2
1 Pullover	2
1 Koppel mit Schloß	-
1 Brotbeutel mit Band	-
1 Feldflasche, komplett	-
1 Kochgeschirr mit Riemen	-
1 Kapok-Kissen	5
3 Bettbezüge	2

Kadetten in Dienstuniform, geführt von einem Unteroffizier.

Perlon und Zellwolle) war zweireihig mit fünf Knopfpaaren und einem Ringkragen mit Haken und Öse. Es kamen halbschräge Seitentaschen mit Patten und eine Innentasche hinzu. Das Rückenteil war mit Quetschfalte, Schlitz und einem zweiteiligen Rückengurt gearbeitet. Der Oberkragen bestand aus dunkelgrauem Tuch. Die Ärmel besaßen Aufschläge.

Die Schirm-, die Feld- und eine Wintermütze in Form der Skimütze, alle in der Stoffzusammensetzung wie der zuvor aufgeführte Mantel, vervollständigten die Uniform der Kadetten. Die Schirmmütze setzte sich aus dem oval geformten Deckel und vier Seitenteilen aus dem Grundtuch zusammen. Der Bund war aus dunkelgrauem Besatztuch gearbeitet. Der Deckelrand und die obere Bundkante war

3 Bettlaken	2
3 Kopfkissenbezüge	2
3 Schlafdecken	3
3 Handtücher	1
1 Sporthose, schwarz	1
1 Sporthemd, weiß	1
1 Paar Sportschuhe	1
1 Badehose, dunkelblau	2
1 Trainingsanzug, blau	3
1 Hosenträger	1

3.3 Ergänzungen und Veränderungen in der Uniformierung der NVA bis 1959/1960

Mit dem Inkrafttreten der „Vorläufigen Bekleidungsordnung der Nationalen Volksarmee" war nun keinesfalls die Uniformierung der Armee für lange Zeit festgeschrieben worden. Viele Dinge im Bereich der Bekleidung und Ausrüstung befanden sich noch im Stadium der Überlegungen und Erprobungen. Sie mußten überwiegend in engem Zusammenhang mit ebenfalls noch anstehenden Aufgaben in der gesamten Entwicklung der Nationalen Volksarmee gelöst werden. Dies betraf Bereiche wie die Militärtechnik, Gefechtsausbildung und Militärökonomie.

Gerade hinsichtlich der Ausrüstung der NVA mit der notwendigen Militärtechnik gab es in den Aufbaujahren der Armee viel Bewegung. Die Landstreitkräfte erhielten Ende der 1950er Jahre mittlere sowjetische Panzer der Typen T-34/85 und T-54 sowie den Schwimmpanzer PT-76. Die mot. Schützen bekamen durchgängig automatische Schützenwaffen, vor allem die Maschinenpistole Kalaschnikow (MPi K). In den Luftstreitkräften vollzog sich der Übergang zu Strahlflugzeugen der Typen MiG-15 und MiG-17. Die Seestreitkräfte stellten Küstenschutzschiffe des Typs 50 und Torpedoschnellboote des Typs 183 in Dienst.

Zur Einführung von Dienstlaufbahnabzeichen und Abzeichen für Sonderausbildung Ende 1957

Die militärtechnische Entwicklung forderte bereits in den 1950er Jahren eine immer höhere Qualifikation und Spezialisierung der Armeeangehörigen. Im äußeren Bild der NVA zeigte sich das in der Verwendung von Dienstlaufbahnabzeichen ab Mitte Dezember 1957. In einem Befehl vom 22. Juni 1957 ordnete der Minister für Nationale Verteidigung der DDR an, derartige Abzeichen und solche für Sonderausbildung der Matrosen und Maate einzuführen. In allen Teilstreitkräften der NVA gab es schon seit Schaffung der Armee 1956 Dienstlaufbahnabzeichen für Offiziere des Sanitäts- und Angehörige des Musikdienstes. Sie waren auf den Schulterstücken oder -klappen befestigt.

In den Teilstreitkräften, Waffengattungen, Spezialtruppen und Diensten kam es für alle Armeeangehörigen verstärkt darauf an, die Einsatzbereitschaft in schnellstmöglicher Zeit herzustellen. Dies erforderte viel Übung und ständiges Lernen. Insofern stellten die Dienstlaufbahnabzeichen einen Ansporn dar, hohe Fachkenntnisse und Fertigkeiten auf den unterschiedlichsten Gebieten zu erlangen.

Offiziersschüler der Luftstreitkräfte. Das am Unterarm angebrachte Dienstlaufbahnabzeichen (seit 1957) weist sie als Flugschüler aus.

Vor allem Soldaten, Flieger, Matrosen, Unteroffiziere, Maate und Meister, die über eine abgeschlossene Spezialausbildung verfügten und in dieser Richtung eingesetzt wurden, waren berechtigt, diese Dienstlaufbahnabzeichen an der Uniform zu tragen. In den Landstreitkräften der NVA legten beispielsweise Soldaten und Unteroffiziere, die in mot. Schützeneinheiten ihren Dienst als Kraftfahrer versahen, Dienstlaufbahnabzeichen an.

In dieser Teilstreitkraft bestanden die Dienstlaufbahnabzeichen aus einer farbigen Kunstseidenstickerei auf einer grauen Tuchunterlage. Diese Unterlage war oval und maß in der Länge 6 cm und in der Breite 5 cm. Während die Stickerei des Abzeichens für den Steuermann (Soldaten und Unteroffiziere von Pioniereinheiten nach bestandener Prüfung zum Führen von Wasserfahrzeugen) und für das waffentechnische Personal (Soldaten und Unteroffiziere mit abgeschlossener Spezialausbildung und bestandenem Examen, eingesetzt als Waffen-, Geschütz- und Optikermeister bzw. als Feuerwerker) in Gelb festgelegt war, entsprach sie bei den anderen Trägern der Waffenfarbe. So führten Soldaten und Unteroffiziere der Truppennachrichteneinheiten nach abgeschlossener Ausbildung in einem Artillerietruppenteil ihr Laufbahnabzeichen mit ziegelroter Stickerei. Die beiden Abzeichen des waffentechnischen Personals waren übrigens nicht oval, sondern rund mit einem Durchmesser von 4,5 cm. Die Dienstlaufbahnabzeichen wurden an der Dienst-, der Parade- und der Ausgangsuniform in der Mitte des linken Unterärmels der Uniformjacke 12 cm vom unteren Ärmelrand entfernt angebracht.

In den Luftstreitkräften der NVA gab es den Landstreitkräften analoge Dienstlaufbahnabzeichen für Flieger und Unteroffiziere mit den Bezeichnungen Kraftfahrer und Traktorist, Sanitätsdienst, nachrichtentechnisches Personal, Nachrichtenpersonal, Funkortungsdienst, Waffenmeister und Optikermeister sowie Feuerwerker. Die Gestaltung dieser Abzeichen entsprach denen der Landstreitkräfte, nur war die Stickerei weiß. In dieser weißen Stickerei kam das Laufbahnabzeichen Fallschirmdienst für Flieger und Unteroffiziere des Fallschirmdienstes nach Erreichen der festgelegten Qualifikationsstufe hinzu. Weiter gab es ein Abzeichen für diese Dienstgrade mit einer abgeschlossenen Ausbildung als Flugzeugmechaniker. Die Offiziersschüler, die sich als Flugschüler zur Ausbildung auf Offiziersschulen befanden, nähten eine vierblättrige Luftschraube in ovaler Form als Dienstlaufbahnabzeichen auf.

In den Luftstreitkräften erhielten damals auch Offiziere Dienstlaufbahnabzeichen. An Flugzeugführer aller Flugzeugtypen, Flugzeugtechniker und Leiter des Fallschirmdienstes sollten diese Abzeichen entsprechend der erreichten Qualifikation in den Stufen Bronze, Silber und Gold verliehen werden. Doch dazu kam es nicht. Es gab schließlich nur silbergestickte Dienstlaufbahnabzeichen, die 5 cm hoch und 4,5 cm breit waren. Während die Abzeichen der Flieger und Unteroffiziere wie bei den Landstreitkräften am linken Unterärmeln befestigt wurden, trugen die Offiziere ihre Laufbahnabzeichen in der Mitte der linken Brusttasche der Dienst- und der Parade-/Ausgangsjacke.

Im Jahre 1960 wurden für Offiziere der Luftstreitkräfte im Zusammenhang mit der Einführung von Klassifizierungsabzeichen auch neue Dienstlaufbahnabzeichen geschaffen, die einander in der äußeren Form glichen. Es handelte sich um Spangen, d.h. aus Metall geprägte Abzeichen mit einer Höhe von 2,6 cm und einer Breite von 9,1 cm. Ein emailliertes Hoheitszeichen und die spezifische Symbolik waren eingearbeitet. Dienstlaufbahnabzeichen erhielten Flugzeugführer, die Steuerleute der Luftstreitkräfte, die zum fliegenden Begleitpersonal gehörten, und alle Offiziere des ingenieur- und fliegertechnischen Personals sowie die Offizier des Fallschirmdienstes mit abgeschlossener Spezialausbildung. Diese Dienstlaufbahnabzeichen waren in der Mitte 5 mm über der rechten Brusttasche der Uniformjacke bzw. bei Uniformjacken ohne Brusttaschen in gleicher Höhe zu tragen.

Bedingt durch einen hohen Grad der Spezialisierung bei den Seestreitkräften, zudem auch international traditionell stark ausgeprägt, war das System der Dienstlaufbahnabzeichen in dieser Teilstreitkraft von Beginn an sehr vielfältig. Außerdem waren die Dienstlaufbahnabzeichen der Maate, Meister und Offiziersschüler oft direkt mit den Dienstgradabzeichen verbunden. Hinzu kam noch eine große Anzahl von Abzeichen für die Sonderausbildung der Matrosen und Maate. Auf der Grundlage einer Anordnung des Chefs der Seestreitkräfte vom 17. Oktober 1957 legten die Chefs der Flottillen, die Kommandeure von Schulen und die Leiter selbständiger Dienststellen die Verleihung der Dienstlaufbahnabzeichen fest. Die Bestätigung dieser Abzeichen für die Offiziere behielt sich der Chef der Seestreitkräfte selbst vor. Die Dienstlaufbahnabzeichen bei den Seestreitkräften bestanden außer bei den Offizieren für die blaue Bekleidung aus einer goldfarbenen Kunstseidenstickerei auf blauer Tuchunterlage und für die weiße Uniform aus blauer Kunstseidenstickerei auf weißer Unterlage; die Stickerei für die Sonderabzeichen war stets aus roter Kunstseide. Eine Ausnahme bildeten die Meister, deren Laufbahnabzeichen aus goldfarbenem Metall auf den Schulterklappen angebracht war.

Die runden Dienstlaufbahnabzeichen der Matrosen hatten 6 cm Durchmesser und wurden auf der Mitte des linken Oberärmels, 14 cm vom oberen eingenähten Rand des Ärmels entfernt, befestigt. Ebenso sah die Regelung für die Maate und Obermaate aus. Obermaate kennzeichnete jedoch noch ein 1 cm unter dem Dienstlaufbahnabzeichen befindlicher, nach oben offener stumpfer Winkel. Für Offiziersschüler gab es ovale Abzeichen von 5,8 cm Länge und 4,7 cm Breite, unter denen je nach Lehrjahr ein bis vier Winkel angeordnet wurden.

Die Dienstlaufbahnabzeichen der Offiziere wiesen unterschiedliche Abmessungen – zwischen 2 cm und 3 cm Durchmesser – auf und bestanden aus goldfarbener Stickerei auf blauem Grundtuch oder weißem Wollstoff. Männliche Offiziere trugen das Laufbahnabzeichen auf beiden Unterärmeln der Dienst- und der Parade-/Ausgangsjacke 2 cm über dem Ärmelstreifen; weibliche Offiziere 8 cm von der Unterkante des Ärmels entfernt.

Nur in den Seestreitkräften der NVA gab es Abzeichen für Sonderausbildung für die Matrosen und Maate. Sie waren in ihren Abmessungen je nach Höhe und Breite der Stickerei unterschiedlich groß. Man trug diese Abzeichen 2 cm unterhalb der Dienstlaufbahnabzeichen in einem Abstand von 2 cm. Mehr als zwei Abzeichen für Sonderausbildung durften nicht getragen werden. Generell wurden die Dienstlaufbahnabzeichen und die Abzeichen für Sonderausbildung am Ende einer Ausbildungsperiode bzw. am Ende des Ausbildungsjahres in würdiger Form verliehen.

Die Schützenschnur – eine begehrte Auszeichnung

In gleicher Weise und mit demselben Befehl des Ministers für Nationale Verteidigung der DDR (Nr. 49/57 vom 22. Juni 1957) über die Dienstlaufbahnabzeichen wurde zum 31. Dezember 1957 die Schützenschnur als Auszeichnung geschaffen. Entsprechend dem Ziel, die Entwicklung sozialistischer Soldatenpersönlichkeiten umfassend zu fördern, beschränkten sich die Verleihungsbedingungen nicht allein auf die Zahl der erzielten Treffer bei den Schießübungen. Die Schützenschnur erhielten nur die Soldaten, Unteroffiziere und Offiziersschüler, die in der gesamten Dienstdurchführung vorbildlich handelten und gleichbleibend gute und sehr gute Schießergebnisse erzielten.

Für den Erhalt der Schützenschnur wurden keine besonderen, sondern die Übungen des Ausbildungsprogramms geschossen. In der zweiten Hälfte der 1950er Jahre kämpften die Angehörigen der mot. Schützen- und Aufklärungseinheiten mit Schützenwaffen, also Karabinern, Maschinenpistolen und Maschinengewehren, um die vier

Offiziersschüler der Seestreitkräfte. Die am Oberarm angebrachten Abzeichen kennzeichnen sie als solche der Seeoffizierslaufbahn im 4. Lehrjahr aus.

Stufen der Schützenschnur im Schießen von Schul- und Einzelgefechtsübungen; die Angehörigen der anderen Waffengattungen, Spezialtruppen und Dienste in den Schulübungen um zwei Stufen. Die Schützenschnur für das Schießen mit Spezialwaffen konnte von den Angehörigen der Artillerie- und Panzereinheiten sowie von denen der Seestreitkräfte beim Artillerie- und Torpedoschießen in zwei Stufen errungen werden.

Immer begann die Verleihung der Schützenschnur mit der Stufe I – der eigentlichen Schützenschnur -, die höheren Stufen wurden durch Eicheln kenntlich gemacht und setzten den Erwerb der davorliegenden Stufe voraus. Jeder Träger der Schießauszeichnung wußte, daß er nur durch intensives Training zu besseren Ergebnissen und damit von Stufe zu Stufe gelangen konnte. Da zudem die Schützenschnur nur am Ende einer Ausbildungsperiode und in begrenzter Anzahl verliehen wurde, trugen ausschließlich die Besten die begehrte Auszeichnung. Anfang Oktober 1958 erhielten erstmals 305 Soldaten und Unteroffiziere die Schützenschnur.

Die ungefähr 35 cm lange Schützenschnur besteht bis zum Jahre 1990 in ihrer allgemeinen Form aus einer geflochtenen silberfarbenen Aluminiumschnur. Ein 50 mm hohes Aluminiumabzeichen zeigt auf einem silberfarbenen Eichenlaubkranz gekreuzte Schützenwaffen. An Artilleristen wurde die Auszeichnung mit einer stilisierten Granate und an Panzerschützen mit einem stilisierten Panzer im Eichenlaubkranzoval vergeben. Die Matrosen, Maate, Meister und Offiziersschüler der Seestreitkräfte trugen eine kornblumenblaue Schnur mit goldfarbenem Abzeichen. Für das Schießen mit Torpedos gab es die besondere Schnur mit einem stilisierten Torpedo im Eichenlaubkranz.

Die Schützenschnur wurde an der rechten Schulterklappe und an der Knopfleiste der Parade- und Ausgangsuniform befestigt. Matrosen und Maate legten die Schützenschnur, von der rechten Schulter fallend, unter dem Kieler Kragen zum Knoten des seidenen Halstuches an. Die Eicheln wurden jeweils am unteren Drittel der Schnur angebracht.

Die Entwicklung und Einführung des Kampfanzuges

Die fortschreitende wissenschaftlich-technische Entwicklung des Militärwesens wirkte sich in den 1950er Jahren auch auf die Uniformierung der NVA aus. Bei der Weiterentwicklung der Uniformen ließ sich die Armeeführung vor allem von den Erfordernissen des Gefechts leiten.

Die von den USA begonnene Einführung der Kernwaffen in die Streitkräfte führte zu grundlegenden Veränderungen im Militärwesen. Der mögliche Einsatz dieser Waffen in Kampfhandlungen, den die Militärstrategie der USA und Vorschriften der USA-Streitkräfte vorsahen, mußte von den sowjetischen und den anderen sozialistischen Streitkräften berücksichtigt werden. Die zunehmende Stoß- und Feuerkraft der Truppen zog einen steigenden Bedarf unterschiedlichster materieller Mittel nach sich. Völlig neue Anforderungen stellte der Schutz der Truppen und Technik vor Kernwaffen dar. Die Führung der NVA trug nicht nur dem, sondern auch der Erfahrung aus der Militärgeschichte Rechnung, daß für Kämpfende eine spezielle Uniform erforderlich ist. So wurden Kampfanzüge eingeführt, die den Bedingungen des modernen Gefechts weitgehend angepaßt waren. Der Kampfanzug – während des Zweiten Weltkrieges auf der Grundlage ziviler Arbeitsanzüge entstanden – hatte sich bewährt und die

Infanteristen noch in Drillichuniformen bei der Geländeausbildung Ende der 1950er Jahre.

äußere Erscheinung des Soldaten zugleich noch stärker verändert. Es war eine neue Uniformart aufgekommen, die speziell für die Erfüllung von Kampfaufgaben bestimmt war.

Bereits Mitte 1956 gab es Überlegungen, in der NVA eine solche spezielle Bekleidung für die Ausbildung im Gelände und für das Gefecht zu schaffen. Bis dahin und noch in den folgenden Jahren verwendeten vor allem die Aufklärer vielfach sowjetische Tarnbekleidung. Im Winter, wenn Schnee lag, zogen sie weiße Tarnbekleidung, die Schneehemden, über. Doch das genügte nicht mehr. Deshalb erprobte man ab 1957 als Kernstück einer wirklichen Felddienstuniform einen Kampfanzug sowie in diesem Zusammenhang auch ein Sturmgepäck anstelle des bisher verwendeten Rucksacks und des Brotbeutels. Die erste Erprobung dieser Bekleidungs- und Ausrüstungsgegenstände erfolgte in je einem verstärkten mot. Schützenbataillon aus beiden Militärbezirken der Landstreitkräfte in der Zeit vom 1. März 1957 bis zum 15. Februar 1958.

In der ersten gemeinsamen Truppenübung im August 1957 mit der GSSD bewiesen mot. Schützen des Verbandes von Oberstleutnant H. Stechbarth ihre Einsatzbereitschaft und die mit der Erprobung des Kampfanzuges betrauten Soldaten die Notwendigkeit und Eignung dieser Felddienstuniform. Wie aus dem Befehl des Ministers für Nationale Verteidigung der DDR vom 2. März 1957 hervorging, sollten Soldaten aller Waffengattungen und Dienste der Landstreitkräfte während des ganzen Zeitraumes an der Prüfung der neuen Bekleidung und Ausrüstung beteiligt sein. Ziel der Maßnahme war es, den Kampfanzug und das Sturmgepäck unter Mitführung der gesamten persönlichen Ausrüstung hinsichtlich Zweckmäßigkeit,

Weiße Tarnbekleidung für die Winterausbildung und solche der Sowjetarmee in der NVA, 1950er Jahre.

Haltbarkeit und Beweglichkeit unter den verschiedensten Bedingungen zu testen. Unter anderem interessierte die Fachoffiziere des B/A-Dienstes der NVA neben dem Wert des Kampfanzuges für zuverlässige Tarnung (auch bei Infrarotaufklärung) seine Flammenfestigkeit und sein Schutz vor radioaktiven Einwirkungen und chemischen Kampfstoffen. Es sollten ebenfalls Antworten darauf gegeben werden, wie der Kampfanzug vor Wind und Regen schützt, wie luftdurchlässig das Material ist und wie es bei Schmutzeinwirkung reagiert. Gleichzeitig mit dem Sturmgepäck wurden das Tragegestell aus textilem Gurtgewebe und ein Gurtkoppel aus Perlongurt geprüft. Vom Frühjahr bis zum Oktober 1958 fand eine zusätzliche Erprobung des Kampfanzuges statt.

Anfang November 1958 trat im mot. Schützenregiment „Hans Beimler" (der Traditionsname wurde ihm später verliehen – d. Verf.) die mit der Beurteilung des Kampfanzuges beauftragte Kommission aus Offizieren der rückwärtigen Dienste, der Verwaltungen Ausbildung und Artilleriebewaffnung, des Hauptstabes, der Bereiche der Chefs Pionierwesen, chemische Dienste, Panzer, Nachrichten und Aufklärung sowie des Militärbezirkes Neubrandenburg zur Auswertung der Erprobungen zusammen. Nochmals wurde zur Bestätigung der Erprobungsergebnisse eine Übung im Rahmen einer verstärkten mot. Schützenkompanie durchgeführt. Ziel war es, festzustellen, ob die Art und die Ausführung des Kampfanzuges und des Sturmgepäcks zweckmäßig auf die jeweilige Bewaffnung und Ausrüstung des einzelnen Kämpfers abgestimmt waren. Dies konnte im Abschlußbericht an Generaloberst W. Stoph, Minister für Nationale Verteidigung der DDR, am 28. November des Jahres bejaht werden.

Nach erfolgreichem Abschluß der Erprobung des Kampfanzuges und des Sturmgepäcks setzte auf Befehl des Ministers für Nationale Verteidigung der DDR vom 26. Juni 1959, der auf einem Beschluß des Präsidiums des Ministerrates der DDR vom 21. des Vormonats beruhte, die Ausstattung der Soldaten, Unteroffiziere und Offiziere der Landstreitkräfte (außer den Panzerbesatzungen) und der Luftverteidigungstruppen mit dieser Felddienstuniform und dem Sturmgepäck ein. Bis 1960 war die Ausstattung vollständig abgeschlossen. Die Drillichuniformen wurden schwarz eingefärbt und als Arbeitsuniformen aufgetragen.

Der zweiteilige Kampfanzug bestand aus einer Jacke mit Kapuze und einer langen Hose, im Flächendruck mit den vier Tarnfarben Blaugrau, Grün, Hellgrün und Braun versehen und wurde in drei Größen produziert. Er entsprach in seinen Eigenschaften den in den Erprobungen gestellten Anforderungen. Die Dienstgrade wurden in der gleichen Art und Weise wie bei der Sonder- und Sportbekleidung, d.h. mit Tressen am linken Oberärmel, kenntlich gemacht.

Das Sturmgepäck setzte sich aus den Teilen I und II sowie dem Tragegestell und dem Gurtkoppel zusammen. Das Teil I – eine nach dem Beispiel des Tornisters gearbeitete Packtasche – wies mit seinen 32 cm Breite, 8 cm Tiefe und 28,5 cm Höhe günstige Abmes-

Angehörige der Landstreitkräfte im Kampfanzug (Flächendruck) während der Geländeausbildung in den 1950er/1960er Jahren.

sungen für seinen Träger auf. Ähnliche Maße hatte das Teil II, dessen Tiefe aber 11 cm betrug. Es konnte auf das Teil I aufgeschnallt werden. Während Teil I mittels Tragegestell auf dem Rücken des Soldaten meist ständig mitgeführt werden sollte, verblieb Teil II auf dem Gefechtsfahrzeug. Beide Teile waren aus Spezialgewebe hergestellt und ebenfalls im Tarndruck der vier Farben des Kampfanzuges gehalten.

Zum selben Zeitpunkt der Einführung des Kampfanzuges wurden alle Angehörigen der Land- und Luftstreitkräfte sowie der Truppen der Luftverteidigung mit dunklen, in mattgrauen Farben gehaltenen Dienstgradabzeichen, Effekten und Knöpfen ausgestattet, um die Dienstuniform unauffälliger zu gestalten. Im einzelnen hieß das, die entsprechenden Uniformjacken und -mäntel erhielten mattgraue Schulterklappen und -stücke sowie dunkle Kragenspiegel, ohne Kennzeichnung durch Waffenfarben. Das galt auch für die Generale. Die Dienstgradsterne waren ebenfalls mattgrau. Die Kopfbedeckungen der Offiziere und Generale wurden mit dunklen Kokarden sowie mattgrau gehaltenen Mützenkränzen und Kordeln versehen. Die farbigen Lampassen an den Stiefelhosen der Generale entfielen.

Veränderungen an den Uniformen 1959/1960

Bereits in den ersten Jahren der Existenz der NVA war die Tätigkeit des B/A-Dienstes darauf gerichtet, notwendige und zweckmäßige Verbesserungen der Uniformierung der Armeeangehörigen in Einklang mit der strengsten Einhaltung der Sparsamkeitsprinzipien zu bringen. So berichtete die Zeitung „Volksarmee" in ihrer Ausgabe vom 25. Januar 1958 über Arbeitsmethoden des B/A-Dienstes, die die Umarbeitung von abgetragenen Drillichuniformen in Arbeitsuniformen ermöglichten. Jene Initiatoren erbrachten Einsparungen in einer Höhe von nahezu 30 000 Mark.

In einer durch den B/A-Dienst im April 1960 vorgenommenen Analyse konnte eine positive Bilanz gezogen werden. Durch zielstrebige Gemeinschaftsarbeit und durch die Verwirklichung der Rationalisierungsvorschläge aus der Truppe, der Abteilung B/A und den Betrieben wurden bei der Fertigung von Uniformen allein im Jahre 1959 insgesamt 51 268 Arbeitsstunden, 21 959 qm Uniform- und 34 746 qm Futterstoffe sowie 384 099 Mark eingespart. Der gesamte ökonomische Nutzen lag bei 1 Million Mark, da die genannten Vorschläge auch bei der Verarbeitung der Dienstbekleidung anderer bewaffneter Organe der DDR übernommen werden konnten.

Erste Maßnahmen, um unter den gegebenen ökonomischen Möglichkeiten auch den Soldaten und Unteroffizieren verbesserte, bequemere und modischere Ausgangsuniformen anzubieten, wurden Ende 1958 eingeleitet. Vom 20. bis zum 28. September 1958 fand die I. Sommerspartakiade der Armeesportler der befreundeten sozialistischen Länder in der DDR statt. Bei der Eröffnungsveranstaltung im Leipziger Zentralstadion trat die Mannschaft der NVA ausnahmslos in einer Ausgangsuniform mit offener, zweireihiger Ausgangsjacke an. Von diesem Zeitpunkt an (bis 1985) bestand für die Soldaten und Unteroffiziere die Möglichkeit, sich eine eigene Ausgangsuniform aus dem Stoff der Offiziersuniform anfertigen zu lassen und zum Ausgang zu tragen. Der Stoff mußte gekauft werden.

Die Ausgangsjacke wurde auf der Grundlage der Herstellungsvorschrift „Ausgangsrock, offen, zweireihig für Offiziere" ohne farbige Kragenpaspelierung gefertigt. Die dazu passende Uniformhose entsprach der Herstellungsvorschrift der Uniformhose für Soldaten und Unteroffiziere. Zur Ausgangsjacke gehörten bei den Landstreitkräften silberfarbene Kragenspiegel und Ärmelpatten für Soldaten und Unteroffiziere. Hinzu kamen ein silbergraues Oberhemd und ein dunkelgrauer Binder. Der Kragen des Uniformmantels konnte zum Ausgang geöffnet werden.

Eine weitere Verbesserung betraf die Bekleidung des Oberdeckpersonals der Torpedoschnellboote und konnte 1960 realisiert werden. Nach einer etwa zweijährigen Entwicklungs- und Erprobungszeit wurden zweiteilige graue Spezialanzüge aus Dederonmischgewebe mit PVC-Beschichtung und Webpelzfütterung eingeführt. Während der Erprobung waren die Anzüge den unterschiedlichen, für die Ostsee typischen Witterungsbedingungen und Lufttemperaturen zwischen maximal plus 10°C und minus 7,4°C ausgesetzt.

Die neue Bekleidung für das Oberdeckpersonal der Torpedoschnellboote 1960.

Diese neue Spezialbekleidung war günstiger als die bis dahin an Bord übliche Lederbekleidung und die Watteanzüge, die sich bei Regen oder überkommenden Wasser vollsaugten, dann schwer und unhandlich wurden und die Bedienung von Waffen und Gerät erschwerten.

Die 1960 eingeführten Spezialanzüge einschließlich Unterleibschutz mit Steppwatte für den Winter – das ist dem Abschlußbericht des Stellvertreters des Chefs der Seestreitkräfte für Rückwärtige Dienste, Kapitän zur See W. Ehm, vom 4. März 1959 zu entnehmen – boten auch bei längerer und intensiver Nässeeinwirkung guten Wind- und Wetterschutz, ausreichende Wärmehaltung in allen Jahreszeiten und genügende Luftdurchlässigkeit. Zudem waren sie bequem, sehr haltbar, widerstanden der Einwirkung von Ölen und Treibstoffen und waren leicht zu reinigen. Durch die Einführung der Spezialanzüge entfielen auf den TS-Booten folgende Bekleidungsstücke: Südwester, Wattejacke, Wattehose, Ölzeugmantel, Ölzeugjacke, Ölzeughose und Pelzmütze. Diese Neuerung war damit sehr rationell und verbesserte durch höhere Gebrauchseigenschaften vor allem die Gefechtsbereitschaft der Seestreitkräfte der NVA mit den spezifischen Mitteln, die dem B/A-Dienst zur Verfügung standen. Allerdings stellte der Spezialanzug für die TS-Boots-Besatzungen nur einen Wetterschutzanzug dar und war somit kein Vorläufer des Kampfanzuges der Volksmarine. Er hatte keine Schwimmweste und bot keinen Schutz vor Massenvernichtungsmitteln.

Neue Kokarden und Mützenbänder 1960/1961

In den ersten Jahren des Bestehens der NVA wurden durch die Staatsführung der DDR auch solche politischen Entscheidungen getroffen, die sich auf die Uniformierung auswirkten. So war das Gesetz zur Änderung des Gesetzes über das Staatswappen und die Staatsflagge der DDR, das Wilhelm Pieck am 1. Oktober 1959 unterzeichnete, sehr bedeutsam. Bis dahin bestand die Staatsflagge nur aus den Farben Schwarz, Rot, Gold. Aber von nun an führte sie auf beiden Seiten in der Mitte das Staatswappen der DDR – Hammer und Zirkel, umgeben von einem Ährenkranz, der im unteren Teil

Eine Ehrenformation des NVA-Wachregiments in Paradeuniform, März 1960.

von einem schwarz-rot-goldenen Band umschlungen war. Dieses Symbol sollte den Charakter der DDR als sozialistischen Staat der verbündeten Arbeiter und Bauern äußerlich eindrucksvoll zum Ausdruck bringen.

In der NVA wie auch in den anderen bewaffneten Organen der Republik wurde sodann die schwarz-rot-goldene Kokarde im Mützenemblem gegen die mit dem Staatsemblem ausgewechselt. Unter Beibehaltung des Mützenemblems – aus Sparsamkeitsgründen – entstand somit ein für alle bewaffneten Kräfte der DDR einheitliches Emblem. In der NVA wurden die Kokarden auf der Grundlage des Befehls Nr. 51/61 des Ministers für Nationale Verteidigung der DDR, Armeegeneral H. Hoffmann, vom 9. August 1961 bis Mitte des Jahres 1962 ausgetauscht.

Das auf der linken Seite des Stahlhelms befindliche schwarz-rotgoldene Emblem in Gestalt eines Wappens wurde bereits Mitte April 1961 entfernt. Vor allem aus Gründen der Tarnung wurde auf ein neues Wappen am Helm verzichtet.

Ebenfalls sehr bedeutsam und hier ganz unmittelbar für die Traditionsarbeit erwies sich ein anderer Akt dieser Zeit. Am 3. November 1960 verlieh der Minister für Nationale Verteidigung der DDR - seit dem 14. Juli des Jahres war es der Generaloberst H. Hoffmann - den Seestreitkräften der NVA auf Beschluß des Nationalen Verteidigungsrates der DDR mit Datum vom 19. Oktober 1960 anläßlich des 42. Jahrestages der Meuterei der Kieler Matrosen, „Aufstand" hieß es in Ost wie West, den Namen „Volksmarine".

Zu der Namensverleihung fanden auf dem Greifswalder Bodden - in Anwesenheit ehemaliger Angehöriger der Volksmarinedivision und von Teilnehmern an den „revolutionären Kämpfen" der deutschen Arbeiterklasse - ein militärisches Zeremoniell und eine Flottenparade von Kampfschiffen und -booten dieser NVA- Teilstreitkraft statt. Alle Schiffe und Boote hatten als Repräsentanten des Staates die neue rote Dienstflagge mit den schwarz-rot-goldenen Streifen und dem DDR-Staatsemblem gesetzt. Generaloberst H. Hoffmann forderte in seiner Ansprache von den Angehörigen der Volksmarine: „Erweisen Sie sich der großen Ehrung würdig, die Ihnen durch die Auszeichnung mit dem Ehrennamen ´Volksmarine´ und der Verleihung der roten Dienstflagge zuteil wurde. Schützen und hüten Sie Ihren Ehrennamen und die Ehre Ihrer Flagge."

Die Namensverleihung an die Seestreitkräfte der NVA spiegelte sich auch in einem Detail der Uniform wider, denn die Matrosen und Maate wechselten ihre Mützenbänder und führten nunmehr eines mit der gestickten Aufschrift „Volksmarine". Insbesondere zu dieser Namensverleihung ist ein Exkurs zur Traditionsarbeit in der NVA angebracht. Vor allem ein kompetenter Zeitzeuge, Konteradmiral a.D. G. Pöschel (1989/1990 Dekan der Militärwissenschaftlichen Fakultät der Militärakademie „Friedrich Engels") soll dazu herangezogen werden. Er schreibt: „Im Traditionsverständnis tat sich die Marine schwer. Deren ausschließliche, einseitige Ausrichtung auf die Vorgänge um die Meuterei in der kaiserlichen Flotte und die Teilnahme der ´roten Matrosen´ an der Novemberrevolution 1918 ließen nach meinen Erkenntnissen keine tiefe innere Bindung an diese Traditionen zu. Die jüngeren Generationen hatten zu diesen Ereignissen auch kaum noch eine Beziehung. Die Vorgänge um die 1848er Flotte unter der Flagge Schwarz-Rot-Gold wurde ausgeklammert. Als man relativ spät diese Möglichkeiten erkannte, blieben erste Vorhaben im Ansatz stecken, da die Bundesmarine bereits diesen Teil deutscher Marinegeschichte für sich aufgearbeitet hatte. Ansonsten bot die karge deutsche Marinegeschichte nach dem Verständnis der politischen Führung der NVA keine weiteren Ansatzpunkte für Traditionsableitungen. Einzelne Vorstöße in der damals eigenständigen Marinezeitschrift „Marinewesen" auf das Gebiet persönlichen Heldentums von Marineangehörigen (zum Beispiel aus dem ersten Weltkrieg) wurden schnell unterdrückt. Auch meine Studie über die Flotte Kurbrandenburg-Preußens, 1960 veröffentlicht, wurde als fragwürdiges Hobby abgetan. Da ich damit aber offensichtlich als „Experte" für alte Segelkriegschiffe galt, brachte mir diese Arbeit eine Abkommandierung zum Regiestab der Störtebeker- Festspiele in Ralswiek/Rügen ein, wo ich Hinweise zum Umbau von Kuttern in Hanse-Koggen geben mußte. Der Rückgriff auf die Namen von Widerstandskämpfern konnte die fehlende Traditionsbasis ebenfalls nicht ersetzen. Die letzte Umbenennung in ´Volksmarine´ (am 3. November 1960) war Ausdruck einer eindeutigen politischen Standortbestimmung. Damit wurde die Marine fest an ein einmaliges Ereignisse am Ende des ersten Weltkrieges und die daran geknüpfte Wertung gebunden. Bei vielen von uns blieb immer ein inneres Gefühl der Ablehnung dieser Einseitigkeit, wir wollten nicht nur auf Revolution und Meuterei fixiert sein. Als ´Seestreitkräfte´ hätten wir diese Marine gern auch weiter bezeichnet".

Junge Pioniere beglückwünschen einen Oberleutnant und drei Offiziersschüler (in Winter-Dienstuniform) Ende der 1950er Jahre zum Tag der NVA. Dabei tragen die Offiziersschüler die Wintermütze ähnlich der Einheitsfeldmütze der Wehrmacht. Im Hintergrund ein in damaligen Zeit noch übliches Schildwachhaus.

4. Neue zweckmäßige Uniformen der NVA in den 1960er Jahren

4.1 Zur Ausgestaltung der NVA-Uniformen 1960 bis 1965

Die NVA war in den 1950er Jahren „auf dem Wege zu einer modernen sozialistischen Armee erfolgreich vorangeschritten", wie es damals in den offiziellen Verlautbarungen hieß. Somit trat die Armee mit Beginn der 1960er Jahre in eine neue Entwicklungsetappe ein. Das Gesetz zur Verteidigung der DDR vom 20. September 1961 und das Gesetz über die allgemeine Wehrpflicht vom 24. Januar 1962 enthielten dafür die grundlegenden Orientierungen.

Nach Auffassung der maßgebenden sowjetischen Militärdoktrin setzte die NATO gegenüber den Staaten der Warschauer Vertragsorganisation nach wie vor auf Gewalt und stützte sich dabei besonders auf ihr Kernwaffenpotential. Der von ihr verstärkt vorbereitete Krieg erstreckte sich vom konventionellen bis zum begrenzten Kernwaffeneinsatz. Dem durften die Staaten der sozialistischen Verteidigungskoalition, darunter die DDR, nicht tatenlos zusehen. Um die Friedensstrategie des sozialistischen militärpolitischen Bündnisses zuverlässig zu sichern, wurden auch Kampfkraft und die Gefechtsbereitschaft der NVA in gebotenem Maße erhöht. Während es noch im ersten Entwicklungsabschnitt der NVA vornehmlich darauf ankam, Teilaufgaben beim sicheren äußeren Schutz der DDR zu übernehmen und die Verbände und Truppenteile auf die Führung von Gefechtshandlungen unter modernen Bedingungen vorzubereiten, ging es jetzt um weit mehr. Es galt, alle Teilstreitkräfte der NVA zu befähigen, im Zusammenwirken mit der Sowjetarmee und den anderen Bruderarmeen einem plötzlichen Kernwaffenüberfall der NATO – die gefährlichste Variante der Kriegsentfesselung – zu begegnen. Die NVA mußte aber auch in der Lage sein, in konventionellen Kampfhandlungen zu bestehen. So also stellte sich die Lage auch für die Führung der SED und dann natürlich ebenfalls für die der NVA dar. Somit folgten etliche Maßnahmen zur Anhebung der militärischen Stärke der DDR.

Im Rahmen der Vereinten Streitkräfte der Warschauer Vertragsstaaten wurde die NVA schrittweise ausgebaut. Zuerst wurden die Kräfte der Luftverteidigung mit Raketenwaffen sowjetischer Konstruktion ausgerüstet. Danach bekamen die Landstreitkräfte taktische und operativ-taktische Raketen und die Küstenartillerie der Volksmarine Raketen vom Typ „Sopka". Auch die wichtigsten herkömmlichen Waffengattungen erhielten neue Militärtechnik, zum Beispiel den Panzer T-55, moderne Geschoßwerfer BM-24, Panzerabwehrlenkraketen, das Überschalljagdflugzeug MiG-21 und Raketen- und Torpedoschnellboote.

Diese Umrüstung hatte weitreichende Konsequenzen für die Organisation und Ausbildung der Teilstreitkräfte der NVA. Bei den Landstreitkräften entstanden die neuen Waffengattungen Raketentruppen/Artillerie und Truppenluftabwehr. Die Luftstreitkräfte/Luftverteidigung bildeten Luftverteidigungsdivisionen, und die Volksmarine schuf auf der Basis neuer selbständiger Raketen- und Torpedoschnellbootformationen Stoßverbände. Im Manöver „Quartett" im September 1963 – der ersten großen Übung der NVA, der Polnischen Armee, der Sowjetarmee und der Tschechoslowakischen Volksarmee im Rahmen der Vereinten Streitkräfte auf dem Territorium der DDR – bewiesen auch die Angehörigen der NVA ihre Bereitschaft und Fä-

Rosa Thälmann besichtigt das auf den Namen ihres Vaters getaufte Küstenschutzschiff der Volksmarine am 16. Januar 1961.

higkeit, entsprechend den Anforderungen moderner Operationen und Gefechte erfolgreich zuhandeln.

Aus diesen Veränderungen in der Armee ergaben sich auch vielfältige Konsequenzen für den Bekleidungs- und Ausrüstungsdienst der NVA auf dem Gebiet der Uniformierung in allen Teilstreitkräften. Zwar blieben die Hauptuniformarten der NVA auch in den 1960er Jahren bestehen, doch eine Reihe von Veränderungen und Neuerungen – zum großen Teil noch in den 1950er Jahren vorbereitet bzw. durch Erprobungen eingeleitet – setzten sich gerade zu Beginn des Jahrzehnts durch.

Eine neue Bekleidungsvorschrift tritt 1960 in Kraft

Mit Beginn der 1960er Jahre mußten die vielen Verbesserungen und Änderungen an den Uniformen und ihrer Trageweise in neue Dienstvorschriften eingearbeitet werden. Es traten die „DV-98/4. Bekleidungs- und Ausrüstungsnormen der Nationalen Volksarmee" mit Wirkung vom 1. September 1960 und die „DV-10/5. Bekleidungsvorschrift der Nationalen Volksarmee" mit Wirkung vom 1. Dezember desselben Jahres in Kraft. Der Armeeführung genügte es nicht mehr, die Bekleidungsvorschrift aus dem Jahre 1957, die zudem noch eine „vorläufige" Vorschrift war, weiter durch Befehle und Anordnungen zu ergänzen.

In der Bekleidungsvorschrift von 1960 wurden nun für alle Teilstreitkräfte die Trageperioden für Sommer- und Winteruniformen einheitlich festgelegt: vom 1. Mai bis zum 30. September die Sommer- und vom 1. Oktober bis zum 30. April die Winterperiode. Die Wintermütze war in der Zeit vom 1. Dezember bis zum 28./29. Februar zu tragen. Die Vorschrift wies weiterhin die neugeschaffenen Dienstgrade Unterfeldwebel bzw. Unterwachtmeister, Stabsfeldwebel bzw. Stabswachtmeister und Stabsobermeister in Wort und Bild aus. Diese Entscheidung war im Befehl Nr. 34/60 des Ministers für Nationale Verteidigung der DDR vom April 1960 enthalten. Die Unterfeldwebel bzw. Unterwachtmeister bekamen ähnliche Schulterklappen wie die Unteroffiziere, nur war ihr Tressenbesatz unten geschlossen. Stabsfeldwebel, Stabswachtmeister und Stabsobermeister führten drei Gradsterne auf der Schulterklappe: in der unteren Hälfte zwei nebeneinander und in der Mitte darüber einen dritten. Die Dienstgradabzeichen in Tressenform an Kombinationen, Trainingsanzügen usw. bestanden jeweils aus der gleichen Anzahl silberfarbener Tressen wie bei den Unteroffizieren und Oberfeldwebeln. Angemerkt sei, daß diese Tressen insgesamt in der neuen DV-10/5 in der Zahl je Dienstgrad gleich blieb, aber in der Breite mit 7 mm bzw. 12 mm schmaler wurden.

Die Bekleidungsvorschrift von 1960 berücksichtigte bereits eine Reihe in Vorbereitung befindlicher Änderungen der Uniformen in der Armee, die aber erst in den folgenden Jahren mit spezifischen Befehlen vorgeschrieben und schrittweise verwirklicht wurden. Dazu rechneten beispielsweise die Vereinheitlichung der Paspelierung an den Uniformen der Landstreitkräfte oder die Veränderung der Kokarde an den Mützenemblemen.

Mit Befehl Nr. 51/61 des Ministers für Nationale Verteidigung der DDR vom 9. August 1961 fielen die speziellen Waffenfarben der Waffengattungen, Spezialtruppen und Dienste der Landstreitkräfte als Paspelierungen an den Uniformjacken und -hosen sowie Kopfbedeckungen fort. Jetzt gab es in den Landstreitkräften eine einheitliche weiße Paspelierung. Die Waffenfarben blieben nur noch als farbige Tuchunterlage der Schulterklappen und -stücke sowie an Kragenspiegeln und Ärmelpatten erhalten. Diese Veränderungen vollzogen sich etappenweise. In den Ausbildungsjahren 1961/1962 und 1962/1963 wurden die Neueingestellten, die Längerdienenden und die zum Unteroffizier bzw. Offizier Ernannten mit weiß paspelierten Uniformjacken ausgestattet bzw. ergänzt. Die bei den Truppen und in den Stäben vorhandenen Uniformen in verschiedenfarbigen Paspelierungen konnten und sollten aus ökonomischen Gründen aufgetragen werden. Im Januar 1964 endete die gesamte Aktion in den Landstreitkräften der NVA.

Diese Maßnahmen zeugten von dem Bestreben, die Uniformen weiter zu vereinheitlichen und damit auch gleichzeitig Vereinfachungen in der Planung der Bekleidungswirtschaft zu erreichen.

Weitere Modifizierungen an Effekten der NVA-Uniformen seien noch erwähnt. Ab 1. Juli 1962 erhielten die Schirmmützen der Meister und Offiziere der Volksmarine einen Mützenkranz, der gleich gearbeitet war wie der der Offiziere der Landstreitkräfte, allerdings in Goldstickerei auf dem Grundtuch in der Farbe Dunkelmarine. Für die Admirale gab es seit dieser Zeit Mützenkränze in der Ausführung der Mützenkränze der Generale der Landstreitkräfte. Während die Mützenkränze der Schirmmützen der Meister maschinengestickt waren, bestanden die der Offiziere und Admirale aus Handstickerei.

Um eine einheitliche Fertigung der aus Metall geprägten Mützenkränze sowohl in der NVA als auch in den anderen bewaffneten Organen der DDR zu erreichen, wurde die Stärke der Mützenkränze von 5 auf 3 mm verringert. Dadurch konnten Effekten rationeller und damit sparsamer produziert werden.

Noch vor dem Inkraftsetzen der DV-10/5 wurde ein neues Uniformstück, das sich sehr schnell großer Beliebtheit erfreute, in die NVA eingeführt – die Uniformhemdbluse. Diese Uniformhemdblusen erfuhren – wie noch gezeigt werden wird – in späteren Jahren eine Reihe von Veränderungen. Außerdem wurde der Kreis der Trageberechtigten im Laufe der Zeit immer mehr erweitert.

Die Einführung von Uniformhemdblusen, Sommermänteln und andere Erleichterungen Anfang der 1960er Jahre

Die Einführung von Uniformhemdblusen durch die Anweisung Nr. 4/60 des Ministers für Nationale Verteidigung der DDR vom 7. Juni brachte eine wesentliche Verbesserung der Uniformierung, wenn auch zunächst nur für Offiziere, Generale und Admirale. Dabei orientierte sich der Bekleidungs- und Ausrüstungsdienst der NVA wiederum an dem Beispiel der Sowjetarmee, die schon seit Ende der 1950er Jahre derartige Blusen eingeführt und die Trageweise in der Uniformvorschrift von 1959 festgelegt hatte. In der NVA begannen die Tragetests der Uniformhemdblusen am 1. September 1959 im Ministerium für Nationale Verteidigung, in den Kommandos der Militärbezirke der Landstreitkräfte und des Kommandos der LSK/LV. Sie endeten am 15. Oktober desselben Jahres. Ab Mitte Juni 1960 wurde die Bluse gegen Bezahlung an Offiziere, Generale und Admirale ausgegeben. Die Uniformhemdbluse wurde für alle Teilstreitkräfte in einem silbergrauen Farbton gefertigt. Die Angehörigen der Volksmarine trugen an dieser Bluse goldfarbene Ankerknöpfe, die Offiziere der Land- und Luftstreitkräfte einfache silberfarbene, die Generale goldfarbene Aluminiumknöpfe.

In der Bekleidungsvorschrift, der DV-10/5, vom 1. Dezember 1960 wurde die Trageweise der Uniformhemdbluse festgelegt. Der genannte Personenkreis konnte sie ohne Uniformjacke, mit Schulterstücken versehen und offenem Kragen zum Stabsdienst, zum täglichen Dienst – soweit die Stabsdienstuniform befohlen war –, zur Gefechtsausbildung in der Kaserne und im Gelände, wenn nicht die Felddienstuniform angeordnet war, und auf dem Wege vom und zum Dienst anziehen. Auf Befehl des Kommandeurs des Truppenteils oder des Leiters der Dienststelle konnte die Bluse ohne Uniformjacke auch mit geschlossenem Kragen und Binder angezogen werden. Sie konnte aber auch – dann mit Binder und ohne Schulterstücke – unter der Uniformjacke getragen werden. Das Koppel mußte bei der Uniformhemdbluse und der Stiefelhose auf dem Bund der Bluse durch die Schlaufen gezogen werden. In dieser Zeit wurden an der Uniformhemdbluse noch keine Orden und Medaillen in Form der Interimsspangen befestigt.

Nach etwa einem Jahr wurden Verbesserungen des Kragenschnittes der Uniformhemdbluse vorgenommen. Er wurde als Hemdkragen umgearbeitet. Damit erhielt die Bluse ein attraktiveres Aussehen und war bequemer zu tragen. Das Material bestand aus leichter Hemdenpopeline.

Die Uniformhemdblusen schon in diesen Jahren für alle Armeeangehörigen einzuführen, konnte aus ökonomischen Gründen nicht realisiert werden. Für die Erstausstattung der Soldaten und Unteroffiziere wären immerhin 400 000 qm Baumwollpopeline erforderlich gewesen. Hinzu wären dann noch die Mengen der jährlichen Ergänzungen für die Offiziere gekommen. Eine weitere Veränderung vollzog sich aber bei den Drillichuniformen. Für ihre Produktion konnte durch Verwendung eines leichteren Gewebes aus 60 Prozent Flachs und 40 Prozent Baumwolle die Qualität verbessert werden.

Ab 1962 konnten Offiziere, Generale und Admirale sowie weibliche Armeeangehörige einen neu entwickelten Sommermantel käuflich erwerben. Aufgrund seiner Materialbeschaffenheit vermochte er auch als Regenmantel gute Dienste zu leisten. Dieser steingraue bzw. dunkelblaue Mantel bestand für Offiziere und weibliche Armeeangehörige aus gummierter Baumwolle; für Generale und Admirale aus ebensolchen Wollserge. Die maßgeschneiderten einreihigen Mäntel offener Fasson wiesen eine verdeckte Knopfleiste, zwei schräge Seitentaschen an der Vorderseite, einen Rinksgurt und Schnallen an den Ärmeln sowie eine Tragevorrichtung mit Durchgriff in Höhe der Taillenlinie für den Ehrendolch auf. Der Mantel war vollständig mit Kunstseide abgefüttert und mit einer Innentasche versehen.

Der neue Sommermantel ersetzte die vorhandenen und teilweise getragenen grauen Regenmäntel aus den Beständen der KVP sowie die 1956 als Normbekleidungsstücke in die NVA eingeführten blaugrauen Sommermäntel der KVP. Diese Mäntel – aus Gabardine hergestellt – knitterten sehr stark und blieben anfällig gegenüber Regen und Nässe. Sie durften im Sommer und in der Übergangszeit auf dem Wege vom und zum Dienst, zum Ausgang und im Urlaub genutzt werden.

Ab 1963 wurden die bisher nur maßgeschneiderten Offiziersuniformen konfektioniert hergestellt. Dies ermöglichte schon im folgenden Jahr bedeutsame Einsparungen an Uniformstoffen. Bis zu diesem Zeitpunkt erhielten neben den Generalen und Admiralen die weiblichen Armeeangehörigen und die Angehörigen der NVA mit Über- und Untergrößen maßgefertigte Uniformen. Maßnahmen zur Spezialisierung, Mechanisierung und die Anwendung von Standards in der Uniformfertigung hatten zu einem solch hohen Entwicklungsstand der Paßformen, der Größensortimente und der Stoffverarbeitung geführt, der es ermöglichte, einen größeren Kreis von Offizieren mit konfektionierter Bekleidung auszustatten. Mit Wirkung vom 1. Januar 1964 wurden an Offiziere bis zum Dienstgrad Oberstleutnant bzw. Fregattenkapitän konfektionierte Uniformen ausgegeben. Sie konnten allerdings auch weiterhin Stoff zur Maßanfertigung auf eigene Kosten empfangen. Nur Generale und Admirale, Oberste und Kapitäne zur See, weibliche Armeeangehörige und Offiziere mit Über- und Untergrößen erhielten Maßuniformen ohne Bezahlung.

Weiterentwicklungen in der Uniformierung, wenn auch nur für einen kleineren Personenkreis, kamen seit 1961 zur Geltung. So wurden die Uniformen für die Meister der Volksmarine seit dieser Zeit aus dem Stoff gefertigt, aus dem die Offiziersuniformen hergestellt wurden. Damit war verbunden, daß für diese Berufsrichtung das äußere Bild attraktiver erschien.

Veränderte und neue Uniformen für die Luftstreitkräfte/ Luftverteidigung 1961/1962

Mit dem bereits genannten Befehl Nr. 51/61 des Ministers für Nationale Verteidigung der DDR vom 9. August 1961 erhielten zunächst auch die Angehörigen der Luftstreitkräfte hellblau paspelierte Ärmelpatten für die Parade- und Ausgangsuniformen. Vorher führten sie keine derartigen Patten an ihrer Uniform.

Als gravierender erwiesen sich jedoch die Festlegungen über neue Uniformen der Truppen der Luftverteidigung. Diese drückten äußerlich einen interessanten Entwicklungsprozeß in der NVA aus. Komplizierte Bedingungen für die moderne Luftverteidigung, die aus der wissenschaftlich-technischen Entwicklung mit ihren Wirkungen auf das Militärwesen resultierten, geboten auch in dieser Teilstreitkraft, die Kräfte und Mittel zu konzentrieren. Deshalb wurden Ende 1961 aus den bisherigen Flieger- und Flakartillerieverbänden einheitliche Luftverteidigungsdivisionen mit Fla-Raketentruppen, Fliegerkräften, funktechnischen Truppen, Spezialtruppen und Diensten gebildet. In bezug auf die Uniformen erachtete es die Führung der NVA als zweckmäßig, diesen Prozeß durch eine äußere Angleichung der Uniformen der Luftstreitkräfte und der Luftverteidigung abzurunden.

Während der 1950er Jahre trugen die Soldaten, Unteroffiziere, Offiziere und Generale der Flakartillerie Uniformen der Landstreitkräfte mit der roten Waffenfarbe der Artillerie. Jetzt erhielten die Truppen der Luftverteidigung wiederum steingraue Uniformen, die an den Ärmelaufschlägen, an den Kragen der Uniformjacken und an der Schirmmütze hellblau wie die der Luftstreitkräfte paspeliert waren. Als eigentliche Waffenfarbe wurde aber für die Soldaten, Unteroffiziere und Offiziere der Luftverteidigung Hellgrau für die Paspelierung der Kragenspiegel, Schulterklappen, -stücke und Ärmelpatten bestimmt. Für Generale der Luftverteidigung blieb jedoch bis Anfang der 1970er Jahre Hochrot die Waffenfarbe. Die Offiziere der Truppen der Luftverteidigung trugen wie die der Landstreitkräfte ebenfalls schon Uniformjacken offener Fasson, d.h. mit Uniformhemd und einem dunkelgrauen Binder. Die gesamte Umkleidung der Angehörigen der Luftverteidigung fand 1962 und 1963 statt.

Die Uniformen der Grenztruppen der NVA

Die gravierendste Neuerung auf dem Gebiet der militärischen Uniformen der DDR fand jedoch im Jahre 1961 statt. Am 12. September jenen Jahres befahl W. Ulbricht in seiner Funktion als Vorsitzender des Nationalen Verteidigungsrates der DDR die Eingliederung der Deutschen Grenzpolizei in Stärke von beinahe 40 000 Mann als Grenztruppen der NVA in das Ministerium für Nationale Verteidigung der DDR. Das nunmehr neue Kommando der Grenztruppen nahm seine Tätigkeit am 15. September 1961 auf. Ihre Organisation und die Entwicklung derselben sind im Band „Im Dienste der Partei. Handbuch der bewaffneten Organe der DDR" ausführlich behandelt.

Im Zusammenhang mit diesem einschneidenden Vorgang erfolgte auch die Einkleidung der Angehörigen der Grenztruppen der NVA mit den steingrauen Uniformen der Landstreitkräfte, Luftstreitkräfte und Luftverteidigung. Der gesamte Vorgang wurde mit einer Ergänzung der 1960er Bekleidungsvorschrift durch den Stellvertreter des Ministers für Nationale Verteidigung und Chef Rückwärtige Dienste, Generalmajor W. Allenstein, geregelt, die am 1. Mai 1962 in Kraft trat. Von der Uniformierung der Deutschen Grenzpolizei wurde die Waffenfarbe Hellgrün übernommen und so wie in den anderen Teilstreitkräften verwendet. Als bemerkenswertester Unterschied zu ihnen erwies sich jedoch der hellgrüne Mützenbund der Schirmmützen aller Dienstgradgruppen. Übrigens trugen anfangs sogar die Angehörigen der Bootskompanien die steingrauen Uniformen. Erst ab 1966 erfolgte ihre Einkleidung mit den dunkelblauen Uniformen der Volksmarine. Dabei wurde für die Schulterklappen und -stücke die hellgrüne Paspelierung beibehalten.

Bei der Ausstattung mit den Uniformen der Grenztruppen der NVA wurde den Besonderheiten ihres Dienstes Rechnung getragen. So gab es neben den sonst üblichen Uniformarten Dienstuniform, Stabsdienstuniform, Ausbildungsuniform, Felddienstuniform, Paradeuniform und Ausgangsuniform sowie den Arbeitsanzug auch noch eine spezielle Grenzdienstuniform und eine KPP-Dienstuniform. Zur

Grenzdienstuniform, die zum Grenzdienst, zur grenztaktischen Ausbildung und zur Schießausbildung im Gelände anzuziehen war, gehörten:

Soldaten/Unteroffiziere	Offiziere
im Sommer:	
Feldmütze	Feldmütze
Kampfanzug	Kampfanzug
Drillichjacke	Uniformjacke
Drillichhose	Stiefelhose
Halbschaftstiefel	Stiefel, genarbt
Gurtkoppel mit Schloß	Gurtkoppel mit Schloß
Regenumhang	Regenumhang
im Winter:	
Wintermütze	Wintermütze
Kopfschützer	Kopfschützer
Kampfanzug	Kampfanzug
Uniformjacke	Uniformjacke
Uniformhose, lang	Stiefelhose
Pullover	Pullover
Halbschaftstiefel	Stiefel, genarbt
Gurtkoppel mit Schloß	Gurtkoppel mit Schloß
Handschuhe, steingrau	Lederhandschuhe, schwarz
Regenumhang	Regenumhang

Auf Befehl war das Teil I des Sturmgepäcks oder sogar die Teile I und II dieses Gepäcks mitzuführen. Der Witterung und dem Gelände entsprechend konnten Gummistiefel, Watteanzug, Filzstiefel, Schneehemd und Skiausrüstung hinzukommen. Im Winter war auch das Mitnehmen des Regenumhangs witterungsabhängig. Der Kommandeur eines Truppenteils konnte an besonders warmen Tagen anstelle des Kampfanzuges für die Soldaten und Unteroffiziere die Drillichuniform und für die Offiziere die Dienstuniform (Uniformjacke und Stiefelhose) befehlen.

An **Sonderbekleidung** und entsprechender Ausrüstung kamen für die Angehörigen der Grenztruppen noch einige Uniform- und Ausrüstungsstücke hinzu:

Artikel	Tätigkeit	Zu welchem Dienst
Pelzmantel, Watteanzug, Filzstiefel und Schneehemd	Grenzsicherungs- und Wachtposten	zur Grenzsicherung im Winter auf Befehl des Kompaniechefs
Moskitonetz, Gummistiefel	Grenzsicherungs- und Wachtposten	zur Grenzsicherung auf Befehl des Kompaniechefs
Skistiefel, Skier, Skistöcke, Skihose, Skihandschuhe	Grenzsicherungs- und Wachtposten in bergigem Gelände	zur Grenzsicherung in bergigem Gelände

Zu der **KPP-Dienstuniform**, die von den Angehörigen der Grenztruppen an den Kontrollpassierpunkten zu tragen war, gehörten je nach Dienstgradgruppen:

Soldaten/Unteroffiziere	Offiziere
im Sommer:	
Schirmmütze	Schirmmütze
Uniformjacke	Uniformjacke
Uniformhose, lang	Stiefelhose
Halbschaftstiefel	Stiefel, glatt
Lederkoppel mit Schloß	Lederkoppel mit Schnalle
Regenumhang	Regenumhang
im Winter:	
Schirmmütze oder	Schirmmütze oder
Wintermütze	Wintermütze
Kopfschützer	Kopfschützer
Uniformmantel	Uniformmantel
Uniformjacke	Uniformjacke
Uniformhose, lang	Stiefelhose
Halbschaftstiefel	Stiefel, glatt
Handschuhe, steingrau	Lederhandschuhe, schwarz
Lederkoppel mit Schloß	Lederkoppel mit Schnalle
Regenumhang	Regenumhang

Von diesen Bekleidungsstücken waren der Regenumhang nur bei entsprechender Witterung überzuziehen. Wintermütze und Kopfschützer kamen nur für die Sicherungskräfte in Betracht. Schon damals waren die Uniformstücke der Soldaten und Unteroffiziere, die Dienst an den KPP versahen, aus dem Uniformstoff der Offiziersuniformen, jedoch natürlich mit ihren Effekten versehen, zu fertigen.

Des weiteren gab es nur innerhalb der Grenztruppen der NVA eine Dienstlaufbahn „Diensthundeführer" für Soldaten und Unteroffiziere sowie laut Vorschrift auch für Offiziere nach entsprechend abgeschlossener Ausbildung. Sie legten als spezielles Abzeichen das eines stilisierten Hundekopfes an. Dabei handelte es sich um ein kreisförmiges Abzeichen von 4 cm Durchmesser mit einer Stickerei aus weißer Kunstseide auf steingrauem Tuch, das mit Nessel verstärkt war.

Im einzelnen vollzog sich die Umkleidung der Angehörigen der Grenztruppen der NVA – wie anderswo auch – schrittweise. Nach dem Befehl des Ministers für Nationale Verteidigung 85/63 vom 2. Oktober 1963 sollte die Einführung der steingrauen Parade- und Ausgangsuniformen sowie die hellgrüne Paspelierung, die Effekten und

Das Laufbahnabzeichen für Diensthundeführer.

das Mützenband am 1. November 1963 beginnen und am 30. des Monats abgeschlossen sein. Die vorhandenen khakifarbenen Dienstuniformen waren noch in der Winterperiode 1963/1964 aufzutragen. Natürlich konnten die Soldaten und Unteroffiziere als Auszeichnung ebenfalls die Schützenschnur erlangen.

Uniformveränderungen auch bei den weiblichen Armeeangehörigen 1962

Die vielfältigen Verbesserungen und Änderungen der NVA-Uniformen in den ersten Jahren des neuen Jahrzehnts bezogen auch die Bekleidung der weiblichen Armeeangehörigen ein. Bis zum 1. März 1962 sollten die Frauen mit einer neuen Ausgangsuniform und ab dem 1. Juli desselben Jahres mit Dienstuniformen in neuer Schnittgestaltung versorgt werden. Diese terminlichen Regelungen traf der Chef Rückwärtige Dienste der NVA, Generalmajor W. Allenstein, seit 25. September 1961 auch Stellvertreter des Ministers für Nationale Verteidigung der DDR, in seiner Anordnung Nr. 7/61 vom 17. Oktober 1961. Die neuen Uniformen wurden 1962 ausgegeben. Bis zu dieser Zeit trugen die Frauen die vorhandenen Uniformen noch auf.

Die genannte Anordnung regelte gleichzeitig die Beschaffenheit und die Schnittgestaltung der neuen Uniformen. Nunmehr wurden auch die Uniformstücke der weiblichen Soldaten, Flieger und Matrosen sowie der Unteroffiziere und Maate aus Kammgarnstoff maßgeschneidert. Anstelle der bisher getragenen Baskenmützen gehörte jetzt ein Schiffchen zur Dienstuniform und eine Kappe zur Ausgangsuniform – in Steingrau bei den Landstreitkräften und den LSK/LV bzw. in Weiß oder Blau bei der Volksmarine gehalten. Die Uniformjacke für die Dienst- und die Ausgangsuniform war nur rechts mit einer Innentasche versehen. Die beim alten Uniformschnitt vorher außen befindlichen zwei Taschen entfielen. Die Ärmel der Uniformjacke waren ohne Aufschläge gearbeitet. Auf der Ausgangsuniform der Landstreitkräfte und der der LSK/LV befanden sich die Ärmelpatten in entsprechenden Waffenfarben. In der Sommertrageperiode war es gestattet, den Kragen der Uniformhemdbluse bei beiden Uniformarten über den Jackenkragen zu legen. Die Hemdbluse konnte auch – dann mit Schulterklappen oder -stücken – ohne die Uniformjacke getragen werden. In allen drei Teilstreitkräften zogen die Frauen zu beiden Uniformarten schwarze Halbschuhe an.

Die folgende Tabelle gibt Aufschluß über die veränderten Bekleidungs- und Ausrüstungsstücke, welche die Frauen ab 1962 für einige Jahre laut der Ausstattungsnorm der DV-98/4 besaßen. Alle übrigen Uniformstücke, z.B. der Uniformmantel und die Schaftstiefel, blieben in Schnitt und Form unverändert und in gleicher Anzahl im Besitz der weiblichen Armeeangehörigen. Ebenso galten diese Bestimmungen auch für die Frauen in den Grenztruppen der NVA.

Die Uniformen weiblicher Armeeangehöriger 1962

Landstreitkräfte und LSK/LV	Volksmarine
1 Schiffchen	2 Schiffchen, weiß
1 Kappe	1 Schiffchen, blau
	1 Kappe, weiß
	1 Kappe, blau
1 Ausgangsjacke	1 Ausgangsjacke
2 Dienstjacken	2 Dienstjacken, weiß
	2 Dienstjacken, blau
3 Uniformröcke	3 Uniformröcke
3 Uniformhemdblusen	3 Uniformhemdblusen
1 Paar Halbschuhe (Ausgang)	1 Paar Halbschuhe (Ausgang)
1 Paar Halbschuhe (Dienst)	1 Paar Halbschuhe (Dienst)

Die ersten Wehrpflichtigen werden 1962 eingekleidet

Der Tag der Einberufung der ersten Wehrpflichtigen, der 4. April 1962, wird im Buch „Armee für Frieden und Sozialismus. Geschichte der Nationalen Volksarmee der DDR" so geschildert: „Wie im Truppenteil ´Anton Saefkow´ verlief für die Wehrpflichtigen überall in der NVA der erste Tag. ´Genosse´, lautete die für die meisten ungewohnte Anrede. Die Wehrpflichtigen empfingen Uniform und Ausrüstungsgegenstände. Was später selbstverständlich wurde, schien anfangs unmöglich: Wie sollte der ganze Berg von Uniformteilen, die Stiefel, das Sportzeug, die Unterwäsche, das Kochgeschirr und anderes mehr in diesen engen Spind passen? Doch beim Einräumen wie beim ersten ´Bettenbauen´ waren ihnen die Gruppenführer behilflich. Einige Wehrpflichtige mußten noch den Gang zum Friseur antreten, denn nicht jeder Haarschnitt, der gerade ´in Mode´ war, erwies sich für den Armeedienst als zweckmäßig. Auch die Uneinsichtigen verstanden spätestens nach der ersten Ausbildungsstunde mit der Schutzmaske den militärischen Sinn dieser Festlegung."

Junge Wehrpflichtige in Drillichuniformen nach ihrer Einberufung in einem mot.Schützenregiment im Frühjahr 1962.

Die Einberufung der jungen Männer zu ihrem 18monatigen „Ehrendienst zum Schutz des Friedens und des Sozialismus" erfolgte auf der Grundlage des Gesetzes über die allgemeine Wehrpflicht. Es war von den Abgeordneten der obersten Volksvertretung der DDR am 24. Januar 1962 „einstimmig" verabschiedet worden.

Der Text des Fahneneides wurde nach dem Beispiel der Sowjetarmee wesentlich erweitert. Für die Soldaten der NVA hieß es nun:

„Ich schwöre, der Deutschen Demokratischen Republik, meinem Vaterland, allzeit treu zu dienen und sie auf Befehl der Arbeiter- und Bauern-Regierung gegen jeden Feind zu schützen.

Ich schwöre, an der Seite der Sowjetarmee und der mit uns verbündeten sozialistischen Länder als Soldat der Nationalen Volksarmee jederzeit bereit zu sein, den Sozialismus gegen alle Feinde zu verteidigen und mein Leben zur Erringung des Sieges einzusetzen.

Ich schwöre, ein ehrlicher, tapferer, disziplinierter und wachsamer Soldat zu sein, den militärischen Vorgesetzten unbedingten Gehorsam zu leisten, die Befehle mit aller Entschlossenheit zu erfüllen und die militärischen und staatlichen Geheimnisse immer streng zu wahren.

Ich schwöre, die militärischen Kenntnisse gewissenhaft zu erwerben, die militärischen Vorschriften zu erfüllen und immer und überall die Ehre unserer Republik und ihrer Nationalen Volksarmee zu wahren. Sollte ich jemals diesen meinen feierlichen Fahneneid verletzen, so möge mich die harte Strafe der Gesetze unserer Republik und die Verachtung des werktätigen Volkes treffen."

Notwendige Festlegungen der Einkleidung der Wehrpflichtigen traf der Stellvertreter des Ministers für Nationale Verteidigung der DDR und Chef Rückwärtige Dienste der NVA in seiner Anordnung Nr. 7/62 vom 31. März 1962. Danach galten die Grundsätze der „DV-98/4. Bekleidungs- und Ausrüstungsnormen der Nationalen Volksarmee" – gering erweitert – auch für die zum Grundwehrdienst einberufenen jungen Männer. So erhielten die Soldaten und Flieger für die Dauer ihres gesamten Grundwehrdienstes die in der nachfolgenden Tabelle aufgeführten Bekleidungsstücke.

Ausstattung der Wehrpflichtigen der Landstreitkräfte, LSK/LV und der Grenztruppen für den Grundwehrdienst 1962

Ausgang/Urlaub	Ausbildung	Arbeitsdienste usw.
1 neue Schirmmütze	1 neue Feldmütze	1 zweite Feldmütze
1 neue Parade- und Ausgangsuniform	1 neue Drillichuniform	1 zweite Drillichuniform
1 neuer Uniformmantel		1 zweiter Uniformmantel
1 Paar neue/neuwertige Schnürschuhe	1 Paar neue Halbschaftstiefel	
1 Paar neue Strickhandschuhe	1 zweite guterhaltene Tuchuniform	

An Unterbekleidung gab es am Tag der Einberufung je zwei Paar Socken und Fußlappen, drei Garnituren Unterwäsche und drei Kragenbinden. Nach neun Monaten kamen nochmals je zwei Paar Socken und Fußlappen, eine Garnitur Unterwäsche und drei Kragenbinden hinzu.

Auch Kampfanzug, Sturmgepäck und Sonderbekleidung (nach Notwendigkeit) wurden gemäß der genannten Dienstvorschrift ausgegeben. Für die Matrosen der Volksmarine, die für den Grundwehrdienst in die Landeinheiten einberufen wurden, galten analoge Festlegungen für ihre speziellen Uniformstücke. Auch die Bestimmungen für die Tragezeiten der Uniformen blieben insgesamt unverändert. Soldaten auf Zeit erhielten nach Ableistung ihres Grundwehrdienstes, dann zum Unteroffizier bzw. zum Maat befördert, neue Uniformstücke: eine Schirm- oder Tellermütze, eine Parade- und Ausgangs- bzw. Dienstuniform und ein Paar Halbschaftstiefel.

In jenen Jahren erfolgte der Dienstsport noch in der Dienstbekleidung. Deshalb mußten die Wehrpflichtigen ihre Sportbekleidung für den Massen- und Freizeitsport zunächst noch selbst mitbringen. Das traf auch auf die Schlafanzüge oder Nachthemden, Taschentücher sowie Toilettenartikel und Schuhputzzeug zu.

Die Anordnung Generalmajor W. Allensteins sah ferner eine Reihe von Maßnahmen zur Pflege und Erhaltung der Uniformen im Interesse der sparsamen Verwendung volkswirtschaftlicher Mittel vor. Dementsprechend richteten die Kommandeure und insbesondere die Hauptfeldwebel der Einheiten ihre Anstrengungen auf die konsequen-

Noch in alter Winteruniform helfen Wehrpflichtige (Pioniere) Anfang der 1960er Jahre im Tagebau Böhlen bei der Kohleförderung.

Im täglichen Dienst an Bord. Der Matrose trägt entsprechend der Witterung den Überzieher zum Bordanzug.

te Durchsetzung der Anzugsordnung, wie sie die DV-10/5 vom Dezember 1960 vorschrieb, und auf die unbedingte Einhaltung der Putz- und Flickstunde im Tagesdienstablaufplan sowie auf periodische Kontrollen und Vollzähligkeitsappelle der Bekleidung und Ausrüstung.

Weitere Festlegungen betrafen Maßnahmen, alle nach der Entlassung der Wehrpflichtigen anfallenden Bekleidungsstücke sofort zu reinigen, zu waschen und instand zu setzen, um sie als Dienst- bzw. Arbeitsbekleidung schnell in die Versorgung der Neueinberufenen einbeziehen zu können.

Andere Regelungen richteten sich auf die paßgerechte Einkleidung der wehrpflichtigen Soldaten, Flieger und Matrosen. Sie sahen u.a. vor, den Stahlhelm nur in Verbindung mit der aufgesetzten Schutzmaske anzupassen, die Uniformjacken über die Unterbekleidung und mit dem Pullover anzuprobieren und das Schuhwerk nach festgelegten Kriterien sorgfältig auszuwählen. Zur Durchführung dieser Maßnahmen wurden die Schneider und Schuhmacher der Truppenteile und Verbände eingesetzt.

Eine verbesserte Winterbekleidung zu Beginn der 1960er Jahre

Die Uniformierung der NVA unterlag in allen Teilstreitkräften bestimmten witterungsbedingten und klimatischen Einflüssen. Diesen hatte die Armeeführung bereits bei der Sicherung bestimmter militärischer Tätigkeiten, z.B. des Wachdienstes im Winter, des Flugdienstes von Flugzeugführern in der kalten Jahreszeit und von Arbeiten des Oberdeckpersonals von Schiffen und Booten, durch entsprechende Bekleidung Rechnung getragen. Anfang der 1960er Jahre waren die ökonomischen Möglichkeiten gegeben und die Überlegungen so weit gediehen, alle Armeeangehörigen mit zweckmäßigerer Winterbekleidung auszustatten.

Ab 1961 erhielten die Angehörigen der Teilstreitkräfte schrittweise steingraue bzw. dunkelblaue Watteanzüge vor allem als Felddienstuniform für die Winterperiode. Der Watteanzug bestand aus Jacke und Hose, gearbeitet aus Baumwoll-Zeltbahngewebe. Beide waren mit Steppwattine und Kunstseide abgefüttert. Die Verarbeitung gewährleistete bei geringem Gewicht und Volumen eine hohe Wärmehaltung und eine große Beweglichkeit. Waren Ausrüstungsgegenstände mitzuführen, wurde das Tragegestell angelegt. Bis Ende 1965 konnte die erstmalige Ausstattung mit diesen Watteanzügen in den Landstreitkräften und den LSK/LV vollständig und in der Volksmarine zu 80 Prozent abgeschlossen werden. Vereinzelt vorhandene blaue Watteanzüge mit Karosteppmuster wurden aufgetragen. Weiterhin konnte nun der zweite Uniformmantel der Soldaten entfallen.

In der Volksmarine zogen die Matrosen, Maate, Meister und Offiziere der fahrenden Einheiten den Watteanzug unter ihren speziellen Kampfanzug, wenn die dazu sonst verwendete blaue Arbeitsuniform nicht mehr ausreichend vor der Kälte schützte. Die Angehörigen der Landeinheiten trugen den Watteanzug als Felddienstuniform sowie auch als Dienstuniform, wenn die Temperaturen unter minus 3°C sanken, jedoch nicht im Streifen-, Stabs- und Lazarettdienst.

Ebenfalls 1961 erhielten die Schiffsoffiziere der Volksmarine einen kurzen Wattemantel, d.h. einen zweireihigen Mantel mit einknöpfbarer Webpelzfütterung und Webpelzkragen, als zusätzliche Wetterschutzbekleidung.

In die Ausstattung der Armeeangehörigen wurde in diesem Jahr der Pullover aufgenommen. Seine Materialzusammensetzung aus je 40 Prozent Wolle und Wolpryla sowie 20 Prozent Zellwolle gewährleistete gute Trageeigenschaften. Soldaten und Unteroffiziere erhielten Pullover mit spitzem Ausschnitt, das fliegende Personal hochgeschlossene Pullover und die Matrosen und Maate Pullover mit Rollkragen.

Der 1961 als zusätzliches Bekleidungsstück für den Winter eingeführte Pullover.

Nach 1961 wurde der schlauchförmige Kopfschützer durch einen solchen in Haubenform ersetzt. Er hatte eine Materialzusammensetzung von 60 Prozent Wolpryla, 20 Prozent Wolle und 20 Prozent Zellwolle. Er wog nur noch 60 statt 100 Gramm. Insgesamt bot der neue Kopfschützer für die Angehörigen aller Waffengattungen einen besseren Kälteschutz, da der Kopf vollständig bedeckt wurde.

In der ersten Hälfte der 1960er Jahre veränderte jedoch ein anderes Uniformstück das äußere Erscheinungsbild aller Armeeangehörigen in der Winterperiode: die neue Wintermütze. Sie wurde bis 1965 aufgrund des Befehls Nr. 86/63 des Ministers für Nationale Verteidigung der DDR vom 2. Oktober 1963 schrittweise eingeführt. Die Entwicklung und die Erprobung dieser neuen Wintermütze begannen bereits Ende der 1950er Jahre, als sich immer klarer herausstellte, daß die bis dahin verwendete Wintermütze nicht mehr den Anforderungen entsprach, da sie bei strengen Frösten nur unzureichenden Schutz bot. Auch wurde die alte Wintermütze beim Mitführen im Sturmgepäck – und dies geschah, wenn der Stahlhelm aufzusetzen war – stark deformiert. Trotzdem trugen die Angehörigen der Landstreitkräfte und der LSK/LV die Skimütze noch auf, ebenfalls das Deck- und das Brückenpersonal auf Schiffen und Booten der Volksmarine ihre bisherige Pelzmütze.

Die neue Wintermütze, die in ihrer äußeren Form sowjetischem Vorbild folgte, bestand im Grundmaterial aus steingrauem bzw. dunkelblauem Uniformtuch für Soldaten und Unteroffiziere und gleichfarbigem Uniformtrikot für die Offiziere, Generale und Admirale sowie für die weiblichen Armeeangehörigen. Die Wintermütze der Soldaten und Unteroffiziere war mit Pelzbesatz aus Wollmischgarn, die der Frauen und Offiziere sowie der Meister der Volksmarine mit Pelzbesatz aus Grisuten versehen. Der Pelzbesatz der Wintermütze der Generale und Admirale war aus Naturpersianer gearbeitet. Silber- bzw. goldfarbene Metallkokarden mit dem Staatsemblem waren an den Wintermützen der Soldaten und Unteroffiziere, maschinengestickte Mützenkränze mit metallener Kokarde und Staatsemblem an denen der Offiziere und handgestickte goldfarbene Kränze, Kokarde mit Staatsemblem aus Tombak, alles auf hochroter, hell- oder dunkelblauer Unterlage, an denen der Generale und Admirale angebracht.

Die Bestimmungen zur Verwendung der neuen Wintermütze sahen vor, diese innerhalb der Wintertrageperiode (1. November bis 15. April) in der Zeit vom 1. Dezember bis zum 15. Februar aufzusetzen. Bei Temperaturen von unter minus 10°C durften die Ohrenklappen – in geschlossenen Formationen nur auf Befehl des Kommandeurs – heruntergeschlagen werden.

Neue spezielle Bekleidungen der NVA in der in der ersten Hälfte der 1960er Jahre

In der Uniformentwicklung der NVA wurden seit Beginn des Jahrzehnts die Spezialbekleidungen für die verschiedenen militärischen Aufgaben immer vielfältiger.

Für die Flugzeugführer der LSK/LV wurde mit der beginnenden Einführung von Überschalljagdflugzeugen ab 1959 eine neue Spezialbekleidung notwendig. Um die Flugzeugführer bei möglichen Höhen über 12 000 m unter den dort herrschenden natürlichen Bedingungen zu schützen, waren der Höhenschutzanzug (ein Druckanzug) und eine Sicherheitsausrüstung unverzichtbar.

Um eine allen Forderungen des militärischen Lebens im Flugdienst und in den verschiedenartigsten Witterungserscheinungen entsprechende zweckmäßige Bekleidung für die Flugzeugführer zu schaffen, wurde vom 1. August 1961 bis zum 6. Februar 1962 eine neue Fliegerkombination erfolgreich erprobt. Ihrer Einführung stimmte die Leitung des Ministeriums für Nationale Verteidigung der DDR am 16. März 1962 zu. Die neue dreiteilige Fliegerkombination bestand aus einer einreihigen Jacke mit Reißverschluß und drei Seitentaschen, in denen Pistole, Dokumente, Verband- und Notpäckchen unterzubringen waren, sowie eine keilförmig geschnittene Hose mit zwei Knietaschen. Die Jacke und die Hose waren aus steingrauem Dederonmischgewebe gearbeitet und mit Kunstseide abgefüttert. Im Winter konnte ein mit Webpelz gefütterter Unteranzug eingeknöpft werden.

Mit der neuen Fliegerkombination wurden 1962 und 1963 die Flugzeugführer der Luftverteidigungsdivisionen ausgerüstet. Die Flugzeugführer der Jagdflieger- und Transportfliegerschule sowie die eines Hubschraubergeschwaders trugen die Spezialbekleidung alter Art noch auf.

In der Volksmarine wurde in jener Zeit auch eine zweckmäßige Gefechtsuniform für maritime Bedingungen entwickelt. Ende der 1950er Jahre war ein Arbeitskreis für die Lösung des Entwicklungsthemas „Kampfanzug für Seestreitkräfte" gebildet worden. In der Zeit vom 1. Dezember 1960 bis zum 5. Januar 1962 erfolgte die praktische Erprobung unter allen Bedingungen des militärischen Lebens an Bord von Schiffen und Booten, beispielsweise beim Rudergehen, bei der Übernahme von Wasserbomben oder beim Klarmachen von Minenräumgeräten und unter den unterschiedlichsten Witterungseinflüssen auf See. Nach erfolgreichem Abschluß dieser Erprobungen bestätigte die Leitung des Ministeriums für Nationale Verteidigung der DDR am 16. März 1962 diese Gefechtsuniform der Volksmarine, die in den nächsten Jahren eingeführt wurde.

Techniker und Flugzeugführer der LSK im April 1963.

Angehörige der Volksmarine in der orangefarbenen Gefechtsuniform Anfang der 1960er Jahre.

Dieser dreiteilige Kampfanzug der Angehörigen der Volksmarine wurde auf den Schiffen und Booten getragen. Er setzte sich aus einer einreihigen Jacke, die mit einer Kapuze versehen war, einer Rundbundhose und einer in die Jacke einknöpfbaren Schwimmweste zusammen. Das Material für Jacke und Hose bestand aus spezialbeschichtetem Dederongewebe, das der Schwimmweste aus Dederonseide – alles in der Farbe Orange. Die Taschen der Hose waren für Pistole, Kappmesser, Farbbeutel sowie Verband- und Entgiftungspäckchen vorgesehen. Diese Gefechtsuniform wurde der Mehrzweckfunktion als Kampfanzug, Schutzanzug vor radioaktiven, chemischen und bakteriologischen Kampfstoffen, als Wetterschutz bei stürmischer See und als Rettungsmittel in Notfällen vollauf gerecht. Bisher übliche Bekleidungs- und Ausrüstungsgegenstände für Boots- und Schiffsbesatzungen, wie der Schutzanzug der chemischen Dienste, das Ölzeug, die Schwimmjacke „Seebär" und der Vorläufer des Kampfanzuges, der TS-Boot-Anzug, entfielen. Bedingt durch die Materialzusammensetzung mußte unter dem Kampfanzug im Sommerhalbjahr der Arbeitsanzug und von den Meistern und Offizieren die Borduniform sowie im Winterhalbjahr von allen Dienstgraden der Watteanzug getragen werden.

Auch in den Landstreitkräften der NVA wurden zur gleichen Zeit neue bzw. veränderte spezielle Bekleidungen eingeführt. Nach der Erprobung, die bereits Ende der 1950er Jahre erfolgte, wurden seit 1961 zweiteilige, steingraue Kombinationen aus spezialbeschichtetem Dederongewebe vor allem an Panzerbesatzungen, aber auch an Techniker und Kradfahrer ausgegeben. Die Jacke war mit verdeckter Knopfleiste gearbeitet und mit einem auswechselbaren Futter versehen.

Ebenfalls in diesen Jahren erhielten die Aufklärer und – als noch sehr junge Waffengattung der Landstreitkräfte der NVA – die Fallschirmjäger einen für ihre Bedürfnisse entwickelten Kampfanzug. Dieser „Kampfanzug für Aufklärer", so seine Bezeichnung, wurde in der Zeit vom 1. August 1961 bis zum 31. Januar 1962 erprobt und dann an die Aufklärer und Fallschirmjäger, aber auch an die Angehörigen des Fallschirmdienstes der Luftstreitkräfte der NVA ausgeliefert. Damit entfielen für sie der Kampfanzug der Landstreitkräfte und die einteilige Sprungkombination.

Dieser neue, spezielle Kampfanzug bestand aus einer Jacke und einer Hose aus Dederonmischgewebe. Er war im Vierfarbentarndruck gearbeitet. Polsterungen aus Lanonsteppwattine an den Ellenbogen- und Knieverstärkungen minderten die Gefahr von Verletzungen beim Sprung, d.h. beim Aufkommen auf dem Erdboden. Form und Ausführung des Kampfanzuges für Aufklärer garantierten seinem Träger hohe Beweglichkeit, schnelle und einfache Handhabung, ausreichende Wärmehaltung sowie ein geringes Gewicht und Volumen. Außerdem war er wasserabweisend. Dieser Kampfanzug wurde im Sommerhalbjahr mit der untergezogenen Sommeruniform und im Winter mit dem Watteanzug getragen.

Militärisches Zeremoniell und Uniform 1962

Aus Anlaß des 6. Jahrestages der Nationalen Volksarmee der DDR am 1. März 1962 fand erstmals in der Geschichte der jungen Arbeiter-und-Bauern-Armee der „Große Zapfenstreich" statt. Auch in der Folgezeit fand er am Nationalfeiertag der DDR, bei Jubiläen der Armee sowie bei anderen besonderen Anlässen eine rege Anteilnahme bei der Bevölkerung, aber auch bei ausländischen Gästen.

Dieses Zeremoniell war von der NVA der DDR aus der deutschen Militärgeschichte übernommen, allerdings auch für ihre Zwecke verändert worden. Somit erhielt der „Große Zapfenstreich der NVA" als Zeremoniell der sozialistischen Streitkräfte einen Inhalt, der die offiziell festgelegten „fortschrittlichen und revolutionären Traditionen des deutschen Volkes und der internationalen Arbeiterbewegung" zugrundelegte. Danach ergänzten von 1962 bis 1981 der Fanfarenmarsch „Für Frieden und Freundschaft" und das Arbeiterkampflied „Brüder, zur Sonne, zur Freiheit" das Musikrepertoire des Zapfenstreiches und ließen ebenfalls den „neuen, sozialistischen Charakter" dieses Zeremoniells deutlich werden.

Weitere, von vielen Menschen bis zum Ende der Nationalen Volksarmee 1990 immer wieder interessiert verfolgte Zeremonielle der NVA waren der „Große" und der „Kleine Wachaufzug" am „Mahnmal für die Opfer des Faschismus und Militarismus" in der „Hauptstadt der DDR, Berlin", Unter den Linden. Am 1. Mai 1962 zog dort um 10.00 Uhr das erste Postenpaar mit geschultertem Karabiner zum „Kleinen Wachaufzug" auf. Auch der „Große Wachaufzug der NVA" hatte an jenem Tag an derselben Stätte seine Premiere. Mit diesen militärischen Zeremoniellen zu „Ehren der antifaschistischen Widerstandskämpfer und zum Gedenken an die Opfer des Faschismus und Militarismus" suchte die DDR vor der Welt „ihren festen Willen zu bekunden, alles zu tun, damit nie wieder von deutschem Boden ein Krieg ausgeht". Der „Große Wachaufzug" fand an jedem Mittwoch, am „Tag der NVA" (1. März), am „Internationalen Kampf- und

Panzersoldaten der NVA in ihren Kombinationen im August 1961, hier mit dem Schriftsteller W. Bredel.

*Der erste Große Wachaufzug der NVA am 1. Mai 1962.
Angehörige des Wachregiments mit Uniformen in der Ausführung der Offiziersbekleidung und noch ohne Ärmelstreifen.*

*Nicht mehr ganz so angespannt, aber immer noch in wirklicher soldatischer Haltung -
die Formation des Wachregiments nach dem ersten Großen Wachaufzug.*

Militärisches Trauerzeremoniell: Offiziere in Paradeuniform am Sarg eines verstorbenen Generals und Salut einer Ehrenformation bei der Beisetzung, um 1960.

Feiertag der Werktätigen" (1. Mai) und am „Jahrestag der Befreiung vom Hitlerfaschismus" (8. Mai) sowie am „Nationalfeiertag der DDR" (7. Oktober) statt. Den „Kleinen Wachaufzug", der von der Ehrenwache durchgeführt wurde, gab es täglich. Zu weiteren Zeremoniellen der NVA gehörten der Einsatz von Ehreneinheiten – bestehend aus Zügen aller Teilstreitkräfte – und Ehrenwachen zur Ehrenbezeigung sowie bei besonderen Anlässen. Einbezogen waren dabei häufig auch Musikkorps.

Die militärischen Zeremonielle in der „Hauptstadt der DDR" bestritt stets das Wachregiment der NVA. Für diesen Truppenteil regelte der Befehl Nr. 62/62 des Ministers für Nationale Verteidigung der DDR vom 28. Juni 1962 die Ausstattung der Soldaten und Unteroffiziere mit Offiziersbekleidung, damit sie ihre repräsentativen Aufgaben angemessener wahrnehmen konnten.

Die Uniform war entsprechend der Ausführung für die Landstreitkräfte weiß paspeliert und die Uniformjacke zusätzlich mit einem aufgenähten Ärmelband mit der Aufschrift „NVA-Wachregiment" um den linken Unterärmel versehen. Besonders wurde im Befehl auf die Notwendigkeit hingewiesen, daß Uniformjacke und Stiefelhose im Farbton übereinstimmen müssen – eine damals nicht immer leichte Aufgabe für die Tuchmacher in der Bekleidungsindustrie der DDR. Bis Ende September 1962 war die Umkleidung des Regiments abgeschlossen.

Die „DV-98/4. Bekleidungs- und Ausrüstungsnormen der Nationalen Volksarmee" von 1960 bestimmte zusammenfassend die Uniformstücke, die zusätzlich zur Ausstattungsnorm den Soldaten, Unteroffizieren und Offizieren der Orchester und Standortmusikkorps auszugeben waren. Diese Uniformstücke waren aus dem Uniformstoff für Offiziere angefertigt und wurden mit den Effekten der Soldaten und Unteroffiziere getragen. So verfügten die Soldaten und Unteroffiziere des Zentralen Orchesters des Ministeriums für Nationale Verteidigung der DDR, das Standortmusikkorps Strausberg und der Standortmusikkorps der Kommandos der Militärbezirke der Landstreitkräfte sowie des Kommandos der LSK/LV zusätzlich über je eine Schirmmütze, einen Helm aus Kunststoff in Stahlhelmform (nur Zentrales Orchester und Standortmusikkorps Strausberg), einen Uniformmantel, eine Uniformjacke (Ausgang/Parade), eine lange Uniformhose, eine Stiefelhose, ein Koppel mit Schnalle, ein Paar glatte Schaftstiefel, ein Paar glatte Halbschuhe und zwei Paar weiße Handschuhe (nur für Zentrales Orchester und Standortmusikkorps Strausberg).

Das Standortmusikkorps des Kommandos der Volksmarine wurde ähnlich zusätzlich ausgestattet. Seine Angehörigen in den Dienstgraden Matrose bis Meister erhielten folgende aus Uniformstoff für Offiziere hergestellte Uniformstücke: eine Schirmmütze, zwei weiße Mützenbezüge, einen Uniformmantel, eine Parade-/Ausgangsjacke, zwei weiße Ausgangsjacken, zwei Uniformhosen, drei weiße und drei silbergraue Uniformhemden, drei schwarze Binder, ein Paar Halbschuhe sowie anstelle der genarbten Schnürschuhe ein Paar glatte Schnürschuhe.

Die anderen Musikkorps der NVA bekamen ebenfalls einige zusätzliche Uniformstücke. Über die Grundnorm hinaus wurden das Erich-Weinert-Ensemble, die Zentralen Kulturensembles der Militärbezirke und der Kommandos der LSK/LV sowie der Volksmarine versorgt. Derartige Maßnahmen verbesserten das äußere Erscheinungsbild dieser Orchester, Musikkorps und Ensembles bei ihren Auftritten.

Der Ehrendolch für Offiziere, Generale und Admirale sowie der Paradesäbel der NVA

Wie bei allen Armeen der Welt in langen Friedensperioden üblich, gelangten auch in die NVA nach und nach Dinge, die militärisch wenig sinnvoll waren, aber dem immer stärker werdenden Repräsentationsbedürfnis von Partei-, Staats- und Armeeführung Rechnung trugen. Eine der diesbezüglichen ersten Maßnahmen war die Einführung des im Herbst 1960 entwickelten und seit 1961 eingeführten Ehrendolches für die Offiziere, Generale und Admirale. Dieser war erstmals während der Parade zum 1. Mai 1961 in Berlin, der Hauptstadt der DDR, in der Öffentlichkeit zu sehen. Die Anordnung Nr. 22/62 des Ministers für Nationale Verteidigung der DDR vom 26. April 1962 regelte jedoch umfassend die Einführung, den Verkauf und die Registrierung des Ehrendolches.

Diesen Dolch für Offiziere (ausgenommen blieben die weiblichen Offiziere), Generale und Admirale der NVA gab es in mehreren Ausführungen. Sie unterschieden sich jeweils durch ihre Oberflächen- und Gehängefarben voneinander. Für Offiziere der Landstreitkräfte und der LSK/LV sowie der Grenztruppen der NVA bzw. später auch der Zivilverteidigung der DDR war der Dolch an Knopf, Griffring, Parierstange sowie Mund- und Ortblech der Scheide silberfarben. In den Landstreitkräften und Grenztruppen bestand das Gehänge aus silberfarbenen Litzen auf steingrauem Untergrund. Offiziere der Volksmarine hatten einen Dolch, bei dem dieser Untergrund dunkelblau war, Gehänge und Ehrendolch waren goldfarben.

Bei den Generalen und Admiralen waren Knopf, Griffring, Parierstange sowie Mund- und Ortblech der Scheide des Dolches feuervergoldet. Das Gehänge des Dolches bestand aus Goldlitzen und befand sich bei den Generalen der Landstreitkräfte auf rotem, bei denen der LSK/LV auf hellblauem und Admiralen auf dunkelblauem sowie bei den Generalen der Grenztruppen auf hellgrünem Untergrund. Das Gehänge der Generale des Ministeriums für Staatssicherheit befand sich auf einem eigenen roten Untergrund, der nicht mit dem der Generale der Landstreitkräfte zu verwechseln ist.

Zunächst war der Dolch zur Parade mit und ohne Uniformmantel an der Feldbinde, zum Urlaub und im Ausgang zur Ausgangsjacke untergeschnallt bzw. beim Uniformmantel durch den Taschengriff gezogen zu tragen. Am 16. März 1964 präzisierte der Stellvertreter des Ministers für Nationale Verteidigung der DDR und Chef Rückwärtige Dienste der NVA die Trageweise des Dolches. Danach war der Dolch zur Parade- und Ausgangsuniform an Staatsfeiertagen, am Jahrestag der NVA und auf besonderen Befehl der Kommandeure (ab Regimentskommandeur aufwärts) und der Standortältesten zu tragen. Der Dolch konnte auch zur Ausgangsuniform im Ausgang und im Urlaub umgeschnallt werden.

Ebenfalls wurde 1961 auf Befehl des Ministers für Nationale Verteidigung der DDR, Armeegeneral H. Hoffmann, ein Paradesäbel zu Repräsentationszwecken eingeführt. Er kam bei Ehrenparaden, Staatsempfängen und anderen offiziellen Anlässen durch die Kommandierenden von Marschblocks bzw. Ehrenformationen sowie durch die Begleitoffiziere der Fahnenträger zum Einsatz. Den Säbel gab es in zwei Ausführungen. In der ersten Ausführung bestand die Griffwicklung aus gedrilltem Silberdraht und zwei Lappen an der Griffkappe; in der zweiten Ausführung von 1985 war es ein gedrillter Messingdraht und die Lappen an der Griffkappe entfielen. Der Paradesäbel maß in der Gesamtlänge stets 995 mm, aber die Klingenlänge

Trageweise der Ehrendolche 1964

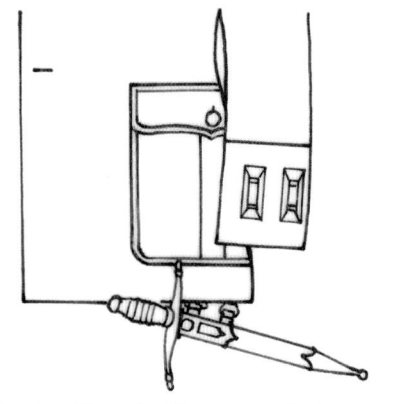

An der Parade-/Ausgangsjacke. 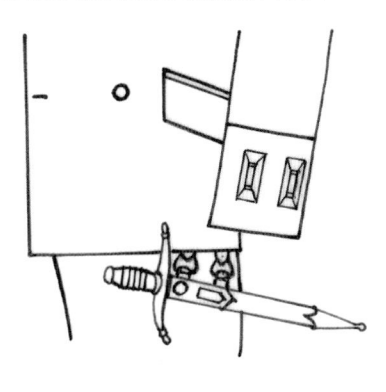 *An der zweireihigen Ausgangsjacke (ab 1976 so auch an der Gesellschaftsjacke).* *Am Uniformmantel.*

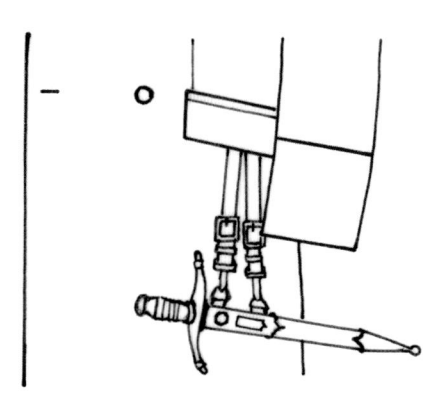

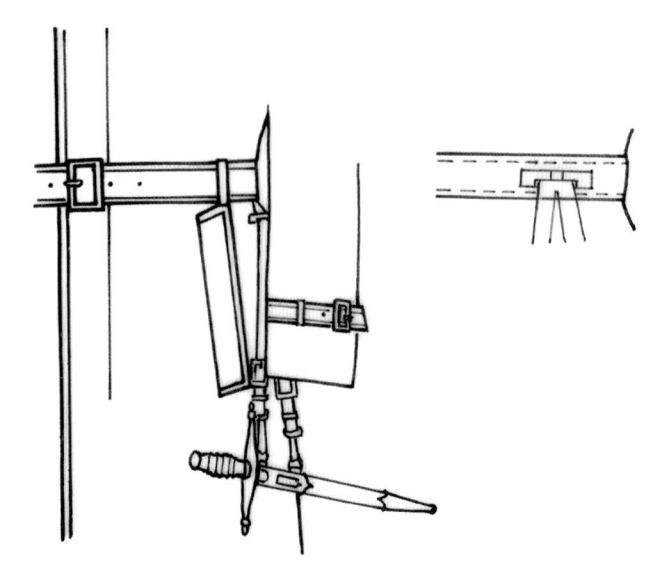

Am Sommermantel. 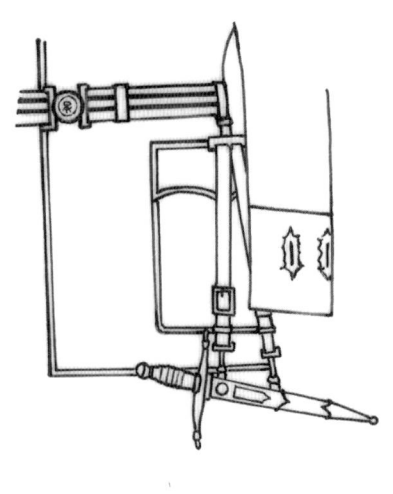 *An der Paradejacke mit Feldbinde.* 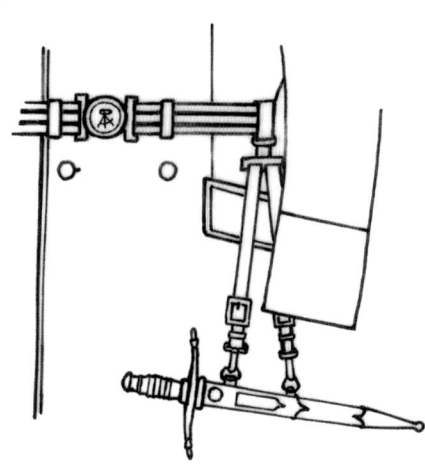 *Am Uniformmantel mit Feldbinde.*

betrug 870 mm bzw. 860 mm und die Klingenbreite 22 mm bzw. 23 mm in ihrer ersten und zweiten Ausführung.

Doch bevor diese Paradesäbel überhaupt hergestellt wurden, griff die NVA auf den Fundus der DEFA, von Theatern und Museen zurück. Dann konnten auch in Ungarn Husarensäbel eingekauft werden. Alle diese Säbel wurden mit dem Staatsemblem der DDR versehen. Übrigens waren Fragen der Einführung eines Paradesäbels und eines Ehrendolches sowie sogar von Achselschnüren und Portepees bereits auf einer Sitzung des Kollegiums der Kasernierten Volkspolizei am 19. Dezember 1955 in Anwesenheit des Stellvertreters des Vorsitzenden des Ministerrates der DDR, Generaloberst W. Stoph, besprochen worden. Hier war es, wie zu Beginn des 3. Kapitels gezeigt, um die Einführung der NVA-Uniformen und ihres Aussehens im Detail gegangen. Damals lag sogar ein Paradesäbel im Entwurf vor, der jedoch in dieser Form verworfen wurde. Es wurde allerdings beschlossen, „die Offiziere der Ehrenkompanie (Komp.-Führer und Zugführer sowie Fahnenbegleit-Offiziere) mit Säbel auszustatten". Ehrendolche sollten nur ältere, also Stabsoffiziere, und Generale erhalten. Ebenso gab es damals keine Bedenken gegen eine Einführung von Portepees. Das Kollegium der KVP lehnte aber das Anlegen von Achselschnüren für Stabschefs zu Paraden ab.

Eine Episode sei in diesem Zusammenhang noch angefügt. Sie zeigt jene nahezu lächerlichen Ausmaße auf dem Gebiet des Zeremoniells auf, die Armeen jeder Art in langen Friedenszeiten „produzieren". Im Militärhistorischem Museum der Bundeswehr in Dresden befindet sich der hier abgebildete Säbel, der als „Ehrengeschenk der NVA dem Generalsekretär des ZK der SED, Vorsitzenden des Staatsrates und des Nationalen Verteidigungsrates der DDR, Erich Honecker, anläßlich des 35. Jahrestages der Gründung der Deutschen Demokratischen Republik überreicht" worden ist. Das an diesem Säbel befestigte Portepee (ursprünglich das Standesabzeichen der Offiziere) endete nicht einfach im silberdurchwirkten Quast, sondern darunter folgten auch noch silberne Troddeln wie sie für Unteroffiziere bis Mitte des 20. Jahrhunderts üblich waren.

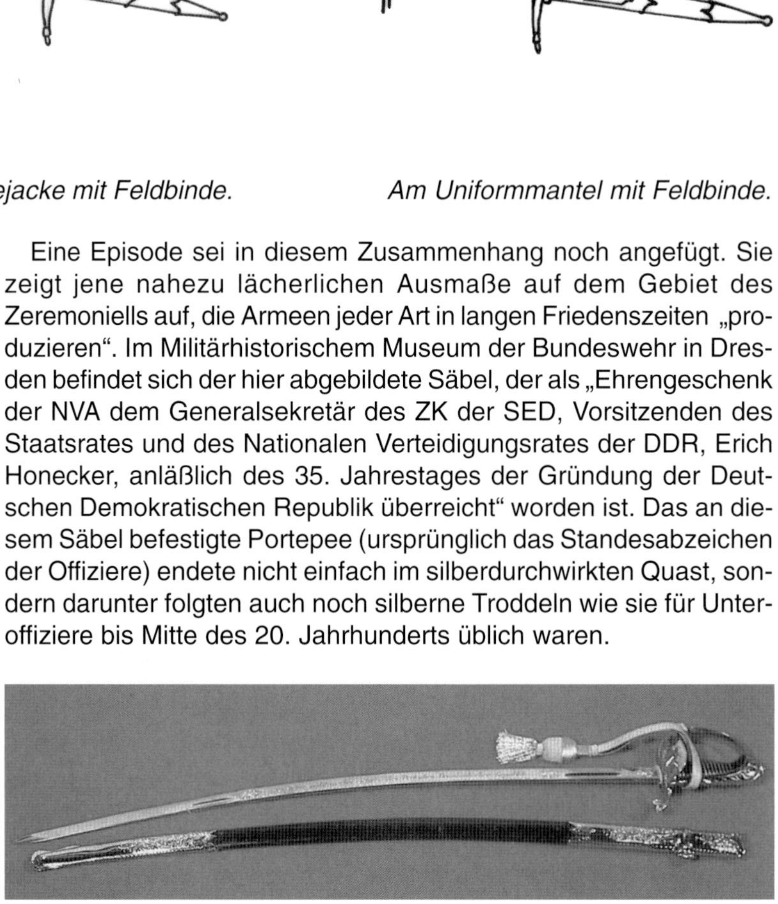

Entwürfe von NVA-Uniformen für die Sitzungen des Kollegiums der KVP Ende 1955

1 Dienstanzug, Soldat
2 Dienstanzug, Hauptfeldwebel
3 Paradeanzug, Feldwebel
4 Ausgehanzug, Gefreiter
5 Ausgehmantel, Unteroffizier
6 Dienstanzug, Leutnant
7 Paradeanzug, Hauptmann
8 Ausgehanzug, Leutnant

Entwürfe von NVA-Uniformen für die Sitzungen des Kollegiums der KVP Ende 1955

1 Ausgehmantel, Major
5 Gesellschaftsanzug, General

2 Dienstanzug, General
6 Dienstmantel, General

3 Feldanzug, General
7 Parademantel, General

4 Paradeanzug, General
8 Sommermantel, General

Uniformen für Soldaten und Unteroffiziere der Land- und Luftstreitkräfte 1956

1 Drillichuniform (offen), Kanonier, Artillerie

2 Dienstuniform, Oberfeldwebel (Hauptfeldwebel), Nachrichten

3 Dienstuniform, Flieger, Luftstreitkräfte

4 Ausgangsuniform (Winter), Unteroffizier, Luftstreitkräfte

5 Dienstuniform (Winter), Flieger, Luftstreitkräfte

6 Paradeuniform (Winter), Gefreiter, Pioniere

Uniformen für Soldaten, Unteroffiziere und Offiziere der Land- und Luftstreitkräfte 1956

1 Dienstuniform, Gefreiter, Luftstreitkräfte

2 Paradeuniform, Unteroffizier, Infanterie

3 Ausgangsuniform, Pionier

4 Dienstuniform, Unterleutnant, Panzer

5 Dienstuniform (Winter), Leutnant, Infanterie

6 Ausgangsuniform, Leutnant, Infanterie

Uniformen für Offiziere und Generale der Landstreitkräfte 1956

1 Paradeuniform, Major, Infanterie

2 Paradeuniform (Winter), Major, Infanterie

3 Ausgangsuniform, Major, Artillerie

4 Ausgangsuniform (Winter), Major, Artillerie

5 Dienstuniform I, Generalmajor

6 Ausgangsuniform, Generaloberst

Uniformen für Offiziere und Generale der Luftstreitkräfte 1956

1 Dienstuniform, Unterleutnant

2 Dienstuniform (Winter), Major

3 Ausgangsuniform, Unterleutnant

4 Paradeuniform, Major

5 Paradeuniform, Generalmajor

6 Dienstuniform II, Generalmajor

Uniformen für Matrosen, Maate und Meister der Seestreitkräfte 1956

1 Bordanzug (weiß), Matrose

2 Dienstuniform (blau), Matrose

3 Paradeuniform (Sommer), Matrose

4 Ausgangsuniform, Obermaat

5 Ausgangsuniform, Meister

6 Dienstuniform, Meister

Uniformen für Maate, Meister und Offiziere der Seestreitkräfte 1956

1 Dienstuniform, Maat

2 Ausgangsuniform, Unterleutnant

3 Bordanzug (blau), Kapitänleutnant

4 Dienstuniform (blau), Oberleutnant zur See

5 Dienstuniform (weiß), Leutnant zur See

6 Dienstuniform (Winter), Korvettenkapitän

Uniformen für Offiziere und Admirale der Seestreitkräfte 1956

1 Ausgangsuniform (Winter), Konteradmiral

2 Ausgangsuniform (blau), Kapitänleutnant

3 Paradeuniform, Kapitänleutnant

4 Dienstuniform (blau), Konteradmiral (hier ohne Kragenstickerei)

5 Paradeuniform (Winter), Konteradmiral

6 Ausgangsuniform (weiß), Konteradmiral (hier ohne Kragenstickerei)

KVP-Uniformen in der NVA 1956-1958 sowie Sonderbekleidung der Land-, Luft- und Seestreitkräfte der NVA 1956

1 Dienstuniform (ehemals KVP), Oberstleutnant, rückwärtige Dienste

2 Dienstuniform (ehemals KVP), Unteroffizier, Artillerie

3 Blaue Arbeitskombination, Panzersoldat

4 Flugzeugführer (Sommer)

5 Matrose/Maat, Maschinenpersonal

6 Flugzeugführer (Winter), Major

Sportbekleidung der NVA und Felddienstbekleidung der Landstreitkräfte der NVA 1959/1960

1 Offizier, 1950er Jahre

2 Oberfeldwebel, 1950er Jahre

3 Soldat, Ende der 1960er Jahre

4 Regenumhang, General

5 Kampfanzug, Soldat

6 Kampfanzug, Leutnant

Verschiedene Uniformarten Anfang 1960er Jahre

1 Stabsdienstuniform,
Oberleutnant, Nachrichten

2 Ausbildungsuniform,
Oberleutnant, Luftstreitkräfte

3 Ausgangsuniform,
Korvettenkapitän, Volksmarine

4 Ausgangsuniform,
Leutnant, Luftstreitkräfte

5 Dienstuniform (Sommer),
Leutnant, Luftverteidigung

6 Ausgangsuniform (Sommer),
Oberfeldwebel, Luftverteidigung
(die Schützenschnur wurde entgegen
der Abbildung am 2. Knopf befestigt)

Uniformen der Volksmarine und Sonderbekleidung der NVA erste Hälfte der 1960er Jahre

1 Felddienstuniform (Winter), Maat

2 Wetterschutz, Schiffsoffizier

3 Ausgangsuniform (Sommer), Maat

4 Gefechtsuniform, Volksmarine (schon mit Sichtfenster)

5 Kombination, Panzerbesatzungen

6 Fliegerkombination (Sommer), Major

*Paradeuniformen (Sommer) für Ehreneinheiten und Militärmusiker 1962 sowie
Uniformen für Berufsunteroffiziere zweite Hälfte der 1960er Jahre*

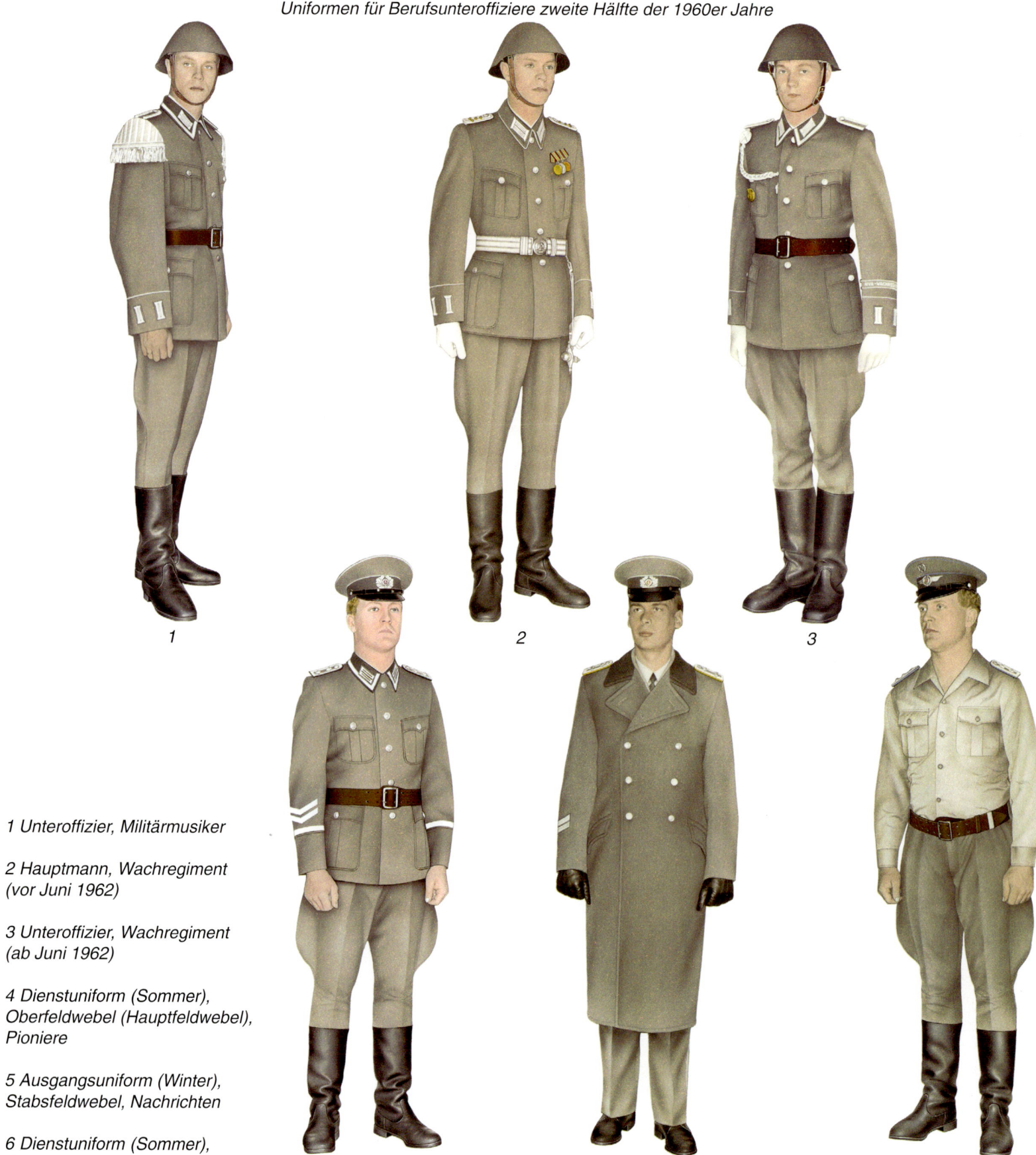

1 Unteroffizier, Militärmusiker

2 Hauptmann, Wachregiment (vor Juni 1962)

3 Unteroffizier, Wachregiment (ab Juni 1962)

4 Dienstuniform (Sommer), Oberfeldwebel (Hauptfeldwebel), Pioniere

5 Ausgangsuniform (Winter), Stabsfeldwebel, Nachrichten

6 Dienstuniform (Sommer), Oberfeldwebel, Luftstreitkräfte

Uniformen für Fallschirmjäger sowie Felddienst- und Arbeitsuniformen in den Landstreitkräften ab 1964

1 Dienstuniform (Sommer), Leutnant, Fallschirmjäger, 1964

2 Ausgangsuniform (Sommer), Stabsgefreiter, Fallschirmjäger, 1964

3 Felddienstuniform (Winter), Gefreiter, Landstreitkräfte, ab 1965

4 Arbeitsuniform, Soldat, Landstreitkräfte, ab 1965

5 Dienstuniform (Sommer), Leutnant, Fallschirmjäger, 1969/1970

6 Ausgangsuniform (Sommer), Unteroffizier, Fallschirmjäger, 1969/1970

Dienst- und Felddienstuniformen für Armeeangehörige mit besonderen Ordnungs- und Sicherungsaufgaben 1966 sowie Felddienstanzüge 1973

1 Dienstuniform, Oberfeldwebel

2 Dienstuniform, Oberleutnant

3 Felddienstuniform (Sommer), Soldat (Regulierer; Lederkoppel falsch angelegt)

4 Felddienstanzug, Soldat, Landstreitkräfte

5 Felddienstanzug (Rückansicht), Fallschirmjäger

6 Felddienstanzug (Vorderansicht), Fallschirmjäger

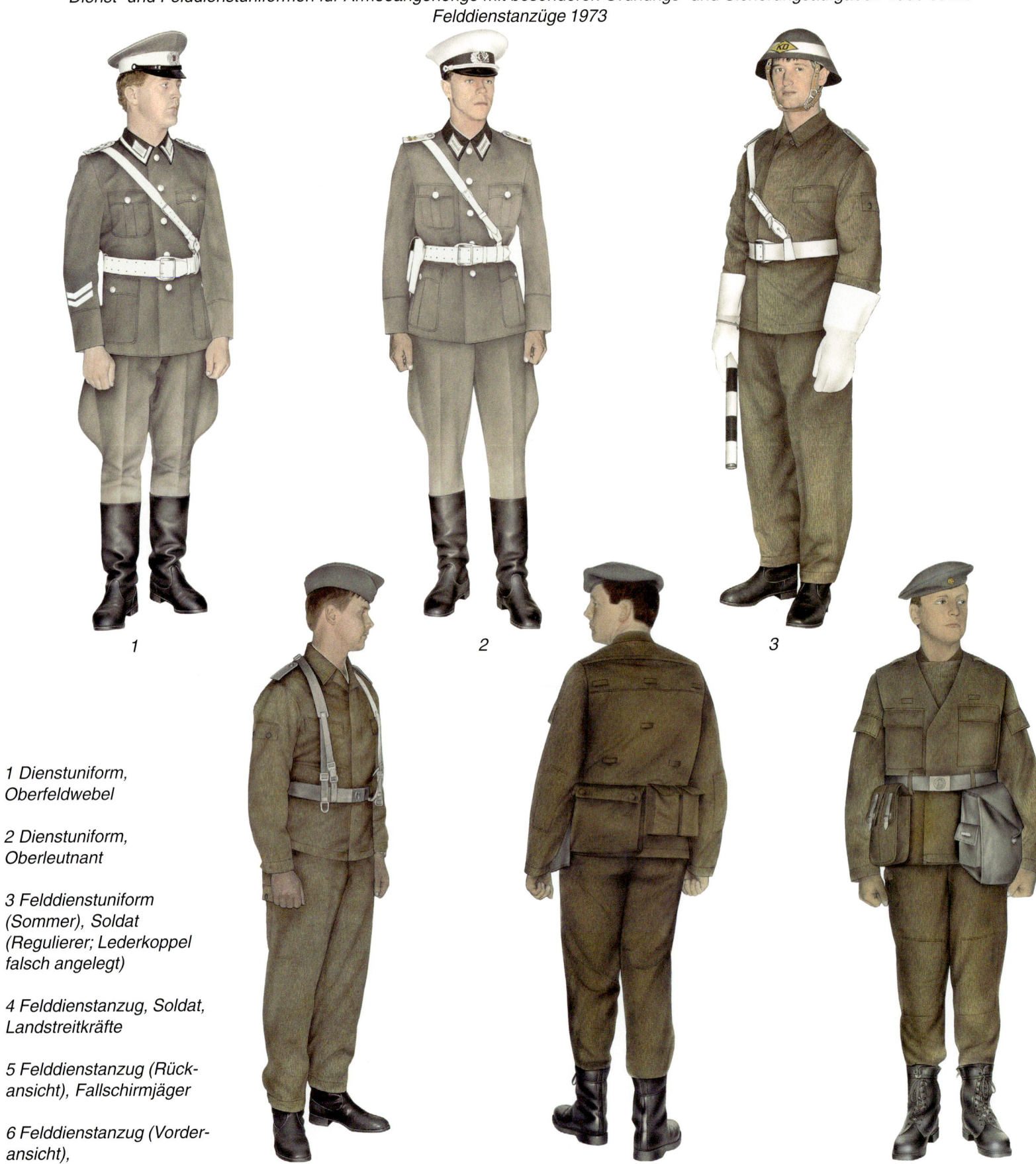

Dienstgradabzeichen der Soldaten und Unteroffiziere der Landstreitkräfte ab 1956

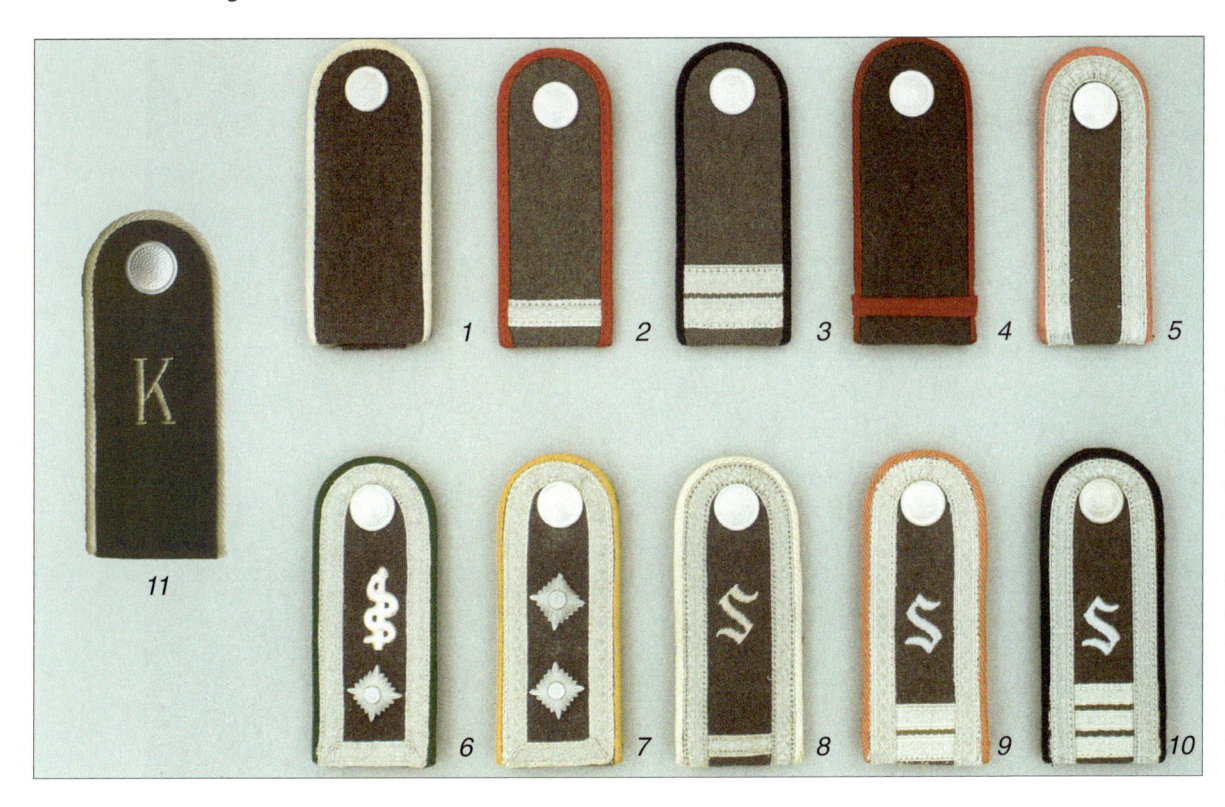

1 Schütze, Infanterie
2 Gefreiter, Artillerie
3 Stabsgefreiter, Pioniere
4 Unteroffiziersschüler, Artillerie
5 Unteroffizier, Panzer
6 Feldwebel, Sanitätsdienst
7 Oberfeldwebel, Nachrichten
8 Offiziersschüler, 1. Lehrjahr, Infanterie
9 Offiziersschüler, 2. Lehrjahr, Panzer
10 Offiziersschüler, 3. Lehrjahr, Pioniere
11 Kadett

Dienstgradabzeichen der Soldaten und Unteroffiziere der Luftstreitkräfte ab 1956

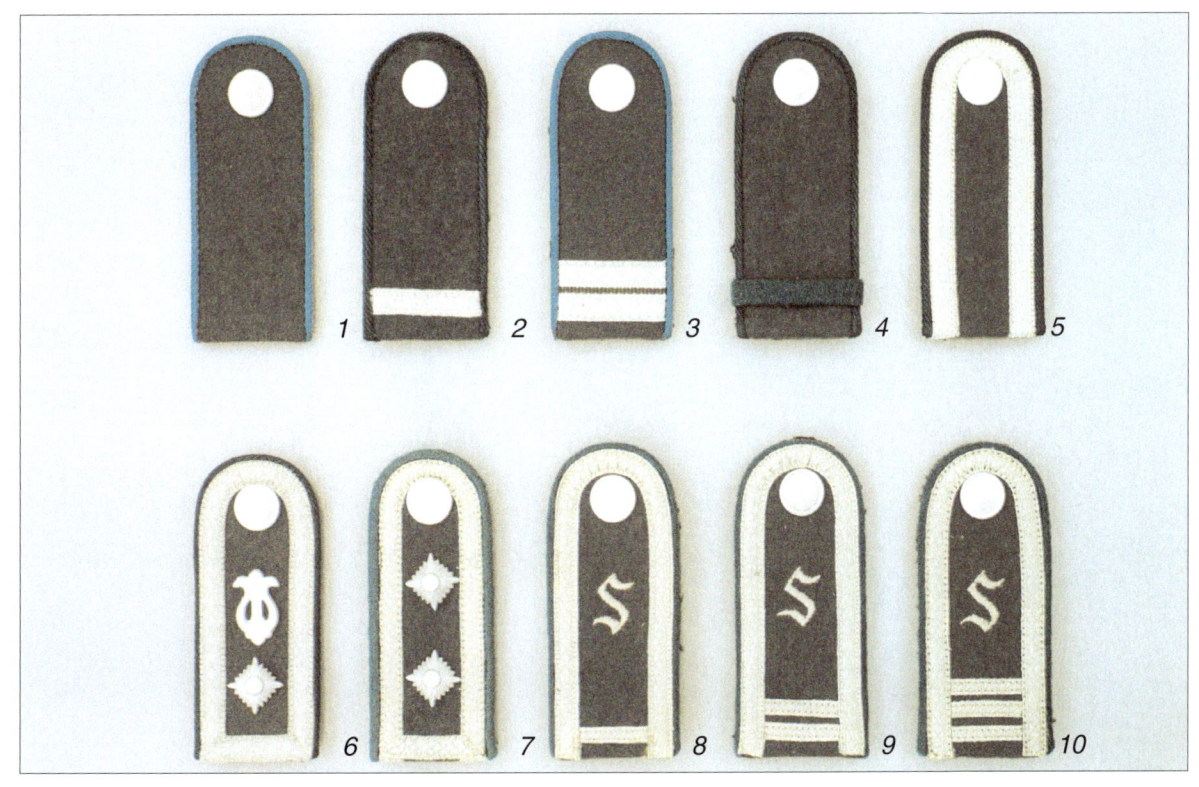

1 Flieger
2 Gefreiter
3 Stabsgefreiter
4 Unteroffiziersschüler
5 Unteroffizier
6 Feldwebel, Musikdienst
7 Oberfeldwebel
8 Offiziersschüler, 1. Lehrjahr
9 Offiziersschüler, 2. Lehrjahr
10 Offiziersschüler, 3. Lehrjahr

Dienstgradabzeichen der Offiziere und Generale der Landstreitkräfte ab 1956

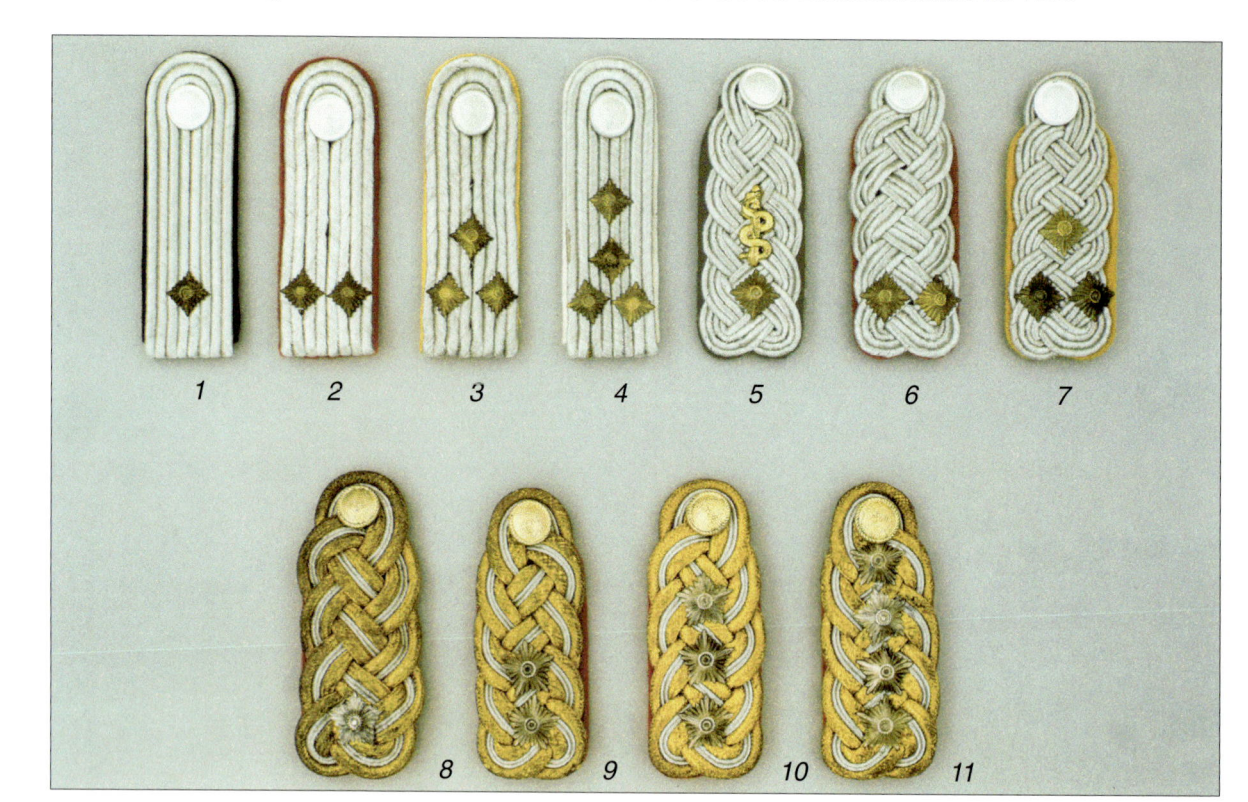

1 Unterleutnant, Pioniere
2 Leutnant, Artillerie
3 Oberleutnant, Nachrichten
4 Hauptmann, Infanterie
5 Major, Sanitätsdienst
6 Oberstleutnant, Panzer
7 Oberst, Nachrichten
8 Generalmajor
9 Generalleutnant
10 Generaloberst
11 Armeegeneral

Dienstgradabzeichen der Offiziere und Generale der Luftstreitkräfte ab 1956

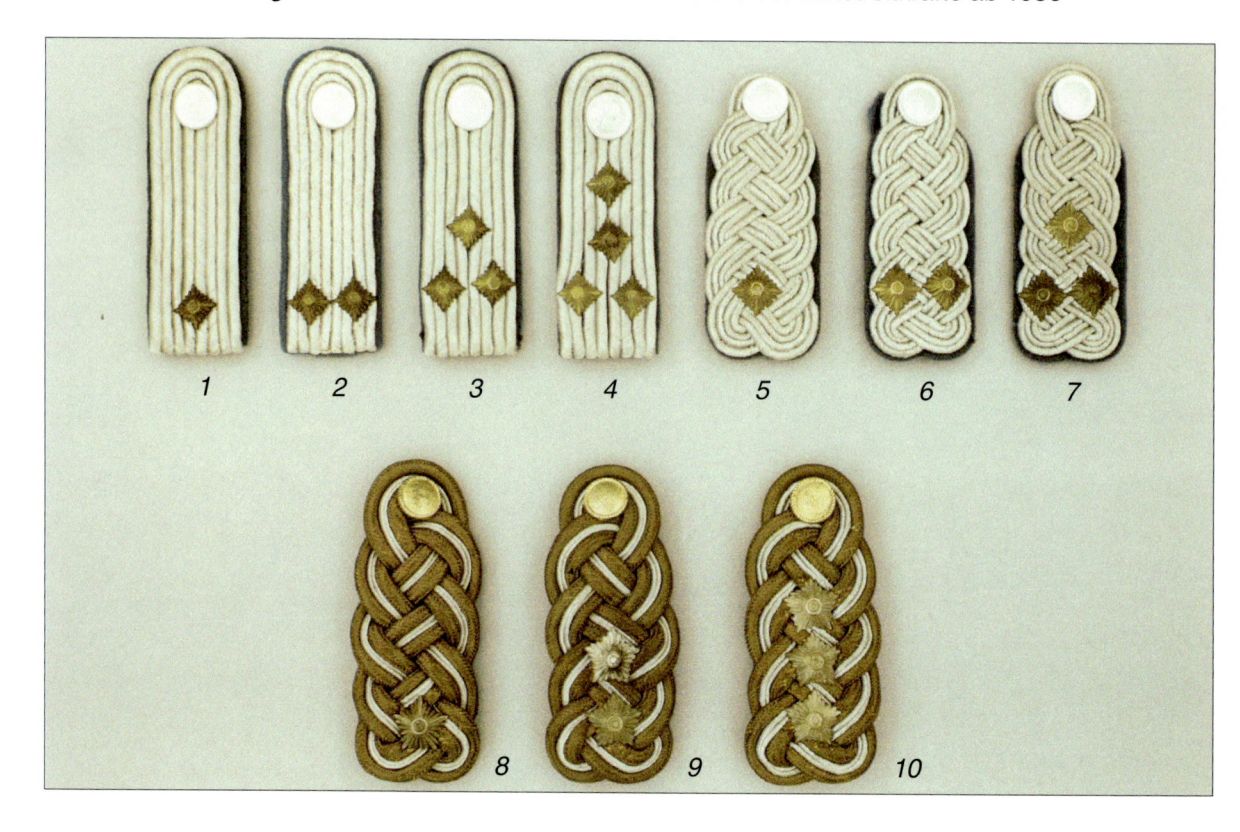

1 Unterleutnant
2 Leutnant
3 Oberleutnant
4 Hauptmann
5 Major
6 Oberstleutnant
7 Oberst
8 Generalmajor
9 Generalleutnant
10 Generaloberst

Effekten von Offizieren und Generalen der Land- und Luftstreitkräfte ab 1956

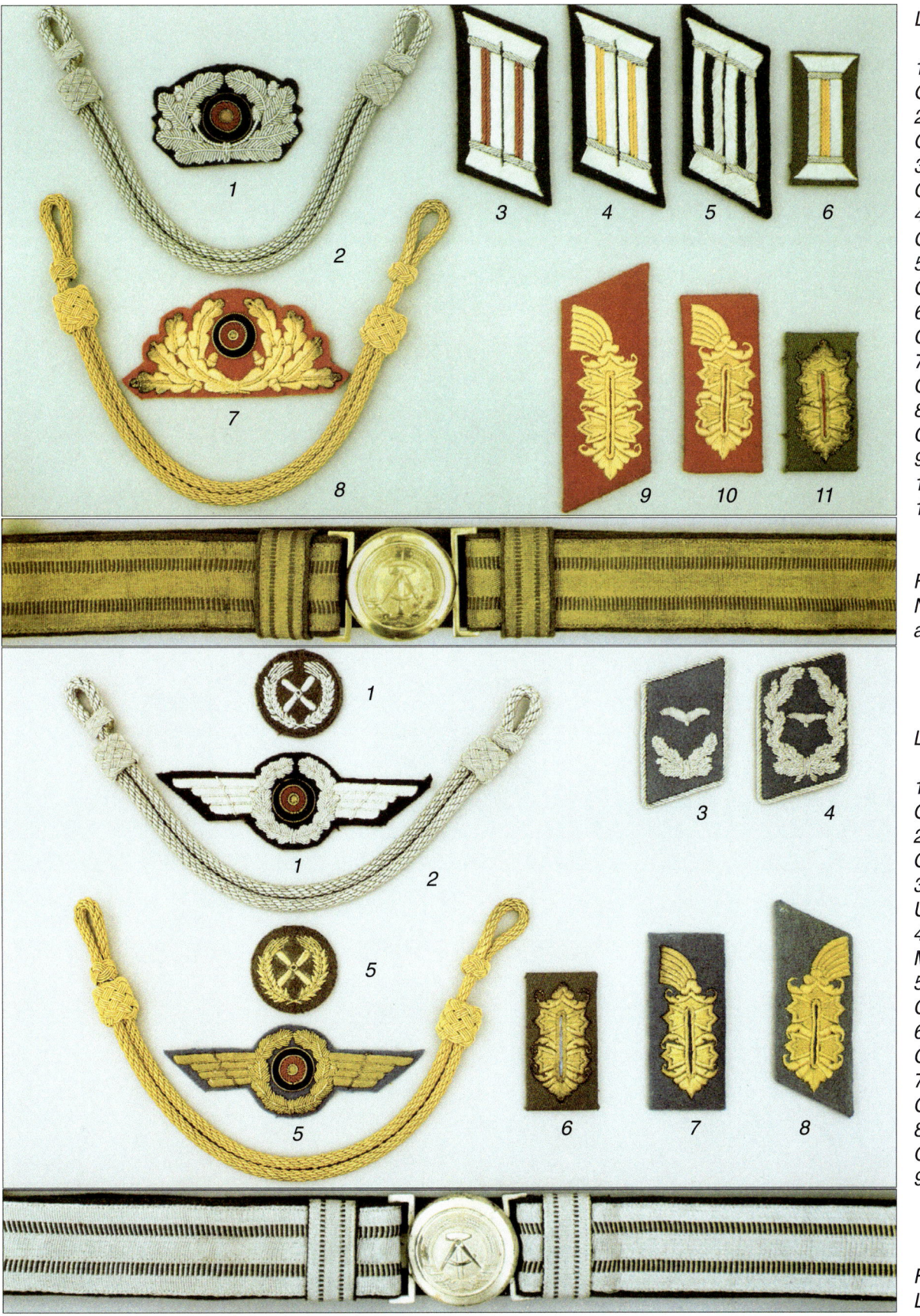

Landstreitkräfte

1 Emblem für Schirmmütze, Offiziere
2 Silberkordel der Schirmmütze, Offiziere
3 Kragenspiegel, Offiziere, Artillerie
4 Kragenspiegel, Offiziere, Nachrichten
5 Kragenspiegel, Offiziere, Pioniere
6 Ärmelpatte, Offiziere, Nachrichten
7 Emblem für Schirmmütze, Generale
8 Goldkordel der Schirmmütze, Generale
9 Kragenspiegel, Generale
10 Kragenspiegel, Generale
11 Arabeske, Generale

Feldbinde, Generale (aus dem Nachlaß von W. Stoph; auch für Luftstreitkräfte)

Luftstreitkräfte

1 Emblem für Schirmmütze, Offiziere
2 Silberkordel der Schirmmütze, Offiziere
3 Kragenspiegel, Unterleutnant bis Hauptmann
4 Kragenspiegel, Major bis Oberst
5 Emblem für Schirmmütze, Generale
6 Goldkordel der Schirmmütze, Generale
7 Arabeske, Generale
8 Kragenspiegel, Generale
9 Kragenspiegel, Generale

Feldbinde, Offiziere (auch für Landstreitkräfte)

Effekten von Soldaten und Unteroffizieren der Land- und Luftstreitkräfte ab 1956

1 Emblem für Schirmmütze, Landstreitkräfte
2 Kokarde für Feldmütze
3 Embleme für Schirmmütze, Luftstreitkräfte
4 Kragenspiegel, Luftstreitkräfte
5 Kragenspiegel, Dienstuniform, Artillerie
6 Kragenspiegel, Parade- und Ausgangsuniform, Pioniere
7 Lackriemen der Schirmmütze
8 Ärmelpatte, Pioniere
9 Koppelschloß
10 Winkel für mehr als dreijährige Dienstzeit
11 Winkel für mehr als fünfjährige Dienstzeit
12 Ärmelstreifen für Hauptfeldwebel

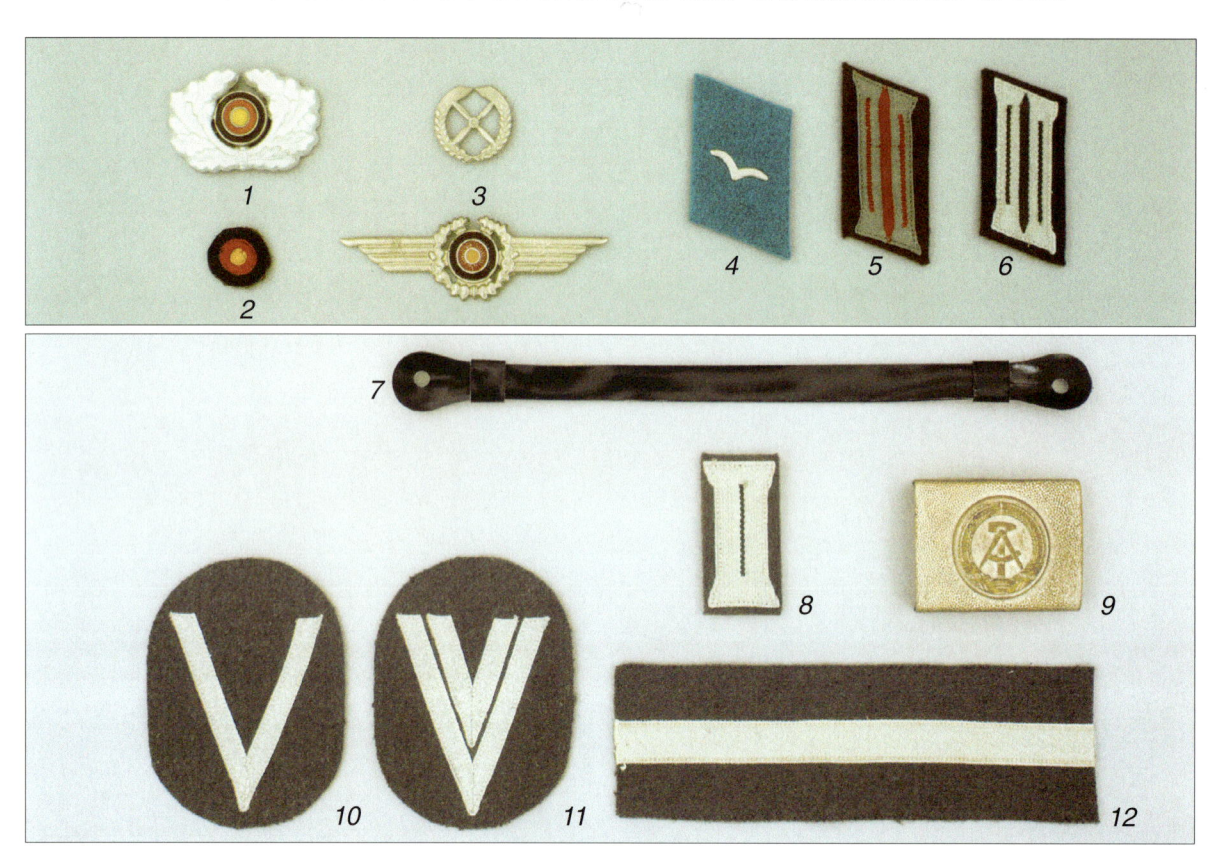

Dienstgradabzeichen und Effekten für Sonderbekleidung der Land- und Luftstreitkräfte 1950er Jahre

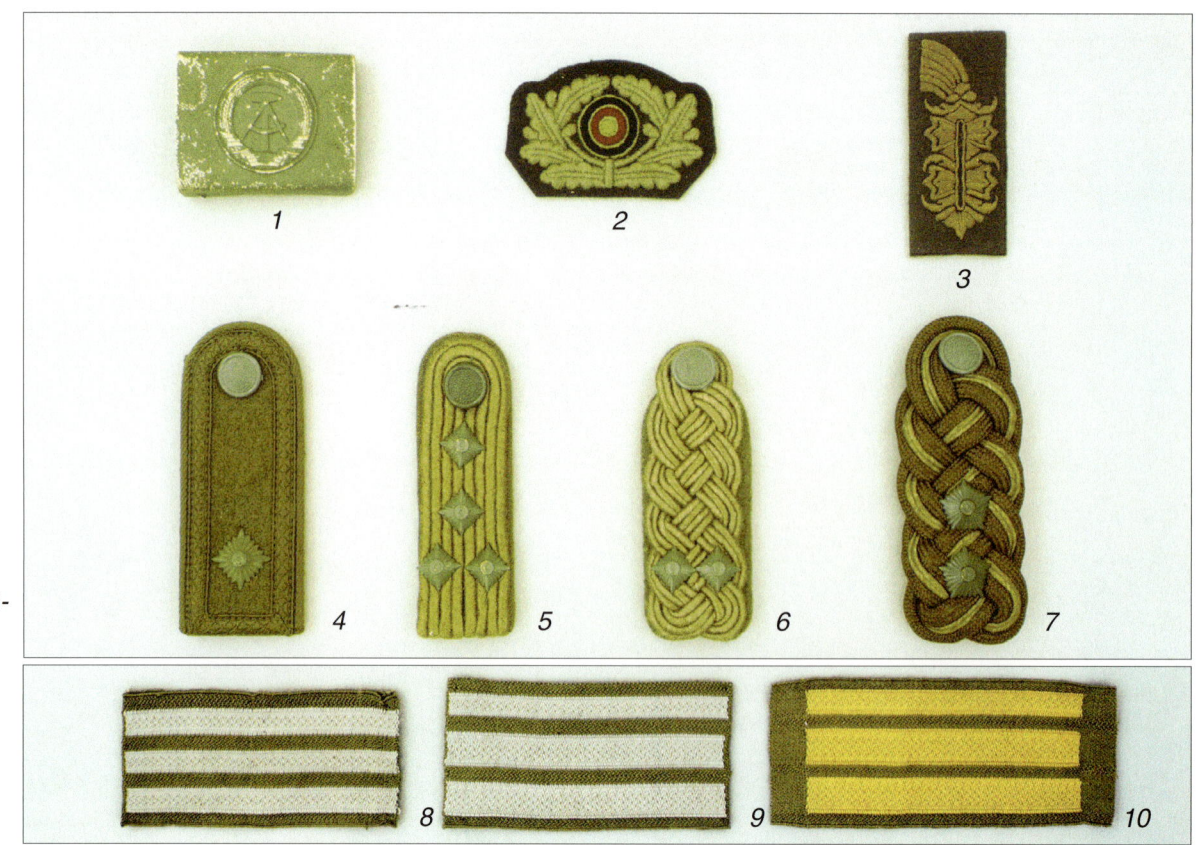

1 Koppelschloß, Soldaten und Unteroffiziere
2 Kokarde, Offiziere
3 Kragenspiegel, Generale
4 Feldwebel
5 Hauptmann
6 Oberstleutnant
7 Generalleutnant
(Dienstgradsterne sind eine spätere Ausführung)

Ärmelstreifen am Oberarm

8 Oberfeldwebel
9 Major
10 Generalmajor

Dienstgradabzeichen und Effekten der Matrosen, Maate und Meister der Seestreitkräfte ab 1956

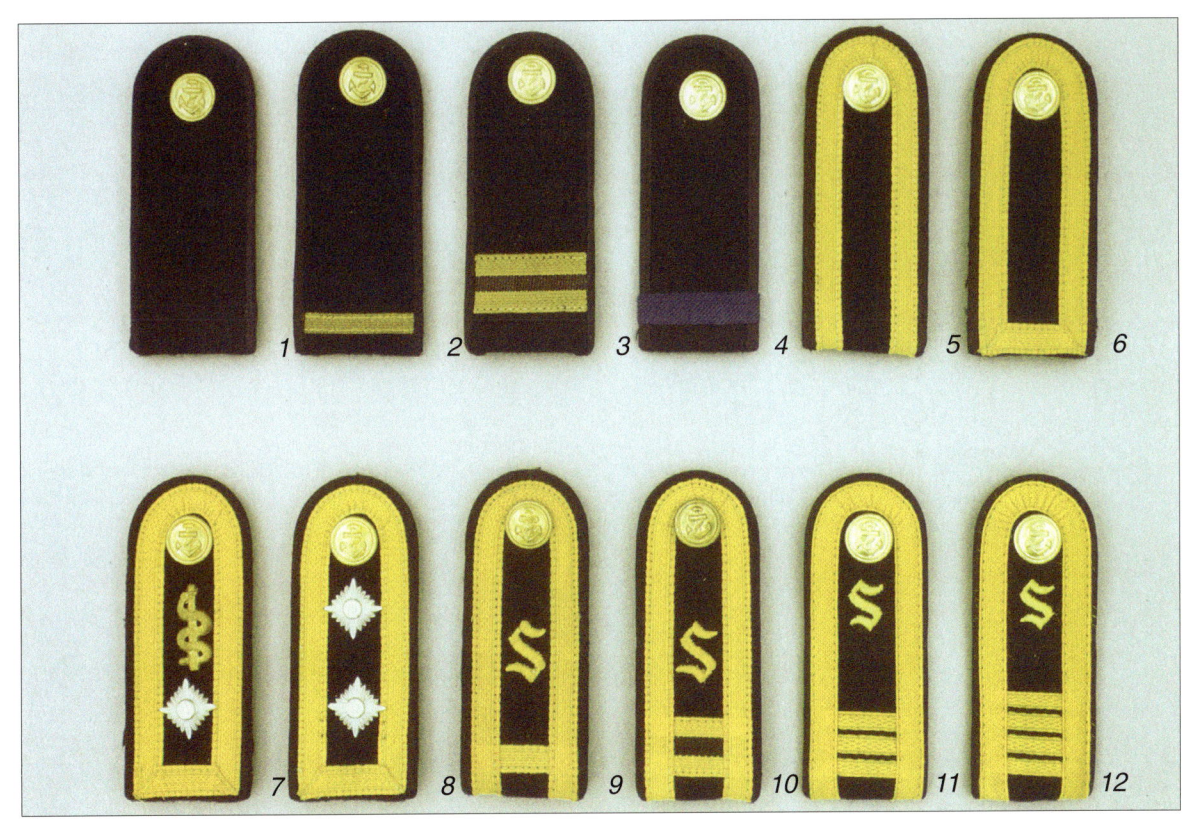

1 Matrose
2 Obermatrose
3 Stabsmatrose
4 Unteroffiziersschüler
5 Maat
6 Obermaat
7 Meister, Sanitätsdienst
8 Obermeister
9 Offiziersschüler, 1. Lehrjahr
10 Offiziersschüler, 2. Lehrjahr
11 Offiziersschüler, 3. Lehrjahr
12 Offiziersschüler, 4. Lehrjahr

Mützenband

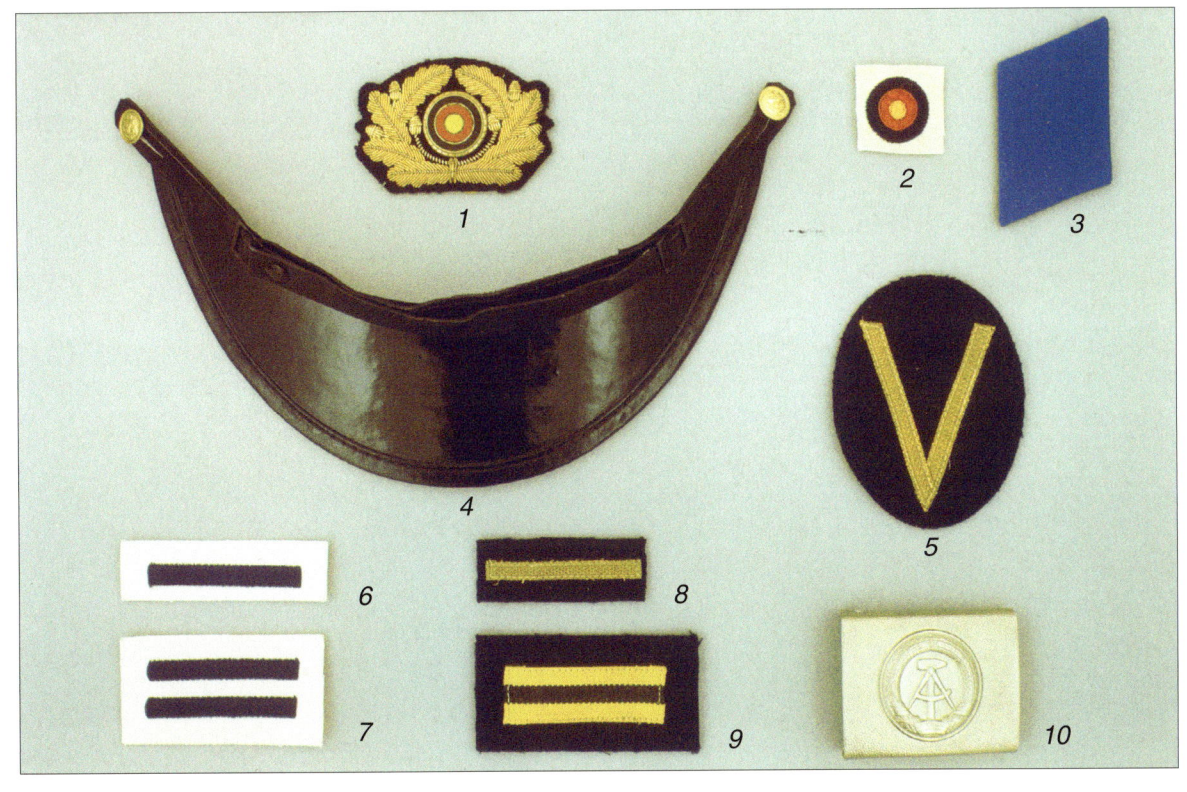

1 Emblem für Schirmmütze, Meister
2 Kokarde für weiße Tellermütze
3 Kragenspiegel, Matrose bis Obermaat
4 Mützenschirm, Meister
5 Winkel für mehr als dreijährige Dienstzeit (für die mehr als fünfjährige Dienstzeit galt der Doppelwinkel – analog S. 116, Nr. 11)
6 Ärmelstreifen, Obermatrose, weiße Uniform
7 Ärmelstreifen, Obermatrose, blaue Uniform
8 Ärmelstreifen, Stabsmatrose, weiße Uniform
9 Ärmelstreifen, Stabsmatrose, blaue Uniform
10 Koppelschloß

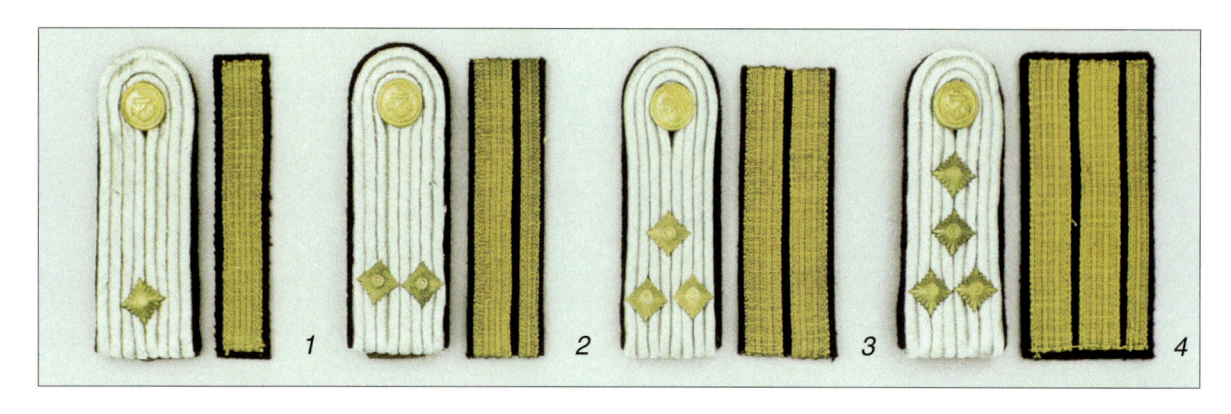

Dienstgradabzeichen und Effekten von Offizieren der Seestreitkräfte ab 1956

1 Unterleutnant
2 Leutnant
3 Oberleutnant
4 Kapitänleutnant
5 Korvettenkapitän
6 Fregattenkapitän
7 Kapitän zur See
8 Emblem für Schirmmütze
9 Mützenschirm, Unterleutnant bis Kapitänleutnant
10 Mützenschirm, Korvettenkapitän bis Kapitän zur See

Schärpe

Dienstgradabzeichen und Effekten von Admiralen der Seestreitkräfte ab 1956

1 Konteradmiral
2 Vizeadmiral (Seestern für weiße Uniform)
3 Admiral

1 Emblem für Schirmmütze
2 Kragenstickerei, Parade- und Ausgangsuniform, blau
3 Kragenstickerei, Parade- und Ausgangsuniform, weiß
4 Mützenschirm

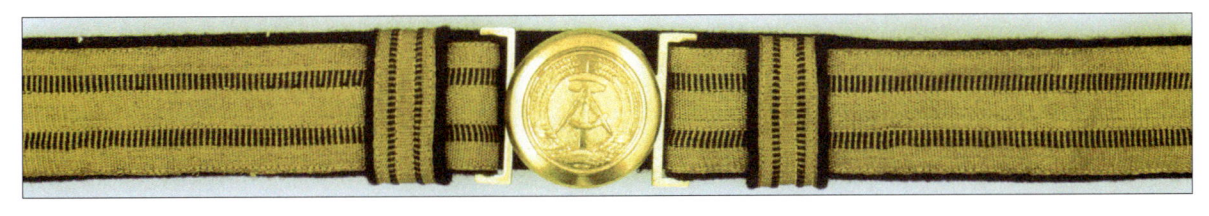

Schärpe

Dienstlaufbahnabzeichen der Seestreitkräfte 1950er Jahre
(Auswahl; jeweils für blaue und weiße Uniform)

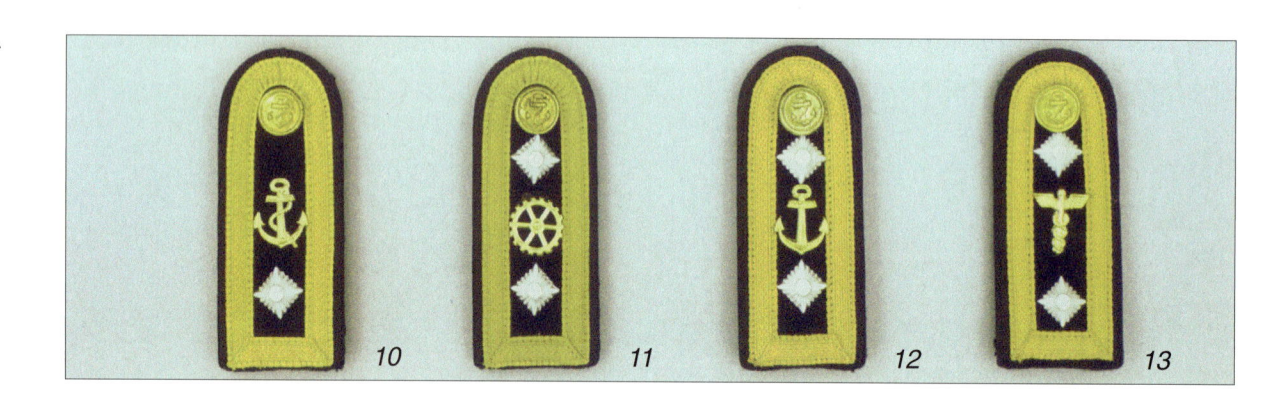

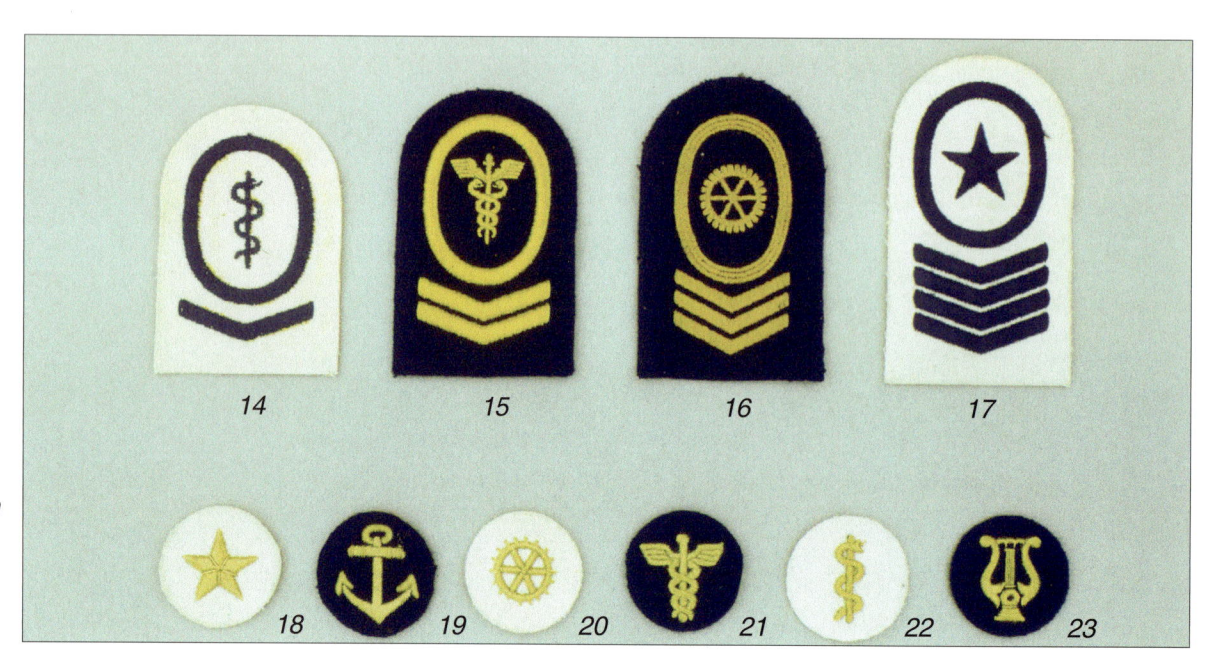

Matrosen

1 Seemännische Laufbahn
2 Technische Laufbahn
3 Küstendienstlaufbahn
4 Sanitätslaufbahn
5 Verwaltungslaufbahn

Maate

6 Seemännische Laufbahn, Maat
7 Technische Laufbahn, Obermaat
8 Küstendienstlaufbahn, Obermaat
9 Verwaltungslaufbahn, Maat

Meister

10 Seemännische Laufbahn, Meister
11 Technische Laufbahn, Obermeister
12 Küstendienstlaufbahn, Obermeister
13 Verwaltungslaufbahn, Obermeister

Offiziersschüler

14 Sanitätsoffizierslaufbahn, 1. Lehrjahr
15 Verwaltungsoffizierslaufbahn, 2. Lehrjahr
16 Ingenieurstechnische Offizierslaufbahn, 3. Lehrjahr
17 Seeoffizierslaufbahn, 4. Lehrjahr

Offiziere

18 Seemännische Laufbahn
19 Küstendienstlaufbahn
20 Ingenieurtechnische Laufbahn
21 Verwaltungslaufbahn
22 Sanitätslaufbahn
23 Musikdienst (gehört zur Küstendienstlaufbahn)

120

Dienstlaufbahnabzeichen der Landstreitkräfte und der LSK/LV sowie Abzeichen für Sonderausbildung der Seestreitkräfte 1950er Jahre (Auswahl)

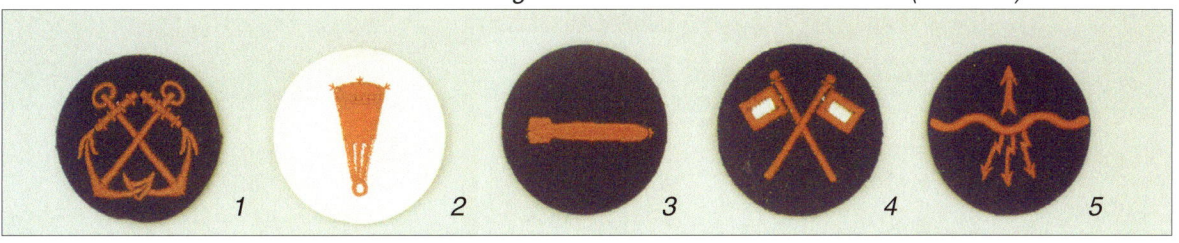

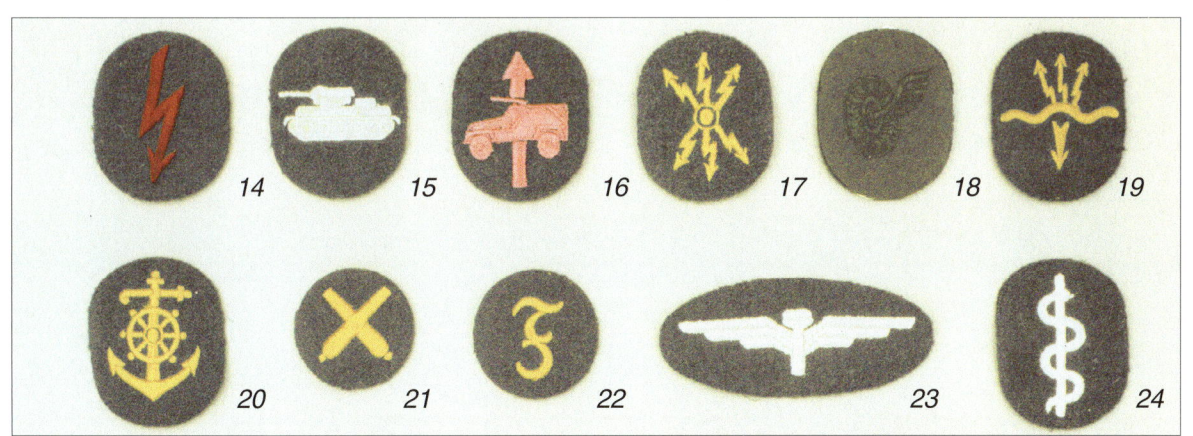

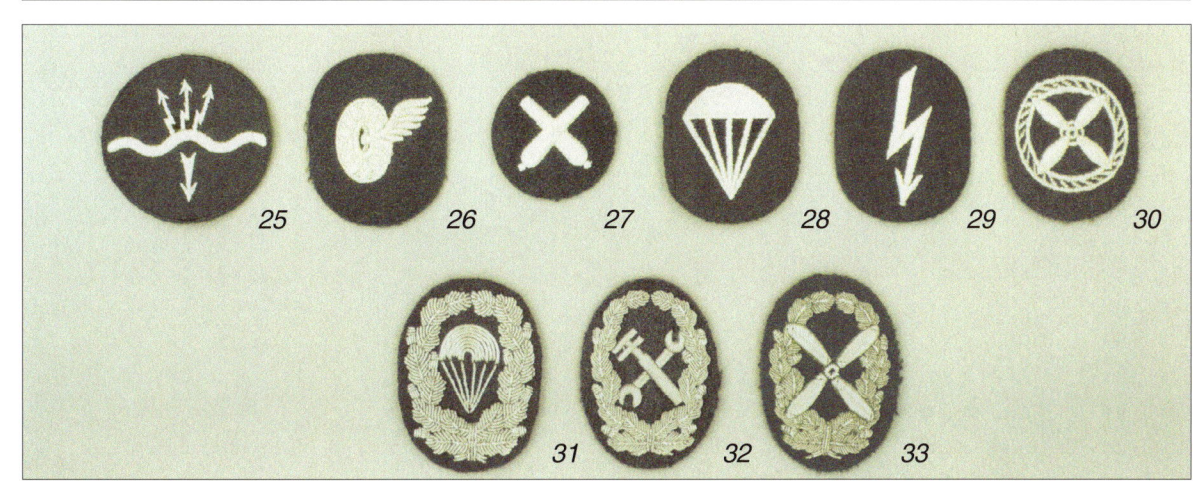

Abzeichen für Sonderausbildung für Matrosen und Maate der Seestreitkräfte 1950er Jahre (jeweils für blaue und weiße Uniform)

1 Navigation
2 Sperr
3 Torpedo
4 Signal
5 Ortung
6 E-Technik (Elektro-Technik)
7 Mot-Technik (Motoren-Technik)
8 Taucher
9 Funk
10 Fernmelde
11 Artillerie
12 Kraftfahrer
13 Pionier

Landstreitkräfte und Luftverteidigung

14 Nachrichtensoldat in Artillerietruppenteilen
15 Panzereinheiten in Infanterietruppenteilen
16 Aufklärer in Panzertruppenteilen
17 Nachrichtentechnisches Personal
18 Kraftfahrer und Traktoristen in den rückwärtigen Diensten
19 Funkortung
20 Steuermann
21 Waffen-, Geschütz- und Optikermeister
22 Feuerwerker

Luftstreitkräfte

23 Flugzeugmechaniker
24 Sanitätsdienst
25 Funkortungsdienst
26 Kraftfahrer und Traktoristen
27 Waffen- und Optikermeister
28 Fallschirmdienst
29 Nachrichtenpersonal
30 Flugschüler, Offiziersschüler
31 Leiter des Fallschirmdienstes, Offiziere
32 Flugzeugtechniker, Offiziere
33 Flugzeugführer aller Typen

*Dienstgrad- und Dienstlaufbahnabzeichen sowie Effekten der NVA
Ende der 1950er/Anfang der 1960er Jahre*

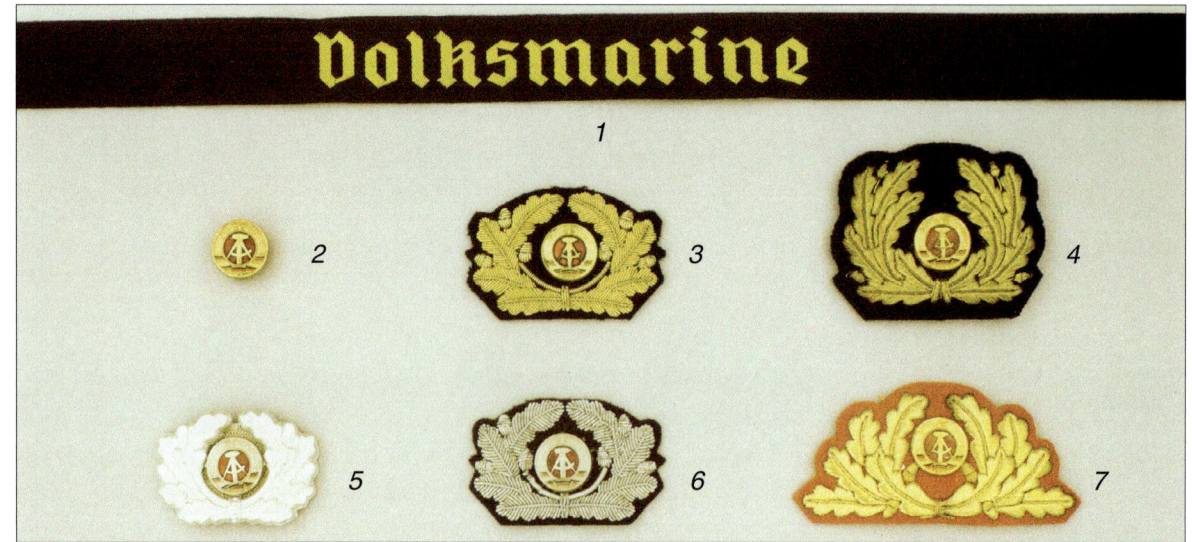

1 Mützenband
2 Kokarde für Tellermütze
3 Emblem für Schirmmütze, Offiziere, Volksmarine
4 Emblem für Schirmmütze, Admirale
5 Emblem für Schirmmütze, Soldaten und Unteroffiziere, Landstreitkräfte
6 Emblem für Schirmmütze, Offiziere, Landstreitkräfte
7 Emblem für Schirmmütze, Generale, Landstreitkräfte

8 Emblem für Schirmmütze, Soldaten und Unteroffiziere, Luftstreitkräfte
9 Emblem für Schirmmütze, Offiziere, Luftstreitkräfte
10 Emblem für Schirmmütze, Generale, Luftstreitkräfte

11 Flugzeugmechaniker, Offiziere, Ende 1950er Jahre
12 Flugzeugführer aller Typen, Offiziere, Ende 1950er Jahre
13 Flugzeugtechniker, Offiziere, Mitte 1960er Jahre
14 Flugzeugführer, Offiziere, Mitte 1960er Jahre

15 Unteroffizier, Luftverteidigung
16 Unterfeldwebel, Luftstreitkräfte
17 Stabswachtmeister, Artillerie
18 Stabsfeldwebel, Musikdienst
19 Stabsobermeister, Technische Laufbahn

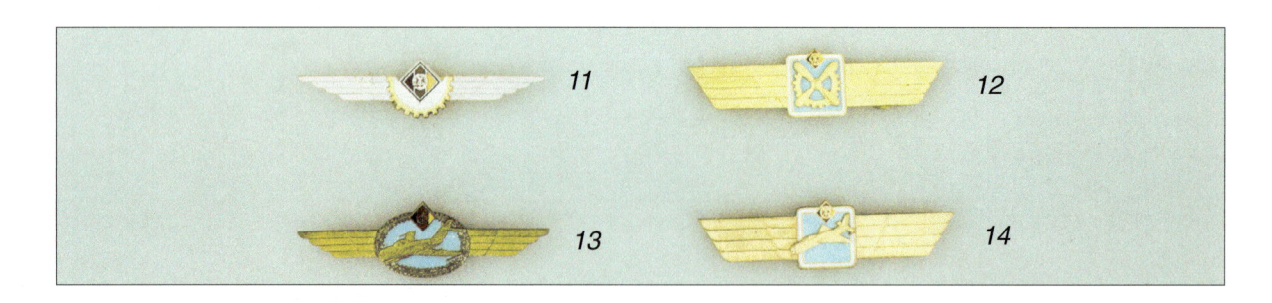

Dienstlaufbahnabzeichen der Landstreitkräfte und LSK/LV sowie neue Abzeichen für Sonderausbildung für Matrosen und Maate (jeweils für blaue und weiße Uniform) ab Mitte der 1960er Jahre (Auswahl)

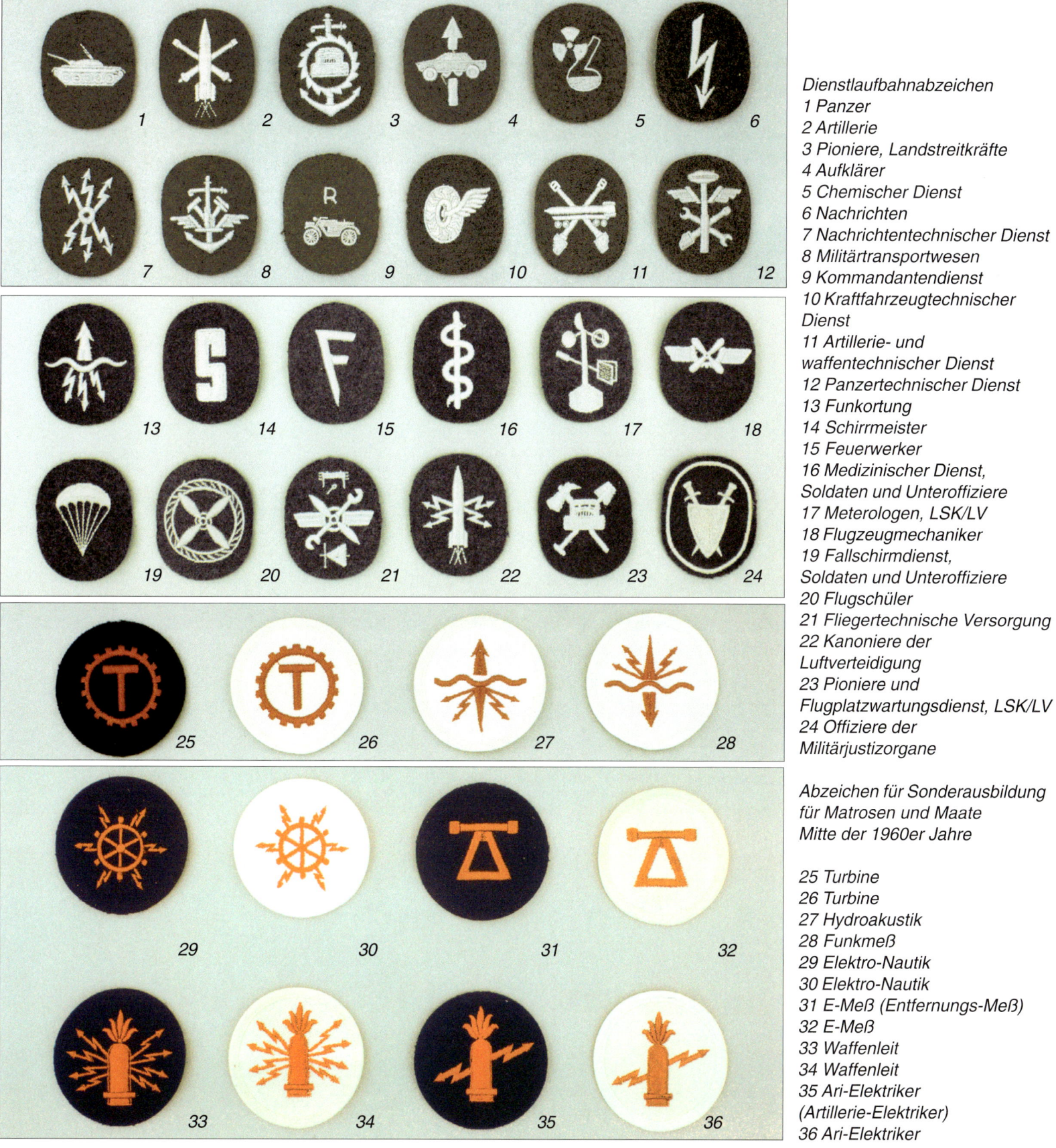

Dienstlaufbahnabzeichen
1 Panzer
2 Artillerie
3 Pioniere, Landstreitkräfte
4 Aufklärer
5 Chemischer Dienst
6 Nachrichten
7 Nachrichtentechnischer Dienst
8 Militärtransportwesen
9 Kommandantendienst
10 Kraftfahrzeugtechnischer Dienst
11 Artillerie- und waffentechnischer Dienst
12 Panzertechnischer Dienst
13 Funkortung
14 Schirrmeister
15 Feuerwerker
16 Medizinischer Dienst, Soldaten und Unteroffiziere
17 Meterologen, LSK/LV
18 Flugzeugmechaniker
19 Fallschirmdienst, Soldaten und Unteroffiziere
20 Flugschüler
21 Fliegertechnische Versorgung
22 Kanoniere der Luftverteidigung
23 Pioniere und Flugplatzwartungsdienst, LSK/LV
24 Offiziere der Militärjustizorgane

Abzeichen für Sonderausbildung für Matrosen und Maate Mitte der 1960er Jahre

25 Turbine
26 Turbine
27 Hydroakustik
28 Funkmeß
29 Elektro-Nautik
30 Elektro-Nautik
31 E-Meß (Entfernungs-Meß)
32 E-Meß
33 Waffenleit
34 Waffenleit
35 Ari-Elektriker (Artillerie-Elektriker)
36 Ari-Elektriker

Besondere Dienstgradabzeichen und Effekten der Landstreitkräfte und Fallschirmjäger in den 1960er Jahre (Auswahl)

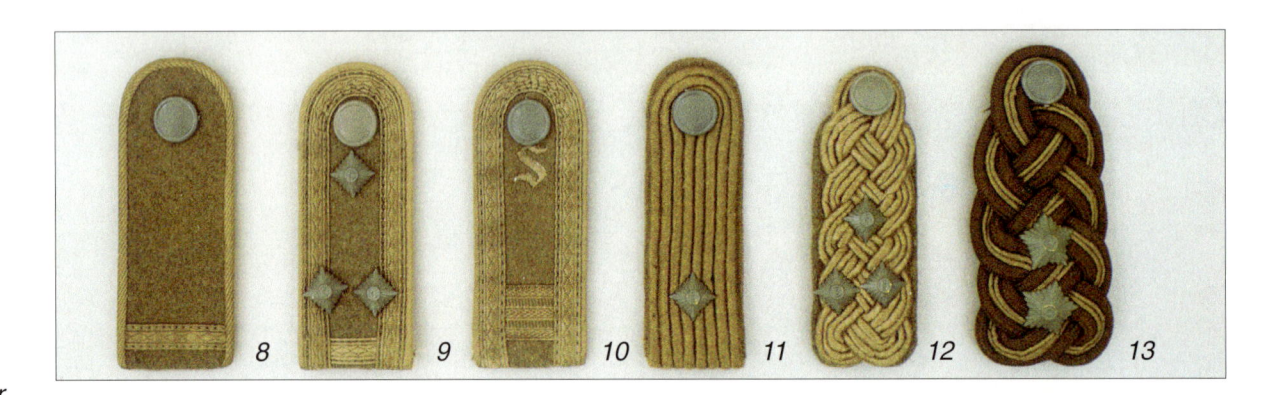

Landstreitkräfte

1 Offiziersanwärter, mot. Schützen
2 Oberstleutnant der Reserve (d.R.), Panzer
3 Generalleutnant außer Dienst (a.D.), Landstreitkräfte

für die neuen Felddienstuniformen

4 Kragenspiegel, Offiziere
5 Kragenspiegel, Generale
6 Emblem für Schirmmütze, Offiziere
7 Emblem für Schirmmütze, Generale
8 Gefreiter
9 Stabsfeldwebel
10 Offiziersschüler, 3. Lehrjahr
11 Unterleutnant
12 Oberst
13 Generalleutnant

Fallschirmjäger

1 Stabsgefreiter
2 Oberfeldwebel
3 Dienstlaufbahnabzeichen, Offiziere, 1964-1969
4 Hauptmann
5 Major
6 Ärmelpatte, Soldaten und Unteroffiziere
7 Kragenspiegel, Soldaten und Unteroffiziere, 1964-1969
8 Ärmelpatte, Offiziere
9 Kragenspiegel, Offiziere, 1964-1969
10 Kragenspiegel, Soldaten und Unteroffiziere, ab 1970
11 Kragenspiegel, Offiziere, ab 1970

*Abzeichen für Längerdienende und Berufsunteroffiziere ab 1965 sowie
Armbinden für Diensthabende in der Volksmarine ab Mitte der 1960er Jahre (Auswahl)*

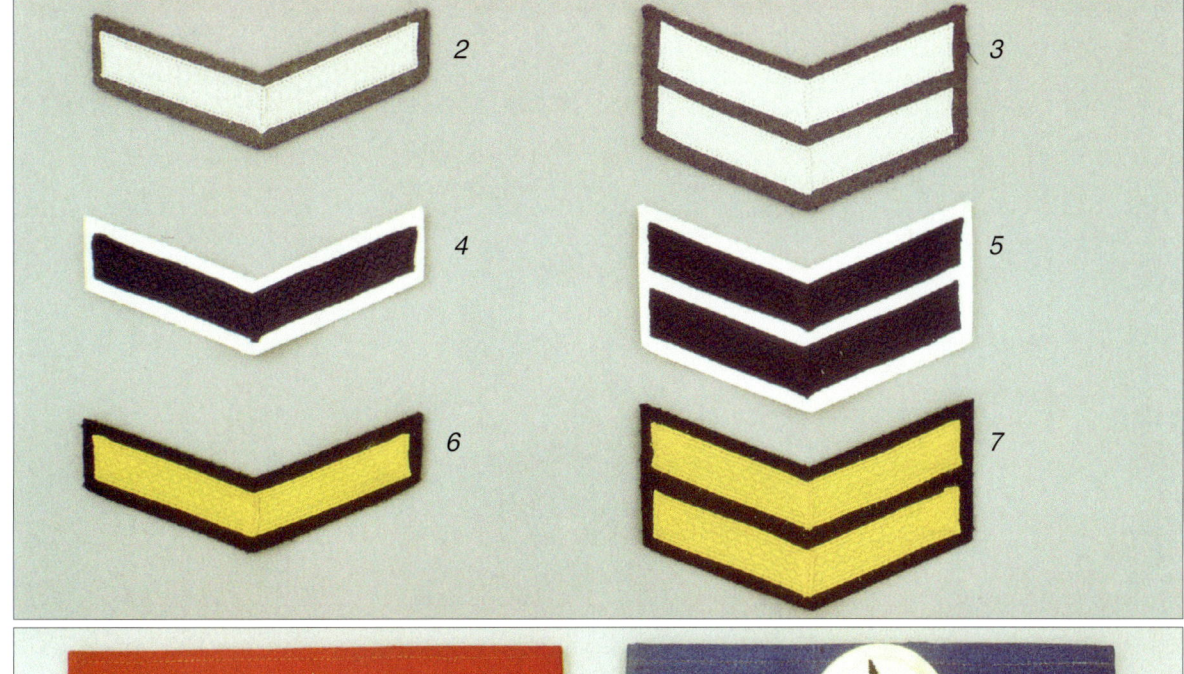

1 Armbinde, Unteroffizier vom Dienst (alle Teilstreitkräfte)
2 Winkel für Soldaten und Unteroffiziere auf Zeit, Landstreitkräfte und LSK/LV sowie Grenztruppen
3 Doppelwinkel für Berufsunteroffiziere, Landstreitkräfte und LSK/LV sowie Grenztruppen
4 Winkel für Matrosen und Maate auf Zeit, weiße Uniform
5 Doppelwinkel für Berufsunteroffiziere, weiße Uniform
6 Winkel für Matrosen und Maate auf Zeit, blaue Uniform
7 Doppelwinkel für Berufsunteroffiziere, blaue Uniform

Armbinden für Diensthabende in der Volksmarine

1 Stellinggast, Posten „Außenschiff" und Posten „Pier"
2 Bootsmann der Wache des Schiffes
3 Bootsmann der Wache der Abteilung bzw. Gruppe
4 Diensthabender des Schiffes
5 Diensthabender des Abteilungsstabes
6 Diensthabender der Abteilung bzw. Gruppe
7 Diensthabender des GA-V (GA = Gefechtsabschnitt)
8 Diensthabender Ingenieur der Abteilung

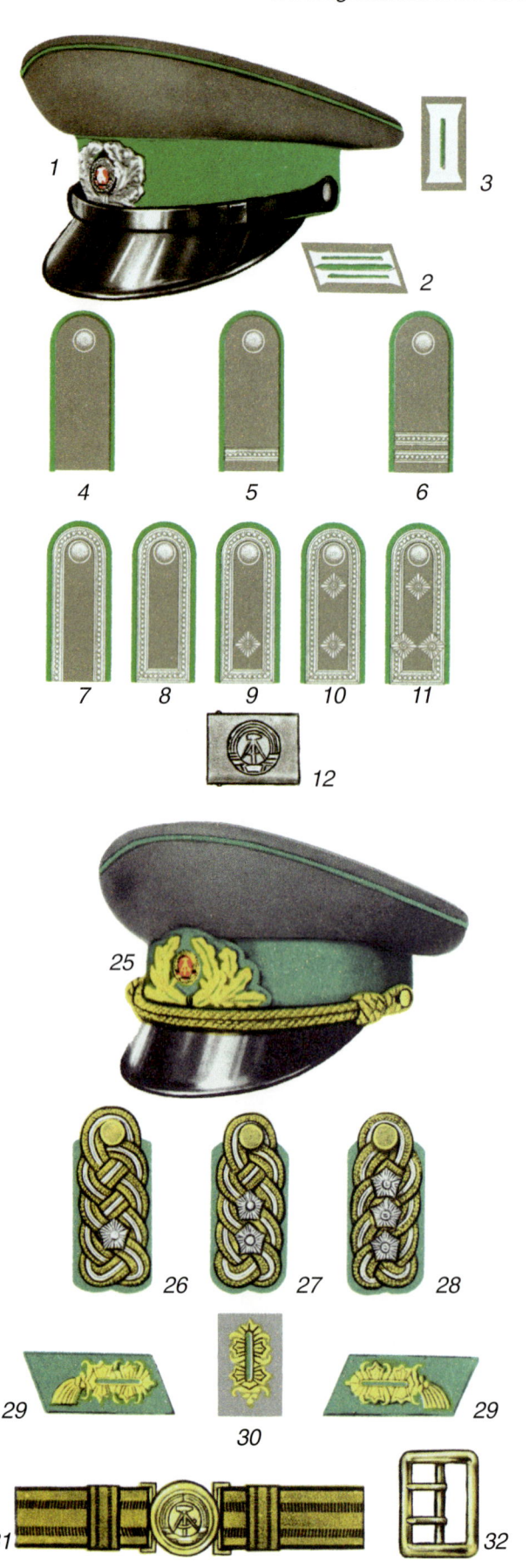

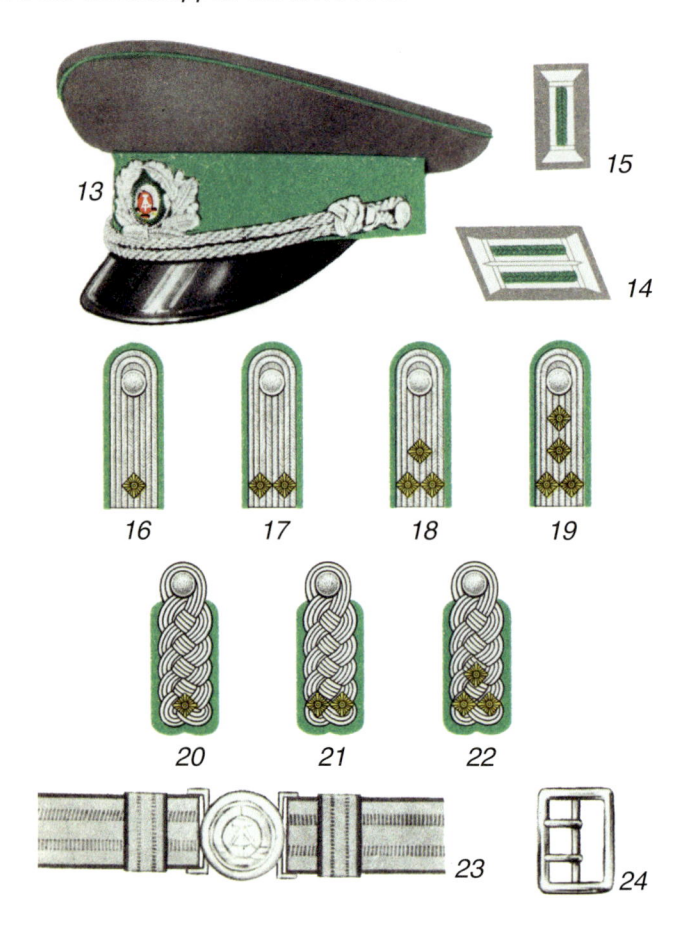

Dienstgradabzeichen und Effekten der Grenztruppen der NVA 1962

Soldaten/Unteroffiziere
1 Schirmmütze, 2 Kragenspiegel, 3 Ärmelpatte
4 Soldat, 5 Gefreiter, 6 Stabsgefreiter,
7 Unteroffizier, 8 Unterfeldwebel, 9 Feldwebel,
10 Oberfeldwebel, 11 Stabsfeldwebel,
12 Koppelschloß

Offiziere
13 Schirmmütze, 14 Kragenspiegel, 15 Ärmelpatte
16 Unterleutnant, 17 Leutnant, 18 Oberleutnant,
19 Hauptmann, 20 Major, 21 Oberstleutnant, 22 Oberst,
23 Feldbinde mit Schloß, 24 Koppelschnalle

Generale
25 Schirmmütze,
26 Generalmajor, 27 Generalleutnant, 28 Generaloberst,
29 Kragenspiegel, 30 Arabeske,
31 Feldbinde mit Schloß, 32 Koppelschnalle

126

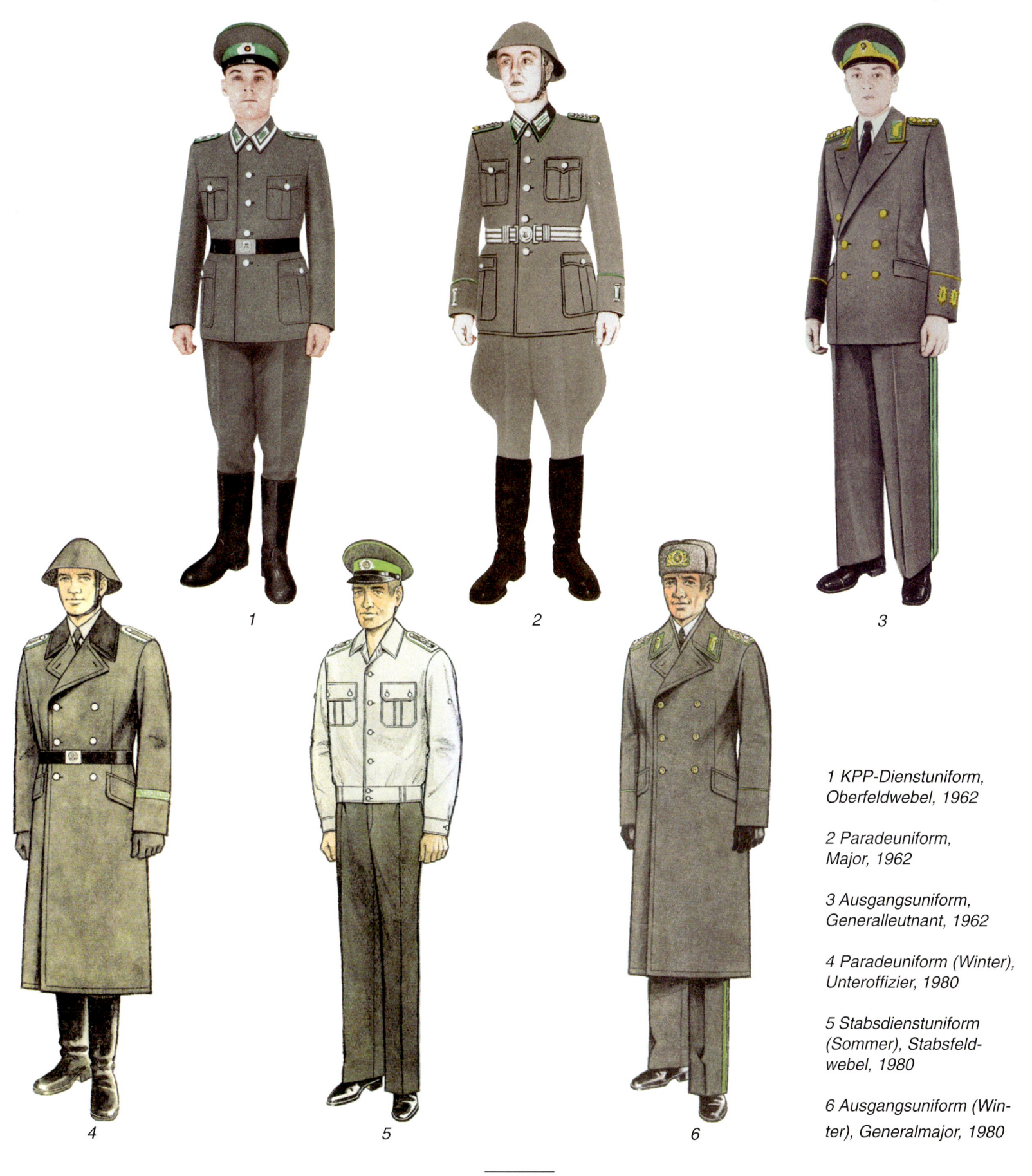

Uniformen der Grenztruppen der NVA bzw. der DDR (Abbildungen aus den Dienstvorschriften von 1962 und 1980)

1 KPP-Dienstuniform, Oberfeldwebel, 1962

2 Paradeuniform, Major, 1962

3 Ausgangsuniform, Generalleutnant, 1962

4 Paradeuniform (Winter), Unteroffizier, 1980

5 Stabsdienstuniform (Sommer), Stabsfeldwebel, 1980

6 Ausgangsuniform (Winter), Generalmajor, 1980

Die NVA in der zweiten Hälfte der 1950er Jahre

in einer mech. Division,...

in einer Flak-Division, ...

in einer Flottille ...

und in einer Flieger-Division.

4.2 Entwicklungen der Uniformen der NVA bis Ende der 1960er/Anfang der 1970er Jahre

Am 31. Mai 1965 unterzeichnete der Minister für Nationale Verteidigung der DDR, Armeegeneral H. Hoffmann, eine neue Uniformvorschrift – die „DV-10/5. Bekleidungsvorschrift der Nationalen Volksarmee". Sie trat am 1. Dezember des Jahres in Kraft. Schon seit dem 1. Mai 1965 galten mit der DV-98/4 neue Bekleidungs- und Ausrüstungsnormen für die Armeeangehörigen.

Ein Blick in beide Grundsatzdokumente zeigt, daß die wesentlichsten Veränderungen in der Uniformierung und Ausstattung der NVA-Angehörigen mit Bekleidung und Ausrüstung der vergangenen Jahre wie auch die unmittelbar bevorstehenden Änderungen eingearbeitet waren. Das betraf die Ersetzung der farbigen Dienstlaufbahnabzeichen in den Landstreitkräften und den LSK/LV durch silbergraue, die Angleichung der Uniformen der Berufssoldaten mit Unteroffiziersdienstgraden an die der Offiziere in beiden Teilstreitkräften und vor allem die Ausstattung mit neuen Felddienstuniformen. Einige Maßnahmen zur Veränderung der Uniformen wurden noch vor der Unterzeichnung der neuen Bekleidungsvorschriften getroffen.

Die Fallschirmjäger und ihre Uniform 1964

Im Abschnitt über spezielle Bekleidung der NVA wurden die Fallschirmjäger, die die jüngste Waffengattung der Landstreitkräfte bildeten, bereits im Hinblick auf ihre Gefechtsbekleidung erwähnt. Im Jahre 1962 im Bataillon „Willi Sänger" formiert, bewährten sich die Fallschirmjäger schon ein Jahr später im gemeinsamen Manöver „Quartett" der NVA, der Sowjetarmee, der Polnischen Armee und der Tschechoslowakischen Volksarmee (9. bis 14. September 1963) als taktische Luftlandetruppe.

Fallschirmjäger der NVA im Kampfanzug für Aufklärer auf der Truppenparade zum 1. Mai 1964 (erstmals in der Öffentlichkeit).

Sehr rasch kam die Führung der NVA zu dem Schluß, die spezielle Rolle der Fallschirmjäger in den Landstreitkräften auch durch eine besondere Uniform zum Ausdruck zu bringen. Eine Anfang November 1963 im Militärbezirk Neubrandenburg durchgeführte Beratung leitender Offiziere des B/A-Dienstes der NVA, der Verwaltung Ausbildung im Ministerium für Nationale Verteidigung der DDR und des Fallschirmjägerbataillons befaßte sich mit diesen Fragen. Die Offiziere stellten u.a. fest, daß die Gefechtsausbildung der Fallschirmjäger überwiegend im Kampfanzug für Aufklärer (Sprungkombination) und mit Schnürstiefeln (Sprungschuhen) durchgeführt wird. Anstelle des Stahlhelms, der auch beim Absprung nicht mitgeführt werden konnte, hatte sich die vorhandene Lederkopfhaube als zweckmäßiger erwiesen. Das Sturmgepäck mußte einem Transportsack weichen. Im Interesse der Gewöhnung an die Schnürschuhe wurden die Halbschaftstiefel nicht in die Grundausstattungsnorm aufgenommen.

Am 15. Februar 1964 beschloß die Leitung des Ministeriums für Nationale Verteidigung der DDR die Einführung einer speziellen Uniform für die Fallschirmjäger. Die Uniform war durch die Ausstattung mit Keilüberfallhosen und Sprungschuhen so gestaltet, daß sie den spezifischen Bedingungen der Ausbildung und Dienstdurchführung in dieser Waffengattung entsprach. Als Kopfbedeckung erhielten die Fallschirmjäger eine steingraue Baskenmütze und als Waffenfarbe wurde Orange bestimmt. Die Ausstattung mit den neuen Uniformen fand bis Ende September 1964 statt. Die folgende Tabelle faßt die in der „DV-98/4. Bekleidungs- und Ausrüstungsnormen der Nationalen Volksarmee" vom 2. November 1964 (Inkraftsetzung mit dem 1. Mai 1965) enthaltenen Uniform- und Ausrüstungsstücke der Grundausstattung für Fallschirmjäger zusammen.

Bekleidungs- und Ausrüstungsstücke für Fallschirmjäger 1964/1965 (Grundausstattung)

Soldaten auf Zeit (einschließlich der Berufssoldaten bis Unterfeldwebel)	Offiziere und Berufssoldaten ab Feldwebel
1 Baskenmützen	2 Baskenmützen
1 Wintermütze	1 Wintermütze
1 Uniformmantel	2 Uniformmäntel
2 Uniformjacken	2 Uniformjacken
1 Uniformhose	1 Uniformhose
2 Keilüberfallhosen	2 Keilüberfallhosen
2 Kampfanzüge	2 Kampfanzüge
1 Spezialhosenträger	1 Spezialhosenträger
2 Paar Sprungschuhe	2 Paar Sprungschuhe
1 Paar Schnürschuhe	
1 Paar Handschuhe	
4 Paar Socken	4 Paar Socken
5 Kragenbinden	3 Kragenbinden
1 Gurtkoppel	1 Gurtkoppel
	1 Koppel mit Schnalle
	1 Tragegestell
	1 Feldbinde (nur Offiziere)
1 Watteanzug	1 Watteanzug
1 Lederkopfhaube ohne FT-Teil	1 Lederkopfhaube ohne FT-Teil
1 Fliegerbrille	1 Fliegerbrille
1 Paar Lederhandschuhe	1 Paar Lederhandschuhe
1 Fliegerpullover	1 Fliegerpullover
1 Schneehemd	1 Schneehemd

Die Berufssoldaten konnten über die B/A-Lager gegen Bezahlung Sommermantel, Regenumhang und Uniformhemdbluse erhalten.

Andere Uniformveränderungen in den Jahren 1964 und 1965

Um auch an den Uniformen in der Öffentlichkeit deutlicher zwischen Soldaten auf Zeit und Berufssoldaten mit Unteroffiziersdienstgraden unterscheiden zu können, ordnete der Stellvertreter des Ministers für Nationale Verteidigung der DDR und Chef Rückwärtige Dienste der NVA am 5. Juni 1964 an, ab 1. Januar 1965 anstelle der spitzen Winkel und gleicher Doppelwinkel für eine mehr als dreijährige bzw. mehr als fünfjährige Dienstzeit stumpfe Winkel zur Kennzeichnung des Dienstverhältnisses am rechten Unterärmel der Uniformjacken zu befestigen. Soldaten auf Zeit führten nunmehr einen solchen stumpfen Winkel aus silberfarbener Tresse (bei der Volksmarine goldfarben oder blau, auch am Ärmel der Kieler Hemden aufgenäht) und die Berufssoldaten einen entsprechenden Doppelwinkel in diesen Ausführungen.

Mit derselben Anordnung Nr. 6/64 wurden die schon vorhandenen dunkelgrauen Schulterklappen und -stücke genutzt, um an Kampfanzügen und Watteanzügen der Landstreitkräfte und der LSK/LV die jeweiligen Dienstgrade sichtbar zu machen. Die Angehörigen der Volksmarine, die über blaue Watteanzüge verfügten, behielten ihre Schulterklappen und -stücke bei.

Ein halbes Jahr später folgte die Anordnung Nr. 18/64 vom 1. Dezember 1964. Der Stellvertreter des Ministers für Nationale Verteidigung der DDR und Chef Rückwärtige Dienste der NVA legte in ihr für die Angehörigen der Landstreitkräfte und der LSK/LV fest, zur zweireihigen offenen Ausgangsjacke statt des silbergrauen ein weißes Oberhemd zu tragen. Weibliche Angehörige dieser beiden Teilstreitkräfte konnten ebenfalls eine weiße Oberhemdbluse zur Ausgangsuniform anziehen. Im folgenden Monat, am 23. Januar 1965, gestattete es eine Ergänzung zur genannten Anordnung allen diesen Armeeangehörigen bei Aufenthalt im Ausland und einem bestimmten Personenkreis, z.B. Militärattachés für den täglichen Dienst, Mitgliedern des Erich-Weinert-Ensembles als Reiseuniform, Sportinstrukteuren der Armeesportklubs bei sportlichen Veranstaltungen, die zweireihige offene Ausgangsuniform noch mit dem silbergrauen Uniformhemd und dunkelgrauem Binder zu tragen.

Seit Herbst 1965, unmittelbar vor dem Inkrafttreten der neuen Bekleidungsvorschrift der NVA, konnten alle Armeeangehörigen einen grauen Regenumhang aus PVC-Folie käuflich erwerben. Damit wurde insbesondere auch den Wehrpflichtigen im Grundwehrdienst und den Soldaten auf Zeit eine zweckmäßige Regenschutzbekleidung für den Ausgang und für den Urlaub geboten.

Als schließlich die neue Bekleidungsvorschrift der NVA, also die DV-10/5, Ausgabe 1965, mit Beginn des Ausbildungsjahres 1965/66 in Kraft trat, galt es, eine Vielzahl von Modifizierungen der Uniformen durchzusetzen. Zunächst veränderten sich die Trageperioden für die Uniformen der NVA. Die Sommeruniformen waren in der Zeit vom 16. April bis 31. Oktober und die Winteruniformen in den verbleibenden Wochen und Monaten anzuziehen. Als Tragezeit für die neue Wintermütze galten nur die Tage vom 1. Dezember bis zum 15. Februar.

Nicht nur die Offiziere der Reserve und außer Dienst, sondern auch die Unteroffiziere der Reserve, die mehr als zehn Jahre aktiven Wehrdienst geleistet hatten, erhielten das Recht, bei besonderen Anlässen wie Staatsfeiertagen, Empfängen, Festveranstaltungen sowie Feierlichkeiten der NVA die Uniform zu tragen. Zu bemerken ist, daß die in der Bekleidungsvorschrift von 1960 für die Offiziere der Reserve und die Offiziere außer Dienst getroffene Regelung, in der Mitte der Schulterstücke einen querlaufenden Silberstreifen (Generale und Admirale der Reserve und außer Dienst einen goldfarbenen Streifen) anzubringen, jetzt entfiel. Dieser Streifen war jeweils 9 mm breit gewesen, verlief unterhalb der Tuchunterlage und ragte unter dem Schulterstück an beiden Seiten um je 5 mm heraus. Ebenfalls galt nicht mehr die Regelung, daß Soldaten, die sich für eine Offizierschule beworben hatten, nach ihrer Bestätigung eine in der Mitte der Schulterklappen aufgeschobene Schlaufe aus 9 mm breiter Aluminiumgespinsttresse führten.

In seiner Anordnung Nr. 2/65 vom 14. Mai 1965 traf der Stellvertreter des Ministers für Nationale Verteidigung der DDR und Chef Rückwärtige Dienste der NVA einige Festlegungen bis zum Inkrafttreten der neuen Bekleidungsvorschrift. So wurde das schwarze Lederkoppel eingezogen. Die Soldaten im Grundwehrdienst und die auf Zeit sowie zunächst noch die Berufsunteroffiziere trugen die Ausgangsuniform ohne Koppel und schnallten zur Parade das Gurtkoppel um. Nur bei zentralen Paraden wurde auf Befehl das schwarze Lederkoppel anstelle des Gurtkoppels zur Paradeuniform getragen.

Einige Ergänzungen der Trageweise von Auszeichnungen an der Uniform

Die Uniformvorschriften von 1960 und 1965 wiesen gegenüber der „Vorläufigen Bekleidungsvorschrift der Nationalen Volksarmee" aus dem Jahre 1957 einige bedeutsame Änderungen auf. Es ging vor allem darum, die in den Jahren jeweils neu hinzukommenden Abzeichen und Auszeichnungen in das bestehende System der Trageweisen an der Uniform einzuordnen.

Anfang der 1960er Jahre betraf dies u.a. die Absolventenabzeichen der Militärakademie „Friedrich Engels" und der Militärmedizinischen Sektion. Sie mußten laut der DV-10/5 vom 1. Dezember 1960 genau 1 cm über der Mitte der rechten Brusttasche der Uniformjacke angebracht werden. Die Klassifizierungsabzeichen, die es seit 1959 gab, sollten ebenfalls an dieser Stelle, aber 5 mm über der Brusttasche, befestigt werden. In diesem Fall war das Abzeichen der Militärakademie, wenn der Träger ein Klassifizierungsabzeichen erworben hatte, über diesem zu tragen.

Umfassend wurde erst in der Vorschrift von 1965 die Trageweise der Bestenabzeichen der NVA berücksichtigt. Die Soldaten, Unteroffiziere und Offiziersschüler trugen es über der rechten Brusttasche bzw. an Uniformjacken ohne diese Taschen auf gleicher Höhe. Wenn notwendig, wurde diese Auszeichnung auch über dem Klassifizierungsabzeichen an der Uniform befestigt. Mehr als drei Bestenabzeichen durften in dieser Zeit, als es noch keine Anhänger für mehrmalige Verleihung gab, nicht angesteckt werden.

Diese Auszeichnung wurde auf der Grundlage der Bestenordnung des Ministers für Nationale Verteidigung der DDR vom 23. März 1964 am 7. Oktober des Jahres erstmalig an Armeeangehörige überreicht. Sie erhielten das Bestenabzeichen für gute Leistungen in der politischen Schulung und in der militärischen Ausbildung. Sie mußten ihre Schießübungen und die Normen der militärischen Körperertüchtigung, der Pionier- und der Schutzausbildung mindestens mit der Note „gut" erfüllen, die ihnen anvertraute Waffe, Technik, Bekleidung und Ausrüstung sorgsam pflegen und ständig einsatzbereit halten sowie alle Forderungen der Dienstvorschriften vorbildlich erfüllen.

Trageweise von Abzeichen und Auszeichnungen durch Soldaten, Matrosen und Unteroffiziere in den 1960er Jahren

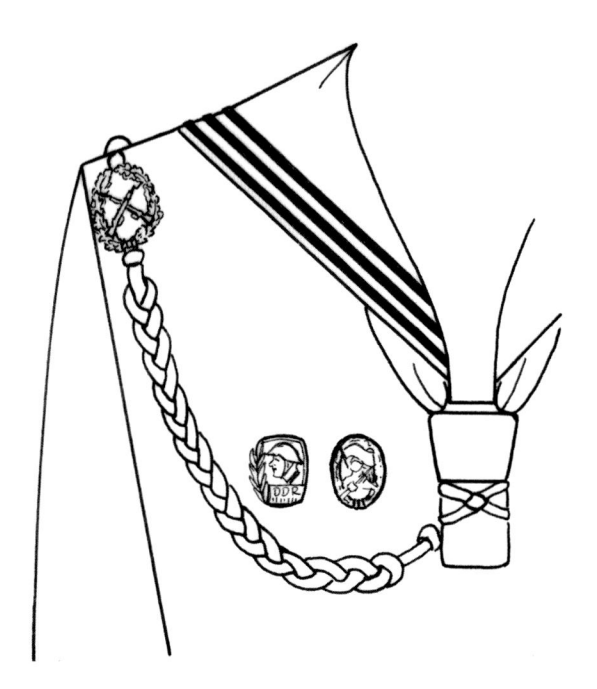

links oben
Uniformjacke: 1963-1968 bis zu drei Bestenabzeichen 5 mm über der rechten Brusttasche bzw. an analoger Stelle; Militärsportabzeichen in der Mitte der Längsfalte der rechten Brusttasche (galt bis 1990); Schützenschnur wie vorher.

rechts oben
Uniformjacke offener Fasson der Fallschirmjäger 1970: Klassifizierungsabzeichen 5 mm in der Mitte über der rechten Brusttasche bzw. an analoger Stelle (galt bis 1990); Fallschirmsprungabzeichen 5 mm darüber.

links unten
Kieler Hemd: Bestenabzeichen und Schützenschnur analog wie oben links; Leistungsabzeichen der NVA und der Grenztruppen ab 1975 innen auf der rechten Seite, auch bei Uniformjacken (vorher links getragen).

Trageweise von Abzeichen und Auszeichnungen durch Offiziere, Generale und Admirale in den 1960er Jahren sowie durch Berufsunteroffiziere ab 1965

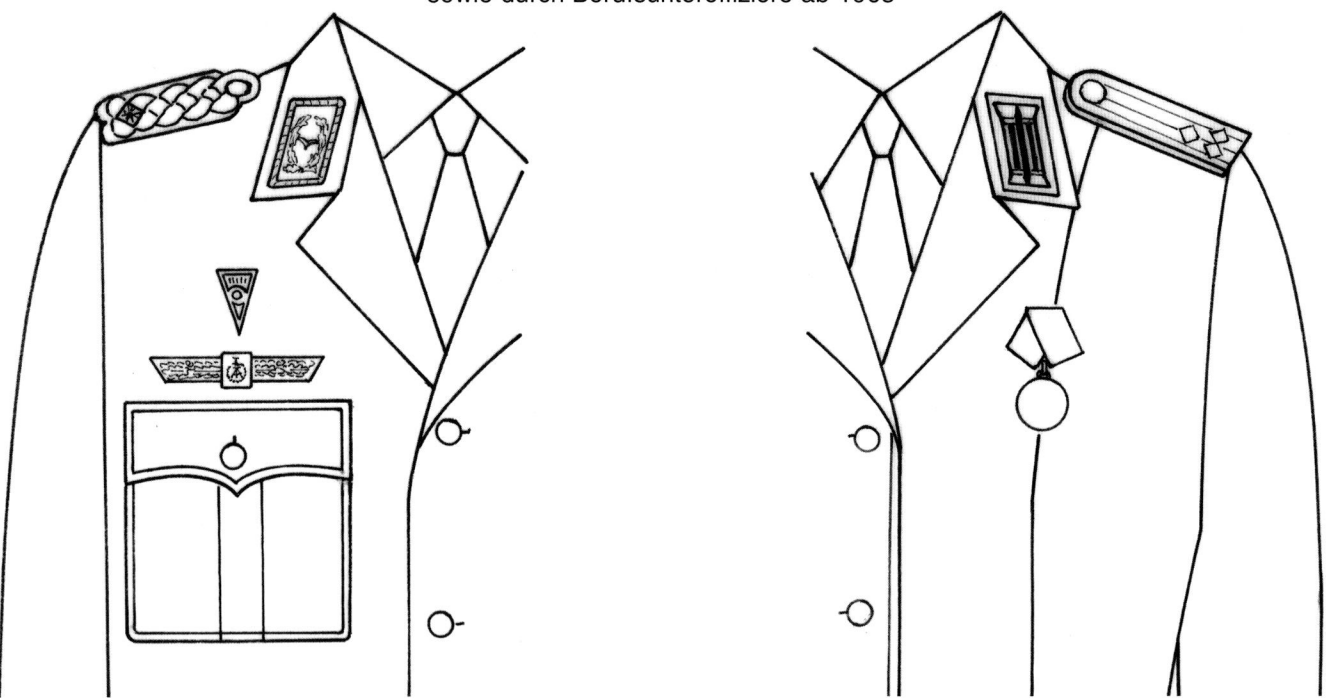

links - Uniformjacke (hochgeschlossen oder offener Fasson): Klassifizierungsabzeichen 5 mm in der Mitte über der rechten Brusttasche bzw. an analoger Stelle (generell wurde nur das höchste Abzeichen getragen, Trageweise bis 1990); 5 mm darüber das Absolventenabzeichen (hier Militärakademie „Friedrich Engels"); wurde dieses Abzeichen allein getragen, dann 1 cm über der Mitte der rechten Brusttasche bzw. an gleicher Stelle.
rechts - Uniformjacke weiblicher Armeeangehöriger: Medaille am Band.

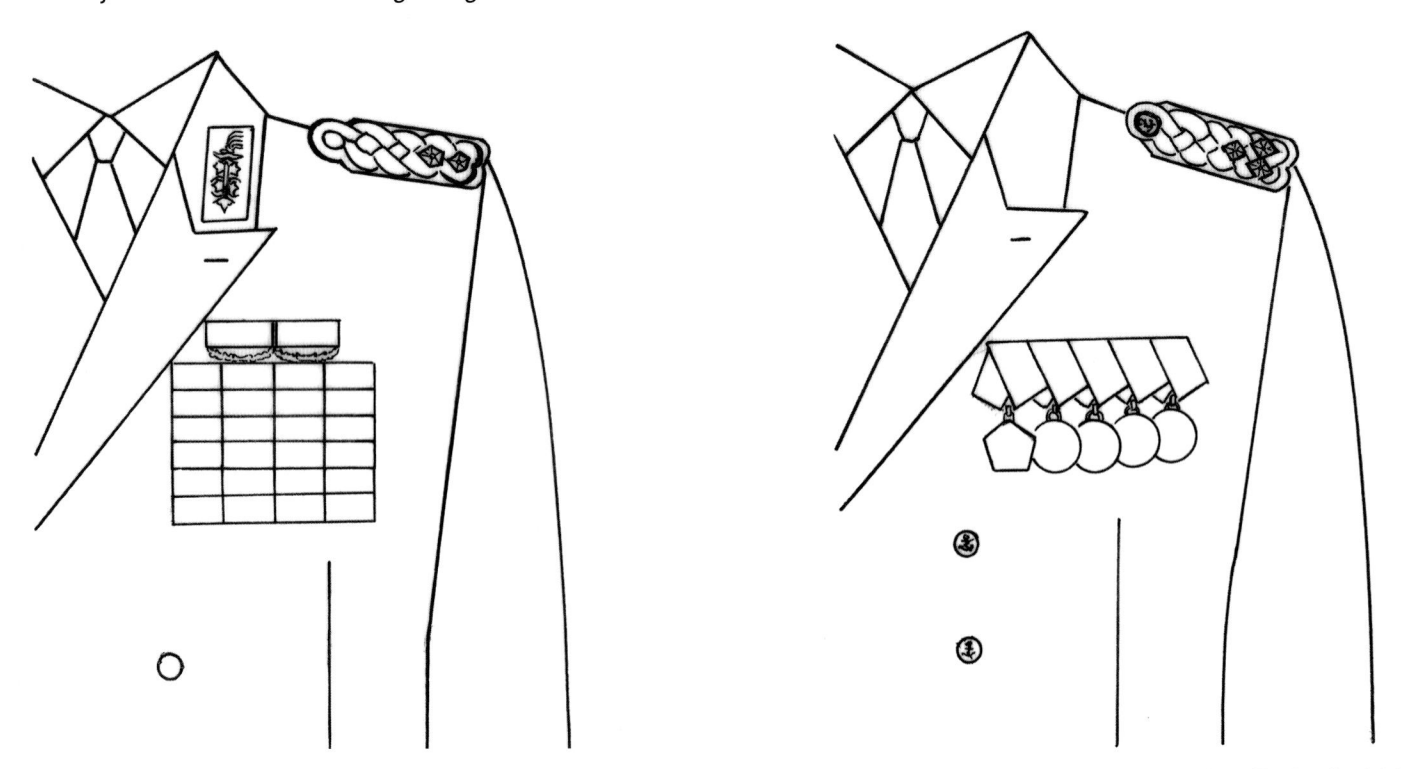

links - Ausgangsjacke (zweireihig): Interimsspangen, in der Reihenzahl unbegrenzt, bis zu vier Auszeichnungen in einer Reihe (galt bis 1986); darüber „Karl-Marx-Orden", „Held der Arbeit", „Vaterländischer Verdienstorden", Orden „Banner der Arbeit" und „Stern der Völkerfreundschaft".
rechts - Paradejacke: Orden und Medaillen am Band, halbverdeckt nebeneinander, ohne die Taschenbreite zu überschreiten bzw. nicht breiter als 12 cm.

Auch bei den Orden und Medaillen galt es, die Vorschrift von 1965 ergänzend, neue Auszeichnungen einzuordnen. Am 17. Februar 1966 stiftete der Ministerrat der DDR den „Scharnhorst-Orden" als höchste militärische Auszeichnung der Republik, den Kampforden „Für Verdienste um Volk und Vaterland" und die „Medaille der Waffenbrüderschaft" – die beiden letztgenannten je in Bronze, Silber und Gold.

Der „Scharnhorst-Orden" wurde in der Uniformvorschrift in der Rangfolge nach dem „Karl-Marx-Orden", dem Ehrentitel „Held der Arbeit" und dem „Vaterländischen Verdienstorden" eingereiht. Da die drei höchsten Auszeichnungen stets über allen Orden, Ehrentiteln und Medaillen an der Uniform getragen wurden, kam der „Scharnhorst-Orden" an die erste Stelle einer Auszeichnungsreihe auf die linke Seite der Uniformjacke. Ihm folgte der „Kampforden". Die „Medaille der Waffenbrüderschaft" war nach der „Verdienstmedaille der NVA" einzuordnen.

Wurden mehr als zwei Orden oder Medaillen am Band angebracht, durften sie seit 1961 die Breite von 12 cm nicht mehr überschreiten, vorher waren es 14 cm. Nach wie vor konnten Auszeichnungen, ob Orden oder Medaillen am Band oder als Interimsspange, nur an der geschlossenen, an der offenen einreihigen oder der zweireihigen Uniformjacke sowie der Uniformjacke der weiblichen Armeeangehörigen getragen werden. Nicht gestattet war es, an Uniformmänteln und an den Uniformhemdblusen Auszeichnungen zu führen.

Neue Dienstlaufbahnabzeichen und Abzeichen für Sonderausbildung 1965

Stark verändert hatten sich nach dem Inkrafttreten der DV-10/5, Ausgabe 1965, die Dienstlaufbahnabzeichen der Landstreitkräfte und der LSK/LV. Das betraf zuallererst ihr äußeres Aussehen. Für beide Teilstreitkräfte der NVA fielen die bisherigen farbigen Dienstlaufbahnabzeichen weg. Sie wurden durch silbergrau gestickte Abzeichen auf ovaler steingrauer Tuchunterlage, 6 cm hoch und 5 cm breit, ersetzt. Für Offiziere des medizinischen Dienstes blieb der Äskulapstab, für die der Musikkorps die Lyra, aus goldfarbenem Metall geprägt, als Dienstlaufbahnabzeichen auf den Schulterstücken. Soldaten und Unteroffiziere der Musikkorps führten die Lyra aus silberfarbenem Metall auf den Schulterklappen.

Dienstlaufbahnabzeichen für Flugzeugführer und für Offiziere des ingenieurtechnischen Dienstes gab es seit 1963 in einer veränderten Ausführung. Diese waren im Zusammenhang mit einer neuen Form von Klassifizierungsabzeichen entwickelt worden und aus emailliertem Metall gefertigt. Sie wurden bis 1983 verliehen. Ganz und gar fiel das Dienstlaufbahnabzeichen der Steuerleute weg. Offiziere des Fallschirmdienstes bekamen ebenfalls ein Dienstlaufbahnabzeichen in der bereits beschriebenen silbergrauen Ausführung.

Folgende Dienstlaufbahnabzeichen schrieb die neue Bekleidungsvorschrift für die Landstreitkräfte und die LSK/LV der NVA vor: Panzer; Artillerie; Pioniere (Landstreitkräfte); Aufklärer; chemischer Dienst; Militärtransportwesen; Kommandantendienst; panzertechnischer Dienst; kraftfahrzeugtechnischer Dienst; Fallschirmjäger, Soldaten und Unteroffiziere; Fallschirmjäger, Offiziere; Funkortung; Schirrmeister; Feuerwerker; medizinischer Dienst, Soldaten und Unteroffiziere; Meteorologen (LSK/LV); Flugzeugmechaniker; Fallschirmdienst, Soldaten und Unteroffiziere; Fallschirmdienst, Offiziere; Flugschüler; fliegertechnische Versorgung; Kanoniere der Luftverteidigung; Pioniere und Flugplatzwartungsdienst (LSK/LV). Schon in die Vorschrift aufgenommen, aber erst Ende 1966 bestätigt, wurden Dienstlaufbahnabzeichen für Offiziere der Militärjustizorgane und für Soldaten und Unteroffiziere der Militärjustizorgane.

Für die Volksmarine blieben die Dienstlaufbahnabzeichen für Matrosen, Maate und Offiziere sowie die Abzeichen für Sonderausbildung der Matrosen und Maate in den schon bekannten Ausführungen zur blauen und zur weißen Uniform erhalten. Hinzu kam, wie in den beiden anderen Teilstreitkräften der NVA, das Dienstlaufbahnabzeichen Justiz für Maate und für die juristische Laufbahn der Meister und Offiziere. Festgelegt wurde auch, daß die Offiziersschüler des 1. und 2. Lehrjahres Laufbahnabzeichen in der bisherigen Form beibehielten. Die Offiziersschüler des 3. und 4. Lehrjahres führten bereits die Dienstlaufbahnabzeichen der Offiziere, d.h. goldfarbene Stickerei auf runder Tuchunterlage von 4 cm Durchmesser.

Eine Reihe neuer Abzeichen wurde für die abgeschlossene Sonderausbildung der Matrosen und Maate der Volksmarine mit der 1965er Bekleidungsvorschrift festgelegt. Hier handelte es sich um solche für Turbine, Hydroakustik, Funkmeß, Elektro-Nautik, E-Meß, Waffenleit, Ari-Elektriker und chemischen Dienst. Mit ihrer Einführung spiegelten sich auf diesem spezifischen Gebiet der Uniformierung auch schon äußerlich die gewachsenen Anforderungen an die Meisterung neuer Militärtechnik durch die Matrosen und Maate der Volksmarine wider. Die Abzeichen für Sonderausbildung wurden um 1 cm, d.h. von 6 cm auf 7 cm Durchmesser, vergrößert.

Im Zusammenhang mit der Darstellung der neuen Dienstlaufbahnabzeichen hatte sich angeboten, auch auf die Uniformierung der Bausoldaten der NVA einzugehen. Eine Anordnung des Nationalen Verteidigungsrates der DDR vom 7. September 1964 regelte die Aufstellung von Baueinheiten im Bereich des Ministeriums für Nationale Verteidigung der DDR. Sie ermöglichte es jenen wehrpflichtigen DDR-Bürgern, die aus religiösen Gründen den Dienst mit der Waffe ablehnten, durch Arbeitsleistungen an der Stärkung der Verteidigungsfähigkeit des Landes teilzunehmen. Diese vom aktiven Wehrdienst Freigestellten hatten folgendes Gelöbnis – keinen Fahneneid – abzulegen:

„Ich gelobe:
Der Deutschen Demokratischen Republik, meinem Vaterland, allzeit treu zu dienen und meine Kraft für die Erhöhung ihrer Verteidigungsbereitschaft einzusetzen.
Ich gelobe:
Als Angehöriger der Baueinheiten durch gute Arbeitsleistungen aktiv dazu beizutragen, daß die Nationale Volksarmee an der Seite der Sowjetarmee und der Armeen der mit uns verbündeten sozialistischen Länder den sozialistischen Staat gegen alle Feinde verteidigen und den Sieg erringen kann.
Ich gelobe:
Ehrlich, tapfer, diszipliniert und wachsam zu sein, den Vorgesetzten unbedingten Gehorsam zu leisten, ihre Befehle mit aller Entschlossenheit zu erfüllen und die militärischen und staatlichen Geheimnisse immer streng zu wahren."

Die Bausoldaten erhielten 1966 die steingrauen Uniformen der Landstreitkräfte der NVA, die in der Waffenfarbe Oliv paspeliert waren. Auf den Schulterklappen befand sich als weitere Symbolik ein maschinengestickter Spaten aus silberfarbener Kunstseide. Daneben gab es auch noch eine goldfarbene Metallprägung dieses Symbols. Hinzu kam die mattgrau lackierte Fassung des „Spatens" für die Felddienst- und die Arbeitsuniform.

Verbesserte Uniformen für die Berufssoldaten Mitte der 1960er Jahre

Bis 1964 unterschieden sich die Armeeangehörigen, die die Unteroffizierslaufbahn als Beruf eingeschlagen hatten, also zehn Jahre und länger dienten, äußerlich nur wenig von den Unteroffizieren, die auf Zeit, d.h. für drei Jahre, aktiven Wehrdienst leisteten. Nur der erreichte Dienstgrad eines Feldwebels bzw. Wachtmeisters war ein deutliches Unterscheidungsmerkmal. Die ab 1. Januar 1965 verwendeten stumpfen Winkel und Doppelwinkel kennzeichneten das Dienstverhältnis ebenfalls. Die erheblich längere Dienstzeit und die höheren Forderungen, die an diese Unteroffiziere gestellt wurden, rechtfertigen es, sie in der zweiten Hälfte der 1960er Jahre, mit Uniformen der Berufsoffiziere auszustatten. Die Meister der Volksmarine verfügten, wie schon dargestellt, seit Beginn der 1960er Jahre über Uniformen aus dem Stoff für Offiziersuniformen.

Angemerkt werden soll hier, daß mit dem Erlaß des Staatsrates der DDR vom 24. Januar 1962 über den aktiven Wehrdienst in der NVA und der Dienstlaufbahnordnung in der Fassung vom 14. Januar 1966 die Unteroffiziersschüler und die Offiziersschüler als Dienstgrade nach den Soldaten bzw. Unteroffizieren eingeordnet wurden.

In der Neufassung dieses Erlasses vom 10. Dezember 1970 präzisierte der Staatsrat der DDR die Einordnung der Unteroffiziers- und der Offiziersschüler folgendermaßen: Die Unteroffiziersschüler waren seitdem im Dienstgrad den Gefreiten bzw. Obermatrosen und die Offiziersschüler bis 1983 im 1. Lehrjahr dem Dienstgrad Unteroffizier/Maat, im 2. Lehrjahr dem Dienstgrad Feldwebel/Meister und im 3. Lehrjahr dem Dienstgrad Oberfeldwebel/Obermeister sowie im 4. Lehrjahr dem Dienstgrad Stabsfeldwebel/Stabsobermeister gleichgestellt. Diesen Vorgriff abschließend, sei an dieser Stelle angemerkt, daß der Staatsrat der DDR 1970 außerdem beschloß, für den ersten Dienstgrad der Landstreitkräfte und der LSK/LV einheitlich die Bezeichnung Soldat zu führen und auch parallel die zu den Feldwebeln verwendeten Bezeichnungen für die Wachtmeister entfallen zu lassen.

Erste Festlegungen, um in den Landstreitkräften und den LSK/LV die Berufsunteroffiziere und die Offiziersschüler ab 3. Lehrjahr mit Offiziersuniformen auszustatten, traf der Stellvertreter des Ministers für Nationale Verteidigung der DDR und Chef Rückwärtige Dienste der NVA mit seiner Anordnung Nr. 6/64 vom 5. Juni 1964.

Ab 1. Januar 1965 trugen zuerst die Stabsfeldwebel bzw. Stabswachtmeister diese neuen Uniformen. Die Wintermütze wurde bis 30. November des Jahres an sie ausgegeben. Eine weitere Anordnung Generalmajor W. Allensteins – Nr. 6/65 vom 12. September 1965 – regelte die Ausstattung für alle Oberfeldwebel und Oberwachtmeister, die noch mindestens zwei Dienstjahre vor sich hatten, mit Offiziersuniformen. Als Tragebeginn war dafür der 1. März 1966 festgelegt worden. Im Verlaufe des Jahres 1966 erhielten die Feldwebel und Wachtmeister diese Ausstattung, und bis Ende des Jahrzehnts bekamen die restlichen Berufsunteroffiziere die entsprechenden Uniformen.

Im einzelnen erhielten die Berufsunteroffiziere zunächst je eine Schirmmütze, Feldmütze und Wintermütze, einen Uniformmantel, je eine Paradejacke (Kragen und Ärmel mit Biese) und Dienstjacke, zwei Stiefelhosen, eine lange Hose (mit Biese), je ein Paar glatte und genarbte Schaftstiefel sowie ein Koppel mit Schnalle. Für die Berufsunteroffiziere in den LSK/LV gab es aufgrund des offenen Fassonschnittes ihrer Uniformen je zwei silbergraue Uniformhemden und dunkelgraue Binder sowie einen grauen Schal.

Mit diesen Grundausstattungsnormen verfügten die Berufssoldaten der Landstreitkräfte und der LSK/LV der NVA über ausreichende Bekleidung, um die vielfältigen, neu gestellten Aufgaben zu erfüllen. Die nachfolgende Tabelle gibt Aufschluß über die entsprechenden Grund- und Ergänzungsnormen für ihre Uniformen in der „DV-98/4. Bekleidungs- und Ausrüstungsnormen der Nationalen Volksarmee" des Jahres 1965.

Grund- und Ergänzungsnormen der Bekleidung für Berufssoldaten 1965

Artikel	Grundnorm (Anzahl)	Ergänzungsnorm (Anzahl)
Schirmmütze	2	1
Feldmütze	1	1
Wintermütze	1	1
Uniformmantel	2	1
Parade-/Ausgangsjacke	1	1
Dienstjacke	2	-
Uniformhose, lang	1	1
Stiefelhose	2	1
Uniformhemdbluse	1	1
Stiefel, glatt	1 Paar	1 Paar
Stiefel, genarbt	1 Paar	1 Paar
Socken	2 Paar	3 Paar Fußlappen
Fußlappen	2 Paar	-
Pullover	1	1
Kragenbinde, weiß (nur Landstreitkräfte und Grenztruppen	3	3
Kragenbinde, grau/weiß	2	2
Spezialhosenträger	1	-
Feldbinde, Offiziere	1	-
Koppel mit Schnalle	1	1
Stahlhelm	1	-
Kopfschützer	1	-
Felddienstanzug	1	1
Gurtkoppel	1	
Trainingsanzug	1	1
Sporthemd	1	1
Sporthose	1	1
Sportschuhe	1 Paar	1 Paar
nur für LSK/LV		
Uniformhemd, silbergrau	2	2
Binder, dunkelgrau	2	2
Schal, grau	1	1

Für die Parade-/Ausgangsjacke war auch der Erhalt einer Dienstjacke in der Ergänzungsnorm möglich. Graue Kragenbinden gab es nur bei Bedarf für die Felddienstanzüge. Des weiteren konnten Sommermantel und Regenumhang bzw. Regenumhang aus Folie zusätzlich gekauft werden.

Trotz festgelegter Normen war es auch möglich, Bekleidung entsprechend der Tätigkeit der Berufssoldaten wahlweise zu empfangen. Beispielsweise konnte die Stiefelhose gegen eine Uniformhose oder das genarbte Paar Schaftstiefel gegen ein Paar Halbschuhe von Angehörigen der Stäbe und anderer Einrichtungen ausgewechselt werden. Bestimmte Ausrüstungsgegenstände wie Stahlhelm, Kopfschützer, Felddienstanzug, Gurtkoppel, Tragegestell, Sturmgepäck, Feldflasche, Kochgeschirr, Zeltbahn und Decke wurden nur bei Bedarf an die Berufssoldaten ausgegeben. Die Uniformstücke verblieben nach Ablauf der Tragezeit im Besitz der Berufssoldaten.

Neue Felddienstuniformen ab 1965

Nachdem etwa ein halbes Jahrzehnt von den Soldaten, Unteroffizieren und Offizieren der Landstreitkräfte (außer den Panzerbesatzungen) und der Truppen der Luftverteidigung der NVA der Kampfanzug im Flächendruck als Felddienstuniform getragen worden war, begann Mitte der 1960er Jahre die Einführung eines neuen Kampfanzuges. Ihr ging wie zuvor bei anderen Uniformen und Uniformstücken eine sorgfältige Erprobung – seit dem Sommer 1963 und dieses Mal nicht in der NVA, sondern in den Grenztruppen der NVA – voraus. Mit der Bezeichnung „Kampfanzug leichter Art" wurde schon auf einen der wesentlichen Vorzüge der neuen Uniform verwiesen, auf das geringere Gewicht dieser Felddienstuniform.

Weitere Verbesserungen, die mit dem neuen Kampfanzug, auch als „Kampfanzug 64" benannt, verwirklicht werden konnten, resultierten aus den mehrjährigen Erfahrungen mit dem bisherigen Kampfanzug im Flächendruck in den Truppenteilen und Einheiten. Dabei gingen die mit der Entwicklung betrauten Ingenieure der Bekleidungsindustrie und die verantwortlichen Offiziere des B/A-Dienstes der NVA von der Notwendigkeit aus, bei diesem Kampfanzug stärker die Anforderungen des Gefechts und die modernen bekleidungshygienischen Ansprüche miteinander zu verknüpfen.

Der neue Felddienstanzug – so schließlich seine Bezeichnung in der DV-10/5, Ausgabe 1965 – bestand aus einem nur gering schmutzempfindlichen, relativ gut wasserabweisenden und hohen reiß- und scheuerfesten Dreifasermischgewebe aus Dederon, Grisuten und Baumwolle in grünbräunlichem Farbton. Aufgedruckte kleine braune Striche verliehen ihm einen zusätzlichen Tarneffekt. Deshalb

Angehörige der Grenztruppen der DDR Mitte der 1970er Jahre in der neuen Felddienstuniform im Stricheldruck. Auf dem Krad ein Postenführer (breiter grüner Tuchstreifen auf den Schulterklappen).

brachten sie ihm auch die von den Soldaten geprägte scherzhafte Bezeichnung „Ein-Strich-kein-Strich-Anzug" ein. Imprägnierte aufgesetzte Stoffteile verstärkten den Felddienstanzug an den Ellenbogen, Knien und am Gesäß. Knöpfe an den Saumbündchen der Ärmel- und Hosenbeinenden dienten dazu, die Öffnungen für die Armee und Beine zu vergrößern oder auch zu verkleinern. Die Jacke schloß am unteren Bund mit einem Gummizug ab. Die Hosen wurden über die Stiefel getragen und unten geknöpft. Zum Felddienstanzug gehörten weiterhin dunkelgraue Schulterklappen und –stücke mit mattgrauen Litzen und Dienstgradsternen (außer Volksmarine), eine grau-weiße Kragenbinde, äußerst strapazierfähige Spezialhosenträger und das Gurtkoppel mit Schloß. Zur Felddienstuniform wurde die Feldmütze bzw. das Bordkäppi genommen. Berufssoldaten setzten damals noch die Schirmmütze auf.

Wenn zur Ausbildung zusätzliche Ausrüstung befohlen wurde, kam wie schon vorher beim Kampfanzug im Flächendruck das Tragegestell aus Gurtgewebe hinzu, um an ihm die weiteren Ausrüstungsgegenstände befestigen zu können. Außer der persönlichen Waffe (für Soldaten in der Regel die MPi KM) und der Schutzmaske führte der Soldat am Gurtkoppel und Tragegestell mit sich: vorn rechts die Tasche mit drei Stangenmagazinen für die MPi; vorn links das Seitengewehr – ein dolchartiges Messer zur Verwendung als Bajonett nach Aufpflanzen auf die Laufmündung der MPi oder auch als Drahtschere bzw. Säge; hinten rechts den zusammenklappbaren Feldspaten; auf dem Rücken oben den zusammengerollten Schutzanzug. Die Schutzmaske wurde in einer gesonderten Tasche links in Höhe des Koppels getragen. Die neuen Taschen des Felddienstanzuges ermöglichten es dem Kämpfer, je nach Einsatzart die verschiedensten militärischen und persönlichen Gegenstände unterzubringen, beispielsweise Waffenreinigungsgerät, Entgiftungspäckchen, Verbandmittelsatz, medizinisches Schutzpäckchen, Personendosimeter, Kompaß und Taschenlampe. Weitere Bekleidung, Ausrüstung und persönliche Dinge wurden wie schon vordem in einem zweiteiligen Sturmgepäck – jetzt auch im Stricheldruck gefertigt – auf dem Gefechtsfahrzeug mitgeführt. Die Armeeangehörigen zogen den Felddienstanzug entweder nur über die Unterwäsche oder über die Sommerdienstuniform bzw. bei der Volksmarine über den Bord- oder Arbeitsanzug an.

Die schrittweise Einführung des neuen Felddienstanzuges regelte der Stellvertreter des Ministers für Nationale Verteidigung der DDR und Chef Rückwärtige Dienste der NVA in seinen Anordnungen Nr. 2/65 vom 14. Mai 1965 und Nr. 4/67 vom 14. Oktober 1967. Aufgrund erstgenannter Anordnung bekamen zunächst bis Ende 1966 die Verbände, Truppenteile und Einheiten des Militärbezirkes Neubrandenburg sowie die ihm wirtschaftlich unterstellten Truppenteile und Einheiten den Felddienstanzug. Die Fallschirmjäger des Truppenteils „Willi Sänger" und auch die Aufklärer der Truppenteile erhielten ebenfalls diesen Felddienstanzug in der für sie optimalen Schnittgestaltung. Als Tragebeginn war der 1. März 1967 festgelegt worden.

Der weitere Prozeß der Einführung dieses Felddienstanzuges vollzog sich in Etappen bis zum Ende des Jahrzehnts, d.h. bis Dezember 1967 für den Militärbezirk Leipzig, bis Dezember 1968 für selbständige Truppenteile, Einheiten, Dienststellen und Einrichtungen des Ministeriums für Nationale Verteidigung der DDR und bis Ende 1969 im Bereich des Kommandos der LSK/LV der NVA sowie für die Landeinheiten der Volksmarine. In all diesen Fällen galt immer der 1. Mai des folgenden Jahres als Tragebeginn. Die bisher verwendeten Kampfanzüge im Flächendruck wurden noch aufgetragen. Die mit dem neuen Felddienstanzug ausgestatteten Armeeangehörigen trugen ihn bei allen taktischen Übungen und bei der taktischen Einzelausbildung einschließlich der Schießausbildung.

Im Zusammenhang mit der Einführung der neuen Felddienstbekleidung konnten verschiedene Uniformen als Arbeitsanzüge genutzt werden. Das galt u.a. für alle Bestände der nicht mehr für die Ausbildung verwendeten Dienstbekleidung wie Drillichuniformen, Sommerdienstuniformen der Kategorie II und Kampfanzüge im Flächendruck. Als Arbeitsbekleidung wurden sie schwarz umgefärbt. In den Lagern der Truppenteile und selbständigen Einheiten vorhandene Uniformmäntel der Kategorie II – so legte es die Anordnung Nr. 2/67 fest – wurden zu bestimmten Diensten wie Außendienst in der Übergangszeit, Ernteeinsätze, Arbeitsdienste usw. ausgegeben.

Am 8. Oktober 1969 ordnete der Stellvertreter des Ministers für Nationale Verteidigung der DDR und Chef Rückwärtige Dienste der NVA zusätzlich an, daß die Armeeangehörigen, die mit einem Stahlhelm ausgerüstet sind, zur weiteren Vervollkommnung ihrer persönlichen Ausrüstung bis Ende 1970 ein dunkelgrünes Stahlhelmtarnnetz aus Dederongarn erhalten. Dieses Netz war bei Truppenübungen, der Taktikausbildung und beim Gefechtsdienst sowie bei allen Ausbildungsmaßnahmen, die Tarnung erforderten, zum Felddienstanzug mitzuführen. Die Kommandeure, die die jeweilige Ausbildung leiteten, konnten festlegen, ob das Stahlhelmtarnnetz oder die Kapuze des Felddienstanzuges zu tragen war. Der Stahlhelm selbst bekam übrigens seit 1966 eine neue Helminneneinrichtung aus Polyäthylen, die auswechsel- und verstellbar war.

Nicht nur die Soldaten, Unteroffiziere und Offiziere der genannten Dienstbereiche erhielten neue Felddienstanzüge, auch für Generale und Admirale gab es seit 1965 einen speziellen Felddienstanzug. Er bestand aus einer einreihigen, durch Reißverschluß zu schließenden Jacke mit Steppfutter und einer Hose. Er wurde 1967 zusätzlich mit einer Webpelzfütterung und einem einknöpfbaren Webpelzkragen versehen. Die DV-10/5, Ausgabe 1965, schrieb für Generale und Admirale als Uniform zum Felddienst, zu Truppenübungen und zur Gefechtsausbildung noch das Tragen von Schirm-, Feld- oder Wintermütze, Uniformmantel, bei der entsprechenden Witterung Regenumhang, Dienstjacke, Schal, Uniformhemdbluse, Stiefelhose (Admirale die lange Hose), Stiefel, Stahlhelm und Koppel mit Schnalle vor. Bis Ende November des Jahres 1967 konnten die Generale und Admirale im Winter generell den Ledermantel anziehen. Danach galt die Festlegung, diesen Mantel nur noch zur Felddienstuniform aufzutragen.

Die weiblichen Armeeangehörigen erhielten ab 1964 ebenfalls eine zweiteilige Felddienstbekleidung. Die DV-10/5 von 1965 schrieb für die weiblichen Armeeangehörigen aller Teilstreitkräfte die Einzelheiten ihrer neuen, dritten Uniformart vor. Farblich in Steingrau bzw. Dunkelblau gehalten, setzte sich die Felddienstuniform der Frauen aus Schiffchen, Wintermütze, Uniformmantel, Uniformjacke, Uniformrock, Feldbluse in Anorakform mit einknöpfbarem Futter, Uniformhose, Bluse, Binder, Schal, Stiefeln, Halbschuhen (Sporta) und Handschuhen zusammen, die nach Notwendigkeit und Witterung von den Frauen kombiniert werden konnten.

Die Jacke der Felddienstuniform war einreihig, hatte eine verdeckte Knopfleiste und einknöpfbares Futter. Die Hose war gering keilförmig geschnitten, wurde über den Stiefeln getragen und jeweils an

Armeegeneral H. Hoffmann und Admiral W. Verner Ende Juni 1962 in den Ledermänteln, die Generale und Admirale bis Ende der 1960er Jahre trugen.

der Seite mit einem Reißverschluß geschlossen. Erst 1967 kam eine andere lange Hose hinzu, die ähnlich einer Skihose stark keilförmig geschnitten war.

Insgesamt wurde die Felddienstuniform der NVA in der zweiten Hälfte der 1960er Jahre erheblich vervollkommnet. Mit diesen Weiter- und Neuentwicklungen im Verantwortungsbereich des B/A-Dienstes verbesserten sich für alle Armeeangehörigen die Bedingungen ihres Dienstes durchaus. Aber nicht nur auf diesem sehr wichtigen Gebiet der Ausstattung mit Bekleidung und Ausrüstung vollzogen sich im Rahmen der volkswirtschaftlichen Möglichkeiten weitere Vervollkommnungen, auch auf anderen Gebieten der Uniformentwicklung jener Zeit kam es zu größeren und kleineren Veränderungen.

Die Kennzeichnungen an den Uniformen von NVA-Angehörigen mit besonderen Sicherungs- und Ordnungsaufgaben

Während des gemeinsamen Manövers „Quartett" der NVA, der Polnischen Armee, der Sowjetarmee und der Tschechoslowakischen Volksarmee, das in der Zeit vom 9. bis zum 14. September 1963 im Rahmen der Vereinten Streitkräfte der Teilnehmerstaaten des

Armeegeneral H. Hoffmann in der 1965 eingeführten Felddienstuniform für Generale im Manöver „Waffenbrüderschaft", 1970.

Ein NVA-Offizier bei der Absprache von Sicherungsmaßnahmen für Truppentransporte beim Manöver „Quartett" im September 1963. Er ist für seine Funktion durch weißen Mützenbezug und weißes Lederzeug besonders gekennzeichnet.

Warschauer Vertrages im Süden der DDR durchgeführt wurde, traten NVA-Angehörige, die Aufgaben der Ordnung und Sicherung zu erfüllen hatten, mit besonderen Kennzeichnungen in Erscheinung. Sie waren mit weißen Koppeln, mit ebensolchen Schulterriemen, weißen Armbinden mit der sichtbaren Aufschrift „Wachregiment" und einem weißen Streifen an Schirmmütze und Stahlhelm gekennzeichnet. Auch Bilder der abschließenden Parade zum Manöver „Oktobersturm" – es fand zwischen dem 16. und 22. Oktober 1965 in der DDR und mit Verbänden und Truppenteilen derselben vier Armeen statt – zeigen derartig gekennzeichnete Angehörige der NVA als Sicherungsposten am Straßenrand.

Der Minister für Nationale Verteidigung der DDR bestimmte mit seinem Befehl Nr. 2/66 vom 10. Januar 1966 endgültig die Einführung von Bekleidung und Ausrüstung für Angehörige der NVA, die besondere Ordnungs- und Sicherungsaufgaben zu erfüllen hatten. An Bekleidung und Ausrüstung kamen zusätzlich hinzu: weißes Koppel mit Schulterriemen, weiße Pistolentasche für Pistolenträger, weiße Handschuhe für die Angehörigen von Ehreneinheiten und -wachen, weiße Stulpenhandschuhe für Kradfahrer, ein Stahlhelm mit einem 40 mm breiten weißen Streifen, der 50 mm von der Unterkante des Helmes entfernt angebracht war, und für Soldaten und Unteroffiziere eine Schirmmütze mit einem 40 mm breiten Band sowie für Offiziere eine Schirmmütze mit weißem Mützenbezug. Diese zusätzlichen Uniform- und Ausrüstungsteile waren nur zur Parade- und Dienstuniform zu tragen. Bezüglich des Stahlhelms ist anzumerken, daß die auf Befehl des Ministers für Nationale Verteidigung der DDR eingesetzten Armeeangehörigen vorn in der Helmmitte das KD-Emblem (KD = Kommandantendienst) anzubringen hatten.

Diese neuen, zusammengefaßten Regelungen waren in die DV-10/5 und die DV-98/4 in den Ausgaben von 1965 mit der Ergänzung vom 27. Oktober 1966 eingearbeitet worden. In der „DV-98/4. Bekleidungs- und Ausrüstungsnormen der Nationalen Volksarmee" waren ebenfalls die zusätzlichen Bekleidungs- und Ausrüstungsstücke für die Angehörigen der Kommandantendiensteinheiten aufgeführt. Die nachfolgende Tabelle gibt darüber Auskunft.

Zusatznormen für Angehörige der Kommandantendiensteinheiten (Militärstreifenführer und Militärstreifenposten) 1966

Artikel	im Einsatz mitzuführen
1 Schirmmütze	nur Wehrpflichtige im Grundwehrdienst und Soldaten auf Zeit
1 Uniformmantel	wie oben
1 Uniformjacke	nur die Dienstgrade Soldat bis Stabsgefreiter
1 Uniformhose	
1 Stahlhelm	
1 Meldetasche	*
1 Signalstab	*
Blinkgürtel	*
1 Arbeitsanzug (Kombination)	*
1 Watteanzug	*
1 Paar Arbeitshandschuhe	*

Eine neue Sportbekleidung 1966

Die Manöver der Vereinten Streitkräfte der Teilnehmerstaaten des Warschauer Vertrages in der ersten Hälfte der 1960er Jahre, an denen auch die NVA teilgenommen hatte, bestätigen der Führung der NVA, daß das moderne Gefecht den Armeeangehörigen über längere Zeiträume hohe körperliche Anstrengungen abverlangte und sie wiederholt zu physischen Höchstleistungen zwang. Viele junge Soldaten verfügten schon bei Dienstantritt über eine gute Kondition, wie sie im Achtertest zur Überprüfung ihrer sportlichen Leistungsfähigkeit nachwiesen. Viele Neueinberufenen erfüllten die Mindestnormen, die z.B. 14 Liegestütze, vier Klimmzüge und 3:50 Minuten für den 1 000-m-Lauf forderten. Aber immer wieder mußten gerade im ersten Ausbildungshalbjahr Soldaten an das durchschnittliche Leistungsniveau ihrer Mitkämpfer herangeführt werden.

Für die militärische Körperertüchtigung stand mit etwa sieben Prozent der Gesamtausbildungszeit ein angemessener Teil zum Training zur Verfügung. Weitere Möglichkeiten der Konditionierung aller Armeeangehörigen wurden im rege betriebenen Freizeitsport erschlossen. Dieser in der Armeesportvereinigung „Vorwärts" organisierte Freizeitsport gewann nicht zuletzt durch die sehr guten Ergebnisse von Armeesportlern bei nationalen und internationalen Sportereignissen an Anziehungskraft.

Gefördert wurde die sportliche Betätigung der Armeeangehörigen im Dienst- und Freizeitsport auch durch wirksame Maßnahmen des Bekleidungs- und Ausrüstungsdienstes. Mit dem Befehl Nr. 17/66 vom 15. April 1966 wies der Minister für Nationale Verteidigung der DDR an, mit Beginn des Ausbildungsjahres 1966/67 eine neue einheitliche Sportbekleidung an alle Armeeangehörigen auszugeben und sie in die Grundnorm aufzunehmen. Diese bestand aus einem gelben Sporthemd, einer roten Sporthose, einem schwarz-weiß-melierten Trainingsanzug für Soldaten, Unteroffiziere und Offiziere aus Dederonmischgewebe und einem dunkelblauen Trainingsanzug aus Silastikgewebe für Generale und Admirale sowie schwarzen Sportschuhen aus Rindboxleder. Die Erstausstattung der Sportbekleidung war kostenlos und wurde nach Beendigung des aktiven Wehrdienstes ihren Trägern übereignet. Auch die Reservisten der NVA erhielten ab 1. Juni 1967 die neue Sportbekleidung.

Die Kennzeichnung der Dienstgrade an den Trainingsjacken veränderte sich jetzt. Die DV-10/5, Ausgabe 1965, hatte bereits festgelegt, daß die Unteroffiziere der Landstreitkräfte, der LSK/LV und der Grenztruppen der NVA in der Mitte des linken Oberärmels der Trainingsjacke eine 7 mm breite und 10 cm lange mattsilbergraue Tresse zu befestigen hatten. Offiziere beider Teilstreitkräfte trugen zwei solche Tressen gleicher Maße in Mattgold. Der Abstand der Tressen von der Schulternaht betrug 18 cm. Maate und Matrosen führten auf der Sporthose vorn links bzw. an der Trainingsjacke links in Brusthöhe einen gewebten gelben klaren Anker auf einer ovalen blauen Stoffunterlage. Offiziere der Volksmarine bekamen das gleiche Abzeichen. Es war jedoch zur Kennzeichnung dieser Dienstgradgruppe mit einer gelben Umrandung versehen.

Weitere Veränderungen an Uniformen und Sonderbekleidung

Im folgenden soll eine Vielzahl von weiteren Ergänzungen der Uniformierung der NVA und Veränderungen bei den Effekten und anderen Details erwähnt werden. Nach einer vierteljährlichen erfolgreichen Erprobung – in der Zeit vom 1. Dezember 1964 bis 31. März 1965 im Militärbezirk Leipzig und in der Volksmarine – erhielten von 1966 an die Meister, später auch die Berufsunteroffiziere, Offiziere, Generale und Admirale verbesserte Uniformmäntel. Sie waren aus Kammgarn gearbeitet und mit Schaumstoff beschichtet. Diese Mäntel zeichneten sich durch ein geringes Gewicht, erhöhte Wärmehaltung, Knitterarmut und gute Tragbarkeit aus. Es gab keine ausgearbeitete Rückenfalte mehr.

Noch im selben Jahr wurden für die Komplettierung der Offiziersuniformen nur noch aus Metall geprägte Effekten verwendet, d.h., die Embleme der Schirm- und Wintermützen, die Kragenspiegel und die Ärmelpatten waren in den Landstreitkräften und den LSK/LV aus Neusilber und in der Volksmarine aus vergoldetem Tombak. Bei den Generalen und Admiralen veränderte sich das Material der Effekten ebenfalls: Schulterstücke und die Kordel der Schirmmützen waren aus Dederonseide.

ge einer Seitenkante des Sterns. Die Unterscheidung in silber- und goldfarbene Dienstgradsterne blieb erhalten. Allerdings sei erwähnt, daß noch bis zum Ende der Streitkräfte der DDR 1990 besonders bei Unteroffizieren Dienstgradsterne der alten größeren Abmessungen auftauchten.

Im Zusammenhang mit der Einführung eines neuen Druckanzuges sowjetischen Fabrikats für die Flugzeugführer von Überschalljagdflugzeugen in die Luftstreitkräfte der NVA erhielten diese Flugzeugführer 1968 auch eine neue Fliegerkombination. Sie wies Verbesserungen in der Gewebezusammensetzung auf, spezielle Halterungen waren angebracht, und eine neues Größensystem erleichterte die passgerechte Auswahl der Kombination. Der Druckanzug selbst bestand aus festem Perlongewebe mit Reiß- und Schnürverschlüssen sowie eingearbeiteten Druckschläuchen.

Gleichfalls 1968 bekamen die Panzerbesatzungen eine neue zweiteilige steingraue Kombination, die in ihrer verbesserten Form und

In „Tropenuniformen" - eine NVA-Delegation unter Leitung des Stellvertreters des Ministers für Nationale Verteidigung der DDR und Chef der Politischen Hauptverwaltung der NVA, Admiral W. Verner, im damaligen Burma in extra gefertigten Uniformhemdblusen, Juni 1965.

1967 erhielten die Offiziere, Generale und Admirale, die Militärdelegationen der DDR in sozialistische Länder und in junge Nationalstaaten in den tropischen Regionen angehörten, dem dortigen heißen Klima angepaßte einreihige Jackenblusen mit kurzen Ärmeln und offener Fasson. Die bisher verwendete weiße Uniformjacke sollte wegfallen, wurde aber offenbar weiter angezogen. Seitdem werden auch die weiße Dienst- und die weiße Ausgangsjacke der Offiziere und Admirale der Volksmarine nicht mehr getragen.

Ebenfalls 1967 wurden durch Rationalisierungsmaßnahmen die Abmessungen der Dienstgradsterne für die Schulterklappen und -stücke vereinheitlicht. Es gab sie dann sowohl für die Stabsoffiziere und die Offiziere der Dienstgrade Unterleutnant bis Hauptmann als auch für die Unteroffiziere nur noch in einer Größe von 12 mm Län-

Ausführung den Felddienstanzügen entsprach. Auch für diese Sonderbekleidung galten die Maße des neuen Größensystems. Die Spezialkombination mit PVC-Beschichtung für Kradfahrer wurde in der Passform verbessert. Weiter erhielt diese Kombination einen Kragen mit anknöpfbarem Webpelz. Die Technikerkombination des fliegertechnischen Personals der Luftstreitkräfte wurde in Form und Ausführung dem Watteanzug angeglichen.

Geregelt durch die Anordnung Nr. 2/69 des Stellvertreters des Ministers für Nationale Verteidigung der DDR und Chefs Rückwärtige Dienste der NVA vom 15. Februar 1969, wurde für Berufssoldaten und weibliche Armeeangehörige ein neuer Sommermantel aus synthetischem Mischgewebe eingeführt. Berufssoldaten konnten ihn ab April 1969 gegen Bezahlung über die B/A-Lager erwerben. Die Frauen

– außer Offiziere – erhielten ihn kostenlos. Der bisherige Sommermantel aus gummiertem Gewebe wurde bis einschließlich 1972 noch aufgetragen.

Aufgrund des Befehls Nr. 148/69 des Ministers für Nationale Verteidigung der DDR vom 5. Dezember 1969 erhielten Soldaten und Unteroffiziere auf Zeit der Landstreitkräfte und der LSK/LV 1970 wieder das schwarze Lederkoppel mit Schloß. Es war etwas verändert worden, d.h., die Koppelhaken befanden sich im Koppelschloß.

Ein neuer Kampfanzug verbesserte ab 1970 erheblich die Ausstattung der Angehörigen der fahrenden Volksmarineeinheiten. Äußerlich im wesentlichen gleichbleibend, seien doch die neue Gewebezusammensetzung(Polyamidseide) mit Spezialbeschichtung und die nahtarme Gestaltung besonders hervorgehoben.

Im einzelnen bestand der bis 1990 verwendete Kampfanzug verbesserter Ausführung nur noch aus zwei Stücken – der Hose mit enganliegenden Beinmanschetten und Hosenträgern und der Jacke mit innen eingearbeiteter Schwimmweste mit Rettungsgurt und Sicherheitsleine. Die Jacke lief oben in einer Kapuze aus, die mit einer Spezialleuchtfarbe überzogen war und einen verstärkt gepolsterten Kinnverschluß hatte. Sie konnte mit Knebeln und Plastdruckknöpfen sicher geschlossen werden. Vervollständigt wurde sie durch den Rettungsgurt mit einer kleinen versteiften Rückenstütze, der vorn ein Metallring eingearbeitet war. Hier konnte im Bedarfsfall das Rettungsseil eingehakt werden, mit dem über Bord gegangene Besatzungsmitglieder geborgen werden konnten. Neu war an der Gefechtsuniform der Volksmarine ein Sichtfenster auf der linken Brustseite, hinter dem die Rollennummer des Trägers, d.h. seine Funktionsnummer an Bord, sichtbar war. Das war eine notwendige Information, da am Kampfanzug der Volksmarine sonst keine Dienstgrad- oder Laufbahnabzeichen befestigt wurden. Gummistiefel, Schutzmaskentasche mit Schutzmaske und Schutzhandschuhe sowie der Stahlhelm vervollständigten die Gefechtsuniform.

Auf kleinen Torpedoschnellbooten wurden die Besatzungsmitglieder statt mit dem Stahlhelm mit Spezialhelmen ausgerüstet, die den notwendigen Schallschutz garantierten. Da die Besatzungsmitglieder dieser KTS-Boote untereinander keinen Sichtkontakt hatten, waren in diesen Helmen auch Kopfhörer für die Befehlsübermittlung eingebaut.

Die neue Gefechtsuniform erfüllte optimal drei Funktionen: Sie bot Schutz vor Massenvernichtungsmitteln, schirmte Kälte und Nässe bei Tätigkeiten an Oberdeck ab und war zugleich persönliches Rettungsmittel mit einem Auftrieb von 16 Kilopond. Sie bewährte sich unter den verschiedensten Gefechts- und Einsatzbedingungen hervorragend. Trotz ihrer Mehrzweckfunktion bot sie ihrem Träger volle Bewegungsfreiheit. Das bekleidungsphysiologische Wohlbefinden wurde unterstützt durch das Vermögen, Luft durchzulassen, Wärme zu leiten und sie zu halten. Die Angehörigen der fahrenden Einheiten der Volksmarine führten auch eine Tragetasche aus dem Material des Kampfanzuges sowie Farbbeutel und Schrillpfeife zur optischen und akustischen Signalgebung in Gefahrensituationen mit sich.

Uniformen offener Fasson für die Fallschirmjäger 1969/1970

Eine der bemerkenswertesten Änderungen ihrer Uniformierung erfuhren die Fallschirmjäger der NVA Ende der 1960er Jahre. Anfang September 1969 beschloß die Leitung des Ministeriums für Nationale Verteidigung der DDR, Uniformen offener Fasson für die Angehörigen dieser Waffengattung der Landstreitkräfte in diesem Jahr einzuführen. Der dazu entsprechende Befehl Nr. 124/69 des Ministers für Nationale Verteidigung der DDR, Armeegeneral H. Hoffmann, und die Durchführungsanordnung seines Stellvertreters und Chefs Rückwärtige Dienste der NVA, Generalmajor W. Allenstein, datierten vom 9. Oktober 1969.

Was hatte sich an den Uniformen geändert? Von nun an gehörte eine orangefarbene Baskenmütze als sichtbarstes äußeres Zeichen zur Parade- und Ausgangsuniform aller Fallschirmjäger. Auch die steingraue Baskenmütze, die zum Dienst aufgesetzt wurde, erhielt eine veränderte Form und war jetzt aus Streichgarn gefertigt. Die neue Uniformjacke für Soldaten und Unteroffiziere war aufgrund ihrer Fassonausführung im Ausgang offen und zusammen mit einem silbergrauen Uniformhemd und einem dunkelgrauen Binder, im Dienst ohne Hemd geschlossen zu tragen. Die Offiziere erhielten ebenfalls, aber für alle Uniformarten, eine Uniformjacke offener Fasson, wie sie die Offiziere der LSK/LV der NVA bereits hatten. Hinzu kamen auch das silbergraue Uniformhemd und der dunkelgraue Binder. Sowohl bei der Uniformjacke als auch beim Uniformmantel war der Kragen aus dem Grundtuch des Mantels gefertigt.

Neugestaltete Kragenspiegel machten die an den Ärmeln der Uniformjacken angebrachten Dienstlaufbahnabzeichen überflüssig. Es handelte sich um die bis 1990 noch üblichen Kragenspiegel aus orangefarbenem Tuch mit einem silberfarbenen stilisierten Fallschirm und einer Schwinge für die Soldaten und Unteroffiziere sowie einer zusätzlichen Umrandung der Kragenspiegel mit silberfarbener Kordel für die Offiziere. Diese Kragenspiegel waren wie bei den Luftstreitkräften der NVA auch auf die Kragen der Uniformmäntel genäht. Ansonsten blieb die weiße Paspelierung an den Uniformen der Fallschirmjäger unverändert erhalten.

Durch die Einführung dieser Uniform wurden die Fallschirmjäger – wie es in der Begründung hieß – entsprechend ihrer Bedeutung weiter hervorgehoben. Die neue Uniform verlieh den Fallschirmjägern im Ausgang ein sehr repräsentatives Aussehen. Zugleich war damit die Richtung bestimmt, die für die Uniformierung der Landstreitkräfte künftig auf der Tagesordnung stand.

Generell unterstreicht das Bild, das die Soldaten, Matrosen, Unteroffiziere, Maate, Meister, Offiziere, Generale und Admirale 1970 boten, daß die Staatsführung der DDR auch in den 1960er Jahren der Versorgung der Streitkräfte der Republik mit zweckmäßiger Kampf-, Dienst- und Repräsentationsbekleidung durchaus ihre Aufmerksamkeit geschenkt hatte.

5. Die Uniformentwicklung der NVA, der Grenztruppen und der Zivilverteidigung der DDR in den 1970er Jahren

An der Schwelle zu den 1970er Jahren wurde sowohl in den internationalen als auch den innerdeutschen Beziehungen eine relative Entspannung erreicht, zu der nicht zuletzt die Treffen der Regierungschefs der beiden deutschen Staaten W. Brandt und W. Stoph in Kassel und Erfurt beigetragen hatten. Entgegen diesem Trend wurde zeitgleich in der DDR ein Prozeß der verstärkten Abgrenzung eingeleitet, der in der propagandistischen These von einem „sozialistischen Staat deutscher Nation" seinen Ausdruck fand und sich in der Umbenennung vieler Institutionen mit dem Zusatz „der DDR" manifestierte. Diese angemaßte nationale Eigenentwicklung zeigte sich in den 1970er Jahren auch bei der Umsetzung von Details der Uniformierung der nationalen Streitkräfte der DDR.

Die Verteidigungsausgaben sowohl der Bundesrepublik Deutschland als auch der DDR hatten sich nicht verringert. Die Bundesrepublik gab für Militärisches 22,65 Milliarden DM und die DDR 6,7 Milliarden Mark der DDR aus. Das waren im Westen pro Kopf der Bevölkerung 368 DM und im Osten 390 Mark.

Je 1 000 Einwohner waren in der Bundesrepublik reichlich acht und in der DDR elf ständige und 18 nichtständige Waffen- und Uniformträger zu unterhalten.

Während es in der Bundesrepublik vor allem Personalausgaben waren, die den Großteil der Verteidigungsausgaben ausmachten, wurden in der DDR die Mittel konzentrierter für eine kontinuierliche Modernisierung und Neuausrüstung der Teilstreitkräfte, Waffengattungen, Spezialtruppen und Dienste ausgegeben. Das schloß auch die persönliche Ausrüstung und Bekleidung der Uniformträger mit ein.

Die Landstreitkräfte der NVA wurden in der ersten Hälfte der 1970er Jahre mit weiterentwickelten operativ-taktischen und taktischen Raketen ausgerüstet. Neue Artilleriesysteme wie die 122-mm-Haubitze D-30, die 150-mm-Kanonenhaubitze D-20 und der auf dem Trägerfahrzeug Tatra 813 montierte Geschoßwerfer RM-70 mit Nachladeeinrichtung trugen spürbar zur Erhöhung der Feuerkraft bei. Die bedeutsamste Veränderung war die Ausrüstung der mot. Schützentruppen mit dem sowjetischen Schützenpanzer BMP-1. Die Abwehrmöglichkeiten der Truppenluftabwehr wuchsen durch die Einführung der Ein-Mann-Fla-Rakete „Strela II" in die mot. Schützenkompanien, von Fla-Raketenkomplexen in die mot. Schützenregimenter und von Mehrfach-Raketenstartrampen einschließlich automatischer Feuerleitkomplexe in die Divisionen der Landstreitkräfte.

Den Fla-Raketentruppen der Luftstreitkräfte/Luftverteidigung der NVA wurden moderne Fla-Raketen und Feuerleitsysteme zur Abwehr gegnerischer Luftangriffsmittel zugeführt. Die Jagdfliegerkräfte erhielten die modifizierten Abfang-Jagdflugzeuge MiG-21 MF mit stärkerer Bewaffnung, höherer Triebwerkleistung und universellen Einsatzmöglichkeiten.

Am 1. Dezember 1971, dem Beginn des Ausbildungsjahres 1971/72, wurde die Volksmarine in den gemeinsamen Gefechtsdienst der Ostseeflotten der Warschauer Vertragsstaaten einbezogen. Die neugebildeten Raketen- und Torpedoschnellbootbrigaden erhielten moderne Kampftechnik. Anstelle der leichten Torpedoschnellboote der Typen „Wolgast" und „Berlin" traten Anfang der 1970er Jahre kleine Torpedoschnellboote Typ 131 mit wesentlich verbesserten Gefechtseigenschaften. Kampfwert, Einsatzmöglichkeiten und Aktionsradius der fahrenden Einheiten der Volksmarine erhöhten sich außerdem durch die Indienststellung von mittleren Landungsschiffen und von Hochseeversorgern.

5.1 Über die Weiterentwicklung der Uniformierung der NVA und der Grenztruppen der DDR in der ersten Hälfte der 1970er Jahre

Die Ausbildung und der Dienst an und mit neuer Militärtechnik sowie deren Wartung und Pflege erforderten auch eine entsprechend angepaßte Bekleidung und Ausrüstung der Besatzungen und Bedienungen, die schrittweise entwickelt und eingeführt wurde. Diese objektiven Erfordernisse und ein Beschluß des Ministerrats der DDR „über Maßnahmen zur Verbesserung der Lage der Berufssoldaten und zur Verbesserung der Dienst- und Lebensbedingungen der Armeeangehörigen" vom 5. Juli 1972 leiteten weitgehende Veränderungen in der Uniformierung der NVA, der Grenztruppen und der Zivilverteidigung der DDR ein, die ihren Niederschlag in einer neuen Uniformvorschrift fanden.

Zur Bekleidungsvorschrift von 1971/1972

Die neue Bekleidungsvorschrift der NVA, die „DV 010/0/005 - Uniformarten und ihre Trageweise", die am 1. Juni 1971 in Kraft gesetzt wurde und damit die Vorschrift von 1965 ablöste, aber erst 1972 in gedruckter Form in der Truppe vorlag, schrieb die aktuelle

Während der Lehrveranstaltungen tragen Fachlehrer und Offiziershörer der Militärakademie „Friedrich Engels" die 1972 eingeführte Stabsdienstuniform.

Uniformierung fest. Sie galt für alle Armeeangehörigen im aktiven und im Reservistenwehrdienst sowie für gediente Reservisten und Offiziere außer Dienst, denen entsprechend der Reservistenordnung das Recht zum Tragen der Uniform zustand.

Mit der Uniformvorschrift von 1972 wurde die neue Uniformart „Stabsdienstuniform" eingeführt. Berufsunteroffizieren, Offizieren und Generalen war es nunmehr möglich, zum Dienst in Stäben ab Truppenteil (Regiment) aufwärts die Stabsdienstuniform zu tragen. Sie unterschied sich von der Dienstuniform dieses Personenkreises vor allem dadurch, daß anstelle der Stiefelhose die lange Hose und statt der Stiefel schwarze Halbschuhe getragen werden konnten. Je nach Jahreszeit war es möglich, dazu die Hemdbluse oder die Uniformjacke zu kombinieren.

Die allgemeinen Bestimmungen der neuen Vorschrift legten fest, daß für Angehörige des Ministeriums für Nationale Verteidigung der DDR, der dem Ministerium direkt unterstellten zentralen Dienststellen, der Wehrkommandos und der in staatlichen Institutionen diensttuenden Armeeangehörigen prinzipiell die Uniform der Landstreitkräfte verbindlich war. Wurden Armeeangehörige aus den Teilstreitkräften und Waffengattungen in die genannten Dienststellen versetzt oder kommandiert, hatten sie das Recht, ihre teilstreitkräftetypischen Uniformen auch weiterhin zu tragen.

Neue Festlegungen vereinheitlichten die Tragezeiten der Kopfbedeckungen. Die Wintermütze durfte nur in der Zeit vom 1. Dezember bis zum 28./29. Februar aufgesetzt werden. Bereits am 1. März jeden Jahres, an dem der „Gründung" der Nationalen Volksarmee im Jahre 1956 mit einem armeeinternen Feiertag gedacht wurde, mußte nun die Schirm- bzw. Feldmütze getragen werden. Die Klappen der Wintermütze durften nun generell bei Minusgraden und nicht erst bei minus 10°C heruntergeklappt werden. Dazu war das Gummiband unter dem Kinn zuzuknöpfen.

Für Soldaten und Unteroffiziere der Landstreitkräfte und der LSK/LV im Grundwehrdienst, auf Zeit und im Reservistendienst sowie für Offiziersschüler der Offiziershochschulen im 1. und 2. Lehrjahr fiel die Arbeitsuniform weg. Der neueingeführte Arbeitsanzug war zu allen Arbeitsdiensten und zum Waffen- und Revierreinigen anzuziehen. Die schwarzen Kombinationen waren mit Schulterklappen versehen und wurden mit Gurtkoppel getragen. Dazu wurde die Feldmütze und im Winter zusätzlich der Kopfschützer, auf Befehl auch die Wintermütze aufgesetzt.

Neue Felddienst-Sprunganzüge für Fallschirmjäger 1972

Bislang trugen die Fallschirmjäger des Truppenteils „Willi Sänger" im Sommer die für ihre speziellen Aufgaben modifizierten Felddienstanzüge und im Winter Watteanzüge. Nach fünf Jahren härtester Einsatzbedingungen war es an der Zeit, zu analysieren, wie zweckmäßig die Bekleidung und Ausrüstung den besonderen Einsatzbedingungen der Fallschirmjäger entsprach und welche Verbesserungen einzuleiten waren.

Bewährt hatte sich im Sommerhalbjahr der Felddienstanzug, wie ihn die Aufklärer bereits besaßen. Mit dem Watteanzug waren die Fallschirmjäger weniger zufrieden, bot er doch im Einsatz unter Winterbedingungen zu wenig Bewegungsfreiheit. Probleme, vor allem beim Sprung, gab es mit der ungenügend fixierten Schutzmaskentasche und der Magazintasche. Die Sprungschuhe entsprachen voll den Anforderungen von Fallschirmspringern, waren jedoch

Fallschirmjäger nach dem Sprung.

den weitaus höheren Belastungen der Gefechtsausbildung von Fallschirmjägern bzw. der Erfüllung von Gefechtsaufgaben nicht gewachsen. Bei der Durchführung der Sprungausbildung erwies sich zudem die bisher übliche Art der Befestigung der Schulterklappen bzw. Schulterstücken als unzweckmäßig und führte zu einem hohen Verschleiß der Effekten. Schwierigkeiten gab es auch mit dem Regenschutz. Die bisher verwendete Zeltbahn schützte den Einzelkämpfer bei der Erfüllung seiner Gefechtsaufgaben unter schwierigen Gelände- und Witterungsbedingungen nur ungenügend. Der Umhang schränkte beim Tragen die Bewegungsfreiheit stark ein und bot vor allem keinen ausreichenden Schutz bei längerer Nässeeinwirkung. Wurde die Zeltplane nicht benötigt, belastete sie den Einzelkämpfer durch das relativ hohe Gewicht.

Ausgehend von diesen Mängeln und unter Berücksichtigung internationaler Trends in der Ausrüstung von Fallschirmjägern und Luftlandeeinheiten wies am 29. September 1972 der Minister für Nationale Verteidigung der DDR, Armeegeneral H. Hoffmann, an, Muster eines neuen Kampfanzuges für Fallschirmjäger, verbesserte Fallschirmjäger-Schnürstiefel, zweckmäßige Regenbekleidung und einen speziellen Überzieher analog dem für Matrosen und Maate der Volksmarine sowie von flexiblen Effekten zu entwickeln und zu fertigen. Das geschah umgehend. Die neuentwickelten Uniformstücke wurden durch die Fallschirmjäger zwölf Monate unter allen Einsatzbedingungen getestet und noch geringfügig verändert.

Das Ergebnis aller Bemühungen war ein neuer fünfteiliger Felddienstanzug für Sommer und Winter, der den besonderen Einsatzbedingungen der Fallschirmjäger besser entsprach. Der neue Felddienstanzug wurde durch eine Kampfweste und neue Fallschirmjäger-Schnürstiefel ergänzt. Er bestand aus einer einreihig zu knöpfenden Jacke mit verdeckter Knopfleiste und Keilüberfallhosen aus einem Spezialgewebe im Stricheldruck. Im Winter trugen die Fallschirmjäger darunter eine wattierte Unterziehjacke und ebensolche Unterziehhosen. Der Felddienstanzug wurde vervollständigt durch eine beschichtete Regenkutte mit Kapuze aus Dederongewebe, die in einer dafür vorgesehenen Tasche der Kampfanzugjacke untergebracht werden konnte. Die Kampfweste, aus dem gleichen Material wie der Felddienstanzug gefertigt, war mit je einer ankonfektionierten Schutzmasken-, Magazin- und Rückentasche versehen.

Die neuen Fallschirmjäger-Schnürstiefel bestanden aus einem strapazierfähigen wasserabweisenden Oberleder. Der Schaftschnitt war durch eine angeschnittene Gamasche mit durchgehender Staublasche, Geröllklappe und Klemmringverschluß den harten und breitgefächerten Einsatzbedingungen der Fallschirmjäger angepaßt. Die weite und bequeme Leistenform, die flexible abriebfeste Porokreppsohle und die insgesamt zwiegenähte Ausführung entsprachen der Forderung nach einem Fallschirmjäger-Schnürstiefel, der auf Grund seiner Form, Gestaltung und seines Materials die Einsatzbereitschaft und –fähigkeit des Fallschirmjägers über einen langen Zeitraum gewährleistete und sehr strapazierfähig war. Mit dem neuen Kampfanzug, der Kampfweste und den neuen Fallschirmjäger-Schnürstiefeln wurden die Fallschirmjäger der NVA bis zum Oktober 1975 ausgerüstet.

Die Einführung neuer Uniformen für weibliche Armeeangehörige 1973

Frauen mit Soldaten-, Unteroffiziers- und Offiziersdienstgraden versahen in allen Teilstreitkräften der NVA ihren Dienst. Die breite Palette ihrer Einsatzmöglichkeiten, z.B. als Funker, Zeichner, bei den rückwärtigen Diensten im medizinischen Bereich oder im Wetterdienst, erforderte gerade für sie eine Uniformierung, in der sich militärische Zweckmäßigkeit, große Kombinierfähigkeit, Variabilität und Modernität vereinten. Im Rahmen der schrittweisen Verbesserung der Dienst- und Lebensbedingungen für alle Armeeangehörigen, aber auch zur Erhöhung der Attraktivität eines militärischen Berufes für interessierte Mädchen und Frauen leitete die Anordnung Nr. 21/73 des Stellvertreters des Ministers für Nationale Verteidigung der DDR und Chefs Rückwärtige Dienste vom 4. September 1973 weitere Maßnahmen zur besseren Versorgung der weiblichen Armeeangehörigen mit Bekleidung und Ausrüstung ein. Diese gravierenden Veränderungen in der Uniformierung der weiblichen Armeeangehörigen wurden mit der Berichtigung Nr. 1 zur DV 010/0/005, die am 1. Dezember 1973 in Kraft trat, Bestandteil der gültigen Uniformvorschrift der NVA.

Neu für weibliche Berufssoldaten und Offiziere war die Stabsdienstuniform, die sehr unterschiedlich zusammengestellt getragen werden konnte. Mit der Einführung einer Weste, einer langen Hose, weißen Pullovern mit Roll- bzw. Römerkragen, von Schaftstiefeln mit Reißverschluß und schwarzen Slingpumps sowie der Modernisierung des Schnitts der Uniformmäntel und –jacken, der weißen Hemdblusen, der Felddienstjacke, der Strickjacke sowie des Schuhwerks änderte sich das äußere Erscheinungsbild der Frauen in Uniform sehr zu ihrem Vorteil. Der Uniformrock war nun modisch aktuell kniefrei. Der Uniformmantel erhielt durch die Einarbeitung von Teilungsnähten in die Vorderteile, von der Schulternaht beginnend bis zum Tascheneingriff, eine verbesserte anatomiegerechte Paßform. Er wurde kniedeckend getragen.

Die Uniformjacke war einreihig, mit vier Schließknöpfen, in offener Fasson gearbeitet. Die Vorderteile waren mit Teilungsnähten von der Schulternaht bis zum Saum und ohne Außentaschen gestaltet. Besondere Zustimmung fanden die neuen Westen. Einreihig, mit

Uniformarten und Kombinationsmöglichkeiten der Uniformstücke für weibliche Angehörige der Landstreitkräfte, der LSK/LV und der Grenztruppend der DDR

Artikel	Felddienstuniform	Dienstuniform	Stabsdienstuniform	Ausgangsuniform
Kappe, grau		+	+	+
Schiffchen, steingrau	+			
Wintermütze	+	+	+	+
Uniformmantel	+	+	+	+
Sommermantel		+	+	+
Ausgangsjacke				+
Dienstjacke	+	+	+	+
Weste			+	
Rock	+	+	+	+
Hose, lang			+	
Keilhose	+			
Felddienstjacke, im Winter mit Webpelz	+			
Hemdbluse, weiß			+	+
Hemdbluse, silbergrau	+	+		
Binder, dunkelgrau	+	+	+	+
Pullover, weiß			+	
Schal, grau	+	+	+	+
Schaftstiefel	+			
Schaftstiefel mit Reißverschluß		+	+	
Halbschuhe, schwarz, Pumps		+	+	+
Halbschuhe, schwarz, Slingpumps			+	+
Halbschuhe, schwarz, Sporta	+	+	+	
Regenumhang aus Folie		+	+	+

vier Knöpfen zum Schließen und ohne Kragen gearbeitet, erhielten sie durch zwei in die vorderen Teilungsnähte eingearbeitete Taschen modischen Chic. Auf die Westen wurden Schulterklappen bzw. –stücke aufgeknöpft.

Zur Stabsdienstuniform (Winter) gehörte die neue Rundbundhose mit Bundverlängerung, Reißverschluß und eingearbeiteter Tasche an der linken Seite sowie modisch ausgestelltem Hosenbein.

Die Felddienstjacke war in der neuen Ausführung ohne Reißverschlüsse, mit verdeckter Knopfleiste, zwei Seitentaschen, aufknöpfbarem Webpelzkragen, einknöpfbarem Webpelzfutter und Strick-

Bis 1983 trugen die weiblichen Armeeangehörigen, hier ein Unterfeldwebel am Fernschreiber, zum Felddienstanzug das Schiffchen.

bündchen gearbeitet. Die weißen Hemdblusen erhielten nunmehr silberfarbene Knöpfe. Bei der Volksmarine wurden auf der weißen und der silbergrauen Hemdbluse goldfarbene Knöpfe getragen.

Die neuen weißen Pullover in den Ausführungen mit langem Ärmel und Römerkragen bestanden zu 100 % aus tragefreundlichen texturierten Polyesterfasern. Die einreihige, mit fünf Knöpfen zu schließende Strickjacke mit spitzem Ausschnitt, langem Ärmel und breitem Bund war aus 100 % Wolpryla gefertigt.

Militärische Zweckmäßigkeit und dem untergeordnet auch modische Attribute bestimmten Aussehen und Verarbeitung des Schuhwerks der weiblichen Armeeangehörigen. Die Schaftstiefel mit seitlich verdecktem Reißverschluss und geklebter Formgummisohle entsprachen dem Zeitgeschmack durch einen vier Zentimeter hohen Blockabsatz. Halbschuhe, Pumps und Sporta durften nur noch in der Farbe Schwarz getragen werden. Die neuen schwarzen Slingpumps waren ohne Zierelemente, fersenfrei mit Verschlußriemen und ebenfalls vier Zentimeter hohem Blockabsatz gearbeitet.

Die vorschriftsmäßige Kombination der Uniformstücke bei den Uniformarten Felddienstuniform, Dienstuniform, Stabsdienstuniform und Ausgangsuniform für weibliche Armeeangehörige der Landstreitkräfte und der LSK/LV gestattete es den Frauen, sich abwechslungsreich, witterungsgerecht und aufgabenbezogen so zu kleiden, daß spezifisch weibliche Ansprüche in der veränderten Uniform ausreichend berücksichtigt werden konnten. Dabei war zu beachten, daß die Weste ohne Uniformjacke nur innerhalb der militärischen Objekte sowie in geschlossenen Räumen angezogen werden durfte. Hemdblusen konnten mit Binder kombiniert werden, wenn der Blusenkragen geschlossen war bzw. wenn der Sommermantel darübergezogen wurde. Die Kombination des weißen Pullovers mit dem Rock bzw. der langen Hose war nur in Verbindung mit dem Tragen der Uniformjacke bzw. der Weste möglich. Die Tragezeit der langen Hose als Bestandteil der Stabsdienstuniform für weibliche Armeeangehörige aller Teilstreitkräfte beschränkte sich auf den Zeitraum vom 1. November bis zum 15. April.

Uniformarten und Kombinationsmöglichkeiten der Uniformstücke für weibliche Angehörige der Volksmarine und Grenzbrigade Küste

Artikel	Felddienstuniform	Dienstuniform	Stabsdienstuniform	Ausgangsuniform
Kappe, dunkelblau			+	+
Kappe, weiß			+	+
Schiffchen, blau	+	+	+	
Schiffchen, weiß		+	+	
Wintermütze	+	+	+	+
Uniformmantel	+	+	+	+
Sommermantel		+	+	+
Uniformjacke	+	+	+	+
Weste			+	
Rock	+	+	+	+
Hose, lang			+	
Keilhose	+			
Felddienstjacke, im Winter mit Webpelz	+			
Hemdbluse, weiß			+	+
Hemdbluse, silbergrau	+	+		
Binder, schwarz	+	+	+	+
Pullover, weiß			+	
Schal, blau	+	+	+	+
Schaftstiefel	+			
Schaftstiefel mit Reißverschluß		+	+	
Halbschuhe, schwarz, Pumps		+	+	+
Halbschuhe, schwarz, Slingpumps		+	+	+
Halbschuhe, schwarz, Sporta	+	+	+	
Regenumhang aus Folie		+	+	+

Das 1974 geschaffene Fähnrichkorps und seine Uniformen

Am 3. Januar 1974 wurden in der NVA und den Grenztruppen der DDR die ersten Stabsfeldwebel und Stabsobermeister in einem feierlichen Akt zum Fähnrich ernannt. Damit entstand gemäß dem Beschluß des Nationalen Verteidigungsrates der DDR vom 17. Mai 1973 über die Schaffung eines Fähnrichkorps und dem Befehl Nr. 168/73 des Ministers für Nationale Verteidigung der DDR eine neue Kategorie von militärischen Kadern im mittleren Verantwortungsbereich mit einer vorgegebenen Dienstzeit von 25 Jahren.

Generalleutnant H. Poppe, seit 1972 Stellvertreter des Ministers und Chef Rückwärtige Dienste, im Gespräch mit neuernannten Fähnrichen 1974.

Die Entwicklung im Militärwesen hatte Anfang der 1970er Jahre den Bedarf an Militärspezialisten sprunghaft anwachsen lassen. Militärspezialisten mit der Befähigung, militärische, militärtechnische und administrative Aufgaben relativ selbständig und eigenverantwortlich zu lösen, waren rar. Deshalb wurde mit dem Ausbildungsjahr 1973/74 begonnen, das Fähnrichkorps der NVA aufzustellen und auszubilden. Wie in der Sowjetarmee und anderen Warschauer Vertragsarmeen waren die Fähnriche der NVA nicht wie in früheren deutschen Armeen und in der Bundeswehr Offiziersanwärter, sondern eine selbständige Dienstgradgruppe zwischen Berufsunteroffizieren (Meisterabschluß) und Offizieren (Hochschulabschluß). Fähnriche mit abgeschlossener Ausbildung sollten über eine militärische oder zivile Fachschulqualifikation verfügen.

Fähnriche kamen dort zum Einsatz, wo langjährige militärische, militärtechnische, militärökonomische und administrative Erfahrungen Voraussetzungen für die Lösung abgegrenzter komplizierter Aufgaben waren und über längere Zeiten ein stabiler Bestand von Kommandeuren und Militärspezialisten der unteren Führungsebenen benötigt wurde. Voraussetzung für die Einstufung als Fähnrich waren hohe militärische und spezialfachliche Bildung und langjährige praktische Erfahrungen.

Entsprechend der Stellung der Fähnriche zwischen den Berufsunteroffizieren und den Offizieren und der erreichten Qualifikation konnten Fähnriche Dienststellungen in drei Verantwortungsebenen einnehmen. In die erste Stufe eingeordnet wurden Fähnriche, die als Truppführer, Leiter von Werkstätten, Flugleitstellen, Nachrichtenzentralen, VS-Stellen, Küchen und Wartungspunkten sowie als technische Spezialisten, Ausbilder und Instrukteure ihren Dienst versahen. Höhere Anforderungen wurden an jene gestellt, die die Dienststellung eines Zugführers oder Gleichgestellten wie Hauptfeldwebel, Leiter von Werkstätten, Nachrichtenzentralen und Lagern, denen jeweils weitere Einheiten und Einrichtungen unterstellt waren, innehatten. In die dritte Kategorie eingeordnet und somit am höchsten gefordert wurden Fähnriche, die als Stellvertreter des Kompaniechefs für technische Ausrüstung, Techniker, Leiter des Dienstes eines Truppenteils und Gehilfen für Nachrichtenverbindungen eines Truppenteils eingesetzt wurden.

Ein Fähnrich in Winterdienstuniform als Waffenmeister bei der Ausbildung von Waffenmeistergehilfen.

Fähnriche erhielten die gleiche Bekleidung und Ausrüstung wie Berufsoffiziere. Nur Feldbinde und Ehrendolch blieben nach wie vor alleinige Attribute des Offiziers. Fähnriche der Landstreitkräfte und der LSK/LV trugen zu ihrer Kennzeichnung Mützenabzeichen, Mützenkordel, Kragenspiegel und Ärmelpatten wie Offiziere. Die Schulterstücke bestanden aus silberfarbenen, außen steingrauen Plattschnüren mit je zwei goldfarbenen Sternen. Für die Felddienstbekleidung gab es Schulterstücke aus mattgrauen Plattschnüren mit ebensolchen Sternen. Dienstlaufbahnabzeichen wurden wie bei den Unteroffizieren an der Uniform befestigt. Hauptfeldwebel mit Fähnrichdienstgrad waren an den silberfarbenen Ärmelstreifen erkenntlich; Fähnriche in der Technikerkombination an einer 12 mm breiten und 10 cm langen Tresse am Ärmel.

Fähnriche der Volksmarine führten Mützenabzeichen wie Offiziere bis einschließlich Kapitänleutnant und Ärmelabzeichen aus einer 7 mm breiten und 10 cm langen goldfarbenen Tresse. Die Schulterstücke bestanden aus silberfarbenen und dunkelblauen Plattschnüren mit je zwei goldfarbenen Sternen und den Dienstlaufbahnabzeichen dazwischen. Hauptfeldwebel waren zusätzlich mit goldfarbenen Ärmelstreifen gekennzeichnet.

Die Fähnriche aller Teilstreitkräfte nähten zur besonderen Kennzeichnung ihrer Dienstgradgruppe auf dem linken Oberärmel der Uniformjacke und des Uniformmantels ein in der Farbe des Mantels gehaltenes Ärmelabzeichen mit dem Staatswappen der DDR auf. Zusätzlich waren auf dem Ärmelabzeichen zur Kennzeichnung des Dienstalters Sterne angebracht, ab dem 11. Dienstjahr ein Stern, ab 16. Dienstjahr zwei Sterne und mit Beginn des 21. Dienstjahres drei Sterne.

Fähnrichschüler der Landstreitkräfte und der LSK/LV erhielten Bekleidung und Ausrüstung wie Soldaten, ihre Parade- und Ausgangsuniform bestand jedoch aus Schirmmütze bzw. Wintermütze, Uniformmantel, Parade-/Ausgangsjacke, Hemdbluse, Stiefelhose und glatten Schaftstiefeln wie bei Berufssoldaten. Damit wurden die Fähnrichschüler in der Ausstattung den Offiziersschülern beider Teilstreitkräfte gleichgestellt. Sie trugen Schulterklappen wie Unteroffiziere, allerdings mit einem stilisierten „F". An der Dienstjacke, der Parade-/Ausgangsjacke sowie am Uniformmantel befand sich wie bei den Fähnrichen ein Ärmelabzeichen. Im Unterschied zu den Offiziersschülern wurde keine Kragenlitze aufgenäht.

Fähnrichschüler der Volksmarine erhielten ebenfalls Uniformen wie die Offiziersschüler des 1. und 2. Lehrjahres dieser Teilstreitkraft.

Sie trugen Effekten einschließlich Dienstlaufbahnabzeichen wie die Matrosen. Zusätzlich befestigten sie ein Ärmelabzeichen am Kieler Hemd, an der weißen Bordbluse und am Überzieher. Darunter wurden die Dienstlaufbahnabzeichen in der Ausführung wie für Matrosen aufgenäht. Fähnrichschüler und Fähnriche waren dazu aufgefordert, sich am Kampf um die fünf Soldatenauszeichnungen zu beteiligen. Für das Tragen des Bestenabzeichens, der Schützenschnur, des Militärsportabzeichens, des Abzeichens „Für gutes Wissen" und von Qualifizierungsspangen galten die gleichen Festlegungen wie für Soldaten und Unteroffiziere.

Neue Uniformen für Berufssoldaten der Landstreitkräfte zum 25. Jahrestag der DDR-Gründung 1974

Am 10. Juli 1972, fünf Tage nach dem Beschluß des Präsidiums des Ministerrats über weitere Maßnahmen zur Verbesserung der Lage der Berufssoldaten, hatte der Minister für Nationale Verteidigung der DDR, Armeegeneral H. Hoffmann, seinem Stellvertreter und Chef Rückwärtige Dienste, Generalleutnant H. Poppe, den Auftrag erteilt, unter Ausnutzung der produktionstechnischen und ökonomischen Möglichkeiten der DDR weitere Schritte zur Verbesserung der Uniformen der Berufssoldaten einzuleiten. Ziel war es, die Berufssoldaten attraktiver und modischer einzukleiden, ohne Abstriche an der militärischen Zweckmäßigkeit zuzulassen.

Bereits am 1. November desselben Jahres stellte die Hauptabteilung Bekleidung/Ausrüstung im Ministerium für Nationale Verteidigung den Stellvertretern des Ministers für Nationale Verteidigung der DDR entsprechend veränderte Uniformmuster vor. Am 22. Januar

Erstmals paradieren Berufssoldaten (hier Offiziere und Offiziersschüler) der Landstreitkräfte der NVA am 7. Oktober 1974 in der neuen Paradeuniform offener Fasson.

1973 wurde die Kollektion der neuen Uniformen offener Fasson vom Minister für Nationale Verteidigung gebilligt. Auf entsprechenden Antrag stimmte der Vorsitzende des Nationalen Verteidigungsrates der DDR am 3. Mai 1973 der Einführung veränderter Uniformen der Nationalen Volksarmee zu. Die Produktion der neuen Uniformteile begann im III. Quartal 1973.

Die Teilausstattung der Berufssoldaten in Etappen regelte der von Generaloberst H. Keßler, Stellvertreter des Ministers für Nationale Verteidigung der DDR und Chef des Hauptstabes, unterzeichnete Befehl Nr. 36/74 des Ministers für Nationale Verteidigung der DDR über die Veränderung der Uniformen für Berufsunteroffiziere, Fähnriche und Offiziere der Landstreitkräfte und der LSK/LV vom 11. April 1974.

In diesem Befehl wurde festgelegt, daß die Berufssoldaten der Landstreitkräfte Paradejacken offener Fasson, dazu weiße Oberhemden und dunkelgraue Regattes erhalten. Als Tragebeginn wurde der 1. Oktober 1974 bestimmt. Mit demselben Befehl erging die Weisung, den obengenannten Personenkreis mit einer Dienstjacke offener Fasson, silbergrauem Oberhemd, dunkelgrauem Binder und einem grauen Schal auszustatten. Diese neuen Uniformstücke durften allerdings erst ab 1. Oktober 1975 getragen werden. Zur Vervollkommnung ihrer Parade- und Ausgangsuniform erhielten auch Berufssoldaten der LSK/LV bis zum 1. Oktober 1974 weiße Oberhemden.

Die Ausstattung der Berufssoldaten der Landstreitkräfte mit Uniformen offener Fasson stellte eine große volkswirtschaftliche Belastung dar, da zugleich festgelegt worden war, daß nicht nur Berufssoldaten, also Berufsunteroffiziere, Fähnriche und Offiziere, sondern auch Offiziere auf Zeit, Offiziersschüler, Unteroffiziere im Reservistendienst, die aktiv als Berufsunteroffiziere gedient hatten, Offiziere im Reservistenwehrdienst, Armeeangehörige der Musikkorps, männliche Armeeangehörige des Erich-Weinert-Ensembles, Sportinstrukteure der Armeesportklubs und die Angehörigen von Ehrenkompanien mit diesen Uniformen auszustatten waren.

Die hochgeschlossenen Uniformjacken waren weiterhin zur Felddienstuniform, zur Dienst- und Stabsdienstuniform bis zum 30. September 1975 sowie ab Winterhalbjahr 1975/76 in der Zeit vom 1. Dezember bis zum 28./29. Februar aufzutragen. Noch bis zum 30. September 1976 war es gestattet, im Ausgang die private zweireihige Maßuniform anzuziehen.

Erstmals stellten sich die Paradeeinheiten zur Ehrenparade der NVA auf der Berliner Karl-Marx-Allee anläßlich des 25. Jahrestages der DDR am 7. Oktober 1974 in veränderten Uniformen vor.

Zur Paradeuniform gehörte jetzt bei den Berufssoldaten der Landstreitkräfte und der LSK/LV ein weißes Oberhemd mit dunkelgrauen Regattes. Zu Stiefeln und Stiefelhosen trugen die Berufssoldaten der Landstreitkräfte die neue Paradejacke, die im Schnitt der der LSK/LV entsprach. Sie war in offener Fasson einreihig mit vier Knöpfen zu schließen. Der Kragen war wie die gesamte Uniformjacke steingrau und mit weißen Biesen, Kragenspiegeln auf dunkelgrauem Untergrund und weißer Kantillenfüllung versehen. Die Jacke wies vier aufgesetzte Taschen zum Knöpfen und geschweifte Patten sowie Ärmelaufschläge mit Biesen und Ärmelpatten auf. Die Paradejacke für Generale war ebenfalls einreihig mit offener Fasson geschnitten. Sie konnte mit vier Knöpfen geschlossen werden und hatte einen steingrauen Kragen mit Biese, arabeskengeschmückte Kragenspiegel, vier aufgesetzte Taschen mit geschweiften Patten zum

Zur Dienst- und Stabsdienstuniform tragen die Berufssoldaten der Landstreitkräfte wie die der Grenztruppen der DDR seit 1. Oktober 1975 die Dienstjacke offener Fasson mit silbergrauem Oberhemd und dunkelgrauem Binder.

Knöpfen sowie Ärmelaufschläge mit Biesen und Arabesken. Die Biesen- und Lampassenfarbe für Generale der Landstreitkräfte blieb hochrot, für Generale der LSK/LV hellblau. Wie im Befehl Nr. 36/74 des Ministers für Nationale Verteidigung der DDR festgelegt, trugen Berufssoldaten der Landstreitkräfte ab 1. Oktober 1975 zur Dienst- und Stabsdienstuniform die neue Dienstjacke offener Fasson. Sie unterschied sich von der Paradejacke lediglich durch das Fehlen der Ärmelpatten bei den Berufssoldaten bis Dienstgrad Oberst und der Arabesken bei den Generalen.

Seit dieser Zeit gehören zur Dienstjacke offener Fasson ein silbergraues Oberhemd und dunkelgrauer Binder.

Über die Erhöhung der Ausstattungsnormen bis 1975

Neben der umfassenden Neuausstattung mit Bekleidung und Ausrüstung wurden auch die Ausstattungsnormen mit Uniformstücken dem Bedarf angepaßt

Ab 1973 erhielten Berufssoldaten statt einer zwei Wintermützen und analog zwei Feldmützen. Die Normausstattung bei Stiefelhosen wurde von zwei auf drei, bei genarbten Schaftstiefeln von einem auf zwei Paar erhöht. Die Bekleidung der weiblichen Armeeangehörigen wurde mit der Einführung eines weißen Pullovers, einer langen Hose, einer Weste, Schaftstiefeln mit Reißverschluß und Slingpumps (Tragebeginn Januar 1974) verbessert. Die Berufssoldaten wurden mit einer Uniformjacke offener Fasson, einem weißen und einem silbergrauen Oberhemd, zwei dunkelgrauen Bindern und einem hellgrauen Schal ausgestattet.

Seit der Neueinberufung im Mai 1975 brauchten Soldaten im Grundwehrdienst sowie Soldaten und Unteroffiziere auf Zeit keine eigenen schwarzen Halbschuhe für den Ausgang mehr mitzubringen. Schwarze Halbschuhe wurden in die Grundnorm aufgenommen, bei der Ersteinkleidung ausgegeben und nach Ablauf von 18 Monaten bei Soldaten und Unteroffizieren auf Zeit kostenlos ergänzt.

Diese Halbschuhe wurden bei der Entlassung aus dem aktiven Wehrdienst bzw. bei der Ergänzung dem Träger übereignet. Durch diese Anordnung wurde auch festgelegt, daß die Halbschuhe immer dann zu tragen waren, wenn zur Felddienstuniform bzw. zur Dienstuniform Schnürschuhe befohlen waren. Hohe Schnürschuhe gehörten nicht mehr zur Grundausstattungsnorm.

Ab Mai 1975 erhielten Unteroffiziere auf Zeit und Berufssoldaten Trainingsanzug, Sporthose, Sporthemd sowie Lederturnschuhe ebenfalls kostenlos ergänzt.

Die Uniformierung der Grenztruppen der DDR in der ersten Hälfte der 1970er Jahre

1971 wurden die Grenztruppen der NVA offiziell umgegliedert, behielten aber ihre grünpaspelierte grenztruppentypische Uniform einschließlich der Waffenfarbe hellgrün in allen Details bei. Erst als mit Beginn des Ausbildungsjahres 1972/1973 die Grenztruppen auch formal aus der NVA ausgegliedert wurden und sich von nun an „Grenztruppen der DDR" nannten, wurden abgrenzende Uniformdetails eingeführt, die rein äußerlich die 50 000 Angehörigen der Grenztruppen der DDR von den NVA-Angehörigen abheben sollten.

Ein Stabsfeldwebel der Grenztruppen der DDR in Winterdienstuniform.

Das Kommando der DDR-Grenztruppen verblieb nach wie vor im Verteidigungsministerium, die Truppen waren also dem Minister für Nationale Verteidigung der DDR unterstellt und der Chef der Grenztruppen der DDR war einer seiner Stellvertreter. Zweck der formalen Ausgliederung waren außenpolitische Aspekte. Mit der offiziellen Herauslösung der Grenztruppen aus der NVA waren diese nicht mehr Gegenstand der Wiener Verhandlungen über die gegenseitige Reduzierung der Streitkräfte und Rüstungen in Mitteleuropa, an denen sich gemeinsam mit 17 anderen europäischen Staaten auch die Bundesrepublik Deutschland und die Deutsche Demokratische Republik beteiligten.

Das erste offizielle Abgrenzungsdokument war eine vom Nationalen Verteidigungsrat erlassene Anordnung über den aktiven Wehrdienst in der NVA vom 10.Dezember 1973, die analog ausdrücklich durch gesonderte Anordnung auch für die Grenztruppen der DDR Geltung hatte. Uniformmäßig zeigte sich die Abgrenzung der Grenztruppen der DDR zunächst nur in der Einführung eines Ärmelstreifens anläßlich des 30. Jahrestages der Errichtung der Grenztruppen, der am 1. Dezember 1976 begangen wurde. Dieser Ärmelstreifen war am linken Unterärmel der Uniformjacke und des Uniformmantels 13 cm vom Ärmelsaum entfernt zu befestigen. Er war 30 mm breit und bestand aus hellgrünem Biesengewebe mit dem eingewebten Schriftzug „Grenztruppen der DDR". Die Kanten des Ärmelstreifens waren mit einer silberfarbenen Stickerei versehen.

Die Einführung einer einheitliche Ausbildungsbekleidung für die Kräfte der Zivilverteidigung 1975

Am 16.September 1975 beschloß die Volkskammer der DDR das Gesetz über die Zivilverteidigung in der DDR und ersetzte damit das Luftschutzgesetz von 1958. Mit dem Zivilverteidigungsgesetz von 1975 begann ein Prozeß der Zentralisierung aller Landesverteidigungsbelange einschließlich des Luft- und Katastrophenschutzes ein, der schließlich dazu führte, daß der Nationale Verteidigungsrat der DDR am 24. November 1975 die Führung der Zivilverteidigung aus der Verantwortung des Ministeriums des Inneren in die des Ministeriums für Nationale Verteidigung verlagerte. Begründet wurde diese

Vizeadmiral Th. Hoffmann mit Generaloberst F. Peter, Leiter der Zivilverteidigung, in See. Der Generaloberst trägt auch die Wetterschutzbekleidung der Volksmarine. Aufnahme aus den 1980er Jahren.

Umunterstellung mit der notwendigen stärkeren Einbindung der Kräfte der Zivilverteidigung im Verteidigungsfall unter einer einheitlichen Führung.

Vorher gab es übrigens das am 11. Februar 1958 gebildete Kommando Luftschutz, dessen Angehörige ab 1959 khakifarbene Uniformen mit Effekten, die der Feuerwehr entsprachen, getragen hatten. Auch nach der Umbildung dieses Kommandos am 16. September 1970 in eine Hauptverwaltung Zivilverteidigung wurden diese Uniformen bis 1975/1976 verwendet.

Ein uniformgeschichtlich bedeutsamer erster Schritt zu einer stärkeren militärischen Einbindung der Kräfte der Zivilverteidigung wurde mit der Anweisung ZV 3/75 über die Verteilung (Einführung) der Ausbildungskleidung der Zivilverteidigung vom 15. April 1975 gemacht. Darin wurde festgelegt, daß ab 1975 Angehörige der Schulen der Zivilverteidigung und alle Lehrgangsteilnehmer während der Dauer des Lehrganges, Angehörige der Einsatzkräfte der Zivilverteidigung, betriebliche Einsatzkräfte und Mitarbeiter der Stäbe und Komitees der Zivilverteidigung die Ausbildungsbekleidung erhalten. Mit der Ausbildungsbekleidung waren allerdings nur vollständige Gruppen, Züge und Einrichtungen auszustatten. Sie wurde den Mitarbeitern unmittelbar übergeben. Die Lagerung hatte in den Bekleidungskammern der entsprechenden Kräftegruppierungen zu erfolgen.

Diese Ausbildungskleidung der Zivilverteidigung war zu allen Ausbildungsveranstaltungen, bei Einsätzen und zu besonders befohlenen Anlässen zu tragen. Tragebeginn war der 1. Oktober 1975. Diese Bekleidung der ZV bestand aus einer khakifarbenen und hochgeschlossenen Jacke, einer gleichfarbigen Hose, einer ebensolchen Skimütze mit metallgeprägtem DDR-Emblem, zwei Kragenbinden, einem Paar Spezialhosenträgern und einem steingrauen Dederonkoppel (das Koppelschloß mit geprägtem DDR-Emblem) sowie einem Paar Arbeitsschnürstiefeln.

Dann gab es auch einige Abzeichen. So wurde auf dem linken Oberarm der Uniformjacke auch ein maschinengesticktes Zivilverteidigungsemblem (siehe nebenstehende Abbildung) angebracht.

Gewebte Dienststellungsabzeichen kamen auf dem rechten Ärmel der Uniformjacke. Danach waren Leiter der Zivilverteidigung, Leiter von ZV-Komitees und Mitarbeiter von Stäben bzw. ZV-Komitees an silbergrauen Streifen auf khakifarbener Unterlage zu erkennen. Der Leiter der ZV eines Bezirkes trug drei 12 mm breite und 100 mm lange Streifen, der Leiter der ZV eines Kreises zwei Streifen 12 mm breit und 100 mm lang und der Leiter der ZV einer Stadt, eines größeren Stadtbezirkes oder einer Gemeinde einen 12 mm breiten und 100 mm langen Streifen. Der Leiter eines Komitees der ZV einer Stadt, eines Stadtbezirkes einer Gemeinde oder eines Betriebes war an einem 7 mm breiten und 100 mm langen silberfarbenen Streifen auf Uniformtuchunterlage zu erkennen. Die Streifen der Mitarbeiter eines Stabes, eines Komitees waren ebenfalls 7 mm breit, aber nur 50 mm lang.

Kommandeure und Führungskader der Einsatzkräfte trugen malinofarbene Streifen auf khakifarbener Unterlage. Der Kommandeur einer Bereitschaft oder Gruppierung war an drei 12 mm breiten und 100 mm langen Streifen auszumachen. Sein Stellvertreter führte nur zwei dieser 12 mm breiten Streifen und einen 7 mm breiten Streifen gleicher Länge. Der Kommandeur einer ZV-Abteilung befestigte am rechten Oberarm seiner Uniformjacke zwei Streifen von 12 mm Breite und 100 mm Länge, sein Stellvertreter einen 12 mm breiten und einen 7 mm breiten Streifen. Die Zugführer der ZV brachten einen 12 mm breiten und 100 mm langen Streifen an ihrer Uniformjacke an, während der Streifen eines Gruppenführers der ZV nur 7 mm breit war. Ein Truppführer der ZV wies sich durch einen 7 mm breiten und nur 50 mm langen Streifen aus.

5.2 Änderungen der Uniformen der NVA, der Grenztruppen und der Zivilverteidigung der DDR bis Ende der 1970er Jahre

Auch in der zweiten Hälfte der 1970er Jahre vollzogen sich zahlreiche Veränderungen in der Uniformierung der Streitkräfte der DDR.

Die Einführung von Gesellschaftsuniformen für Offiziere, Generale und Admirale 1976

Der 20. Jahrestag der Gründung der Nationalen Volksarmee im Jahre 1976 wurde mit großem propagandistischem Aufwand begangen. Auf Festveranstaltungen und Empfängen zum 20. Jahrestag der NVA im In- und Ausland erregten Offiziere, Generale und Admirale der NVA Aufsehen mit einer neuen, repräsentativen Uniform – der Gesellschaftsuniform.

Den Auftrag, in weiterer Angleichung an die Uniformen der Armeen des Warschauer Vertrages das äußere Bild der Offiziere, Generale und Admirale der NVA in der Öffentlichkeit, besonders zu politisch geprägten Festveranstaltungen, Empfängen und bei der Wahrnehmung von Aufgaben auf protokollarischem Gebiet attraktiver zu gestalten, hatte der Minister für Nationale Verteidigung der DDR seinem Stellvertreter und Chef Rückwärtige Dienste, Generalleutnant H. Poppe, am 4. April 1975 erteilt. Bei der Aufgabenstellung ging der Minister für Nationale Verteidigung der DDR davon aus, daß die angestrebte Vervollkommnung der Uniformierung aufgrund der verfügbaren ökonomischen Potenzen der Volkswirtschaft der DDR möglich sei.

Uniformen mit größerem Repräsentationsvermögen einzuführen hatte noch weitere Gründe. Im Ergebnis der weltweiten Anerkennung der DDR versahen immer mehr Angehörige der NVA ihren Dienst in diplomatischen Vertretungen der DDR im Ausland. Ihnen eine entsprechende Gesellschaftsuniform zu geben, die nicht militärdiplomatische Sonderuniform, sondern die Uniform aller Offiziere der NVA war, entsprach internationalen Gepflogenheiten.

Die Einführung der Gesellschaftsuniform zum 20. Jahrestag der Nationalen Volksarmee wurde mit dem Befehl Nr. 9/75 des Stellvertreters des Ministers für Nationale Verteidigung der DDR und Chefs Rückwärtige Dienste vom 21. Oktober 1975 geregelt. Danach waren Generale, Admirale und Offiziere mit einer Gesellschaftsjacke und Halbschuhen aus Lackleder auszustatten. Tragebeginn dieser Uniformstücke für Generale, Admirale und Offiziere im Auslandsdienst und Offiziere auf protokollarischem Gebiet war der 20. Februar 1976. Die Ausstattung der übrigen Offiziere erfolgte etappenweise, wobei die weiblichen Offiziere bei der Ausstattung noch nicht berücksichtig wurden.

Die neue Uniformart Gesellschaftsuniform trugen Offiziere, Generale und Admirale zu Festveranstaltungen, offiziellen Empfängen, Theater- und Konzertbesuchen und auf Weisung zu besonderen Veranstaltungen. Sie bestand jahreszeitlich variiert aus Schirm- und Wintermütze, bei den Fallschirmjägern aus der orangefarbenen Baskenmütze in der vorhandenen Ausführung, dem Uniformmantel, der Gesellschaftsjacke, der steingrauen Uniformhose, weißem Oberhemd, dunkelgrauem – bei der Volksmarine schwarzem – Binder, schwarzen Lackschuhen sowie der Achselschnur.

Prinzipiell neu waren Gesellschaftsjacke, Achselschnur und Lackschuhe. Die Gesellschaftsjacke für Generale und Admirale wurde

Bei der Produktion von Uniformen in den 1970er Jahren.

aus hellgrauer Gabardine gefertigt. Die zweireihige Jacke mit einem Schließknopf und einem Blindknopfpaar, zwei geraden Seitentaschen mit Patte, glatten Ärmeln mit Schlitz und drei Knöpfen wiesen für Generale am Kragen Biesen und Kragenspiegel mit Arabesken auf. Die Jacke der Admirale war mit goldfarben gestickten Eichenlaubranken auf dunkelblauer Tuchunterlage auf dem Kragenrevers und Dienstgradabzeichen auf hellgrauer Tuchunterlage auf beiden Ärmeln versehen. Die Gesellschaftsjacke für Offiziere der Landstreitkräfte und der LSK/LV war aus graugrüner Gabardine mit einem Anteil von 45 Prozent Wolle und 55 Prozent Polyester gearbeitet. Sie war ebenfalls zweireihig mit einem Schließknopf und einem Blindknopfpaar, zwei geraden Seitentaschen mit Patte und Doppelpaspel, glatten Ärmeln mit Schlitz und drei Zierknöpfen gefertigt. Die Farbe der Biesen am Kragen und der Kragenspiegel war bei Offizieren der Landstreitkräfte Weiß, bei den Angehörigen der LSK/LV Hellblau.

Der Schnitt und die Materialzusammensetzung der Gesellschaftsjacke für Offiziere der Volksmarine entsprach der der anderen Teilstreitkräfte. Offiziere der Volksmarine führten jedoch auf beiden Ärmeln ihrer cremefarbenen Gesellschaftsjacke auf gleichfarbigem Untergrund ihre goldfarbenen Tressen – von Naht zu Naht angebracht – als Dienstgradabzeichen.

Generale, Admirale und Offiziere legten zur Paradeuniform, auf besonderen Befehl zur Gesellschaftsuniform und nach eigenem Ermessen zur Ausgangsuniform die neu eingeführte Achselschnur an. Sie war sehr dekorativ und bestand für Generale und Admirale aus zwei goldfarbenen, dickgeflochtenen Schnüren sowie zwei dünneren goldfarbenen Doppelschnüren aus glatten Flirettfäden, die in zwei goldfarbenen Metallspitzen ausliefen. Offiziere erhielten gleiche Achselschnüre aus silberfarbenem glattem Aluminiumgespinst. Die Metallspitzen waren versilbert, bei Offizieren der Volksmarine vergoldet.

Ebenfalls am 1. März 1976 wurden Angehörige der Ehrenkompanien des Wachregiments Berlin, der Ehreneinheiten des Wachregiments 2, des Zentralen Orchesters der NVA, des Stabsmusikkorps Berlin und des Spielmannszuges des Stabsmusikkorps Berlin für zentrale militärische Zeremonielle mit Repräsentationsschnüren ausgestattet. Die anderen Stabsmusikkorps erhielten diese Schnüre 1977. Diese besondere Art von Repräsentationsschnüren, die so nicht von Offizieren getragen wurden, waren aus silberfarbenem Aluminiumgespinst gefertigt und liefen in silbernen Eicheln aus. Sie wurden auf der rechten Seite der Parade-/Ausgangsjacke angebracht. Während der Feierlichkeiten zum 20. Jahrestag der NVA trugen die obengenannten Armeeangehörigen die neuen Repräsentationsschnüre erstmals in der Öffentlichkeit.

Mit seiner Anordnung Nr. 7/76 vom 28. Mai 1976 traf der Stellvertreter des Ministers für Nationale Verteidigung der DDR und Chef Rückwärtige Dienste weitere Festlegungen im Zusammenhang mit der Ausstattung des Offizierkorps und der Generale und Admirale der NVA mit Gesellschaftsuniformen sowie zur Trageweise einzelner Uniformstücke.

Es wurden die weiteren Etappen der Ausstattung aller Offiziere mit der Gesellschaftsjacke und schwarzen Halbschuhen festgelegt, und angewiesen, daß bis zum 30. Juni 1976 eine Gesellschaftsuniform für weibliche Offiziere der NVA zu entwickeln ist. Dazu wurden dem Minister für Nationale Verteidigung der DDR am 28. Mai des Jahres drei Versionen von Gesellschaftsuniformen für weibliche Offiziere der NVA vorgeführt, die sich im Zuschnitt, der Taschenausstattung und dem Uniformzubehör unterschieden. Im Ergebnis

Militärmusiker der NVA in den 1980er Jahren in einer besonderen Uniformzusammenstellung. Die Unteroffiziere tragen zum Auftritt die Gesellschaftsjacke der Offiziere und eine Repräsentationsschnur. Auf die Unteroffiziertressen am Kragen wurde verzichtet.

Die Uniformvorschrift von 1977 gestattet es, die repräsentative Gesellschaftsuniform auch zur Eheschließung anzuziehen.

dieser Vorführung bestätigte Armeegeneral H. Hoffmann die Gesellschaftsuniform für weibliche Offiziere der NVA. Sie bestand aus einer einreihigen Jacke (auf drei Knöpfen zu schließen), die schräge Seitentaschen mit Patten aufwies, einer weißen Bluse mit zweiteiligem Kragen und 9 cm langen Kragenecken, einem steingrauen bzw. dunkelblauen Rock ohne Falte und Lacklederpumps mit 8 cm hohem Absatz.

Die Gesellschaftsjacken der weiblichen Offiziere der Landstreitkräfte, der Luftstreitkräfte und der Luftverteidigung hatten im Unterschied zu den Jacken der männlichen Offiziere am Kragen keine Paspelierung, dafür aber Kragenspiegel. Die Farbe der Jacken war graugrün. Weibliche Offiziere der Volksmarine hatten an ihren cremefarbenen Jacken keine Kragenspiegel und auch keine Ärmelstreifen.

Im Ergebnis der obenangeführten Beratung wurde festgelegt, daß zur Ausstattung der weiblichen Offiziere keine Achselschnur gehört.

Als Tragebeginn der Gesellschafts- und Ausgangsuniform für weibliche Offiziere war der 1. März 1978 festgelegt.

Im Zusammenhang mit der Einführung der Gesellschaftsuniform durfte von Generalen die zweireihige Ausgangsjacke und von Admiralen, Militär-, Luftwaffen- und Marineattachés, deren Gehilfen sowie von Offizieren, die auf protokollarischem Gebiet tätig waren, die weiße Uniformjacke nicht mehr getragen werden. Generale trugen anstelle der bisherigen Ausgangsuniform ab 1. Juni 1976 die Stabsdienstuniform mit weißem Hemd. Eingeführt wurden weiße Uniformjacken für Matrosen, Maate, Meister, Fähnriche und Offiziere der Musikkorps der Volksmarine.

Bereits seit dem 15. März 1975 verkauften die militärischen Spezialausstatter in den Bezirksstädten und die Verkaufseinrichtungen in militärischen Objekten neue kombinierfähige Interimsspangen. Anstelle der Ordensbänder aus textilem Material wurden nun farbechte Darstellungen der Ordensbänder auf Kunstdruckpapier, geschützt durch eine Abdeckplatte aus Piacryl, verwendet. Die neuen Interimsspangen waren zweckmäßiger, da es jetzt unkompliziert möglich war, die individuelle Interimsspangen zusammenzustellen.

Die Militärmusikschüler und ihre Uniformen

Am 1. September 1975 begann an der Technischen Unteroffiziersschule „Erich Habersath" in Prora auf Rügen die dreijährige Ausbildung von Militärmusikern. Für die Militärmusikschüler mußten neue Festlegungen zur Uniformierung getroffen werden. Prinzipiell galt die Festlegung der DV 010/0/005, daß Soldaten im Grundwehrdienst und auf Zeit in Musikkorps und im Erich-Weinert-Ensemble mit den Uniformarten der Berufssoldaten auszustatten waren.

Militärmusikschüler während einer Ausbildungspause.

Militärmusikschüler, die sich noch nicht im aktiven Wehrdienstverhältnis befanden, trugen Schulterklappen ohne Paspelierung.

Die Dienstlaufbahnabzeichen bestanden aus einer silberfarbenen Lyra kombiniert mit Winkeln. Ein Winkel zeigte, daß sich der Träger im 1. Lehrjahr, zwei Winkel im 2. Lehrjahr und drei Winkel im 3. Lehrjahr befand. Die Dienstlaufbahnabzeichen wurden von den Militärmusikschülern zur Dienstbekleidung auf dem linken Ärmel aufgenäht. Zusätzlich zu dieser besonderen Kennzeichnung trugen die Schüler der Fachrichtung Militärmusik einen Ärmelstreifen mit der Aufschrift „Militärmusikschüler" links an der Uniformjacke und am Uniformmantel sowie metallgeprägte Lyren auf den Schulterklappen am Mantel und an der Uniformhemdbluse. Anstelle der Kragenspiegel waren bei den Militärmusikschülern auf den Kragenrevers der

Angehörige eines Musikkorps der Landstreitkräfte der NVA um 1980.

Uniformjacken ebenfalls Lyren befestigt. An der Wintermütze und am Koppel befanden sich DDR-Embleme ohne Eichenlaub.

Über Veränderungen der Felddienstuniformen 1975/1976

Ab Oktober 1975 erhielten auch Generale und Admirale einen veränderten Felddienstanzug aus Dreifasermischgewebe im Stricheldruck. Reißverschlüsse an den Felddienstuniformen hatten sich nicht bewährt. Sie wurden wegen der besseren Haltbarkeit wieder durch Knöpfe ersetzt.

Der neue, für Sommer und Winter bestimmte modifizierte Felddienstanzug für Generale und Admirale wurde nicht mit wattiertem Unteranzug getragen wie bei den Fallschirmjägern. Im Winter wurde stattdessen als zusätzlicher Kälteschutz ein isolierendes Steppfutter eingeknöpft.

Mit der Einführung des Felddienstanzuges für Sommer und Winter fielen für Generale die Schirmmütze, der Uniformmantel und die Dienstjacke mit jeweils mattgrauen Effekten sowie die Stiefelhose ohne Lampassen weg. Diese Bekleidungsstücke konnten noch bis zum 30. September 1975 aufgetragen werden.

Im Zusammenhang mit der Einführung von Uniformen mit offener Fasson für Berufssoldaten wurden zunächst Festlegungen getroffen, die gewährleisteten, daß bei der Felddienstuniform Oberhemd und Binder nicht sichtbar waren. Nach einer Vorführung im Ministerium für Nationale Verteidigung der DDR am 20. September 1976 wurde verfügt, daß Generale im Sommer den Felddienstanzug ohne Einknöpffutter mit geöffnetem Jackenkragen und darunter breitgelegtem Hemdkragen zu tragen haben. Im Winter zogen die Generale den Felddienstanzug mit eingeknöpftem Futter an und schlossen den Kragen. Darunter wurde dann die Dienstuniform mit Oberhemd und Binder angezogen. In der Zeit vom 1. Dezember bis zum 28./29. Februar wurde der Webpelzkragen aufgeknöpft. Dazu kam die Wintermütze.

Offiziere öffneten im Sommer ebenfalls den Kragen des Felddienstanzuges und legten den Kragen des Oberhemdes breit. Für den Winter galt, daß sie unter dem Watteanzug die Dienstuniform einschließlich Pullover mit V-Ausschnitt und steingrauem Oberhemd anzuziehen hatten, jedoch keinen Binder. Vom 1. Dezember bis zum 28./29. Februar trugen auch sie die Wintermütze und hatten den Webpelzkragen aufgeknöpft.

Der Webpelzkragen für Berufssoldaten (Tragebeginn 1. Dezember 1976), eine Neuentwicklung, durfte nur in Verbindung mit der Wintermütze aufgeknöpft werden. Er war einteilig mit Steg gearbeitet. Im Steg befanden sich zwei Knopflöcher und an den Kragenecken je eine Tasche zum Anknöpfen und Aufstecken des Webpelzkragens auf den Kragen des Watteanzuges. Der Pelzkragen wurde in fünf Größen gefertigt. Der Oberkragen bestand aus steingrauem, für die Volksmarine aus schwarzem Webpelz. Für den Unterkragen mit Steg wurde das steingraue bzw. das schwarze Gewebe des Watteanzuges oder das auch für Felddienstanzüge verwendete Dreifasermischgewebe mit Stricheldruck eingesetzt.

Die neue Uniformvorschrift von 1977 – eine Zwischenbilanz

Am 1. April 1977 trat die neue Dienstvorschrift „010/0/005. Uniformen und ihre Trageweise" in Kraft. Das nunmehr gültige Dokument, in dem alle Veränderungen seit 1972 eingearbeitet worden waren, enthielt die vorschriftsmäßige Ausstattung der Armeeangehörigen mit neuen und besseren Bekleidungs- und Ausrüstungsgegenständen und regelte die Trageweise aller Uniformarten in der NVA und den Grenztruppen der DDR.

Mit der Vervollkommnung der Uniformierung weiblicher Armeeangehöriger, der Schaffung und Uniformierung des Fähnrichkorps der NVA, der Ausstattung der Generale, Admirale und Offiziere mit Parade- und Dienstuniformen offener Fasson, mit repräsentativen Gesellschaftsuniformen und verbesserten Felddienstanzügen, der kostenlosen Übereignung des Sportzeugs und der Erhöhung der Grundausstattungsnormen für Bekleidung und Ausrüstung für alle Armeeangehörigen waren die bis dahin umfangreichsten Veränderungen in der Uniformgeschichte der bewaffneten Organe der DDR umgesetzt worden.

Die Trageweise der neuen oder verbesserten Uniformarten, Uniformstücke und Ausrüstungsgegenstände war prinzipiell in den entsprechenden Anordnungen bei ihrer zeitlich gestaffelten Einführung geregelt worden. Diese Festlegungen wurden ebenfalls in diese neue Dienstvorschrift übernommen.

Im Detail gab es jedoch neue Festlegungen. So wurden Offiziersschüler nicht mehr mit silbergrauen Oberhemden ausgestattet. Die Vorschrift legte fest, daß dieser Personenkreis zur Ausgangs- und Paradeuniform das weiße Oberhemd, im Sommer zur Ausgangsuniform auch die silbergraue Hemdbluse zu tragen hatte. Hohe Schnürschuhe entfielen und wurden durch schwarze Halbschuhe ersetzt.

Offiziersschülern im 3. Lehrjahr gestattete die neue Dienstvorschrift nicht mehr das Tragen der Schirmmütze zum Felddienstanzug. Als dazugehörige Kopfbedeckung wurde nunmehr einheitlich, jahreszeitlich bedingt, Feld- und Wintermütze angeordnet.

Festgelegt wurde der Personenkreis, der berechtigt war, den neuen Webpelzkragen zu tragen: Offiziere auf Zeit, Berufsunteroffiziere, Unteroffiziere im Reservistenwehrdienst, die aktiv als Berufsunteroffiziere gedient hatten, Offiziersschüler im 3. Lehrjahr, alle weiblichen Armeeangehörigen und Offiziere sowie die Generale und Admirale der NVA. Weiter galt, daß Wintermütze und Webpelzkragen nur zusammen getragen werden durften.

Nach der Vorschrift von 1972 trugen Generale und Admirale nur zur Ausgangsuniform ein weißes Oberhemd, jetzt gehörte es zur Parade-, Ausgangs- und Gesellschaftsuniform. Erweitert wurden die Anlässe, zu denen die Gesellschaftsuniform angezogen werden konnte. Die neue Vorschrift ließ auch zu, die repräsentative Gesellschaftsuniform zu Staatsempfängen, Festveranstaltungen, protokollarischen Empfängen anläßlich von Staatsfeiertagen und nach besonderer Festlegung auch zu Jahrestagen von Armeen, zu privaten Theater- und Konzertbesuchen und familiären Festlichkeiten wie Jugendweihen und Eheschließungen u.a. zu tragen. Die Achselschnur wurde als Bestandteil der Paradeuniform bestätigt. Zur Gesellschaftsuniform waren Achselschnur und Dolch nur dann anzulegen, wenn anläßlich der Staatsfeiertage 1. Mai (Kampftag der Werktätigen), 7. Oktober (Tag der Republik) und zum Jahrestag der Nationalen Volksarmee (1. März 1956) sowie auf Befehl von Vorgesetzten ab Regimentskommandeur und Gleichgestellten aufwärts Orden und Medaillen am Band befohlen wurden.

Matrosen, Maate, Meister, Fähnriche und Offiziere der Musikkorps der Volksmarine traten vom 1. Mai bis zum 30. September einheitlich in den neueingeführten weißen Uniformjacken auf. Die Angehörigen der Musikkorps der Volksmarine trugen keine Schwalbennester am Ärmel. Neu war die Festlegung, daß der hellgraue bzw. cremefarbene Mützenbezug für Admirale und Offiziere der Volksmarine nur in der Zeit vom 16. April bis zum 30. September und nur in Verbindung mit der Gesellschaftsuniform auf die Schirmmütze aufgezogen werden durfte.

Die Vorschrift enthielt jetzt auch die Dienstgradabzeichen für Offiziersschüler in der Berufs- bzw. Hochschulreifeausbildung. Sie waren analog den Schulterklappen der Unteroffiziere mit Litze umrandet und ohne Querstreifen ausgeführt. Das metallgeprägte „S" wies sie als Offiziersschüler aus. An Offiziersschüler in der Berufs- bzw. Hochschulreifeausbildung wurde keine Felddienst- bzw. Gefechtsuniformen ausgegeben.

Zur Einführung einer neuen Sportbekleidung ab Mitte der 1970er Jahre

Am 1. Mai 1975 war damit begonnen worden, Armeeangehörige etappenweise mit verbesserten Trainingsanzügen in der Grundfarbe Braun auszustatten. Generale und Admirale trugen diese neuen Trainingsanzüge ab 1. Mai 1975, weibliche Armeeangehörige, Offiziere, Berufsunteroffiziere, Fähnriche und Offiziere auf Zeit ab 1. Mai 1977. Soldaten im Grundwehrdienst, Soldaten auf Zeit, Unteroffiziere und Offiziersschüler erhielten etappenweise in der Zeit vom 1. Mai 1977 bis zum 1. Mai 1978 die neue Sportbekleidung.

Für Soldaten im Grundwehrdienst, Soldaten auf Zeit und Unteroffiziere auf Zeit bestand der neue zweiteilige Trainingsanzug aus einem belastbaren Baumwollgewebe. Die Jacke war mit Rollkragen, halbhohem, nicht durchgängigem Reißverschluß und rotgelben Ärmelstreifen längs der Naht gearbeitet. Die dazugehörige moderne Keilhose mit Steg und Strickbund an den Beinen hatte zwei in die Seitennähte eingearbeitete Taschen.

Die Trainingsanzüge für Berufssoldaten waren aus atmungsaktivem synthetischem Material hergestellt. Im Unterschied zu den Trainingsjacken der Soldaten im Grundwehrdienst und Unteroffiziere auf Zeit hatten die der Berufssoldaten einen durchgehenden Reißverschluß. Die Trainingshosen der Berufssoldaten zierten lampassenartige rotgelbe Streifen an den Beinen. Sie konnten mit Reißverschlüssen an den Beinen geschlossen werden. An den neuen braunen Trainingsanzügen wurden keine Dienstgradabzeichen getragen,

Der neue Trainingsanzug für Soldaten und Unteroffiziere auf Zeit.

dafür einheitlich auf der linken Brustseite das Emblem der Armeesportvereinigung „Vorwärts" angebracht. Nur die unterschiedliche Gestaltung der Trainingsanzüge wies die Träger als Soldaten im Grundwehrdienst, auf Zeit, als Unteroffiziere auf Zeit oder als Berufssoldaten aus.

Die etappenweise Einführung des neuen Trainingsanzuges und der damit verbundene Wegfall der Dienstgradabzeichen am Traininganzug wurden in der 1. Änderung der Uniformvorschrift, Ausgabejahr 1977, vom 1. Juli 1978 berücksichtigt. Nur die Träger von graumelierten Trainingsanzügen hatten die Pflicht, sich dienstgradmäßig auszuweisen. Unteroffiziere nähten in der Mitte des linken Oberärmels der Trainingsjacke eine mattsilbergraue 10 cm lange und 7 mm breite Tresse auf. Der Abstand von der Schulternaht betrug 18 cm. Für Maate und Meister der Volksmarine galt bis zur Ausstattung mit neuen Trainingsanzügen, daß sie am Trainingsanzug einen gewebten klaren Anker auf ovaler Unterlage aus blauem Stoff trugen. Fähnriche und Offiziere der Volksmarine verwendeten das gleiche Symbol, jedoch mit einer gelben Umrandung.

Es war für die Armeeangehörigen in dieser Zeit schon selbstverständlich, daß sie die gesamte Sportbekleidung einschließlich der festgelegten Ergänzungen kostenlos erhielten und sie ihnen bei der Beendigung der aktiven Dienstzeit übereignet wurde. Soldaten auf Zeit, Unteroffiziere auf Zeit und Offiziersschüler erhielten nach jeweils 18 Monaten einen neuen Trainingsanzug. Offizieren auf Zeit, Berufsunteroffizieren, Fähnrichen und Berufsoffizieren in Truppenteilen, Verbänden, Unteroffiziersschulen und Offiziershochschulen wurde nach zwei Jahren ein neuer Trainingsanzug ausgehändigt. Weibliche Armeeangehörige, Offiziere auf Zeit, Berufsunteroffiziere, Fähnriche und Berufsoffiziere in Stäben und Einrichtungen, außer den obengenannten, bekamen ihre Sportbekleidung nach drei Jahren erneuert.

Sonderbekleidung der Regulierer ab Mai 1977

Am 26. Mai 1977 hatte der Minister für Nationale Verteidigung der DDR, Armeegeneral H. Hoffmann, in seinem Befehl Nr. 93/77 die Weisung erteilt, zur Durchsetzung der neuen Straßenverkehrsordnung eine neue Straßenkommandantendienstordnung zu erarbeiten. Bestandteil dieser Dienstordnung waren Festlegungen zur Ausrüstung und Kennzeichnung der Regulierer. Dann wurde in Abänderung der DV 010/0/005 bestimmt, daß Regulierer den weißen Fallschirmjägerhelm mit einem vorn unterbrochenen und an den Enden abgerundeten roten Streifen aufsetzen. Vorn in der Mitte des Helms befand sich nicht mehr das „KD-Kennzeichen", sondern ein rundes Hoheitsabzeichen der DDR. Die Breite des roten Streifens betrug 40 mm, der Abstand des Streifens vom Helmrand 15 mm und vom Hoheitsabzeichen ebenfalls 15 mm. Der Durchmesser der unterlegten Farben Schwarz, Rot, Gold war mit 60 mm und der des Staatswappens der DDR mit 30 mm bemessen.

Nichtstrukturmäßige Regulierer, so legte es die neue Straßenkommandantendienstordnung fest, zogen über den Stahlhelm einen weißen Helmüberzug mit gleicher Kennzeichnung wie die strukturmäßigen Regulierer am Fallschirmjägerhelm. Sie waren außerdem mit weißen Ärmelstulpen, einem Signalstab und Brust- und Rückenreflektoren ausgestattet. Während ihres Einsatzes trugen sie je nach Jahreszeit den Felddienstanzug in den Ausführungen Sommer oder Winter. Strukturmäßige Regulierer waren mit zweiteiligen Anzügen aus schwarzem Lederol, einem wasserabweisenden lederähnlichen Kunststoff, die wie Felddienstanzüge geschnitten waren und nach den gleichen Bestimmungen getragen wurden, ausgestattet. Vervollständigt wurde ihre Ausrüstung durch einen weißen Schulterriemen und einen Blinkgürtel.

Ein nichtstrukturmäßiger Regulierer in Winterausrüstung.

Die Ausstattung der Offiziere und Unteroffiziere der Zivilverteidigung der DDR mit steingrauen Uniformen 1977/1978

Am 1. Juni 1976 wurde die Führung der Zivilverteidigung dem Minister für Nationale Verteidigung übertragen, zum Leiter der ZV wurde Generalleutnant F. Peter berufen. Im Ergebnis einer Entwicklungskonzeption zur Zivilverteidigung und ihren Organisationsprinzipien im September 1977 wurde für 1978 die Einführung steingrauer Uniformen für die Unteroffiziere und Offiziere angeregt.

In der Anweisung ZV 12/77 über die Ausstattung der Offiziere und Unteroffiziere der Zivilverteidigung mit steingrauen Uniformen vom 18.Oktober 1977 wurde der Tragebeginn dieser für die Angehörigen der ZV neuen Uniformen bereits für den Jahresbeginn 1978 festgelegt.

Als Waffenfarbe wurde für die Angehörigen der Zivilverteidigung Malino beibehalten. Schulterstücke und Schulterklappen, die Kragenspiegel und Ärmelpatten waren dementsprechend unterlegt, die Biesenfarbe der Uniformjacken und Uniformhosen war jedoch analog den Landstreitkräften der NVA weiß. Am linken Unterärmel der Uniformjacke und des Uniformmantels, 13 mm vom Ärmelsaum entfernt, führten die Unteroffiziere und Offiziere der Zivilverteidigung einen 30 mm breiten Ärmelstreifen mit dem eingewebten Schriftzug „Zivilverteidigung". Die Kante des Ärmelbandes war mit einer silberfarbenen Stickerei versehen. Generale der Zivilverteidigung trugen Uniformen wie Generale der Landstreitkräfte der NVA ohne Ärmelstreifen.

Für die Trageweise der Uniformarten wurden auch für die Angehörigen der Zivilverteidigung die Festlegungen der DV 010/0/005, Uniformarten und ihre Trageweise der NVA, verbindlich gemacht.

Die Ausstattung der Angehörigen der ZV mit steingrauen Uniformen hatte bis zum 15. November 1977 zu erfolgen. Grundlage für die Umuniformierung der Zivilverteidigung war neben der Anordnung ZV 12/77 der Beschluß des Nationalen Verteidigungsrates vom 1. November 1977 über den Dienst in der Zivilverteidigung, die Dienstlaufbahnordnung ZV, die am 1. Januar 1978 zeitgleich mit der neuen Uniformierung in Kraft trat. Ab diesem Datum durften die khakifarbenen Uniformen nicht mehr getragen werden. Die Ausstattung der Offiziere der ZV mit Gesellschaftsuniformen erfolgte im Nachhinein bis zum 30. Juni 1978.

Weitere Veränderungen in der Uniformierung im Jahre 1978

Bereits mit Wirkung vom 1. Juli 1978 wurde es notwendig, die „DV 010/0/005. Uniformen und ihre Trageweise, Ausgabejahr 1977", durch eine erste umfangreiche Änderung zu präzisieren. Das betraf Festlegungen zur Trageweise neuer Uniformstücke, Neueinführungen und Veränderungen von Effekten und die Trageweise von Dienstgradabzeichen. Besonders für die Volksmarine gab es eine Vielzahl detaillierter Änderungen.

So galt seit 1. Juli 1978 nicht mehr die zeitliche Einengung (16. April bis 31. Oktober) für das Tragen des hellgrauen Mützenbezuges für Admirale und des cremefarbenen Mützenbezuges für Offiziere. Mit der 1. Änderung wurde verfügt, daß die obengenannten Mützenbezüge und auch die cremefarbene Kappe für weibliche Offiziere der Volksmarine immer nur in Verbindung mit der Gesellschaftsuniform zu tragen sind. Noch die 1977er Vorschrift untersagte es Matrosen und Maaten der fahrenden Einheiten und der Gefechtseinheiten an Land, Offiziersschülern im 1. und 2. Lehrjahr, die zu ihrer Ausstattung gehörenden Halbschaftstiefel zur Ausbildung innerhalb der Kaserne und zum Innendienst anzuziehen. Diese Einschränkung wurde im Interesse einer breiteren Nutzung dieses strapazierfähigen Schuhwerks aufgehoben. Halbschaftstiefel konnten nun zur Gefechtsuniform, zur Dienstuniform und zur Paradeuniform getragen werden. Es fiel auch die Festlegung weg, daß genarbte Schaftstiefel von Meistern, Fähnrichen und Offizieren der Gefechtseinheiten an Land nur in Verbindung mit Stiefelhosen angezogen werden durften. Jetzt gehörten genarbte Schaftstiefel zum Felddienstanzug.

Präzisiert wurden die Bestimmungen für das Tragen des Lederkoppels mit Schnalle. Neu war, daß nur noch Fähnriche und Berufsunteroffiziere der Volksmarine ab Dienstgrad Meister zur Paradeuniform das Lederkoppel mit Schnalle anlegen durften.

Für alle Berufssoldaten bestand nunmehr die Möglichkeit, in der Zeit vom 1. November bis zum 15. April in geschlossenen Räumen die Hemdbluse ohne Uniformjacke mit Schulterstücken und Binder zu tragen.

Das fliegende Personal der LSK/LV erhielt 1978 anstelle des bis dahin in der Ausstattung befindlichen steingrauen Fliegeranzuges (mit Webpelz für Winterbedingungen) blaugraue Fliegeranzüge in

Fluglehrer und Flugschüler im neuen blaugrauen Fliegeranzug mit Webpelzkragen (Winterausführung) und modernen Fliegerschutzhelmen.

Sommer- und Winterausführung. Gleichzeitig begann die Ausstattung mit Lärmschutz- und modernen Fliegerschutzhelmen.

Das ingenieurtechnische Personal wurde für die Sommerperiode mit einem neuen zweiteiligen Technikeranzug und einem Technikerhemd an Stelle der einteiligen Arbeitskombination ausgestattet. Eine gravierende Veränderung in der Trageweise der Dienstgradabzeichen an Flieger- und Technikeranzügen trat mit der 1. Änderung der Uniformvorschrift, Ausgabejahr 1977, ab 1. Juli 1978 in Kraft. Bereits am 22. November 1977 hatte der Stellvertreter des Ministers für Nationale Verteidigung der DDR und Chef der LSK/LV, Generalleutnant W. Reinhold, dem Minister für Nationale Verteidigung der DDR, Armeegeneral H. Hoffmann, vorgeschlagen, im Zusammenhang mit der Einführung der verbesserten Sonderbekleidung für fliegendes und ingenieurtechnisches Personal der LSK/LV die bis dahin

Ab 1. Juli 1977 befanden sich die Dienstgradabzeichen an der linken Brustseite der Sonderbekleidung des fliegenden und ingenieurtechnischen Personals.

am Oberarm angebrachten Dienstgradabzeichen an der linken Brustseite der Sonderbekleidung anzubringen. Dies gestattete ein besseres Erkennen des Dienstgrades der Armeeangehörigen. Diesem Vorschlag wurde zugestimmt. Flieger und Techniker führten ab 1978 die Dienstgradabzeichen auf der Mitte der linken Brustseite an der Jacke des Fliegeranzuges, an der Jacke des Technikeranzuges und an der Latzhose des Technikeranzuges.

Die Farbe der Dienstgradabzeichen war mattsilbergrau, für Generale mattgold. Die Anordnung der 10 cm langen Tressen blieb wie 1965 festgelegt. Nur die Fähnriche erhielten eine 12 mm breite Tresse. Vermerkt sei außerdem noch, daß ab 1978 die Mützenembleme der Generale und Admirale metallgeprägt und nicht mehr handgestickt wurden.

Auf der Grundlage der Anordnung Nr. 19/78 des Stellvertreter des Ministers für Nationale Verteidigung der DDR und Chefs Rückwärtige Dienste wurden 1978 eine Reihe von Uniformstücken für weibliche Armeeangehörige neu gestaltet. So erhielten der Uniform- und der Sommermantel durch eine veränderte Nahtführung und modischeren Zuschnitt ein gefälligeres Aussehen.

Die Ausgangs- und Dienstjacke war jetzt mit drei Knöpfen zu schließen, betont tailliert geschnitten und hatte nunmehr schräge Seitentaschen mit Leiste. Auch die Weste wurde strenger tailliert, in der Linienführung der Jacke angepaßt und erhielt ebenfalls schräge Seitentaschen mit Leiste. Der Rock war modisch leicht ausgestellt und bedeckte die Knie. Er wurde mit einem Reißverschluß in der linken Seitennaht geschlossen. In der rechten Seitennaht befand sich eine ebenfalls mit Reißverschluß versehene Tasche.

Dem Zeitgeschmack angepaßt, war die Hose gerade geschnitten und wies eine mäßige Saumweite von 27 cm bis 28 cm auf. Die Hose besaß einen Reißverschluß in der Vorderhosennaht und eine Tasche in der rechten Seitennaht, die mit Reißverschluß zu schließen war. Der weiße Pullover erhielt einen neuen Ärmel- und Bundabschluß mit Strickbund. Getragen werden durften die veränderten Uniformstücke ab 1. Dezember 1978. Kleidungsstücke der bisherigen Ausführung konnten noch bis zum 30. November 1979 aufgetragen werden.

Nochmals Verbesserungen an der Felddienstbekleidung für Generale und Offiziere 1978

Erfahrungen und Hinweise einer Militärratssitzung des Kommandos Landstreitkräfte berücksichtigend, wurde für die Felddienstbekleidung der Generale und Admirale festgelegt, das Dreifasermischgewebe mit Stricheltarnmotiv („ein Strich-kein Strich") als Obergewebe beizubehalten, aber Sommer- und Winter-Felddienstanzug bei äußerlich gleichem Erscheinungsbild zu trennen. Zugleich wurde eine starke Angleichung an die äußere Form und Gestaltung der Felddienstanzüge der Offiziere, Fähnriche, Unteroffiziere und Soldaten angestrebt. Entsprechende Muster fanden am 21. Oktober 1977 die volle Zustimmung Armeegenerals H. Hoffmann. Sie wurden in die Produktion überführt. Generale und Admirale trugen den neuen Felddienstanzug ab 1. März 1978. Nun war es auch möglich, darunter die Dienstuniform mit Oberhemd und Binder anzuziehen. Der modifizierte Felddienstanzug bestand im Sommer aus Feldmütze, Felddienstanzug (Sommer) mit geöffnetem Kragen, schmal gehaltener Hose und Schaftstiefeln. Im Winter trugen Generale und Admirale den Felddienstanzug (Winter) mit einem Steppfutter aus Wirrflies, aufgeknöpftem Webpelzkragen und Wintermütze. Wintermütze und Webpelzkragen waren nur in der Zeit vom 1. Dezember bis zum 28./29. Februar zu verwenden.

Auch in der Entwicklung der Felddienstbekleidung der Offiziere, Fähnriche, Unteroffiziere und Soldaten wurde eine äußerliche Angleichung von Sommer- und Winterbekleidung eingeleitet, die sich zunächst in der Gestaltung der Taschen und des Ärmelverschlusses bemerkbar machte. Offizieren war es ab 1. März 1978 gestattet, unter dem Felddienstanzug die komplette Dienstuniform mit Oberhemd und Binder zu tragen.

Die Schutzwirkung der Felddienstbekleidung wurde insgesamt durch die Ausstattung der Armeeangehörigen mit Vierfingerhandschuhen im Stricheldruck und durch die schrittweise Einführung von Stahlhelmen mit erhöhtem Splitterschutz, die jetzt im Fließdruckverfahren hergestellt wurden, verbessert.

Zu einigen Veränderungen an den Uniformen der Offiziersschüler

Eine Kontrolle des Ministers für Nationale Verteidigung der DDR, Armeegeneral H. Hoffmann, an der Offiziershochschule der Landstreitkräfte „Ernst Thälmann" im Jahre 1978 löste eine weitere Änderung der Uniformierung aus. In einem Gespräch unterbreiteten Offiziersschüler dem Minister den Vorschlag, die Litze am Kragen der Uniformjacken zu entfernen. Erstens, meinten sie, würden die Uniformen der Offiziersschüler mehr den Offiziersuniformen angeglichen, zweitens, und das zählte noch mehr, könnten die Uniformjacken nach Ernennung der Offiziersschüler zum Offizier weitergenutzt werden, und drittens entfiel der hohe Arbeitsaufwand für das Annähen der Litze in den Werkstätten des Bekleidungs- und Ausrüstungsdienstes zugunsten notwendiger Instandsetzungsarbeiten.

Dieser Vorschlag überzeugte durch seine Originalität und den ökonomischen Nutzen. Er wurde in allen Teilstreitkräften geprüft und schließlich mit der Anordnung Nr. 11/79 des Stellvertreters des Ministers für Nationale Verteidigung der DDR und Chefs Rückwärtige Dienste vom 18. Juli 1979 zur Realisierung angeordnet. Es wurde angewiesen, daß mit Beginn des Lehrjahres 1979/1980 die Litze am

Kragen der Uniformjacke der Offiziersschüler der Landstreitkräfte und der LSK/LV nicht mehr zu tragen ist. Weiter wurde festgelegt, daß die Litze von den bisher getragenen Jacken der Parade- und Ausgangsuniform abzutrennen ist und diese Jacken als Dienstjacken aufzutragen sind. An die Offiziersschüler, die mit Beginn des Lehrjahres 1979/1980 in das 2. Lehrjahr versetzt wurden, erfolgte die vorzeitige Ausgabe einer Parade-/Ausgangsjacke aus Kammgarn.

5.3 Die militärischen Uniformen in der DDR am Übergang von den 1970er zu den 1980er Jahren

Nach zweijährigen Beratungen in Genf und Helsinki endete die KSZE-Konferenz mit der Unterzeichnung der Schlußakte durch Repräsentanten von 35 Staaten Europas, der USA und Kanadas. Als Hauptziel der Umsetzung dieser Schlußakte wurde die Verhinderung künftiger Kriege benannt. Der Bundeskanzler H. Schmidt und der Staatsratsvorsitzende E. Honecker unterzeichneten für die zwei deutschen Staaten auf dem Gipfeltreffen in Helsinki die Schlußakte und bekannten sich zu den darin formulierten Prinzipien der Sicherheit in Europa und der engeren Zusammenarbeit in humanitären Bereichen.

Jedoch dem Entspannungstrend entgegen stationierte die Sowjetunion in der zweiten Hälfte der 1970er Jahre Mittelstreckenraketen in Mitteleuropa, auch in der DDR, und schuf damit eine akute Bedrohung für die europäischen NATO-Staaten, die diese nicht ohne entsprechende Gegenmaßnahmen hinnehmen wollten. Somit beschloß der NATO-Rat in Brüssel am 12. Oktober 1979, die sowjetische Raketenbedrohung mit der Stationierung moderner atomarer Mittelstreckenraketen in Europa zu beantworten.. Dieser Beschluß ging als NATO-Doppelbeschluß in die Geschichte ein, weil er auf Initiative der BRD mit Verhandlungsangeboten zu Rüstungskontrollen und zur Wiederherstellung des eurostrategischen Gleichgewichts gekoppelt wurde. Dieser Nachrüstungsbeschluß und die sowjetische Intervention in Afghanistan verschärften die Ost-West-Gegensätze. Sie drohten, die Entspannungspolitik der frühen 1970er Jahre zu gefährden und einen neuen kalten Krieg heraufzubeschwören. Auf beiden Seiten der innerdeutschen Grenze wurde verstärkt konventionell hochgerüstet.

In ihrem Selbstverständnis hatte die NVA der DDR im Rahmen der Vereinten Streitkräfte ihren aktuellen nationalen Beitrag zur Gewährleistung des militärstrategischen Gleichgewichts zu leisten, der einen weit in die 1980er Jahre reichenden Modernisierungsprozeß, vor allem der Militärtechnik, einleitete. Er ließ sich in seinen Dimensionen nur mit der Einführung von Raketen in allen Teilstreitkräften zu Beginn der 1960er Jahre vergleichen. So begann die Ausrüstung der Landstreitkräfte mit dem mittleren Panzer T-72 sowjetischer Produktion. Weitere moderne Waffensysteme der Landstreitkräfte der NVA, so die 152-mm-SFL-Haubitze, die 122-mm-SFL-Haubitze und moderne tragbare Panzerabwehrkomplexe, erhöhten den Gefechtswert der Hauptteilstreitkraft beträchtlich. Der Ausbau der Hubschrauberkräfte und die Einführung des Kampfhubschraubers Mi-24 D anstelle des Mi-8 TB vergrößerten die Gefechtsmöglichkeiten der Landstreitkräfte. Die zunehmende Luftbeweglichkeit der Landstreitkräfte prägte das neue Profil der mot. Schützen weiter aus, das sich zu Beginn des Jahrzehnts mit der Indienststellung des Schützenpanzers BMP und von Fla-Raketen herauszubilden begonnen hatte.

Gravierende Veränderungen gab es auch bei den LSK/LV der NVA. Die MiG-23 konnte infolge der verstellbaren Tragflügelgeometrie und einer modernen Bordausrüstung in variablen Höhen- und Geschwindigkeitsbereichen komplizierte Kampfaufgaben erfüllen. Sie benötigte nur kurze Start- und Landestrecken, hatte eine umfangreichere Bewaffnung und Bordausrüstung und konnte 500 km weiter und 300 km/h schneller fliegen als die MiG-21. Die Truppen der Luftverteidigung erhielten Fla-Raketen auf manövrierfähigen Selbstfahrlafetten.

In der Volksmarine der NVA waren ab Mitte 1976 mittlere Landungsschiffe vom Typ „Hoyerswerda" zugeführt worden, die es nunmehr in weitaus größerem Umfang ermöglichten, Landungskräfte mit ihrer Technik zum Einsatz zu bringen. Mit der Indienststellung der neuen Küstenschutzschiffe „Rostock" am 25. Juli 1978 und „Berlin – Hauptstadt der DDR" am 10. Mai 1979 verfügte die Volksmarine über moderne, universell einsetzbare Kampfschiffe mit großem Fahrbereich. Hauptaufgabe dieser Küstenschutzschiffe war die Sicherung der Flottenkräfte und der Seetransportmittel sowie die U-Boot-Abwehr. Mit Hilfe der modernen Artillerie- und Raketenbewaffnung konnten sie Seelandeoperationen decken und erfolgreich gegnerische Seestreitkräfte, Luftangriffsmittel und U-Boote bekämpfen.

Die Festlegung neuer Dienstgrade für Fähnriche 1979

Mit der Einführung leistungsfähiger Bewaffnung und Kampftechnik wuchsen Rolle und Verantwortung des Einzelnen. Der wissenschaftlich-technische Fortschritt bedingte eine weitere Differenzierung der militärischen Tätigkeit und förderte die Spezialisierung.

Technische Kontrolle am Parktag durch einen Fähnrich, hier mit feldgrauem Schulterstück.

Ein Oberfähnrich in Dienstuniform bei der miltärtechnischen Unterweisung von Panzerabwehrlenkschützen.

Ende der 1970er Jahre existierte in der NVA eine große Anzahl verschiedener militärischer Spezialrichtungen. Viele Arbeiten zur Funktionsüberwachung, Wartung und Instandhaltung von automatisierten Waffensystemen und moderner Militärtechnik setzten ingenieurtechnisches Wissen voraus.

Bis 1977 gab es in der NVA aber nur Offiziere mit einer militärtechnisch ausgerichteten Ingenieurausbildung. Eine neue, den objektiven Erfordernissen angepaßte Ingenieurlaufbahn wurde notwendig. Im November 1977 begannen nach entsprechenden Vereinbarungen mit dem Ministerium für Hoch- und Fachschulwesen für ausgesuchte Unteroffiziere und Fähnriche erste spezielle Fähnrichlehrgänge. Der Abschluß als Fachschulingenieure versetzte die Absolventen dieser Lehrgänge in die Lage, ingenieurtechnische und ingenieurökonomische Aufgaben mit Sachkenntnis und in der geforderten Qualität zu erfüllen. Im Zusammenhang mit dem erreichten bzw. angestrebten höheren Qualifizierungsniveau des Fähnrichkorps der NVA beschloß der Staatsrat der DDR am 23. Juli 1979, neue Fähnrichdienstgrade zu schaffen. Zu den seit 1974 vorhandenen Dienstgraden Fähnrichschüler und Fähnrich kamen Oberfähnrich, Stabsfähnrich und Stabsoberfähnrich hinzu.

Die Anordnung Nr. 13/79 des Stellvertreters des Ministers für Nationale Verteidigung der DDR und Chefs Rückwärtige Dienste vom 8. September 1979 legte die Kennzeichnung der Dienstgrade der Fähnriche verbindlich fest. Danach trugen Fähnrichschüler Schulterklappen aus Uniformtuch mit einer Biesenumrandung in der jeweiligen Waffenfarbe. Sie waren außer an den Schmalseiten mit Litze umgeben und wiesen ein 17 mm langes silberfarbenes, bei der Volksmarine goldfarbenes „F" auf.

Fähnriche waren an Schulterstücken aus Silberplattschnüren auf einer Tuchunterlage in der jeweiligen Waffenfarbe, wobei die äußeren Plattschnüre steingrau bzw. bei der Volksmarine dunkelblau waren, und einem Stern zu erkennen; Oberfähnriche trugen zwei Sterne, Stabsfähnriche drei Sterne und Stabsoberfähnriche vier Sterne auf ihren Schulterstücken. Die Anordnung der Sterne erfolgte im Unterschied zu den Offizieren in einer Reihe hintereinander. Die Sterne waren zunächst bei den Fähnrichen der Landstreitkräfte und der LSK/LV sowie der Grenztruppen der DDR silberfarben und bei der Volksmarine goldfarben. Diese Festlegung wurde jedoch kurzfristig geändert. Bis zum 6. Oktober 1979 wechselten alle Fähnriche die silberfarbenen Sterne mit goldfarbenen Sternen, wie sie die Offiziere hatten, aus.

Nach wie vor führten alle Fähnrichdienstgrade ein Ärmelabzeichen in Wappenform mit dem Staatswappen der DDR, jedoch jetzt ohne Sterne zur Kennzeichnung des Dienstalters. Durch die Anordnung der Sterne auf den Schulterstücken der Fähnriche war eine Neuregelung zum Tragen der Dienstlaufbahnabzeichen erforderlich. Dazu legte die Anordnung Nr. 13/79 fest, daß Fähnriche der Landstreitkräfte und der LSK/LV Dienstlaufbahnabzeichen aus silberfarbener Stickerei auf ovaler Grundlage, mit 1 mm starker Silberkordel umrandet, zu tragen hatten. Fähnriche der Volksmarine brachten Dienstlaufbahnabzeichen auf beiden Ärmeln der Uniformjacke in der Mitte des Ärmels, 2 cm über dem Ärmelstreifen, an.

Fähnriche der LSK/LV und der Fliegerkräfte der Volksmarine im Flieger- bzw. Technikeranzug ließen sich an mattsilbernen, bei der Volksmarine goldfarbenen Tressen auf der Mitte der linken Brustseite der Jacke erkennen. Diese Tressen waren 10 cm lang und 9 mm breit. Ein Fähnrich trug eine, ein Oberfähnrich zwei, ein Stabsfähnrich drei und ein Stabsoberfähnrich vier dieser Tressen zur Kennzeichnung seines Dienstgrades. Zusätzlich zu den Schulterstücken erhielten Fähnriche der Volksmarine, wie die Offiziere dieser Teilstreitkraft, auch als Ärmelstreifen Dienstgradabzeichen. Dazu wurden 10 cm lange und 7 mm breite goldfarbene Tressen entsprechend der Sternenanzahl auf den Schulterstücken an beiden Unterärmeln aufgenäht.

Neue Parade- und Ausgangsuniformen für Soldaten und Unteroffiziere auf Zeit zum Jahrestag der DDR 1979

1974 hatte der Minister für Nationale Verteidigung der DDR die Aufgabe gestellt, bis 1979 die Ausstattung der Soldaten und Unteroffiziere auf Zeit mit Parade- und Ausgangsuniformen offener Fasson vorzunehmen. Die Einführung der veränderten Parade- und Ausgangsuniformen für den obengenannten Personenkreis regelte sein Befehl Nr. 29/79 vom 12. April 1979. Danach waren Soldaten im Grundwehrdienst, Soldaten und Unteroffiziere auf Zeit und im Reservistenwehrdienst, die in den Landstreitkräften und den LSK/LV dienten, mit einer Parade-/Ausgangsjacke mit steingrauem Kragen, einer langen Hose mit Schlaufen, silbergrauen Oberhemden, einem dunkelgrauen Binder und einem grauen Schal auszustatten. Ausgenommen von dieser Maßnahme waren die Fallschirmjäger, die bereits seit 1969 Uniformen offener Fasson trugen. Für die Angehörigen der Landstreitkräfte wurde bestimmt, daß sie an der Parade- und Ausgangsuniform einheitlich Kragenspiegel und Ärmelpatten mit weißer Kantillenfüllung anzubringen hatten.

Auch die neue Parade-/Ausgangsjacke für Soldaten und Unteroffiziere folgten in Schnitt und Taschengestaltung den bisher getragenen Uniformjacken. Sie war einreihig, mit steingrauem Kragen und Kragenspiegel und auf vier Knöpfe zu schließen. Weiterhin war sie mit vier aufgesetzten Taschen mit Falten, geschweiften Patten und silberfarbenen Knöpfen versehen. Die Ärmel waren mit Aufschlägen, Biesen und Ärmelpatten gearbeitet. In der Schulternaht befanden sich Schnürlöcher und Schlaufen zur Befestigung der Schulterklappen. Die lange steingraue Hose mit Rundbund und Koppelschlaufen verfügte über zwei Seitentaschen und zwei Gesäßtaschen mit Patten.

Die silbergrauen Oberhemden waren mit zwei aufgesetzten Taschen mit Falten und geschweiften Patten zum Knöpfen versehen. Mittels Schnürlöchern und Schlaufen konnten auch an den Uniformhemden Schulterklappen befestigt werden. Tragebeginn für die Parade- und Ausgangsuniform war der 1. Oktober 1979.

Entsprechend der 1. Durchführungsanordnung des Stellvertreters des Ministers für Nationale Verteidigung der DDR und Chefs Rückwärtige Dienste zum Befehl Nr. 29/79 wurde die Ausstattung der Soldaten und Unteroffiziere bis zum 20. September 1979 abgeschlossen. Die alten Parade-/Ausgangsjacken mit dem hochgeschlossenen dunklen Kragen wurden bis zum Abschluß des Ausbildungsjahres 1982/83 zur Dienstuniform aufgetragen.

Mit der Einführung der neuen Uniformstücke gab es nun zwei Arten der Paradeuniform, drei Versionen der Ausgangsuniform und zwei Varianten der Dienstuniform. Die Paradeuniform für die Winterperiode setzte sich aus Stahlhelm, Uniformmantel, neuer Parade-/Ausgangsjacke, silbergrauem Oberhemd, dunkelgrauem Binder, gestrickten Handschuhen, Halbschaftstiefel und Lederkoppel mit Schloß zusammen. Bei der Paradeuniform für die Sommerperiode fielen Mantel und Strickhandschuhe weg. Zur Ausgangsuniform (Winter) gehörten Schirm- bzw. Wintermütze, Uniformmantel, Parade-/Ausgangsjacke, lange Hose, silbergraues Oberhemd mit dunkelgrauem Binder, grauer Schal, gestrickte Handschuhe, schwarze Halbschuhe und Lederkoppel mit Schloß. In der Sommerperiode fielen Mantel, Schal und Strickhandschuhe weg. Das Lederkoppel mit Schloß wurde dann über der Jacke getragen. Die dritte Möglichkeit der Ausgangsuniform war die nur zum Ausgang, im Urlaub und zu Kulturveranstaltungen zu tragende Ausführung ohne Parade-/Ausgangsjacke. Dazu gehörten Schirmmütze, silbergraues Oberhemd mit geöffnetem Kragen, lange Hose, durch deren Schlaufen am Bund das Lederkoppel mit Schloß zu ziehen war, und schwarze Halbschuhe. In dieser dritten Version der Ausgangsuniform trugen die Soldaten das silbergraue Oberhemd mit Schulterklappen.

Die Dienstuniform (Winter) setzte sich aus Feld- bzw. Wintermütze, Uniformmantel, Dienstjacke mit geschlossenem Kragen, langer Hose, gestrickten Handschuhen, Halbschaftstiefel und Gurtkoppel zusammen. In der Sommertrageperiode wurde der Uniformmantel jahreszeitgemäß nicht zur Dienstuniform getragen.

Zur Ehrenparade der NVA auf der Karl-Marx-Allee in Berlin am 7. Oktober 1979, dem 30. Jahrestag der DDR, stellten die Paradeeinheiten nicht nur neue Waffensysteme wie den mittleren Panzer T-72, die 152-mm-SFL-Haubitze und moderne Fla-Raketenkomplexe der Truppenluftabwehr, sondern auch ihre neue Paradeuniform der Öffentlichkeit vor.

Soldaten der Luftstreitkräfte in der Ausgangsuniform (Sommer) bei einem Ausstellungsbesuch.

Die Besatzung des Minensuch- und Räumschiffes „Bernau" in ihren Gefechtsuniformen.

Der Kampfanzug der NVA, Vorder- und Rückseite

Uniformen weiblicher Armeeangehöriger 1973

1 Stabsdienstuniform (Winter), Oberleutnant, Nachrichten

2 Felddienstuniform (Sommer), Oberfeldwebel, Landstreitkräfte

3 Felddienstuniform (Winter), Maat, Volksmarine

4 Dienstuniform (Sommer), Meister, Volksmarine

5 Ausgangsuniform (Sommer), Leutnant, Luftstreitkräfte

6 Dienstuniform (Winter), Stabsfeldwebel, Landstreitkräfte

Uniformen für Fähnriche 1973 sowie Paradeuniformen für Offiziere und Generale 1974

1 Ausgangsuniform (Winter),
Fähnrichschüler,
Landstreitkräfte, 1. Studienjahr

2 Dienstuniform (Sommer),
Fähnrich, Volksmarine

3 Stabsdienstuniform (Sommer),
Fähnrich (21. Dienstjahr),
Landstreitkräfte

4 Sommer, Korvettenkapitän,
Volksmarine

5 Sommer, Generalmajor,
LSK/LV

6 Winter, Hauptmann, Landstreitkräfte

Uniformen offener Fasson für Offiziere der Landstreitkräfte 1975

1 Dienstuniform (Winter), Major, Landstreitkräfte

2 Ausgangsuniform (Sommer), Oberstleutnant

3 Stabsdienstuniform (Sommer), Hauptmann, Justizdienst

4 Paradeuniform (Sommer), Wachregiment „Friedrich Engels" (Lederkoppel falsch angelegt)

5 Paradeuniform (Winter), Soldat, Wachregiment „Friedrich Engels" (Achselschnur falsch angebracht)

6 Ausgangsuniform (Übergang), Major, Artillerie

Uniformen und Sportbekleidung ab Mitte der 1970er Jahre

1 Ausgangsuniform (Sommer), Hauptmann, Nachrichten

2 Dienstuniform (Sommer), Militärmusikschüler, 3. Studienjahr

3 Dienstuniform (Winter), Militärmusikschüler, 2. Studienjahr

4 Sportbekleidung, kurz

5 Trainingsanzug, Soldat

6 Trainingsanzug, Offizier

Gesellschaftsuniformen für Offiziere und Generale ab 1976

1 Großer Gesellschaftsanzug (Sommer), Konteradmiral, Volksmarine (statt Ankerknöpfe solche mit DDR-Staatssymbol)

2 Kleiner Gesellschaftsanzug (Sommer), Generalmajor, LSK/LV

3 Großer Gesellschaftsanzug (Winter), Generalleutnant, Landstreitkräfte

4 Großer Gesellschaftsanzug (Sommer), Korvettenkapitän, Volksmarine

5 Großer Gesellschaftsanzug (Sommer), Oberst, Landstreitkräfte

6 Großer Gesellschaftsanzug, Generalmajor, LSK/LV

Sonderbekleidung der LSK/LV sowie Ausgangsuniformen der Landstreitkräfte zweite Hälfte der 1970er Jahre

1 Pilotenanzug (Winter), Oberleutnant, Luftstreitkräfte

2 Technikeranzug, Oberfeldwebel, LSK/LV

3 Paradeuniform (Sommer), Soldat, Panzertruppen, 1979

4 Ausgangsuniform (Sommer), Soldat, Nachrichten

5 Ausgangsuniform (Winter), Unteroffizier, Landstreitkräfte

6 Felddienstuniform (Winter), Generaloberst, Landstreitkräfte

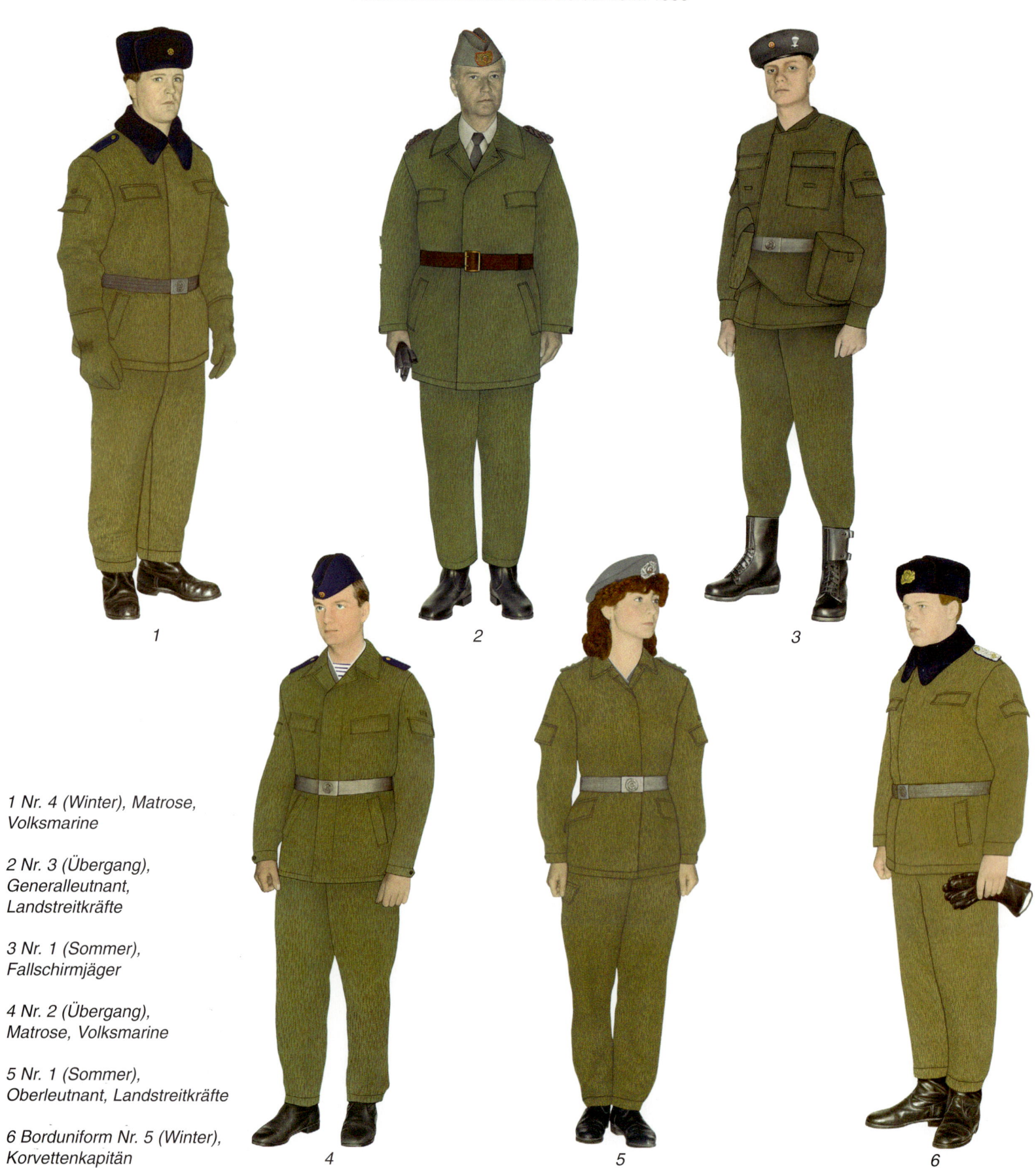

Felddienstuniformen sowie Borduniform 1986

1 Nr. 4 (Winter), Matrose, Volksmarine

2 Nr. 3 (Übergang), Generalleutnant, Landstreitkräfte

3 Nr. 1 (Sommer), Fallschirmjäger

4 Nr. 2 (Übergang), Matrose, Volksmarine

5 Nr. 1 (Sommer), Oberleutnant, Landstreitkräfte

6 Borduniform Nr. 5 (Winter), Korvettenkapitän

Dienstuniformen 1986

1 Nr. 2 (Sommer), Major, Luftstreitkräfte

2 Nr. 5 (Winter), Oberstleutnant, Luftverteidigung

3 Nr. 1 (Sommer), Generaloberst, Landstreitkräfte

4 Nr. 5 (Winter), Generalmajor, LSK/LV

5 Nr. 1 (Sommer), Konteradmiral, Volksmarine (statt Ankerknöpfe solche mit DDR-Staatssymbol)

6 Nr. 4 (Übergang), Kapitänleutnant, Volksmarine

Dienst- und Stabsdienstuniformen 1986

1 Dienstuniform Nr. 2 (Übergang), Matrose/Maat (auf Zeit), Volksmarine

2 Dienstuniform Nr. 4 (Winter), Maat, Volksmarine

3 Stabsdienstuniform Nr. 3 (Übergang), Oberst, Luftstreitkräfte

4 Stabsdienstuniform Nr. 5 (Winter), Stabsfähnrich, Landstreitkräfte

5 Stabsdienstuniform Nr. 1 (Sommer), Generalmajor, Landstreitkräfte

6 Stabsdienstuniform Nr. 2 (Sommer), Generalmajor, LSK/LV

170

Stabsdienstuniformen weiblicher Armeeangehöriger 1986

1 Nr. 1 (Sommer), Unterfeldwebel, Luftstreitkräfte

3 Nr. 2 (Sommer), Unterfeldwebel, Nachrichten

3 Nr. 5 (Übergang), Leutnant, Nachrichten

4 Uniformkleid (Winter), Unterfeldwebel, Grenztruppen

5 Uniformkleid (Winter), Maat, Volksmarine

6 Uniformkleid (Sommer), Leutnant, Luftstreitkräfte

Stabsdienst- und Ausgangsuniformen 1986

1 Stabsdienstuniform Nr. 4 (Übergang), Maat, Volksmarine

2 Ausgangsuniform Nr. 1 (Sommer), Soldat, Landstreitkräfte

3 Ausgangsuniform Nr. 4 (Übergang), Hauptmann, Luftverteidigung

4 Ausgangsuniform Nr. 1 (Sommer), Gefreiter, Fallschirmjäger

5 Ausgangsuniform Nr. 2 (Sommer), Soldat, Luftstreitkräfte

6 Ausgangsuniform Nr. 4 (Winter), Unteroffizier, Nachrichten

Ausgangsuniformen 1986

1 Nr. 2 (Sommer), Major, Artillerie

2 Nr. 4 (Übergang), Oberleutnant, Luftverteidigung

3 Nr. 1 (Sommer), Generalleutnant, Landstreitkräfte

4 Nr. 5 (Winter), Generalmajor, Landstreitkräfte

5 Nr. 3 (Übergang), Kapitänleutnant, Volksmarine

6 Nr. 2 (Sommer), Korvettenkapitän, Volksmarine

Ausgangs- und Paradeuniformen 1986

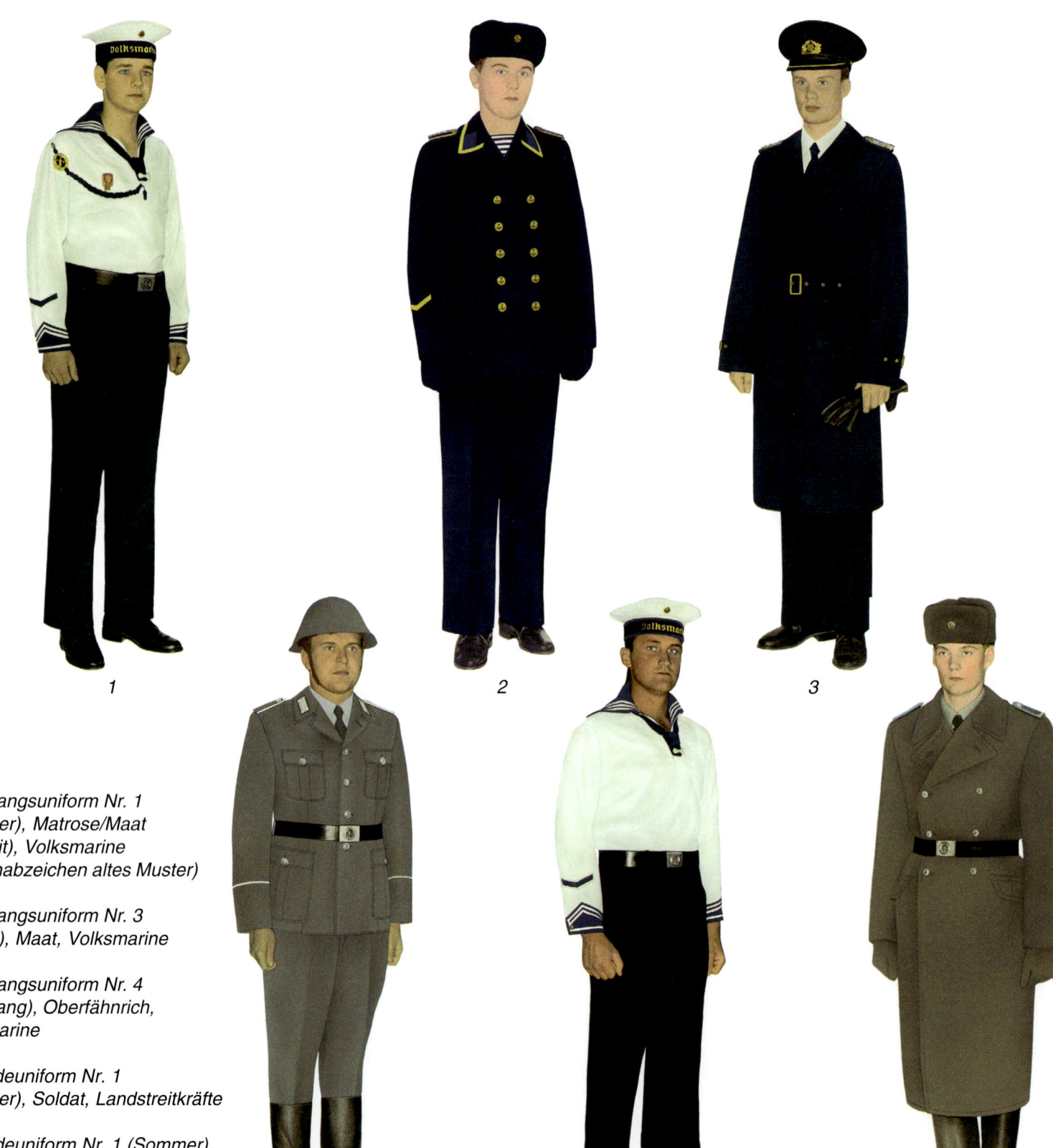

1 Ausgangsuniform Nr. 1
(Sommer), Matrose/Maat
(auf Zeit), Volksmarine
(Bestenabzeichen altes Muster)

2 Ausgangsuniform Nr. 3
(Winter), Maat, Volksmarine

3 Ausgangsuniform Nr. 4
(Übergang), Oberfähnrich,
Volksmarine

4 Paradeuniform Nr. 1
(Sommer), Soldat, Landstreitkräfte

5 Paradeuniform Nr. 1 (Sommer),
Matrose/Maat (auf Zeit),
Volksmarine

6 Paradeuniform Nr. 3 (Winter),
Gefreiter, Luftstreitkräfte

Paradeuniformen 1986

1 Nr. 1 (Sommer), Hauptmann, Landstreitkräfte

2 Nr. 2 (Übergang), Oberst, Luftstreitkräfte

3 Nr. 1 (Sommer), Konteradmiral, Volksmarine (statt Ankerknöpfe solche mit DDR-Staatsemblem)

4 Nr. 1 (Sommer), Generalleutnant, LSK/LV

5 Nr. 1 (Sommer), Konteradmiral, Volksmarine (statt Ankerknöpfe solche mit DDR-Staatsemblem)

6 Nr. 1 (Sommer), Generalmajor, Landstreitkräfte

Gesellschaftsuniformen 1986

1 Kleiner Gesellschaftsanzug Nr. 1 (Sommer), Major, Fallschirmjäger

2 Großer Gesellschaftsanzug Nr. 1 (Sommer), Oberst, Landstreitkräfte

3 Kleiner Gesellschaftsanzug Nr. 1 (Sommer), Generalmajor, Landstreitkräfte

4 Kleiner Gesellschaftsanzug Nr. 2 (Sommer), Hauptmann, Luftstreitkräfte

5 Kleiner Gesellschaftsanzug Nr. 1 (Sommer), Hauptmann, Landstreitkräfte

6 Kleiner Gesellschaftsanzug Nr. 1 (Sommer), Kapitänleutnant, Volksmarine

Arbeits- und Borduniformen 1986

1 Arbeitsuniform Nr. 1 (Sommer), Soldat, Landstreitkräfte

2 Arbeitsuniform Nr. 3 (Übergang), Offiziersschüler, Luftstreitkräfte

3 Arbeitsuniform Nr. 1 (Sommer), Obermatrose, Volksmarine

4 Borduniform Nr. 2 (Übergang), Matrose, Volksmarine

5 Borduniform Nr. 4 (Winter), Matrose, Volksmarine

6 Borduniform Nr. 1 (Sommer), Korvettenkapitän, Volksmarine

Vorschläge für neue Uniformen 1990

1 Felddienstuniform (Sommer), Oberfeldwebel

2 Felddienstuniform (Winter), Major

3 Felddienstuniform, Rückansicht, Oberfeldwebel

4 Dienstuniform (Sommer), Soldat LSK/LV

5 Ausgangsuniform (Sommer), Soldat, Fallschirmjäger

6 Paradeuniform (Sommer), Soldat, Grenztruppen der DDR

Vorschläge für neue Uniformen 1990

1 Dienstuniform (Sommer), Major, Landstreitkräfte

2 Stabsdienstuniform (Sommer), Major, Fallschirmjäger

3 Ausgangsuniform und kleiner Gesellschaftsanzug (Sommer), Major, LSK/LV

4 Paradeuniform (Sommer), Major, Grenztruppen der DDR

5 Dienstuniform (Sommer), Generalmajor, Landstreitkräfte

6 Kleiner Gesellschaftsanzug (Sommer), Generalmajor, Landstreitkräfte

Dienstgradabzeichen und Effekten der Fähnriche 1973-1979 (Auswahl)

1 Fähnrich, Raketentruppen und Artillerie sowie Truppenluftabwehr
2 Fähnrich, mot.Schützen
3 Fähnrich, Luftstreitkräfte
4 Fähnrich, Luftverteidigung
5 Fähnrich, Volksmarine, Technische Laufbahn
6 Ärmelabzeichen, weniger als 10 Dienstjahre
7 Ärmelabzeichen, mindestens 10 Dienstjahre
8 Ärmelabzeichen, mindestens 15 Dienstjahre
9 Ärmelabzeichen, mindestens 20 Dienstjahre (hier Volksmarine)

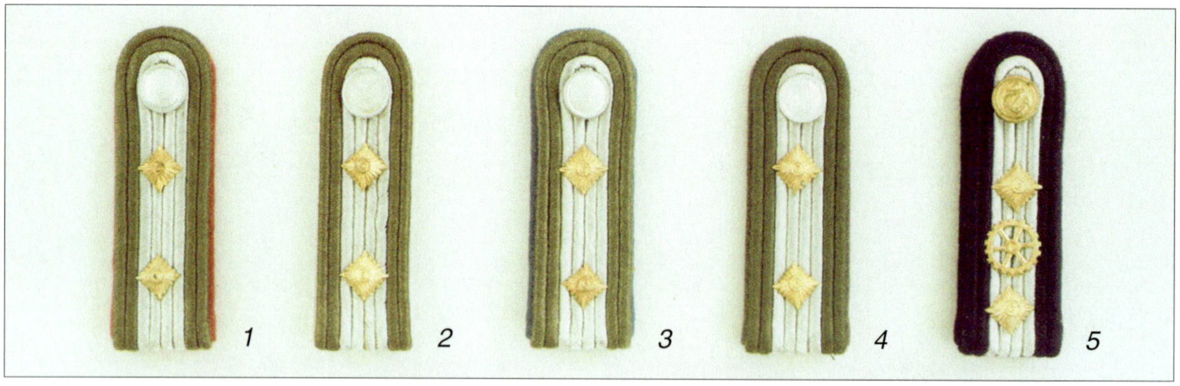

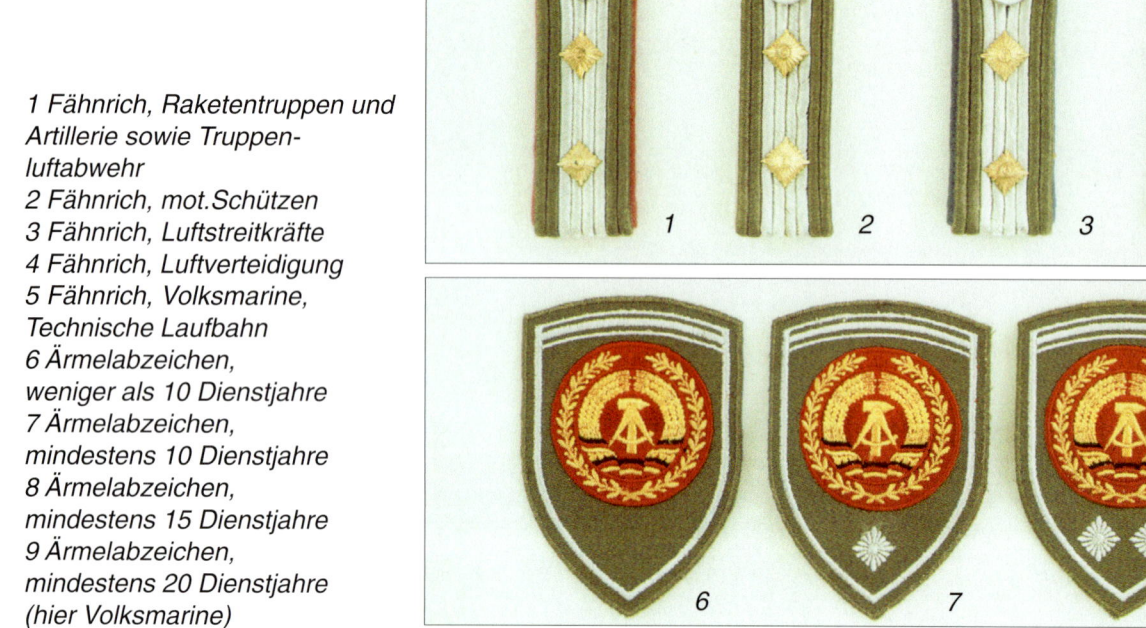

Dienstgradabzeichen und Effekten der Fähnriche ab 1979 (Auswahl)

1 Fähnrichschüler, 1. Studienjahr, Pioniere
2 Fähnrichschüler, 2. Studienjahr, Luftstreitkräfte
3 Fähnrich, Raketentruppen und Artillerie sowie Truppenluftabwehr
4 Oberfähnrich, Felddienstuniform
5 Stabsfähnrich, Luftstreitkräfte
6 Stabsoberfähnrich, Volksmarine
7 Ärmelabzeichen, Landstreitkräfte und LSK/LV
8 Ärmelabzeichen, Volksmarine
9 Ärmelstreifen, Fähnrich, Volksmarine
10 Ärmelstreifen, Oberfähnrich, Volksmarine
11 Ärmelstreifen, Stabsfähnrich, Volksmarine
12 Ärmelstreifen, Stabsoberfähnrich, Volksmarine

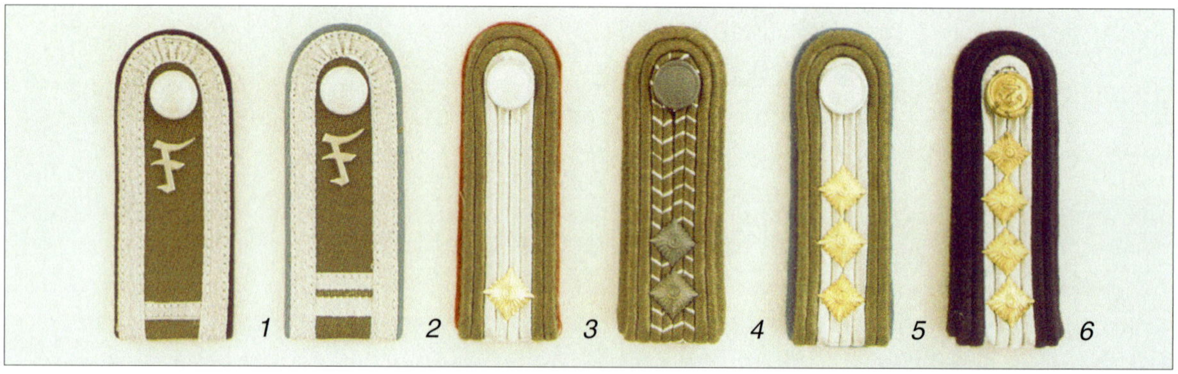

Dienstgrad- und Dienstlaufbahnabzeichen sowie Effekten der Militärmusiker (Auswahl)

1 Militärmusikschüler, 1. Studienjahr, ab 1975
2 Militärmusikschüler, 2. Studienjahr, ab 1975
3 Militärmusikschüler, 3. Studienjahr, ab 1975
4 Militärmusiker, Fähnriche, Landstreitkräfte, LSK/LV und Grenztruppen der DDR
5 Militärmusiker, Matrosen, blaue Uniform
6 Militärmusiker, Matrosen, weiße Uniform
7 Schwalbennest, Stabsmusikkorps der LSK/LV
8 Sonderabzeichen des Musikdienstes, Offiziere und Fähnriche, Volksmarine
9 Obermeister, Musikdienst
10 Hauptmann, Musikdienst
11 Ärmelstreifen „Militärmusikschüler"

Dienstgradabzeichen und Effekten der Generale und Admirale sowie des Marschalls der DDR ab 1983 (Auswahl)

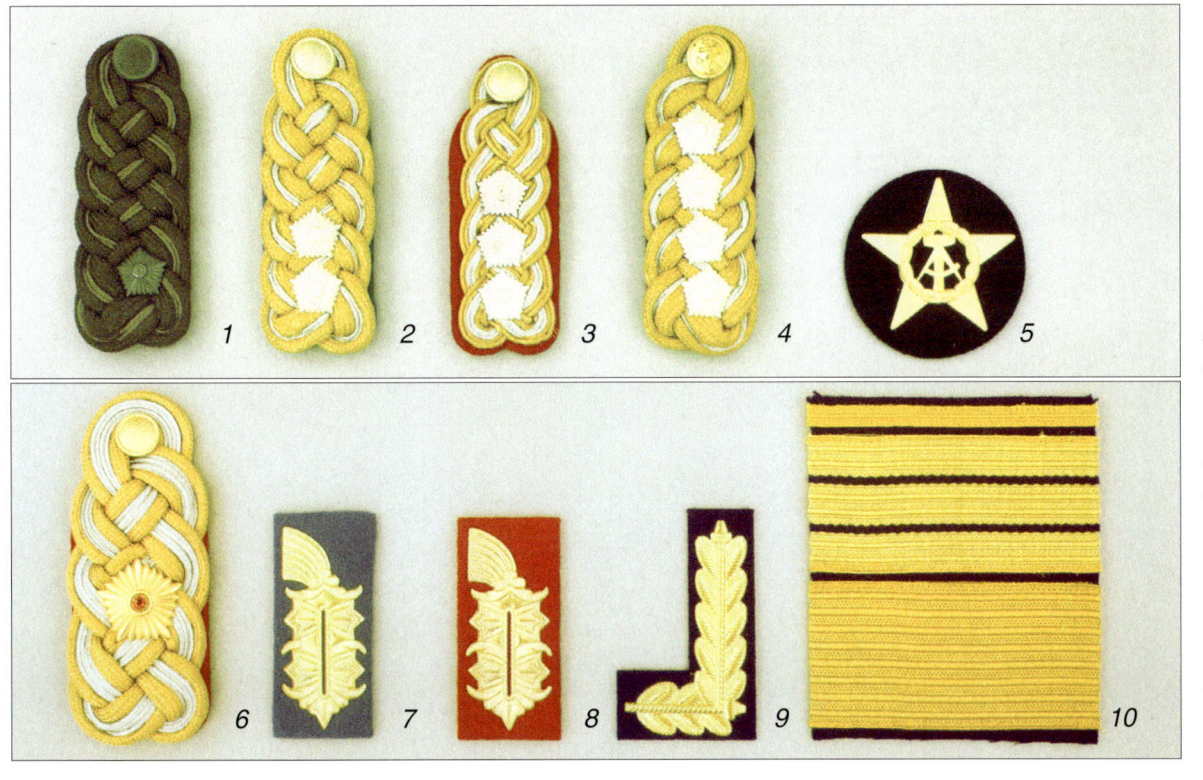

1 Generalmajor, Felddienstuniform
2 Generalleutnant, LSK/LV
3 Generaloberst, Landstreitkräfte und Zivilverteidigung der DDR (für Hemdbluse)
4 Flottenadmiral
5 Seestern, Admirale
6 Marschall der DDR
7 Kragenspiegel, Generale, LSK/LV
8 Kragenspiegel, Generale, Landstreitkräfte und Zivilverteidigung der DDR
9 Kragenstickerei, Admirale
10 Ärmelstreifen, Flottenadmiral

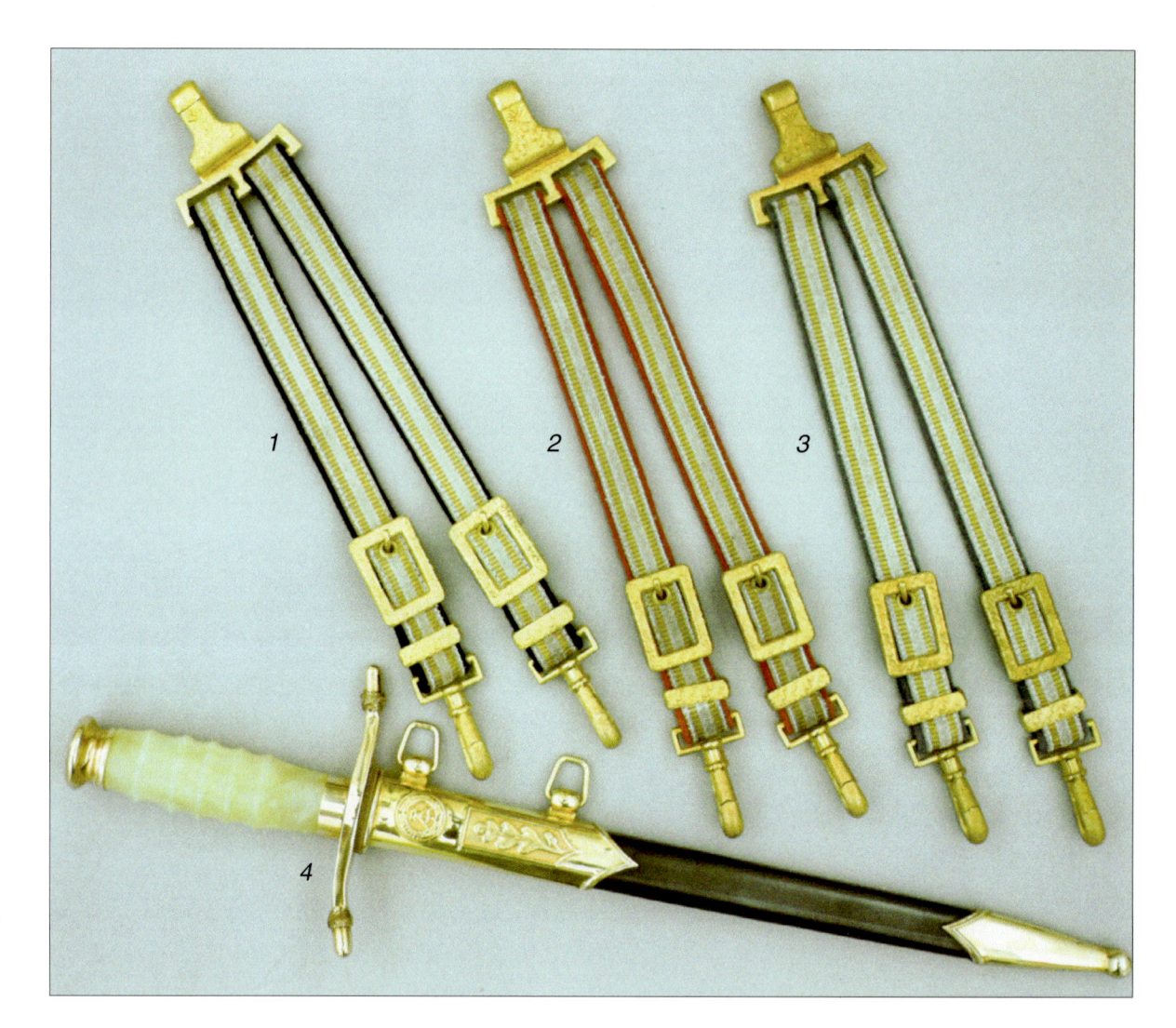

Ehrendolch der Generale und Admirale ab 1961

1 Gehänge, Admirale
2 Gehänge, Generale, Landstreitkräfte
3 Gehänge, Generale, LSK/LV
4 Ehrendolch, Generale und Admirale

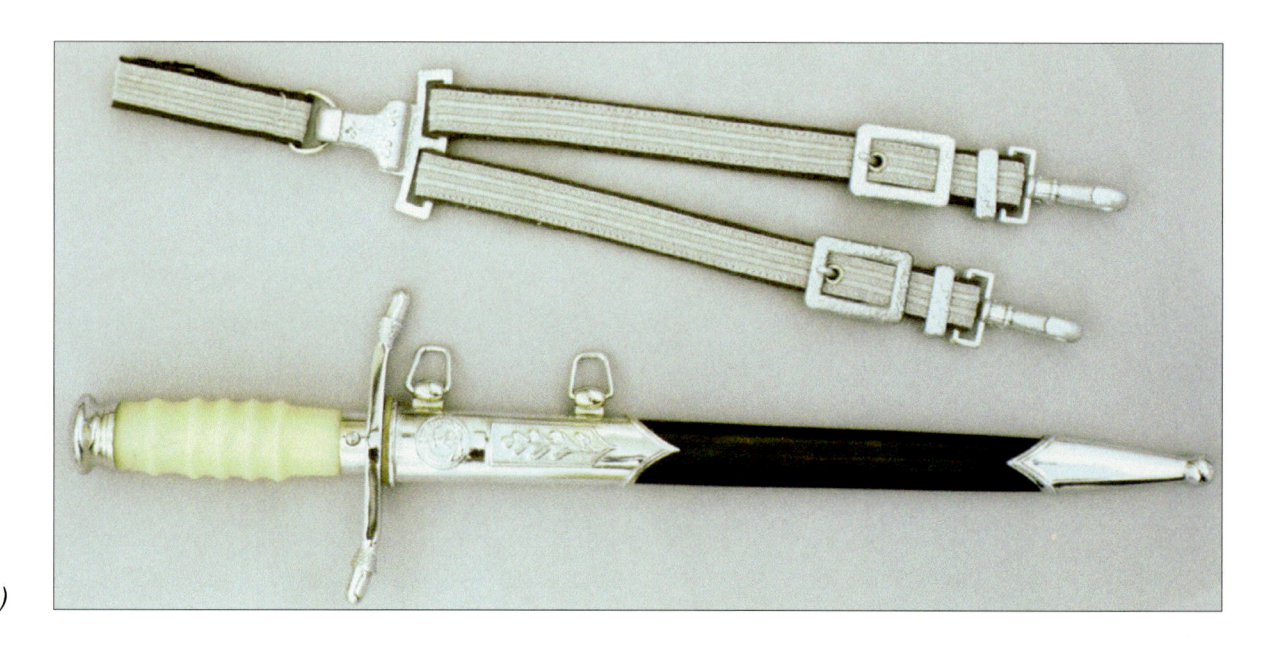

Ehrendolch der Offiziere der Landstreitkräfte und LSK/LV (mit Gehänge) ab 1961 (Dolch verkehrt in der Scheide)

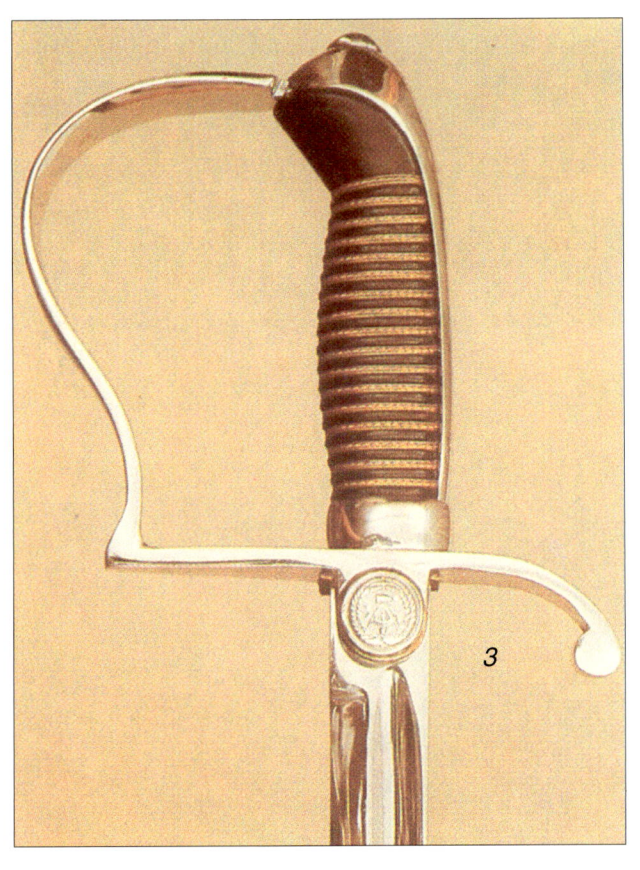

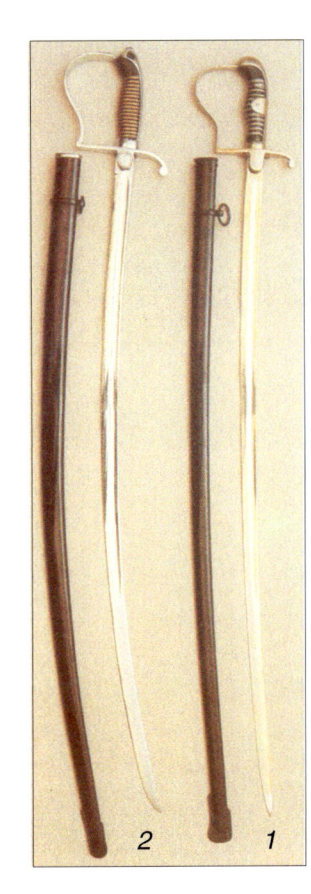

Paradesäbel der NVA
1 erste Ausführung 1961
2 zweite Ausführung 1985
3 Gefäßansicht der zweiten Ausführung

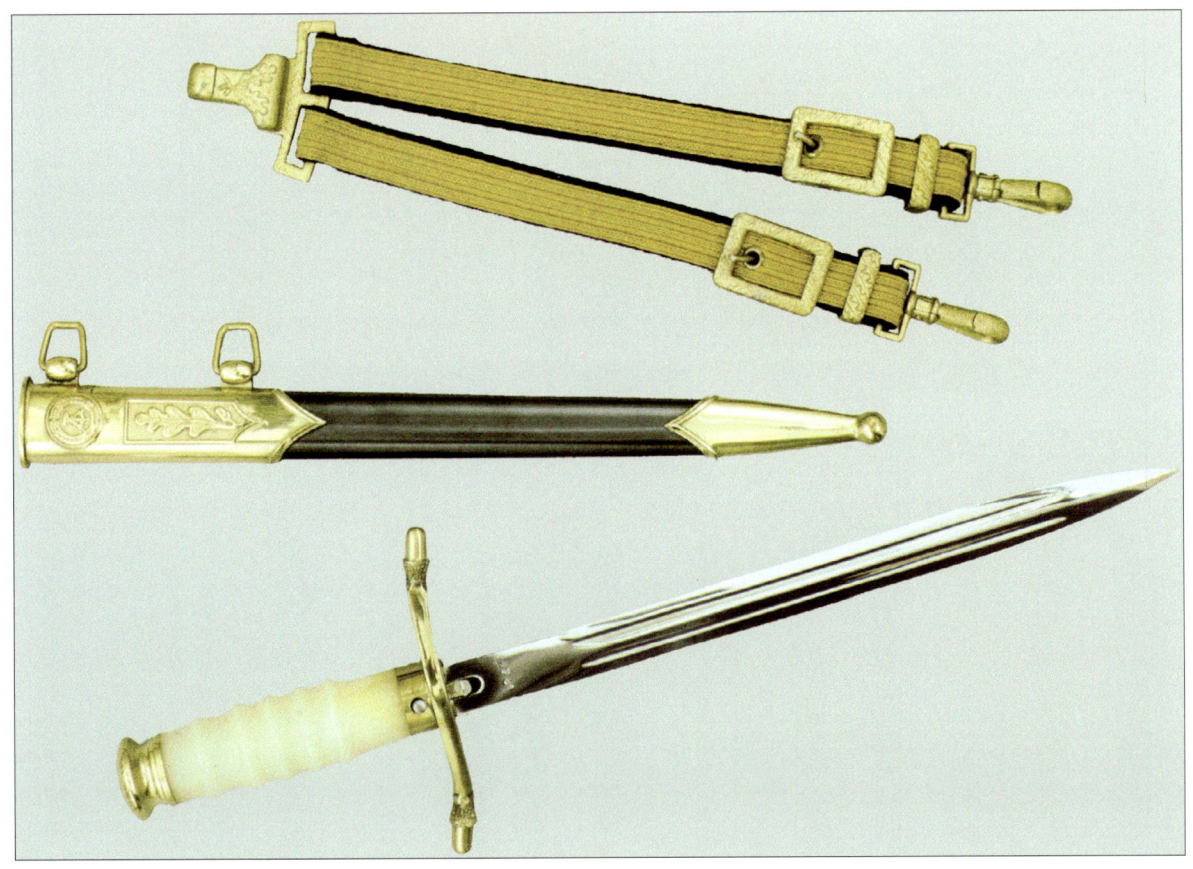

Ehrendolch der Offiziere der Volksmarine ab 1961

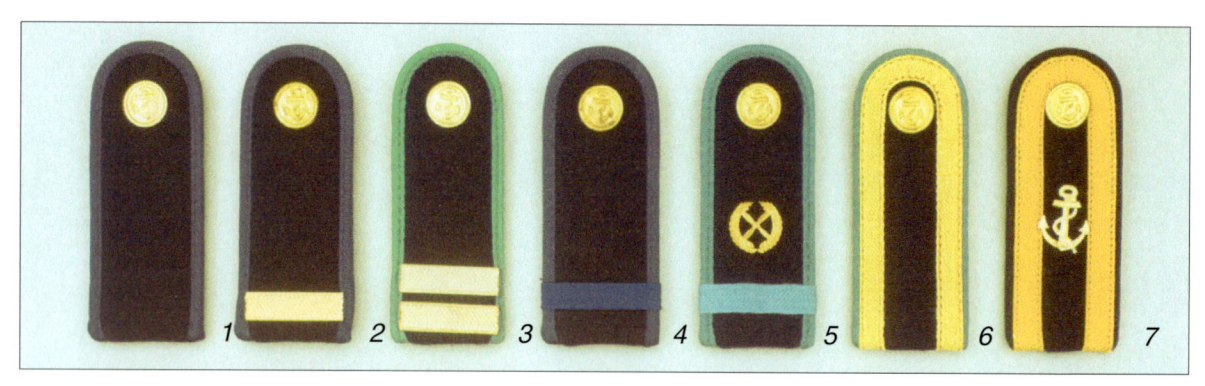

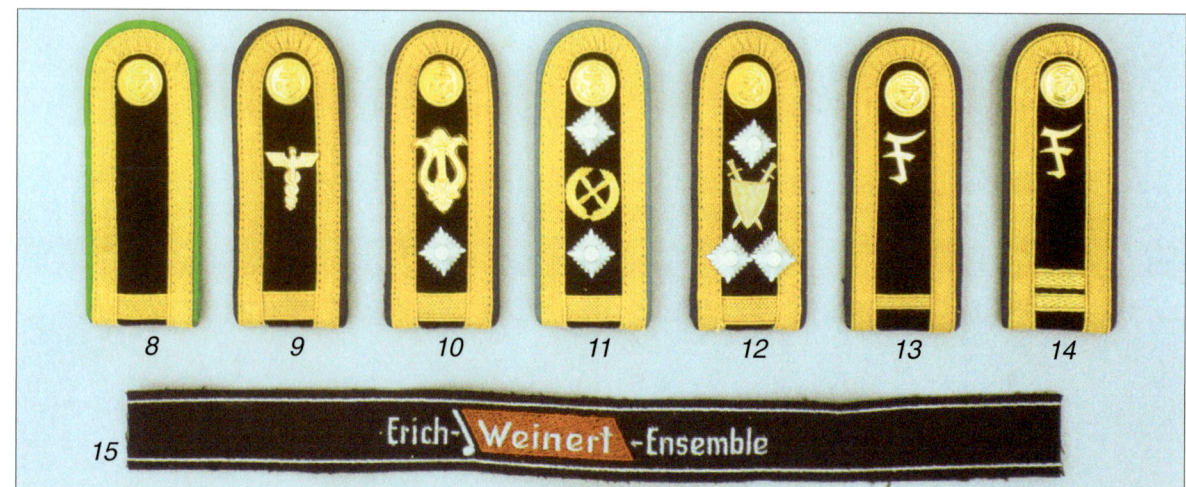

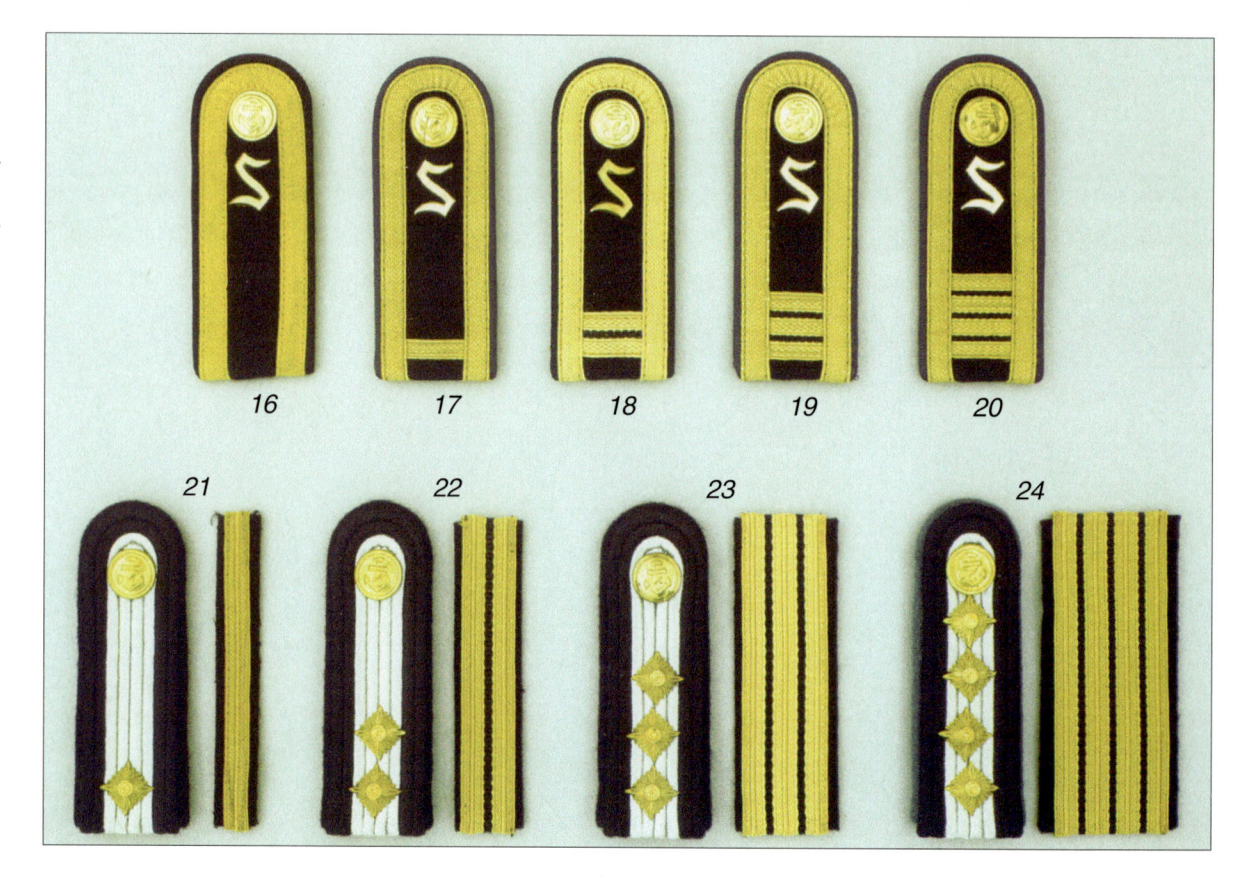

Dienstgradabzeichen und Effekten der Volksmarine ab 1986

1 Matrose
2 Obermatrose
3 Stabsmatrose, Grenzbrigade Küste
4 Unteroffiziersschüler
5 Berufsunteroffiziersschüler, Fliegerkräfte
6 Maat auf Zeit, Fliegerkräfte
7 Maat, Berufsunteroffizier, Seemännische Laufbahn
8 Obermaat auf Zeit, Grenzbrigade Küste
9 Obermaat, Berufsunteroffizier, Verwaltungslaufbahn
10 Meister, Musikdienst
11 Obermeister, Fliegerkräfte
12 Stabsobermeister, Militärjustizorgane
13 Fähnrichschüler, 1. Studienjahr
14 Fähnrichschüler, 1. Studienjahr
15 Ärmelstreifen „Erich-Weinert-Ensemble"
16 Offiziersschüler, Hochschulreifeausbildung, rückwärtige Dienste
17 Offiziersschüler, 1. Studienjahr
18 Offiziersschüler, 2. Studienjahr
19 Offiziersschüler, 3. Studienjahr
20 Offiziersschüler, 4. Studienjahr
21 Fähnrich
22 Oberfähnrich
23 Stabsfähnrich
24 Stabsoberfähnrich, Fliegerkräfte

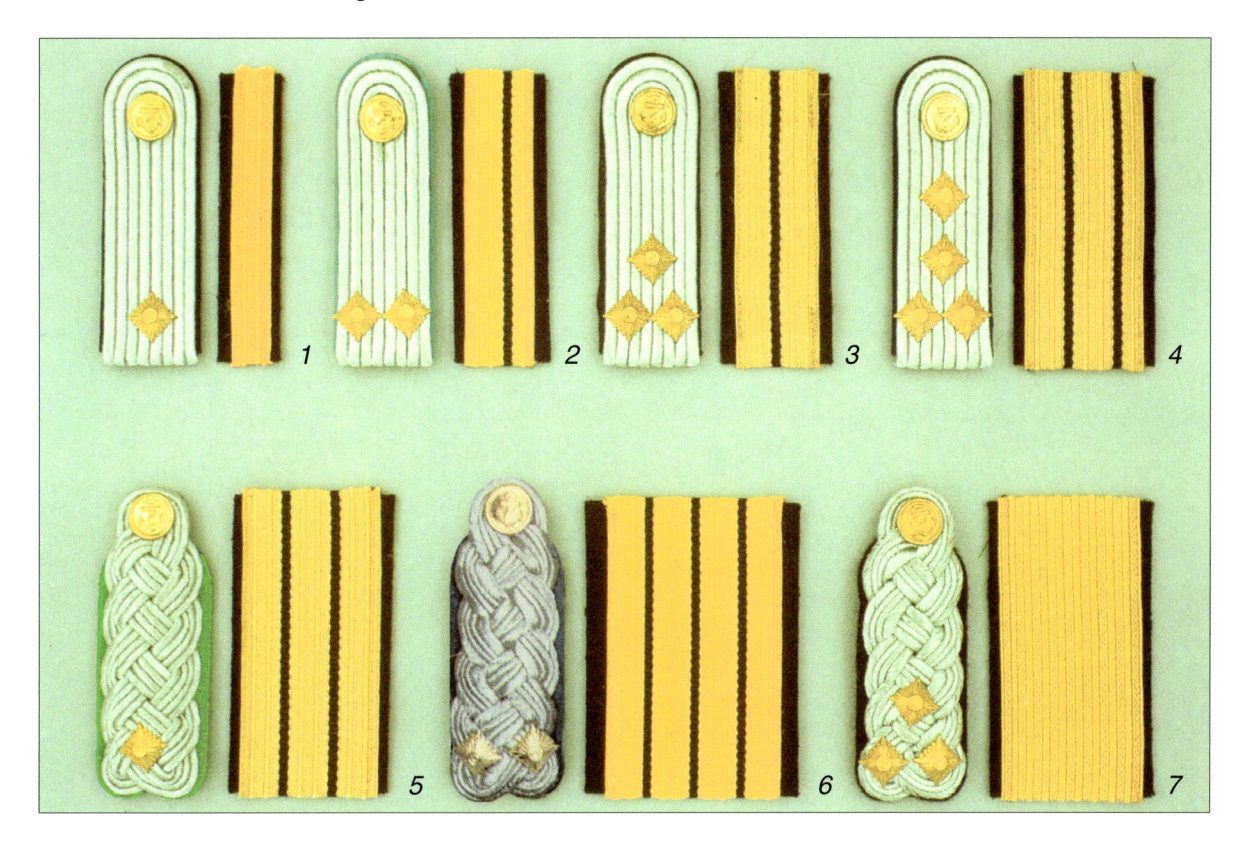

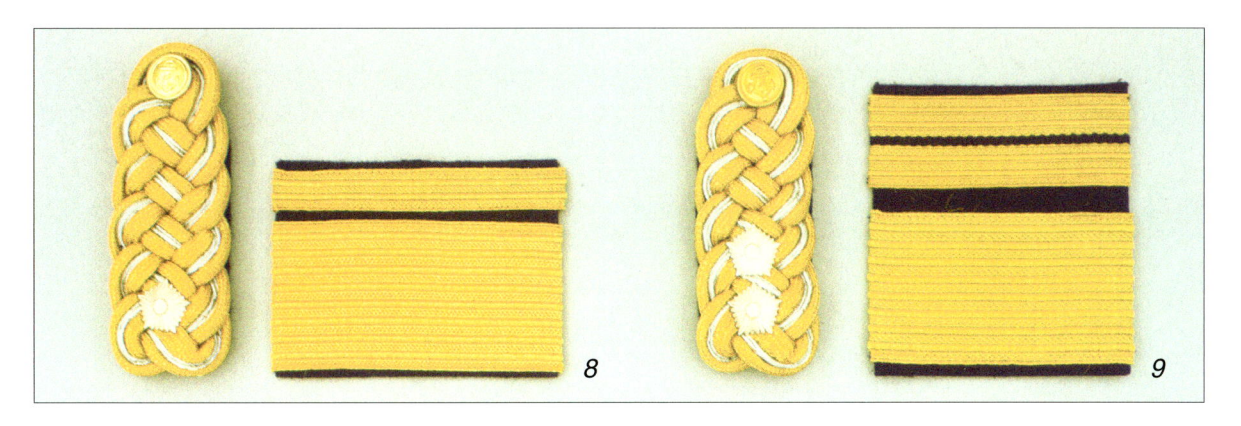

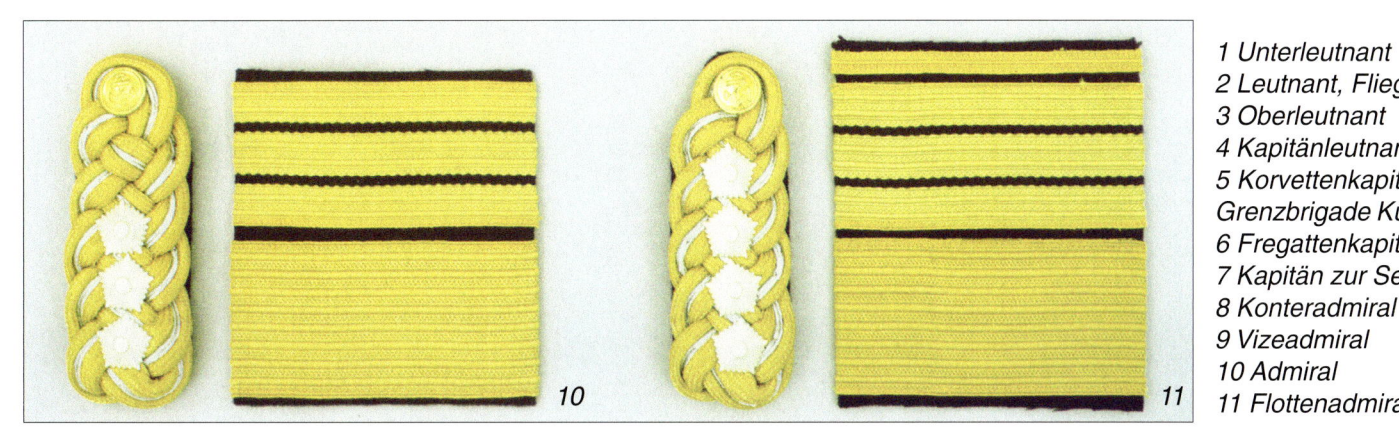

Dienstgradabzeichen und Effekten der Volksmarine ab 1986

1 Unterleutnant
2 Leutnant, Fliegerkräfte
3 Oberleutnant
4 Kapitänleutnant
5 Korvettenkapitän, Grenzbrigade Küste
6 Fregattenkapitän
7 Kapitän zur See
8 Konteradmiral
9 Vizeadmiral
10 Admiral
11 Flottenadmiral

Dienstgradabzeichen für die Kennzeichnung der Flieger- und Technikeranzüge ab 1986

1. Reihe (v.l.n.r)
Soldat/Matrose
Gefreiter/Obermatrose
Stabsgefreiter/Stabsgefreiter
Unteroffiziersschüler

2. Reihe (v.l.n.r)
Unteroffizier/Maat
Unterfeldwebel/Obermaat
Feldwebel/Meister
Oberfeldwebel/Obermeister

1. Reihe (v.l.n.r.)
Stabsfeldwebel/Stabsobermeister
Fähnrichschüler, 1. Studienjahr
Fähnrichschüler, 2. Studienjahr

2. Reihe (v.l.n.r.)
Fähnrich
Oberfähnrich
Stabsfähnrich
Stabsoberfähnrich

1. Reihe (v.l.n.r.)
Offiziersschüler, 1. Studienjahr
Offiziersschüler, 2. Studienjahr
Offiziersschüler, 3. Studienjahr
Offiziersschüler, 4. Studienjahr

2. Reihe (v.l.n.r.)
Unterleutnant
Leutnant
Oberleutnant
Hauptmann/Kapitänleutnant

Dienstgradabzeichen für die Kennzeichnung der Flieger- und Technikeranzüge ab 1986

1. Reihe (v.l.n.r.)
Major/Korvettenkapitän
Oberstleutnant/Fregattenkapitän
Oberst/Kapitän zur See
Generalmajor/Konteradmiral

2. Reihe (v.l.n.r.)
Generalleutnant/Vizeadmiral
Generaloberst/Admiral
Armeegeneral/Flottenadmiral
Marschall der DDR

Dienstgradabzeichen und Effekten der Landstreitkräfte und LSK/LV ab 1986

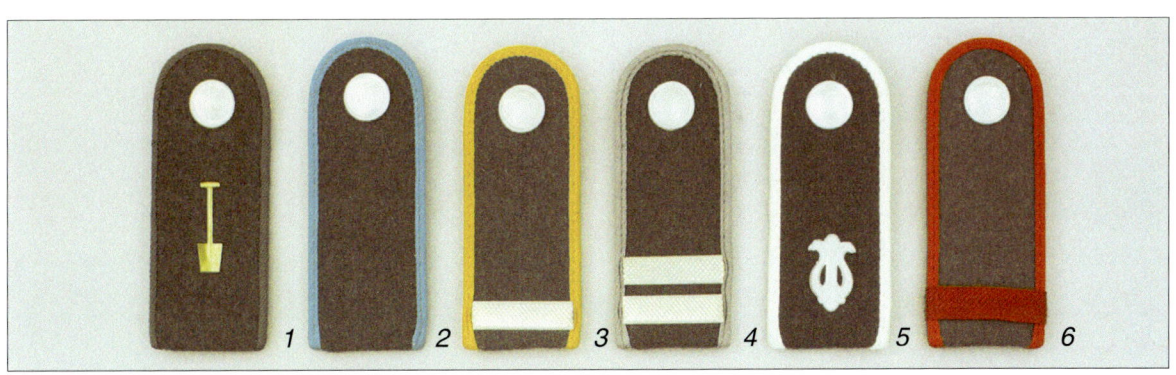

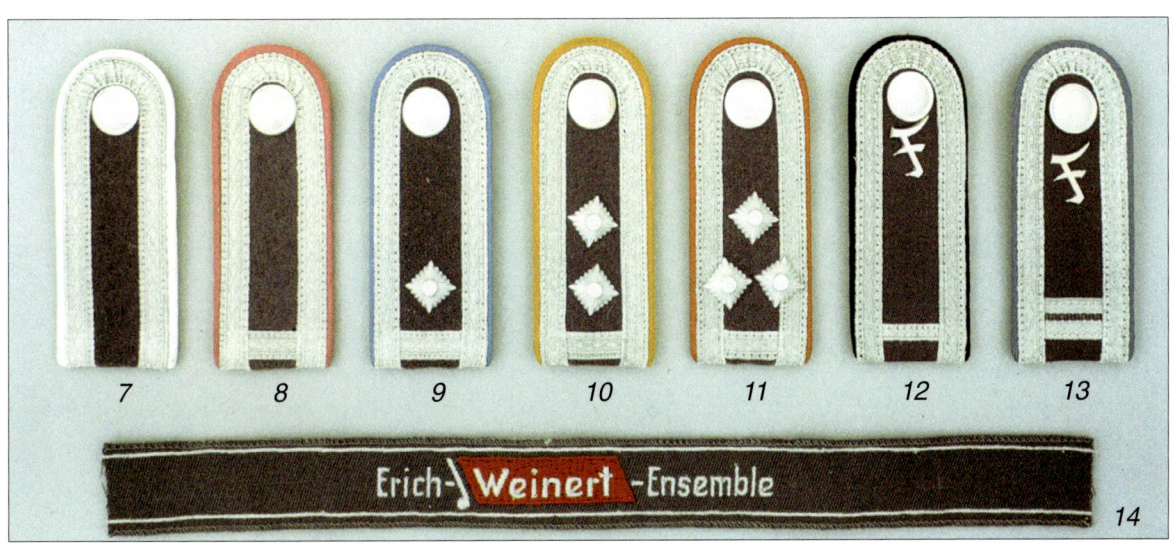

1 Soldat, Bausoldaten
2 Soldat, Landstreitkräfte
3 Gefreiter, Nachrichten
4 Stabsgefreiter, Luftverteidigung
5 Militärmusikschüler
6 Unteroffiziersschüler, Raketentruppen und Artillerie sowie Truppenluftabwehr
7 Unteroffizier, mot.Schützen, Aufklärung
8 Unterfeldwebel, Panzer
9 Feldwebel, Luftstreitkräfte
10 Oberfeldwebel, Nachrichten
11 Stabsfeldwebel, Fallschirmjäger
12 Fähnrichschüler, 1. Studienjahr, Pioniere
13 Fähnrichschüler, 2. Studienjahr, Luftstreitkräfte
14 Ärmelstreifen „Erich-Weinert-Ensemble"

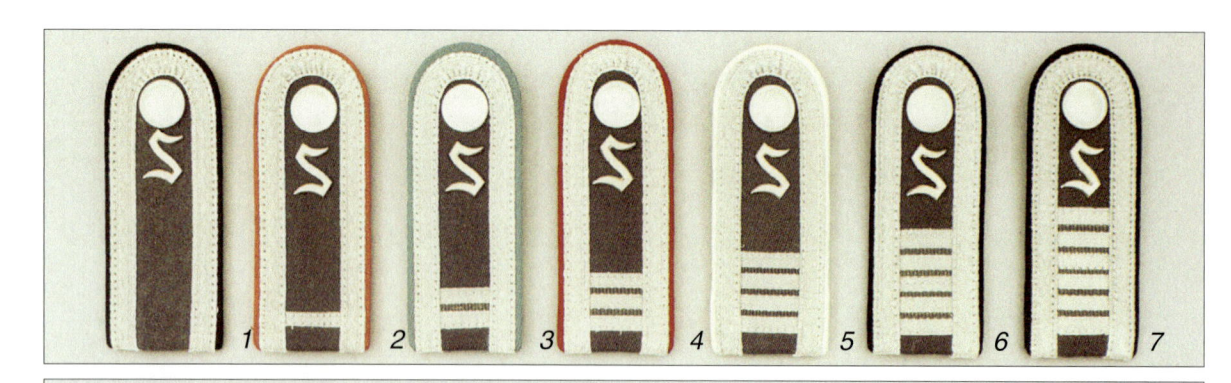

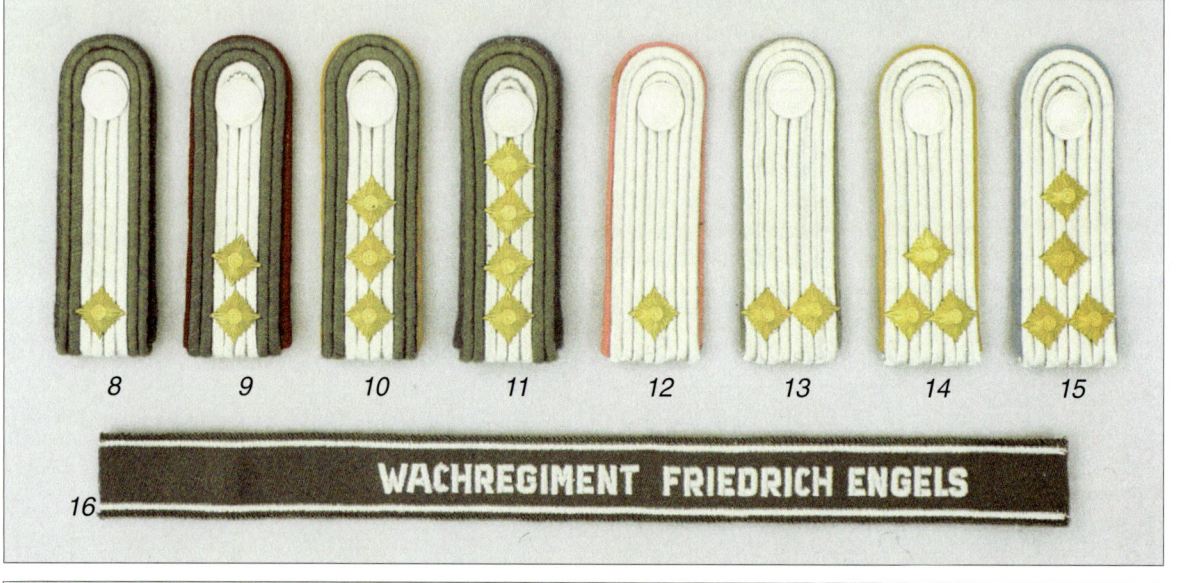

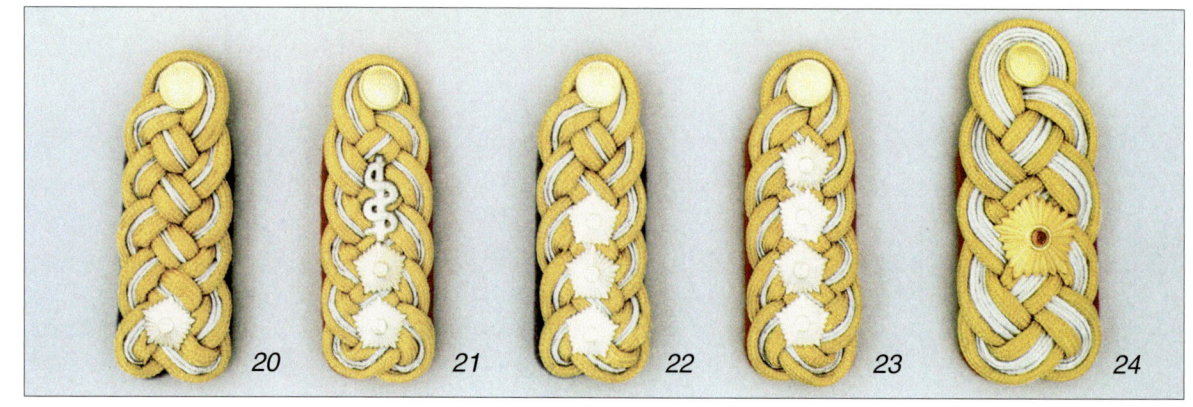

Dienstgradabzeichen und Effekten der Landstreitkräfte und LSK/LV ab 1986

1 Offiziersschüler, Hochschulreifeausbildung, rückwärtige Dienste
2 Offiziersschüler, 1. Studienjahr, Panzer
3 Offiziersschüler, 2. Studienjahr, Luftstreitkräfte
4 Offiziersschüler, 3. Studienjahr, Raketentruppen und Artillerie sowie Truppenluftabwehr
5 Offiziersschüler 4. Studienjahr, mot. Schützen, Aufklärung
6 Offiziersschüler, 5. Studienjahr, Militärmedizin
7 Offiziersschüler, 6. Studienjahr, Militärmedizin
8 Fähnrich, Luftverteidigung
9 Oberfähnrich, Raketentruppen und Artillerie sowie Truppenluftabwehr
10 Stabsfähnrich, Nachrichten
11 Stabsoberfähnrich, Luftstreitkräfte
12 Unterleutnant, Panzer
13 Leutnant, Luftverteidigung
14 Oberleutnant, Nachrichten
15 Hauptmann, Luftstreitkräfte
16 Ärmelstreifen „Wachregiment Friedrich Engels"
17 Major, Raketentruppen und Artillerie sowie Truppenluftabwehr
18 Oberstleutnant, Luftverteidigung
19 Oberst, rückwärtige Dienste
20 Generalmajor, LSK/LV
21 Generalleutnant, medizinischer Dienst
22 Generaloberst, LSK/LV
23 Armeegeneral, Landstreitkräfte
24 Marschall der DDR

Dienstgradabzeichen und Ärmelbänder der Zivilverteidigung und der Grenztruppen der DDR sowie des Wachregiments „Feliks E. Dzierzynski" in den 1980er Jahren (Auswahl)

Zivilverteidigung der DDR

1 Gefreiter
2 Oberfeldwebel
3 Hauptmann
4 Oberst

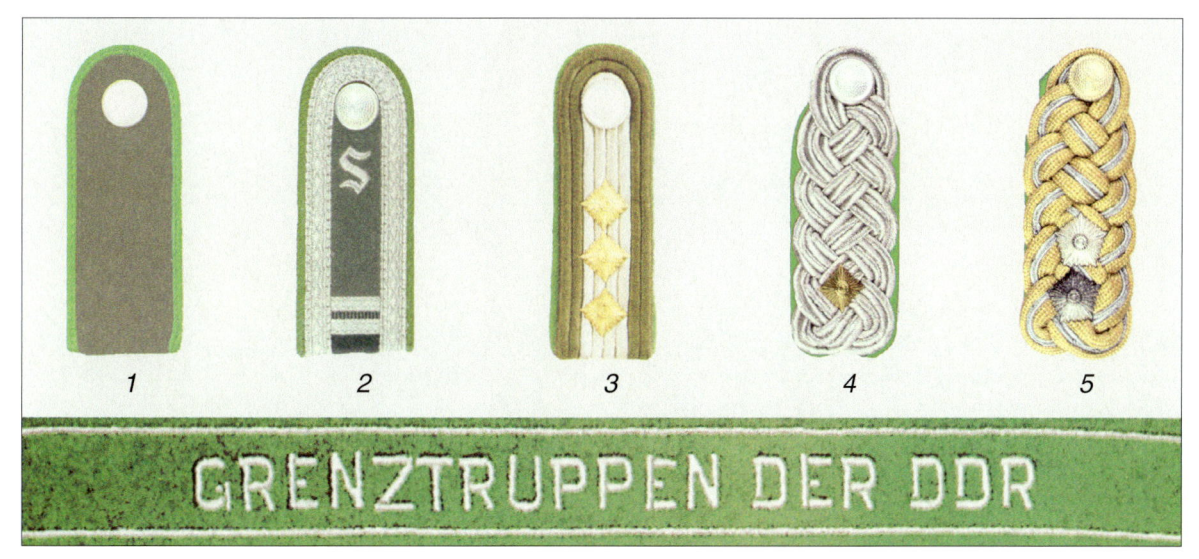

Grenztruppen der DDR

1 Soldat
2 Offiziersschüler, 2. Studienjahr
3 Stabsfähnrich
4 Major
5 Generalleutnant

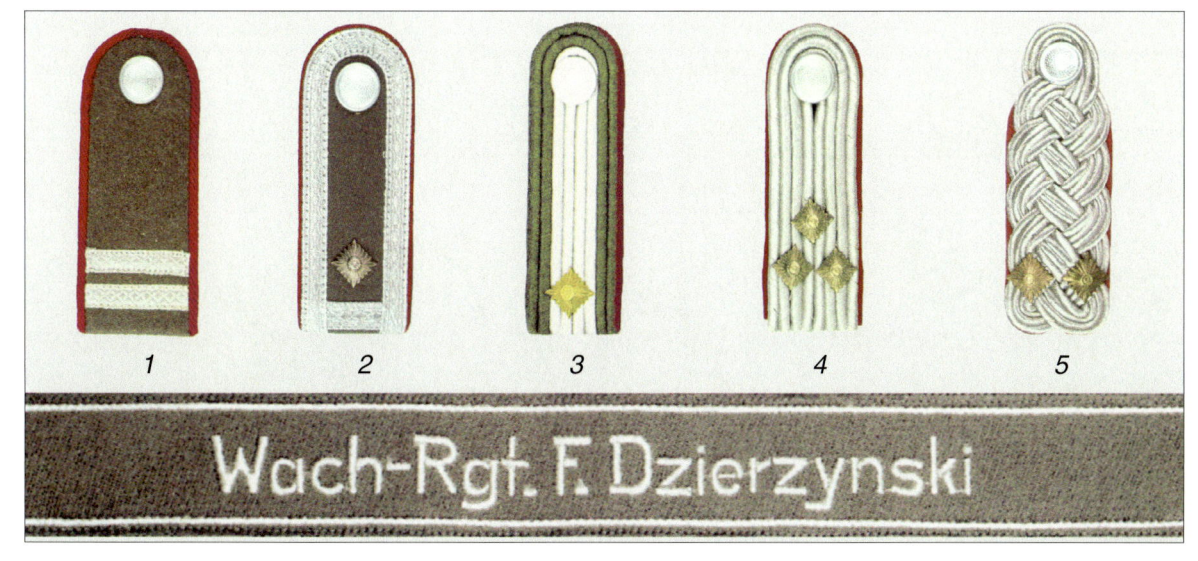

Wachregiment „Feliks E. Dzierzynski"

1 Stabsgefreiter
2 Feldwebel
3 Fähnrich
4 Oberleutnant
5 Oberstleutnant

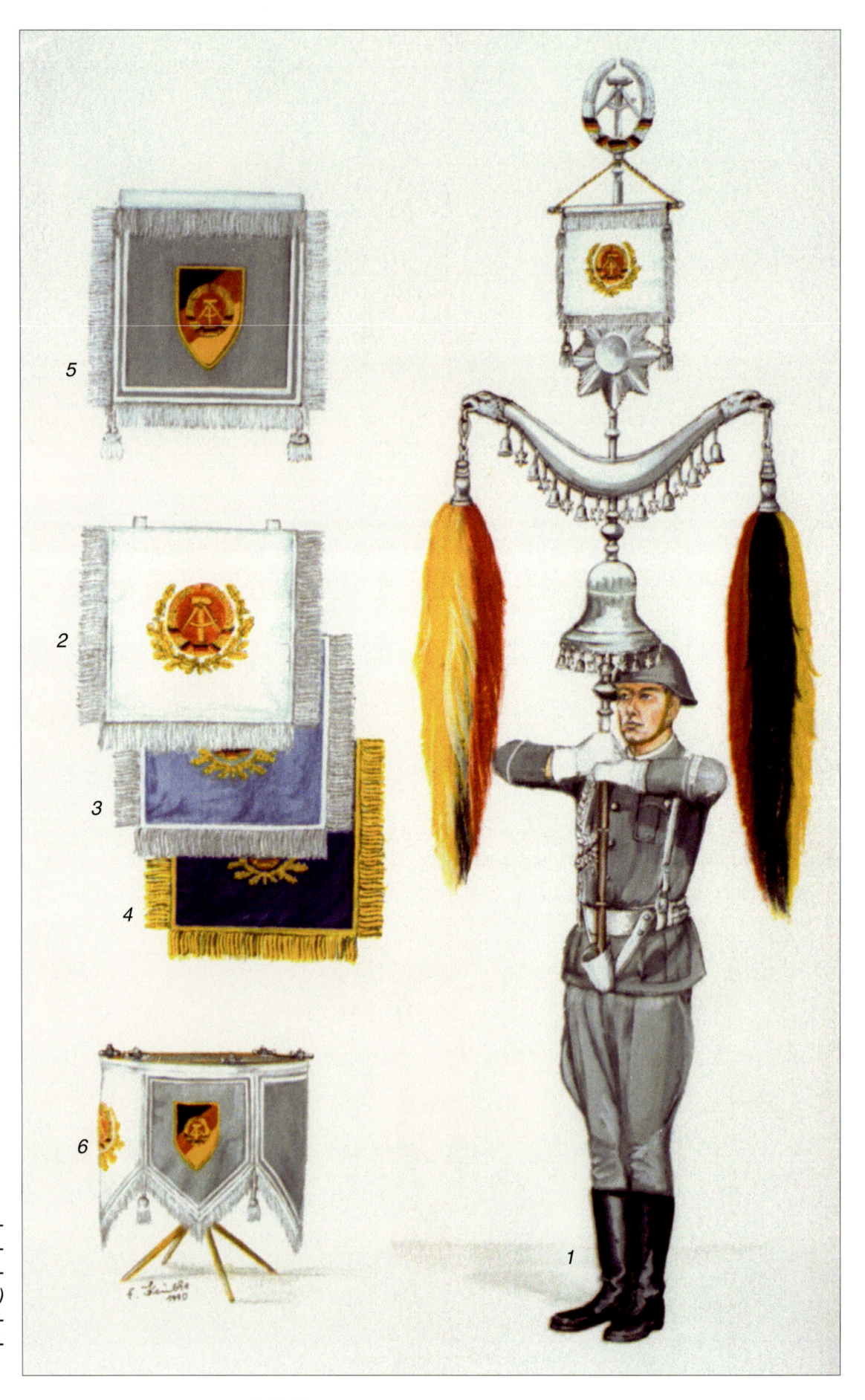

Schellenbaumträger (1) eines Wachregiments der NVA mit den Flaggen zum Schellenbaum für Landstreitkräfte (2), LSK/LV (3), Volksmarine (4) und deren Rückseite (5, Landstreitkräfte) sowie ein Paukenbehang (Landstreitkräfte, 6).

Paradeuniformen der NVA-Wachregimenter: Obermatrose (1), Major (Luftstreitkräfte, 2) und Unteroffizier (Landstreitkräfte, 3).

Entwürfe für das Dienstgradabzeichen „Marschall der DDR" einschließlich eines Marschallsterns als „Halsorden"

Vorschlag für neue Dienstgradabzeichen der Landstreitkräfte und der LSK/LV 1990

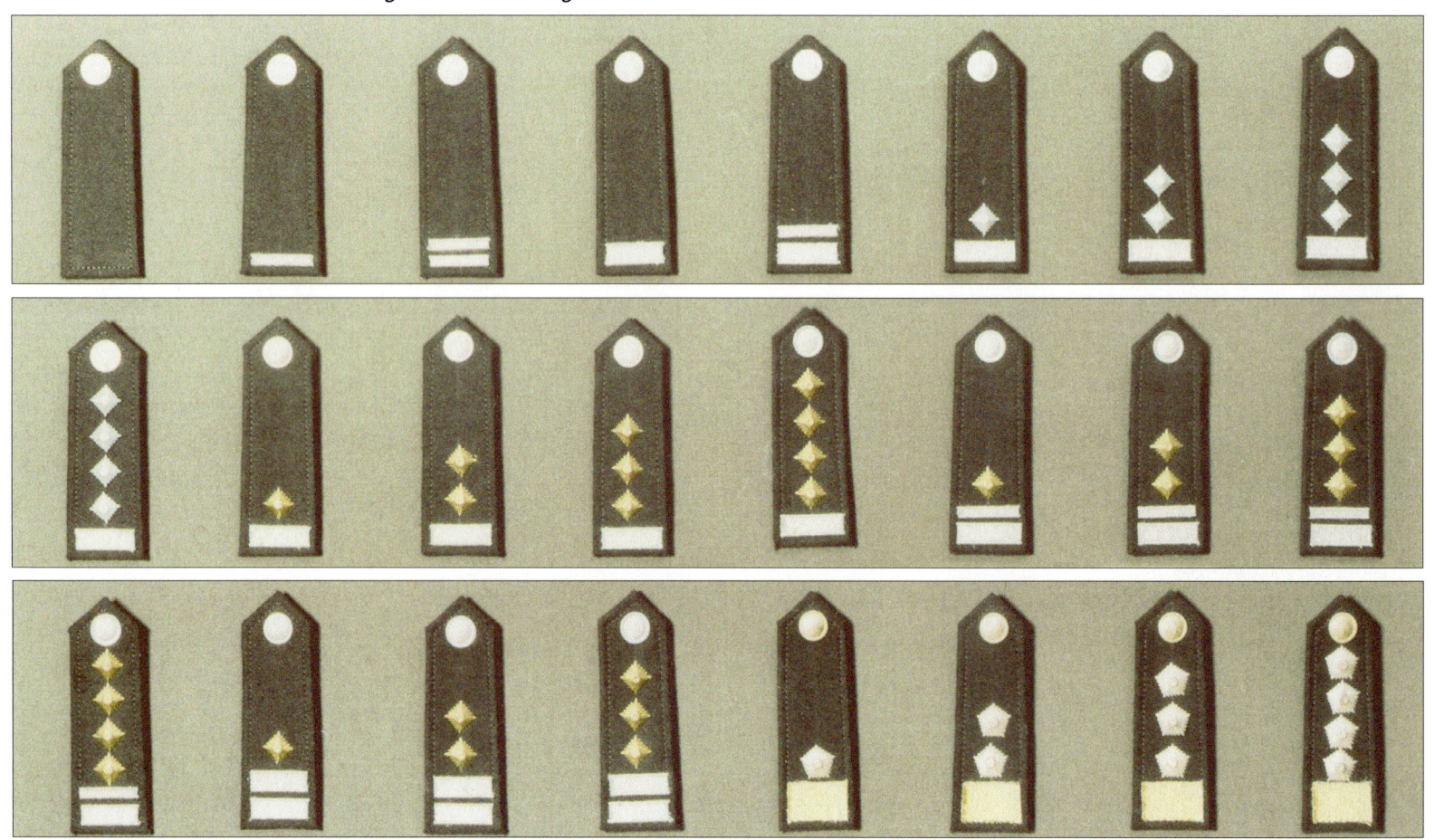

1 Soldat, 2 Gefreiter, 3 Stabsgefreiter, 4 Unteroffizier, 5 Unterfeldwebel, 6 Feldwebel, 7 Oberfeldwebel, 8 Stabsfeldwebel, 9 Stabsoberfeldwebel, 10 Fähnrich, 11 Oberfähnrich, 12 Stabsfähnrich, 13 Stabsoberfähnrich, 14 Unterleutnant, 15 Leutnant, 16 Oberleutnant, 17 Hauptmann, 18 Major, 19 Oberstleutnant, 20 Oberst, 21 Generalmajor, 22 Generalleutnant, 23 Generaloberst, 24 Armeegeneral

6. Die militärischen Uniformen in der DDR in den letzten Jahren ihres Bestehens

Mit Eintritt in das neue Jahrzehnt kündigten sich weitere Modifizierungen und Neuheiten auf dem Gebiet der Uniformierung der Streitkräfte der DDR an. Zunächst wurde noch im Jahre 1980 eine neue Bekleidungsvorschrift in Kraft gesetzt.

6.1 Veränderungen und Ergänzungen in der Uniformierung der NVA, der Grenztruppen und der Zivilverteidigung von 1980 bis 1985

Wieder eine neue Uniformvorschrift

Die DV 010/0/005, Ausgabejahr 1980, ermöglichte es, dem Anlaß und der Jahreszeit angepaßt, entweder den Großen oder den Kleinen Gesellschaftsanzug zu tragen. Im Großen Gesellschaftsanzug mit Achselschnur, Ehrendolch und Orden am Band erschienen Offiziere der NVA zu Staatsempfängen und Festveranstaltungen anläßlich des Jahrestages der NVA und des Nationalfeiertages der DDR. Der Kleine Gesellschaftsanzug ohne Achselschnur und Ehrendolch, aber mit Interimsspange wurde zu protokollarischen Empfängen, zu Staatsfeiertagen, zu Festveranstaltungen, Theater- und Konzertbesuchen und zu familiären Feierlichkeiten angezogen.

Fallschirmjäger im Kampfanzug bei der Feldparade in Magdeburg anläßlich des Manövers „Waffenbrüderschaft 80".

Das Anlegen der Achsel- und der Repräsentationsschnüre wurde in der Bekleidungsvorschrift 1980 neu geregelt. Offizieren war es jetzt gestattet, die Achselschnur, die vordem nur zur Gesellschaftsuniform gehörte, auch zur Ausgangsuniform und während des Urlaubs zu tragen. Offiziere der Ehrenkompanien, der Wachregimenter und Angehörige der Ehrenformationen legten nunmehr zu zentralen militärischen Zeremoniellen im Winterhalbjahr die Achsel- bzw. die Repräsentationsschnüre auch über dem Uniformmantel an.

Berufssoldaten war es ab 1. März 1981 möglich, den Sommermantel witterungsbedingt und der Vorschrift entsprechend in der Zeit vom 1. März bis 30. November zur Dienst-, Stabsdienst-, Ausgangs- und Gesellschaftsuniform anzuziehen. Berufsunteroffiziere, Fähnriche, Offiziere, Generale und Admirale der NVA wurden ab 1980 mit silbergrauen Hemdblusen in veränderter Ausführung ausgestattet. Die Brusttaschen waren jetzt mit zwei silberfarbenen Knöpfen versehen und hatten geradegeschnittene Patten sowie eine abgesteppte Mittelfalte. Außerdem waren Ärmelschlaufen zum Hochknöpfen der Ärmel angebracht. Jeweils vom 1. November bis zum 15. April konnte die Hemdbluse an Stelle der Uniformjacke getragen werden, allerdings nur in geschlossenen Räumen. Ab 15. April galt diese Einschränkung nicht mehr. Vom 16. April jeden Jahres an durften die Ärmel bei entsprechenden hochsommerlichen Temperaturen hochgeschlagen und mittels Schlaufen befestigt werden.

Den Vorgesetzten ab Regimentskommandeur aufwärts wurde in der 1980er Vorschrift das Recht eingeräumt, auch außerhalb der festgelegten Zeit das Tragen oder Mitführen des Uniformmantels zu befehlen und in der Zeit vom 16. April bis zum 31. Oktober einheitlich für den jeweiligen Truppenteil Festlegungen zur Trageweise der Ausgangsuniform ohne oder mit Paradejacke für Soldaten im Grundwehrdienst sowie Soldaten und Unteroffiziere auf Zeit zu treffen.

1981 entfielen an den Parade-/Ausgangsjacken aller Dienstgradgruppen bis einschließlich Oberst die Ärmelpatten. Die Waffenfarben waren nun nur noch an den Schulterklappen bzw. –stücken der Angehörigen der Landstreitkräfte, bei den Angehörigen der LSK/LV und bei den Fallschirmjägern auch an den Kragenspiegeln zu erkennen.

Weibliche Armeeangehörige durften ab 1980 die lange Hose das ganze Jahr über tragen. Nicht gestattet war es, den Kragen der Hemdbluse geöffnet über den Kragen der Uniformjacke zu tragen. Die Frauen konnten unter der Weste die Hemdbluse oder den weißen Pullover in den Rock oder die lange Hose ziehen.

Die Erstausstattung aller Armeeangehörigen mit dem wattierten Felddienstanzug im Stricheldruck konnte 1981, mit Webpelzkragen 1982 abgeschlossen werden. Zusammen mit der Wintermütze, die bereits seit 1980 in einer verbesserten Qualität produziert wurde,

Ein Soldat in wattiertem Felddienstanzug mit Webpelzkragen und Wintermütze erläutert Kindern ein modernes Reguliererkrad.

verfügten alle Armeeangehörigen nun über eine zeitgemäße Felddienstuniform auch für extreme Winterbedingungen. Parallel zur Ausstattung mit wattierten Felddienstanzügen im Stricheldruck und schmaler Schnittgestaltung erfolgte auch die schrittweise Versorgung mit Felddienstanzügen (Sommer) in körpernaher Ausführung.

Die Bekleidungsvorschrift der NVA, Ausgabejahr 1980, beinhaltete auch eine ganze Reihe nur für die Volksmarine zutreffende Änderungen. So durften jetzt auch Offiziersschüler des 3. Lehrjahres eine eigene weiße Uniformjacke mit weißem Oberhemd und schwarzem Binder im Ausgang und im Urlaub anziehen. Das war vordem nur den Meistern und Fähnrichen der Volksmarine gestattet. Meistern, Offiziersschülern ab 3. Lehrjahr, Fähnrichen und allen weiblichen Angehörigen der Volksmarine wurde erlaubt, zum Uniformmantel in Verbindung mit der Wintermütze einen weißen Schal einzulegen. Der Schal war aber nicht mehr verbindlicher Bestandteil der Winteruniform.

Die Volksmarine hielt auch nach der Ausstattung aller Dienstgradgruppen mit braunen Trainingsanzügen an der Festlegung fest, daß Maate, Offiziersschüler und Meister an den Trainingsanzügen einen gewebten goldfarbenen klaren Anker auf ovaler Unterlage aus blauem Stoff zwei cm unter dem ASV-Abzeichen zu tragen haben. Fähnriche und Offiziere der Volksmarine hatten den gleichen Anker, jedoch mit einer goldfarbenen Umrandung.

Neu aufgenommen in die Vorschrift wurden die Dienstgradabzeichen für die Angehörigen der Fliegerkräfte der Volksmarine am Flieger- und Technikeranzug. Diese Dienstgradabzeichen waren analog den Dienstgradabzeichen der Angehörigen der LSK/LV anzubringen.

Dienstgradabzeichen für die Angehörigen der Fliegerkräfte der Volksmarine am Flieger und Technikeranzug

Dienstgrad	Dienstgradabzeichen
Matrose	ohne
Obermatrose	ohne
Stabsmatrose	ohne
Maat	eine 7 mm breite Tresse
Obermaat	zwei 7 mm breite Tressen
Meister	drei 7 mm breite Tressen
Obermeister	vier 7 mm breite Tressen
Stabsobermeister	fünf 7 mm breite Tressen
Fähnrich	eine 9 mm breite Tresse
Oberfähnrich	zwei 9 mm breite Tressen
Stabsfähnrich	drei 9 mm breite Tressen
Stabsoberfähnrich	vier 9 mm breite Tressen
Unterleutnant	eine 12 mm breite Tresse
Leutnant	eine 12 mm breite Tressen, darüber eine 7 mm Tresse
Oberleutnant	zwei 12 mm breite Tressen
Kapitänleutnant	zwei 12 mm breite Tressen, darüber eine 7 mm Tresse
Korvettenkapitän	drei 12 mm breite Tressen
Fregattenkapitän	vier 12 mm breite Tressen
Kapitän zur See	eine 50 mm breite Tresse

Im Unterschied zu diesen waren die Tressen jedoch nicht mattsilbergrau, sondern goldfarben, und die Streifenanordnung gestaltete sich anders.

Eingang in die Vorschrift fand auch der neugestaltete Ärmelstreifen für die Angehörigen des Wachregiments in Berlin.

Die Einführung von Übergangsperioden für das Tragen der Uniformarten 1983

Am 25. März 1982 beschloß die Volkskammer der DDR ein neues Wehrdienstgesetz, das am 1. Mai 1982 in Kraft trat. Dieses Wehrdienstgesetz, das auf der Grundlage der Verfassung und des Verteidigungsgesetzes vom 13. Oktober 1978 alle Fragen der Organisation und Gestaltung des Wehrdienstes der DDR regelte, löste das aus dem Jahre 1962 stammende Wehrpflichtgesetz ab.

Als Folgebestimmung zum Wehrdienstgesetz verabschiedete der Staatsrat der DDR den Beschluß über militärische Dienstgrade, der erstmals die Dienstgrade Flottenadmiral und Marschall der DDR enthielt. Der Nationale Verteidigungsrat der DDR erließ auf neuer gesetzlicher Grundlage die Einberufungs- und Reservistenordnung sowie die Dienstlaufbahnordnung der NVA. Der Ministerrat der DDR beschloß darauf in Folge die Besoldungsordnung, die Unterhalts-, die Wiedergutmachungs- und die Förderungsverordnung. Zur Reservisten- und Förderungsverordnung erließ der Minister für Nationale Verteidigung der DDR Durchführungsbestimmungen, die ebenfalls am 1. Mai 1982 wirksam wurden. Auf der Grundlage dieses neuen Gesetzeswerkes zur Organisation der Landesverteidigung der DDR wurde es notwendig, Dienstvorschriften zu überarbeiten, so auch die DV 010/0/005, die Bekleidungsvorschrift der NVA. Die ver-

Generalleutnant J. Goldbach, Stellvertreter des Ministers und Chef Rückwärtige Dienste von 1979 bis 1986.

änderte Fassung wurde mit dem 1. März 1983 für alle Uniformträger verbindlich.

Zu den wichtigsten Festlegungen der 1983er Vorschrift gehörte die Festlegung neuer Zeitabschnitte für das Tragen der Bekleidung und Ausrüstung. Danach waren die Sommertrageperiode vom 16.

April bis 31. Oktober, die Übergangstrageperiode vom 1. März bis 15. April und vom 1. November bis 30. November sowie die Wintertrageperiode vom 1. Dezember bis zum 28./29. Februar festgelegt. Mit der Einführung der Übergangsperioden wurden für die Armeeangehörigen umfangreiche Möglichkeiten der Kombination der Uniformarten gestattet. Neu waren auch Festlegungen über die Einführung und die Zusammensetzung einer Arbeitsuniform.

Neue Uniformstücke und Kombinationsmöglichkeiten für weibliche Armeeangehörige 1983

Die Frauen erhielten 1983 neue Felddienstanzüge für Sommer- und Winterhalbjahr, eine neue Wintermütze und Uniformkleider. Anstelle des steingrauen Schiffchens trugen weibliche Armeeangehörige nun zum Felddienstanzug eine dunkelgraue, Angehörige der Volksmarine eine dunkelblaue Baskenmütze. Die Felddienstuniform der weiblichen Armeeangehörigen für den Sommer setzte sich aus dem Felddienstanzug im Stricheldruck, wie ihn auch die männlichen Armeeangehörigen trugen, Schaftstiefeln und Gurtkoppel zusammen.

In den Übergangsperioden war es nun möglich, entweder Uniformjacke oder -hose unterzuziehen oder auf Befehl den wattierten Felddienstanzug ohne Webpelzkragen und die Lederhandschuhe zu tragen. Auch der wattierte Felddienstanzug entsprach in Formgebung und Wattierung den Felddienstanzügen der männlichen Armeeangehörigen. Weibliche Armeeangehörige trugen ab sofort die Hose des Felddienstanzuges über den Stiefeln und stellten den Saumbund mittels der angebrachten Knöpfe so ein, daß die Hosenbeine eng an den Stiefeln anlagen. Die neue Wintermütze war aus steingrauem, bei der Volksmarine dunkelblauem Uniformtuch mit Schirm und Webpelzbesatz in Silbergrau, bei der Volksmarine in Schwarz gearbeitet.

Zur Dienstuniform zogen die weiblichen Armeeangehörigen einen modisch aktuellen, leicht ausgestellten Rock an, bei dem die zwei vorderen Teilungsnähte in Falten ausliefen. Dazu konnte entweder die einreihige, auf drei Knöpfe zu schließende Uniformjacke steigender Fasson mit schrägen Seitentaschen und Patten oder die neue silbergraue Hemdbluse mit oder ohne Bund, durchgehender Knopfleiste, zwei aufgesetzten Brusttaschen mit Patten und je zwei Knöpfen, langen Ärmeln mit Schlaufen und Knöpfen zum Hochschlagen getragen werden. Die Uniformart Stabsdienstuniform war am mannigfaltigsten. Hier konnten entsprechend der jeweiligen Trageperiode 18 verschiedene Bekleidungsstücke kombiniert werden. Es gab drei Uniformierungsvarianten für den Sommer, zwei für die Übergangsperioden und zwei für die Winterperiode.

Zur Stabsdienstuniform (Sommer) und in den Übergangsperioden gehörte die graue bzw. blaue Kappe, im Winter die Wintermütze aus Webpelz. Für hochsommerliche Temperaturen erwies sich das neue hellgraue Uniformkleid aus Seidengestrick als sehr zweckmäßig. Es bestand aus einem Oberteil mit durchgehender Knopfleiste, zwei aufgesetzten Taschen ohne Falte, aber mit Patten und je zwei Knöpfen, einem leicht ausgestellten Rockteil mit vorderer Kellerfalte, verschließbarem Kragen ohne Kragenspiegel, einem Gürtel aus dem Obermaterial, kurzen Ärmeln und imitierten Aufschlägen mit Knopfschlaufen. Hinzu kamen Schulterklappen bzw. -stücke. Das Kleid konnte durch ein silbergraues oder dunkelblaues Halstuch modisch variiert werden. Sollte der Sommermantel angezogen werden, mußte der Kragen geschlossen und ein Binder umgelegt werden.

An kühleren Tagen konnten Uniformjacke und Uniformrock, an besonders kühlen Tagen der Pullover über der silbergrauen Hemdbluse mit Binder getragen werden. Die dritte Möglichkeit für den Sommer bestand aus dem Uniformrock und der silbergrauen Hemdbluse mit offenem Kragen, Schulterstücken oder Schulterklappen.

In den Übergangsperioden konnte zur Stabsdienstuniform wahlweise der Sommer- oder der Uniformmantel angezogen werden. Es bestand auch die Möglichkeit, darunter ein ebenfalls neues Uniformkleid zu tragen. Dieses für die Übergangs- und Winterperiode vorgesehene Kleid war aus steingrauem oder dunkelblauem Seidengestrick. In Form und Ausführung glich es dem silbergrauen Uniformkleid, die Ärmel waren jedoch lang und mit Schlaufen und Knöpfen zum Hochschlagen versehen. Ein silbergraues Halstuch oder ein Binder komplettierten das Uniformkleid. Dazu kamen wahlweise die schwarzen Halbschuhe oder die Schaftstiefel mit Reißverschluß.

Eine zweite Variante der Stabsdienstuniform in der Übergangsperiode setzte sich aus Uniformrock, Uniformjacke, silbergrauer Hemdbluse, Binder, bei Bedarf Pullover und je nach Temperatur Halbschuhen oder Schaftstiefeln mit Reißverschluß zusammen. An die Stelle des Uniformrockes konnte auch die Uniformhose treten. Zur Winteruniform gehörten in jedem Fall Wintermütze und Uniformmantel sowie Lederhandschuhe. Die Frauen konnten zwischen Uniformkleid, -hose oder -rock wählen. Anstelle der Uniformjacke war es möglich, innerhalb von Gebäuden auch die Uniformweste zu tragen.

Mit der 1983er Bekleidungsvorschrift wurde für alle Armeeangehörigen die Arbeitsuniform eingeführt. Weibliche Armeeangehörige trugen dazu stets die Baskenmütze, auch wenn der Arbeitsanzug wattiert befohlen war, das Arbeitshemd, in der Übergangsperiode bei Notwendigkeit, im Winter immer Lederhandschuhe und Schaftstiefel.

Zur Ausgangsuniform waren den Frauen Uniformrock und -jacke, nicht aber Uniformkleider oder -hose gestattet. Im Sommer war es möglich, entweder Uniformrock und -jacke oder Uniformrock und weiße Hemdbluse anzuziehen. Im ersten Fall wurde der Blusenkragen geschlossen und der Binder angelegt, im zweiten der Kragen geöffnet, aber Schulterklappen oder -stücke aufgeknöpft. Dazu durfte der Sommermantel getragen werden. Für den Sommer und die Übergangszeiten war die Kappe obligatorisch. In der Übergangsperiode konnte entweder der Uniform- oder der Sommermantel angezogen werden. Im Winter sorgten zusätzlich Wintermütze, Uniformmantel und Lederhandschuhe für ausreichenden Wetterschutz.

Weibliche Offiziere wählten in Fällen, wo die Gesellschaftsuniform getragen wurde, im Sommer und in der Übergangszeit zwischen je zwei Varianten, im Winter gab es nur eine. Je nach Anlaß und Außentemperatur war die Gesellschaftsuniform der weiblichen Offiziere im Sommer entweder mit Gesellschaftsjacke als Großer oder nur mit weißer Hemdbluse und Schulterstücken als Kleiner Gesellschaftsanzug zu tragen. In den Übergangszeiten konnte entweder der Sommer- oder der Uniformmantel angezogen werden. Darunter wurden immer Uniformrock, Gesellschaftsjacke sowie weiße Uniformbluse mit Binder getragen. Beim Großen Gesellschaftsanzug wurden die Orden am Band, sonst nur die Interimsspangen angelegt. Im Sommer und in den Übergangszeiten gehörten zur Gesellschaftsuniform die Kappe, im Winter die Wintermütze und dazu auch der Uniformmantel und Lederhandschuhe. Alle Varianten der Gesellschaftsuniform für weibliche Offiziere wurden durch schwarze Halbschuhe vervollständigt.

Insgesamt war den weiblichen Angehörigen der NVA eine außerordentlich große Vielfalt an Uniformarten und vor allem Kombinationsmöglichkeiten innerhalb dieser Uniformarten geboten.

Neue Dienstgrade und veränderte Dienstgradkennzeichnungen 1982/1983

Entsprechend dem vom Nationalen Verteidigungsrat der DDR verabschiedeten Beschluß über militärische Dienstgrade waren mit Wirkung vom 1. Mai 1982 die Dienstgrade Marschall der DDR und Flottenadmiral geschaffen worden.

Im Unterschied zu den Generalsdienstgraden waren der Marschall der DDR durch vierschlaufige, dickgeflochtene goldfarbene Schulterstücke mit einem 20 mm großen fünfzackigen vergoldeten Stern mit eingelassenem Rubin, der Flottenadmiral durch fünfschlaufige Schulterstücke mit vier Sternen in Reihe gekennzeichnet. Im Zusammenhang mit der Gestaltung der Schulterstücke für den Marschall der DDR wurden die der Generale und Admirale generell fünfschlaufig wie die Schulterstücke der Stabsoffiziere, allerdings in der bisherigen gold-silber-durchwirkten Art gefertigt. Berichtet wird aber auch, daß der Grund für diesen Übergang von den vier- zu den fünfschlaufigen Schulterstücken darin gelegen habe, daß erstere immer breiter, pompöser und somit „operettenhafter" geworden waren und dadurch Anstoß beim damaligen Minister für Nationale Verteidigung der DDR, Armeegeneral H. Hoffmann, erregt hatten.

Veränderungen gab es ab 1983 auch in der Dienstgradkennzeichnung der Fähnrich- und Offiziersschüler. Mit der endgültigen Regelung der Fähnrichausbildung als Fachschulausbildung wurden Schulterklappen für Fähnrichschüler im 1. und 2. Studienjahr eingeführt. Das Studienjahr wurde durch die entsprechende Anzahl von Querstreifen auf den Schulterklappen kenntlich gemacht. Mit Beginn des Studiums an den Offiziershochschulen trugen Offiziersschüler die gleichen Uniformen aus Kammgarngewebe wie die Berufssoldaten. Damit konnte die Umuniformierung zu Beginn des 2. bzw. 3. Studienjahres wegfallen, und die Offiziersschüler wurden äußerlich noch mehr den Offizieren angeglichen.

Für alle Berufsunteroffiziere entfiel mit der Bekleidungsvorschrift, Ausgabejahr 1983, der doppelte Winkel auf dem rechten Ärmel. Nur Soldaten, Unteroffiziere und Maate mit dreijähriger bzw. Matrosen und Maate mit vierjähriger Dienstzeit brachten an gleicher Stelle einen stumpfen Winkel – silber- bzw. goldfarben – zur Kennzeichnung ihres Dienstverhältnisses auf Zeit 1 cm über der Ärmelbiese, in der Volksmarine 13 cm vom Ärmelsaum des Kieler Hemdes oder des Überziehers entfernt an. Bei der Volksmarine befanden sich außerdem metallgeprägte goldfarbene Dienstlaufbahnabzeichen auf den Schulterklappen der Berufsunteroffiziere und Berufsunteroffiziersschüler.

Vereinheitlicht, erweitert und verändert wurden die Dienstgradabzeichen an Flieger- und Technikeranzügen. Ab 1983 wurden die Dienstgrade an den Flieger- und Technikeranzügen einheitlich durch Tressen in Mattsilbergrau für LSK/LV und Mattgold bei der Volksmarine kenntlich gemacht.

6.2 Die Uniformen von NVA, Grenztruppen und Zivilverteidigung der DDR in der zweiten Hälfte der 1980er Jahre

Einen gewissen Abschluß in der Uniformentwicklung der Nationalen Volksarmee, der Grenztruppen und der Zivilverteidigung der DDR war 1986 erreicht worden und wurde in der Bekleidungsvorschrift von 1986, die der Minister für Nationale Verteidigung der DDR, Armeegeneral H. Keßler, am 1. Dezember 1986 in Kraft setzte, dokumentiert.

Die Bekleidungsvorschrift von 1986

In dieser neuen Vorschrift, die erstmals eine uneingeschränkte Gültigkeit für NVA, Grenztruppen und Zivilverteidigung der DDR festschrieb, fanden die dreißigjährigen Teilschritte bei der Entwicklung und Ausstattung der Armeeangehörigen mit Bekleidung und Ausrüstung ihren Kulminationspunkt.

Militärische Zweckmäßigkeitserwägungen, ein systembedingtes hohes Repräsentationsbedürfnis der Uniformträger und modische Einflüsse hatten die Uniformen der NVA, der Grenztruppen und der Zivilverteidigung der DDR zu einem zwar noch mit Traditions-

Dienstgrade am Flieger- und Technikeranzüge 1983

Dienstgrad	Dienstgradabzeichen
Soldat/Matrose	Schulterklappen
Gefreiter/Obermatrose	Schulterklappen
Stabsgefreiter/Stabsmatrose	Schulterklappen
Unteroffizier/Maat	eine 7 mm breite Tresse
Unterfeldwebel/Obermaat	zwei 7 mm breite Tressen
Feldwebel/Meister	drei 7 mm breite Tressen
Oberfeldwebel/Obermeister	vier 7 mm breite Tressen
Stabsoberfeldwebel/Stabsobermeister	fünf 7 mm breite Tressen
Fähnrich	eine 9 mm breite Tresse
Oberfähnrich	zwei 9 mm breite Tressen
Stabsfähnrich	drei 9 mm breite Tressen
Stabsoberfähnrich	vier 9 mm breite Tressen
Unterleutnant	eine 14 mm breite Tresse
Leutnant	eine 14 mm breite Tressen, darüber eine 7 mm Tresse
Oberleutnant	zwei 14 mm breite Tressen
Hauptmann/Kapitänleutnant	zwei 14 mm breite Tressen, darüber eine 7 mm Tresse
Major/Korvettenkapitän	drei 14 mm breite Tressen
Oberstleutnant/Fregattenkapitän	vier 14 mm breite Tressen
Oberst/Kapitän zur See	eine 50 mm breite Tresse
Generalmajor	eine 50 mm breite Tresse, darüber eine 14 mm Tresse
Generalleutnant	eine 50 mm breite Tresse, darüber zwei 14 mm Tressen
Generaloberst	eine 50 mm Tresse, darüber drei 14 mm Tressen
Armeegeneral	eine 50 mm breite Tresse, darüber drei 14 mm Tressen und eine 7 mm Tresse

elementen ausgestatteten, aber doch völlig eigenständigen Uniformsystem von Uniformarten werden lassen. Bei der erreichten Vielfalt und den damit verbundenen Reglementierungen für das Tragen der Uniform hatte sich die Vorschrift zu einer relativ gut handhabbaren, reich illustrierten und übersichtlichen Handlungsanleitung zu allen Detailfragen der Uniformierung qualifiziert.

Generalleutnant M. Grätz wurde 1986 Stellvertreter des Ministers für Nationale Verteidigung und Chef Rückwärtige Dienste.

In sechs Kapiteln legte die Dienstvorschrift (DV) 010/0/005. Uniformen und ihre Trageweise – Bekleidungsvorschrift - die allgemeinen Grundsätze, die Uniformarten, die Trageweise der Bekleidung und Ausrüstung, die Waffenfarben, die Dienstgradabzeichen und Kennzeichnungen sowie die Auszeichnungen und ihre Trageweise fest. Für die Angehörigen der Landstreitkräfte und der Luftstreitkräfte und Luftverteidigung der NVA sowie der Grenztruppen und der Zivilverteidigung der DDR, die in einem Dienstverhältnis der Dienstlaufbahnordnung – ZV – standen, waren die Uniformarten Felddienstuniform, Dienstuniform, Stabsdienstuniform, Ausgangsuniform, Paradeuniform, Gesellschaftsuniform und Arbeitsuniform in ihrer genauen Zusammenstellung vorgeschrieben.

Für Angehörige der Volksmarine der NVA, der 6. Grenzbrigade Küste und die Grenzbootgruppen der Grenztruppen der DDR legte die neue Vorschrift die Uniformarten Gefechtsuniform, Felddienstuniform, Dienstuniform, Borduniform, Ausgangsuniform, Paradeuniform, Gesellschaftsuniform und Arbeitsuniform fest. Diese Uniformarten konnten jahreszeitlich bedingt als Sommeruniform in der Zeit vom 16. April bis 31. Oktober und als Übergangsuniform in der Zeit vom 1. März bis zum 15. April und vom 1. November bis zum 30. November sowie als Winteruniform vom 1. Dezember bis zum 28. bzw. 29. Februar getragen werden.

Bei Einhaltung des Grundsatzes, daß Armeeangehörige bei gleichem Anlaß und bei gleicher Dienstdurchführung die gleiche Uniformart zu tragen haben, bot die neue Vorschrift ausreichende Möglichkeiten, unter konkreter Berücksichtigung der Witterungsbedingungen alle Aufgaben des militärischen Dienstes in zweckmäßiger Uniformierung zu erfüllen. Eingearbeitet in die neue Vorschrift waren inzwischen eingeführte oder geänderte Uniformstücke und ihre Trageweise.

Je nach Ausstattung setzten Armeeangehörige zur Arbeitsuniform die neue schwarze Arbeitsmütze mit Mützenschirm oder wie in der Vergangenheit die Feldmütze auf. Angehörige der Volksmarine, die nun ebenfalls einen zweiteiligen Arbeitsanzug besaßen, trugen zur Arbeitsuniform (Sommer) das Bordkäppi oder ebenfalls die Arbeitsmütze mit Schirm.

Die Fallschirmjäger aller Dienstgradgruppen befestigten nun auf den orangefarbenen und dunkelgrauen Baskenmützen (der Begriff „Barett" wurde offiziell nicht verwendet!) links neben dem Mützenemblem als weitere Symbolik einen weißen gestickten Fallschirm mit darunter befindlicher Schwinge.

Eine gravierende Neuerung gab es innerhalb der Grenztruppen der DDR in diesem Jahr 1986. Bis dahin hatten ihre als Grenzflieger eingesetzten Angehörigen die Uniformen, Effekten und Waffenfarbe der Luftstreitkräfte der NVA getragen. Von nun an legten sie an ihre Schirmmützen ebenfalls Schwingenembleme an und brachten hellgrüne Kragenspiegel in analoger Ausführung zu den LSK an ihren Jacken an. Ähnlich verlief eine Uniformänderung bei den Marinefliegerkräften der Volksmarine der NVA. Sie erhielten ebenfalls 1986 an ihren Schulterklappen und –stücken die hellblaue Waffenfarbe der LSK. Vorher konnten sie nur an dem entsprechenden Klassifizierungsabzeichen der Luftstreitkräfte der NVA erkannt werden. Im gleichen Jahr kam noch ein eigenes Dienstlaufbahnabzeichen der Marineflieger in Gestalt einer vierblättrigen Luftschraube im Ährenkranz hinzu.

1986 wurde damit begonnen, alle steingrau eingekleideten Dienstgradgruppen mit Uniformmänteln ohne den dunkel abgesetzten Kragen zu versorgen. Mit der kontinuierlichen Vereinheitlichung aller Uniformstücke fielen ab 1986 auch die Kragenspiegel auf den Mänteln der Angehörigen der Luftstreitkräfte weg. Kragenspiegel aus hochrotem, blauem oder grünem Stoff mit darauf befindlicher Arabeskenstickerei oder metallgeprägten Arabesken trugen nun nur noch Generale der Landstreitkräfte, der LSK/LV, der Zivilverteidigung und der Grenztruppen der DDR. Für Generale wurde mit dem 1. Dezember 1986 die zweireihige steingraue Uniformjacke aus der Ausstattung herausgenommen. Dafür war die einreihige Uniformjacke zur Dienst-, Stabsdienst-, Ausgangs- und Paradeuniform anzuziehen.

1988 erfolgte die Ausstattung der Berufssoldaten mit einer neuen weißen Hemdbluse im gleichen Schnitt wie die silbergrauen bzw. cremefarbenen Hemdblusen.

Für weibliche Armeeangehörige wurde ab 1. Dezember 1986 wieder die Wintermütze mit Webpelz ohne Schirm eingeführt. Für alle veränderten oder neuen Uniformstücke legte die Bekleidungsvorschrift 1986 exakte Tragezeiten fest, so daß unter Beachtung des pfleglichen Umgangs mit den Uniformteilen bis 1990 sowohl veränderte als auch unveränderte Uniformstücke getragen werden konnten. Bei den meisten Uniformarten war es möglich, jahreszeitlich bedingt und auf der Grundlage der Festlegungen der Bekleidungsvorschrift drei bis fünf Varianten, die in der Vorschrift durchnumeriert waren, zusammenzustellen.

Die Felddienst- und Gefechtsuniformen

Die Entwicklung der Felddienstuniformen gestaltete sich in nahezu drei Jahrzehnten vom Kampfanzug im Flächentarndruck über weitgeschnittene und für unterschiedliche Dienstgradgruppen auch anders gestaltete Felddienstanzüge für den Sommer und steingraue Watteanzüge für den Winter hin zum körpernahen Felddienstanzug der 1980er Jahre im Tarnstricheldruck („ein-Strich-kein-Strich"). In seiner äußeren Form und Schnittgestaltung hatte er für alle Dienstgradgruppen, für männliche und weibliche Armeeangehörige, für Sommer und Winter ein gleiches Aussehen. Damit wurde eine

Mot.Schütze im körpernah geschnittenen Felddienstanzug und Stahlhelm mit Überzug auf dem Gefechtsfeld.

allgemeine Uniform für die gesamte Ausbildung geschaffen und der Sommerdienstanzug (Drillich), der vordem zur Ausbildung getragen wurde, fiel weg.

Viele Veränderungen wurden in den 1970er und 1980er Jahren vorgenommen, um den Militärangehörigen beim Tragen der Uniform leistungsunterstützend bessere Trageeigenschaften, höhere Beweglichkeit und bekleidungshygienisches Wohlbefinden zu verschaffen. Die Weiterentwicklung zum körpernahen Felddienstanzug für den Sommer und für den Winter entsprach diesem Ziel und prägte das Bild der Felddienstbekleidung der Armeeangehörigen in der zweiten Hälfte der 1980er Jahre.

Die Felddienstuniform Nr. 1 für den Sommer bestand aus dem Felddienstanzug im Tarnstricheldruck, Feldmütze für alle Dienstgradgruppen der Landstreitkräfte, der LSK/LV und der Grenztruppen der DDR (nur Fallschirmjäger und weibliche Armeeangehörige trugen dazu die dunkelgraue Baskenmütze), Bordkäppi für alle Angehörigen der Volksmarine, Gurtkoppel und Halbschaftstiefeln. Berufsoffiziere zogen statt der Halbschaftstiefel genarbte, Generale und Admirale glatte Schaftstiefel an. Letztere legten anstelle des Gurtkoppels das Lederkoppel um.

Hauptbekleidungsstück der Felddienstuniform Nr. 2 für die Übergangsperiode war gleichfalls einheitlich für alle Armeeangehörigen der Felddienstanzug (Sommer). Soldaten im Grundwehrdienst, Unteroffiziersschüler, Soldaten und Unteroffiziere auf Zeit und im Reservistenwehrdienst der Landstreitkräfte, der LSK/LV und der Grenztruppen der DDR zogen darunter Uniformjacke und Uniformhose und ergänzten diese Uniform generell mit Feldmütze, Gurtkoppel und Halbschaftstiefeln. Wenn angeordnet, wurden auch Vierfingerhandschuhe, Stahlhelm, Tragegestell und Ausrüstung dazu getragen.

Berufsunteroffiziersschüler, Berufsunteroffiziere, Fähnrichschüler, Offiziersschüler, Fähnriche und Offiziere zogen zur Felddienstuniform Nr. 2 in der Übergangsperiode unter den Felddienstanzug (Sommer) Uniformjacke, Stiefelhose und silbergraue Hemdbluse mit Binder. Die Felddienstuniform Nr. 2 wurde vervollständigt durch genarbte Stiefel, Gurtkoppel, Leder- bzw. Vierfingerhandschuhe und Feldmütze oder Bordkäppi. Die analoge Bekleidungsanordnung zur Felddienstuniform Nr.2 in der Übergangsperiode galt auch für Generale, nur, daß diese Lederkoppel umschnallten und glatte Schaftstiefel dazu trugen.

Weibliche Armeeangehörige und Berufssoldaten der Volksmarine, zu deren Ausstattung keine Stiefelhose gehörte, zogen zur Felddienstuniform Nr. 2 in der Übergangsperiode unter den Felddienstanzug (Sommer) Uniformjacke und Uniformhose, silbergraue Hemdbluse und dunkelgrauen Binder. Wie auch zur Felddienstuniform Nr. 3 der

Eine Unteroffiziersschülerin bei der Funkausbildung im Gelände.

Angehörige der ungarischen, bulgarischen, tschechoslowakischen, sowjetischen und polnischen Armee sowie der NVA (v.r.n.l.) während der Übung „Schild 84" jeweils in ihrer Felddienstuniform (Sommer).

Übergangsperiode gehörte bei den Frauen die dunkelgraue Baskenmütze zur Anzugsordnung.

Matrosen im Grundwehrdienst, Unteroffiziersschüler, Matrosen und Maate auf Zeit und im Reservistendienst der Volksmarine trugen im Unterschied zu den Angehörigen der gleichen Dienstgradgruppen bei den Landstreitkräften, den LSK/LV und den Grenztruppen der DDR unter dem Felddienstanzug (Sommer) den Arbeitsanzug und das Seemannshemd.

Zum Felddienstanzug Nr. 3 für die Übergangsperiode trugen alle Armeeangehörigen den in der äußeren Form dem Felddienstanzug (Sommer) angepaßten Felddienstanzug (Winter). Dazu kamen Feldmütze, Baskenmütze oder Bordkäppi. Vom 1. Dezember bis Ende Februar, der Winterperiode, war der Felddienstanzug Nr. 4 oder Nr. 5 immer mit aufgeknöpftem Webpelzkragen und Wintermütze befohlen. Im äußeren Erscheinungsbild glichen sich diese für den Winter bestimmten Felddienstuniformen. Während bei der Felddienstuniform Nr. 4 für mildere Wintertage unter dem Felddienstanzug (Winter) nur Unterwäsche getragen wurde, zogen die Armeeangehörigen bei der Felddienstuniform Nr. 5 unter den Felddienstanzug (Winter) die gleichen Kleidungsstücke wie bei der Felddienstuniform Nr. 2 für den Übergang.

Nur Angehörige der Volksmarine und der 6. Grenzbrigade Küste trugen bei Auslösung höherer Stufen der Gefechtsbereitschaft, bei taktischen Übungen auf See und auf besonderen Befehl an Bord der Kampfschiffe die Gefechtsuniform. Zu dieser Uniformart gehörte als Hauptbekleidungsstück der orangefarbene Kampfanzug der Volksmarine, der durch wasserundurchlässige Nahtgestaltung weiter verbessert worden war. Im Sommer, in den Übergangszeiten und im Winter kamen Gummistiefel hinzu. Im Winter und in den Übergangsperioden wurde der Arbeits- bzw. von Berufssoldaten der Bordanzug untergezogen. Im Sommer und in den Übergangsperioden waren Bordkäppi, im Winter Wintermütze, auf Befehl auch Kopfschützer bzw. Stahlhelm, die dazugehörige Kopfbedeckung.

Die Dienst- und Stabsdienstuniformen

Sehr differenziert und den Aufgaben der jeweiligen Dienstgradgruppen angepaßt waren die Uniformarten Dienstuniform und Stabsdienstuniform.

Soldaten im Grundwehrdienst, Soldaten, Unteroffiziere auf Zeit und Unteroffiziersschüler sowie Unteroffiziere auf Zeit im Reservistendienst konnten die Dienstuniform nur im Übergang und im Winter tragen und zwar zum Unterricht in geschlossenen Räumen sowie zum Tages- und Innendienst. Die Dienstuniform bestand aus hochgeschlossener Uniformjacke und eingeschlagener Hose, Halbschaftstiefeln und Gurtkoppel. Bei Dienst in Stäben konnten anstelle der Halbschaftstiefel Halbschuhe angezogen werden. Kopfbedeckung zur Dienstuniform Nr. 1 für die Übergangsperiode war für Soldaten die Feldmütze, für Unteroffiziere die Schirmmütze und für Fallschirmjäger die dunkelgraue Baskenmütze. Bei niedrigen Temperaturen wurde die Dienstuniform Nr. 2 befohlen. Den notwendigen Kälteschutz erreichte man durch das Anlegen des Wintermantels und der Wirkhandschuhe. Dazu wurde die Pelzmütze aufgesetzt.

Den besonderen Anforderungen waren die Dienstuniformen der Angehörigen des Wachdienstes angeglichen. Dazu gehörten Uniformstücke, die entsprechend der befohlenen Uniformart, wie in der nachfolgenden Tabelle dargestellt, kombiniert werden konnten.

Artikel	Nr. 1 So	Nr. 2 Üb	Nr. 3 Üb	Nr. 4 Wi	Nr. 5 Wi
Schirmmütze, nur Unteroffiziere	+	+			
Feldmütze	+	+	+		
Wintermütze				+	+
Uniformmantel			+		
Uniformjacke	+	+			+
Stiefelhose	+	+			+
Wirkhandschuhe		+	+	+	+
Schaftstiefel, genarbt	+	+	+	+	+
Lederkoppel mit Schnalle	+	+			
Gurtkoppel			+	+	+
Felddienstanzug Winter			+	+	+
Webpelzkragen				+	+
Stahlhelm, Tragegestell und Ausrüstung		nur auf Befehl			

Die Soldatendienstgrade der Wachregimenter waren, bedingt durch die Besonderheiten ihres Dienstes und die herausgehobenen Ansprüche an das Repräsentationsvermögen ihrer Uniform, auch während der Wachdienstdurchführung entsprechend einer Sondernorm mit Bekleidung und Ausrüstung wie Berufssoldaten ausgestattet.

Die Dienstuniformen der Offiziere auf Zeit und Berufssoldaten der Landstreitkräfte, der LSK/LV, der Grenztruppen und der Zivilverteidigung der DDR konnten im Sommer und in den Übergangsperioden variiert werden, im Winter gab es diese Möglichkeit nicht. Generell gehörten zur Dienstuniform Stiefelhose und Schaftstiefel.

Rückkehr der Ehrenposten in ihr Wachlokal im Berliner Zeughaus.

Kopfbedeckung war im Sommer und in den Übergangsperioden die Schirmmütze, im Winter die Wintermütze.

Die Dienstuniform Nr. 1 für den Sommer bestand aus Stiefelhose, Uniformjacke, Uniformhemd oder silbergrauer Hemdbluse mit geschlossenem Kragen, Binder und Lederkoppel mit Schnalle. Dazu konnte der Sommermantel mit geschlossenem Rinksgurt getragen werden. Bei der Dienstuniform Nr. 2 für wärmere Witterung wurde auf Sommermantel und die Uniformjacke verzichtet und der Kragen der Hemdbluse geöffnet. Das Lederkoppel wurde dann durch die Schlaufen der Hemdbluse gezogen.

Die Dienstuniform Nr. 3 berücksichtigte kühle Tage während der Übergangszeiten. Unter dem Uniformmantel wurden dann Stiefelhose, Uniformjacke, Uniformhemd bzw. -bluse und Binder, im Bedarfsfall der Pullover mit V-Ausschnitt getragen. Dazu gehörten auch schwarze Lederhandschuhe. Die Dienstuniform Nr. 4 sah statt des Uniformmantels den Sommermantel vor. Zur Dienstuniform Nr. 5 zählten Wintermütze und Uniformmantel, über dem das Lederkoppel mit Schnalle getragen wurde.

Die Stabsdienstuniform für Berufssoldaten unterschied sich von der Dienstuniform dadurch, daß anstelle der Stiefelhosen lange Uniformhosen, statt der genarbten Schaftstiefel Halbschuhe oder die neu eingeführten Zugstiefel angezogen und kein Lederkoppel getragen wurden.

Berufsunteroffiziersschüler, Fähnrich- und Offizierschüler erschienen in Dienstuniform zum Tagesdienst und zum Standortstreifendienst, in Stabsdienstuniform zum Innendienst; Berufssoldaten zum Wach- und Tagesdienst, zu Inspektionen und Kontrollen und zum Standortstreifendienst. Die Stabsdienstuniform trugen Berufssoldaten zum Innendienst, auf Befehl zu Kontrollen, Inspektionen sowie auf dem Weg vom und zum Dienst.

Für weibliche Armeeangehörige gab es die Uniformart Dienstuniform nicht. Die vielfältigen Variationsmöglichkeiten für das Tragen der Stabsdienstuniform – für weibliche Armeeangehörige die Hauptuniformart für die Dienstdurchführung – zeigt die Tabelle auf Seite 200.

Innerhalb geschlossener Gebäude war es weiblichen Armeeangehörigen gestattet, die Uniformjacke gegen die Uniformweste auszuwechseln. Generale trugen zur Dienstuniform immer Stiefelhosen mit Lampassen, glatte Schaftstiefel und braunes Lederkoppel mit Schnalle. Zur Dienstuniform Nr. 1 für den Sommer gehörten Uniformjacke, graues Oberhemd bzw. silbergraue Hemdbluse, Binder und Schirmmütze. Dazu war es möglich, den Sommermantel zu tragen. In der zweiten Sommervariante trat an die Stelle der Uniformjacke die Hemdbluse mit geöffnetem Kragen. War der Sommermantel notwendig, wurde der Kragen geschlossen und der Binder umgelegt.

In der Übergangsperiode wählten die betreffenden Armeeangehörigen zwischen Uniformmantel und Sommermantel. Wurde der Uniformmantel im Übergang wie auch im Winter zur Dienstuniform getragen, mußte das Lederkoppel darüber angelegt werden. In der Winterzeit ergänzten Wintermütze und Lederhandschuhe die Dienstuniform der Generale. Seit dem 1. Dezember 1986 erhielten – wie schon angedeutet – alle Generale eine neue einreihige Uniformjacke, die im Schnitt ihrer Paradejacke entsprach. Diese einreihige Uniformjacke löste die zweireihige Stabsdienstjacke ab, die aber noch bis zum 30. November 1988 aufgetragen werden durfte.

Auch bei den Generalen unterschied sich die Dienstuniform von der Stabsdienstuniform vor allem dadurch, daß die Uniformhose an-

Stabsdienstuniformen weiblicher Armeeangehöriger

Artikel	Nr. 1 So	Nr. 2 So	Nr. 3 So	Nr. 4 Üb	Nr. 5 Üb	Nr. 6 Wi	Nr. 7 Wi
Kappe	+	+	+	+	+	+	+
Wintermütze						+	+
Uniformmantel				+	+	+	+
Sommermantel	(+)	(+)	(+)	(+)	(+)		
Uniformjacke		+			+		
Uniformrock		+	+		+		+
Uniformhose		(+)			(+)		(+)
Uniformkleid, hellgrau	+						
Uniformkleid, steingrau/blau				+		+	
Hemdbluse, silbergrau		+	+		+		+
Halstuch	(+)			(+)		(+)	
Binder	(+)	+	(+)	(+)	+	(+)	+
Pullover, weiß		(+)			(+)		(+)
Schaftstiefel mit Reißverschluß				(+)	(+)	+	+
Halbschuhe	+	+	+	+	+	(+)	(+)
Lederhandschuhe				(+)	(+)	+	+

Die Borduniformen der Berufssoldaten der Volksmarine

Artikel	Nr. 1 So	Nr. 2 So	Nr. 3 Üb	Nr. 4 Üb	Nr. 5 Wi	Nr. 6 Wi
Bordkäppi	+	+	+	+		
Wintermütze					+	+
Bordjacke		+	+			+
Bordhose	+	+	+			+
Felddienstanzug (Winter)				+	+	(+)
Webpelzkragen					+	(+)
Hemdbluse, silbergrau	+	+	+			+
Binder		+	+			+
Bordschuhe	+	+	+	+	(+)	(+)
Zugstiefel			(+)	(+)	+	+
Gurtkoppel				+	+	+
Lederhandschuhe			(+)	(+)	+	+
Wetterschutzanzug	Schiffsoffiziere bei Notwendigkeit					

Die in Klammern angekreuzten Artikel konnten zusätzlich oder anstelle gleichartiger Bekleidungsstücke getragen werden.

stelle der Stiefelhose und die schwarzen Halbschuhe bzw. die Zugstiefel anstatt der glatten Stiefel getragen wurden. Das Koppel gehörte nur zur Dienstuniform.

Matrosen im Grundwehrdienst, Unteroffiziersschüler, Matrosen und Maate auf Zeit und im Reservistenwehrdienst, die in Gefechtseinheiten und Stäben der Volksmarine der NVA, der 6.Grenzbrigade Küste und der Grenzbootgruppen der Grenztruppen der DDR an Land ihren Dienst verrichteten, trugen die Dienstuniform zum Standortstreifendienst, zum Tages- und Innendienst, zum Dienst in Stäben und zu Dienstreisen. Gefechtseinheiten an Bord legten zum Wach- und Tagesdienst sowie zum Streifendienst im Standort die Dienstuniform an. Grundelemente der Dienstuniform von Matrosen im Grundwehrdienst, Matrosen und Maaten waren blaues Kieler Hemd, Kieler Kragen mit Kieler Knoten, Klapphose, Halbschaftstiefel und Lederkoppel mit Schloß. Diese Uniformstücke zählten auf jeden Fall zur Dienstuniform im Sommer, in den Übergangszeiten und im Winter. Die Tellermütze wurde im Sommer und in der Übergangsperiode, die Wintermütze aus schwarzem Webpelz im Winter aufgesetzt. Das Seemannshemd wurde nur während der Übergangsperioden und im Winter untergezogen. Der Überzieher wurde zur Dienstuniform Nr. 3 für die Übergangsperiode und Nr. 4 für den Winter angezogen. Hinzu kamen dann die Wirkhandschuhe. Bei Dienst in Stäben waren Halbschuhe anstatt Halbschaftstiefel gestattet.

Zur Borduniform trugen Matrosen im Grundwehrdienst, Unteroffiziersschüler, Matrosen und Maate auf Zeit im Sommer und in der Übergangsperiode das Bordkäppi und im Winter die Wintermütze sowie den Überzieher. Zum weißen Bordanzug gehörte generell der Kieler Kragen. In der Übergangszeit wurden darunter das Seemannshemd, im Winter das Seemannshemd und der Pullover mit Rollkragen gezogen. Bordschuhe vervollständigten die Borduniform.

Die Dienstuniform der Berufssoldaten der Volksmarine entsprach in ihrer teilstreitkräftetypischen marineblauen Ausführung der Zusammensetzung der Stabsdienstuniform der Berufssoldaten der anderen Teilstreitkräfte. Im Unterschied zu diesen schnallten sie jedoch bei der Durchführung von Tagesdiensten das Lederkoppel um. Für Berufsunteroffiziers-, Fähnrich- und Offiziersschüler legte die Vorschrift fest, daß diese innerhalb der militärischen Lehreinrichtungen anstelle der Schirmmütze das Bordkäppi zu tragen haben. Berufsunteroffiziersschüler, Berufsunteroffiziere, Fähnrichschüler, Offiziersschüler, Fähnriche und Offiziere von Gefechtseinheiten an Bord verfügten für die Ausbildung und zum täglichen Dienst an Bord und zur Esseneinnahme über eine spezielle Dienstuniform – die Borduniform. Diese Uniformart bot für jede Trageperiode zwei Möglichkeiten, die in der Tabelle auf Seite 200 verdeutlicht werden.

Die Dienstuniform der Admirale entsprach in ihrer Zusammenstellung und in der Zuordnung der Uniformstücke der der Stabsdienstuniform der Generale. Admirale führten in der Dienstuniform Inspektionen und Truppenbesichtigungen durch und versahen darin ihren täglichen Dienst.

Durch die Ausstattung aller männlichen Armeeangehörigen mit tragefreundlichen Dienstuniformen und der männlichen und weiblichen Berufssoldaten mit Stabsdienstuniformen wandelte sich das äußere Erscheinungsbild der Uniformträger während ihres Dienstes weg von einem feldmäßigen hin zu einem etwas friedensmäßig-zivileren „Outfit".

Die Ausgangsuniformen

Neben der Felddienstbekleidung waren es die Ausgangsuniformen, die wohl die umfangreichste Weiterentwicklung erfahren hatten. Sie prägten vor allem das äußere Erscheinungsbild der Uniformträger in der Öffentlichkeit und gaben diesen die Möglichkeit, gut aber militärisch gekleidet am gesellschaftlichen und kulturellen Leben der Stand- und Heimatorte teilzunehmen, was staatlich erwünscht war. Die Einführung der Ausgangsuniformen für Berufssoldaten aus Anlaß des 25. Jahrestages der Gründung der DDR und für Soldaten und Unteroffiziere zum 30.Jahrestag der Republikgründung, zwei kostenträchtige Maßnahmen von volkswirtschaftlicher Dimension, wurde gehörig propagandistisch ausgeschlachtet.

Entsprechend der Bekleidungsvorschrift von 1986 hatten Soldaten im Grundwehrdienst, Unteroffiziersschüler, Soldaten und Unteroffiziere auf Zeit und im Reservistenwehrdienst der Landstreitkräfte, der LSK/LV der Grenztruppen und der Zivilverteidigung im Sommer die Möglichkeit, die Ausgangsuniform Nr. 1, Schirmmütze, Uniformjacke, Uniformhose, graues Oberhemd, Binder, Halbschuhe und Lederkoppel oder die Ausgangsuniform Nr. 2, dann jedoch ohne Uniformjacke und Binder, dafür mit Schulterklappen auf dem grauen Oberhemd, zu wählen.

Die Ausgangsuniform Nr. 3 für die Übergangsperiode entsprach in der Zusammenstellung der Ausgangsuniform Nr. 1. Dazu wurden der Uniformmantel mit dem schwarzen Lederkoppel und die Wirkhandschuhe angezogen. Im Winter kam zur Ausgangsuniform Nr. 4 die Wintermütze. Es muß angemerkt werden, daß seit den 1980er Jahren auch für die Uniformen der Soldaten und Unteroffiziere ein hochwertigeres, in der Struktur feineres Uniformtuch eingesetzt wurde, so daß sich auch von dieser Seite das Aussehen der Uniformen verbessert hatte.

Die Ausgangsuniformen der Berufssoldaten blieben seit dem Jahr 1974, dem Einführungsjahr der Uniform offener Fasson, bis auf den Wegfall der Ärmelpatten unverändert. 1986 gab es eine Änderung bei den Uniformmänteln, deren Kragen seitdem vereinheitlicht aus dem Grundgewebe des Mantels hergestellt wurde. Damit fielen bei den Luftstreitkräften und den Fallschirmjägern die Kragenspiegel an den Uniformmänteln weg. Die Uniformmäntel der Generale veränderten sich nicht.

Die Ausgangsuniform Nr. 1 für den Sommer bestand bei den Berufssoldaten aus Uniformjacke, Uniformhose, weißem Hemd oder weißer Hemdbluse, Binder und schwarzen Halbschuhen. Im Sommer und in der Übergangsperiode gehörte immer die Schirmmütze dazu. Zur Ausgangsuniform Nr. 1 und Nr. 2 (Sommer) konnte der Sommermantel getragen werden. Das bedeutet allerdings bei der Ausgangsuniform Nr. 2 ohne Uniformjacke, daß der Kragen der weißen Hemdbluse geschlossen und der Binder getragen wurde. Zur Ausgangsuniform in den Übergangszeiten kam wahlweise der Uniformmantel (Nr. 3) oder der Sommermantel (Nr. 4) hinzu. Darunter wurden alle Uniformstücke wie bei der Ausgangsuniform Nr. 1 getragen. Zum Uniformmantel mußten, zum Sommermantel konnten Lederhandschuhe übergestreift werden.

Zur Ausgangsuniform Nr. 5 zählten Wintermütze, Uniformmantel, Uniformjacke, Uniformhose, weißes Hemd bzw. weiße Hemdbluse, Binder, Lederhandschuhe und wahlweise Halbschuhe oder Zugstiefel. So gekleidet gingen Berufssoldaten in den Ausgang und in Urlaub, zu Kulturveranstaltungen, Empfängen und feierlichen Anlässen.

Die Ausgangsuniform für Generale entsprach in ihrer Zusammenstellung der vorschriftsmäßigen Ausgangsuniform der Berufssoldaten für den Sommer, die Übergangszeiten und den Winter.

Die Ausgangsuniformen weiblicher Armeeangehöriger wurde modischen Trends angepaßt. Zu allen Jahreszeiten war es ihnen möglich, sich adrett und zweckmäßig zu kleiden. Ihre Ausgangs-

Soldat der Landstreitkräfte in Ausgangsuniform, noch vor 1981.

Oberfeldwebel der Luftstreitkräfte in Ausgangsuniform.

Doppelhochzeit von Offiziersschülern in Ausgangsuniform.

uniform konnte, wie in der nachstehende Tabelle dargestellt, vielfältig variiert werden.

Ausgangsuniformen weiblicher Armeeangehöriger

Artikel	Nr. 1 So	Nr. 2 So	Nr. 3 Üb	Nr. 4 Üb	Nr. 5 Wi
Kappe	+	+	+	+	
Wintermütze					+
Uniformmantel					+
Sommermantel	(+)	(+)		+	
Uniformjacke	+		+	+	+
Uniformrock	+	+	+	+	+
Hemdbluse, weiß	+	+	+	+	+
Binder	+	(+)	+	+	+
Halbschuhe	+	+	+	+	+
Lederhandschuhe			+	(+)	+

Die in Klammern angekreuzten Artikel konnten zusätzlich oder anstelle gleichartiger Bekleidungsstücke getragen werden.

Matrosen im Grundwehrdienst, Unteroffiziersschüler und Matrosen und Maate auf Zeit der Volksmarine und der 6. Grenzbrigade Küste verfügten für Ausgang und Urlaub über eine marinetypische Uniform. Grundelemente ihrer Ausgangsuniformen waren vom 1. Mai bis zum 30. September Tellermütze mit weißem Bezug, Kieler Hemd in weißer Ausführung mit Kieler Knoten, Klapphose, Lederkoppel mit Schloß und schwarze Halbschuhe. Vom 16. bis 30. April und vom 1. Oktober bis zum 30. November wurden dann die Tellermütze mit blauem Bezug, statt des weißen das blaue Kieler Hemd, Kieler Kragen, Seemannshemd, Klapphose, Lederkoppel mit Schloß und Halbschuhe getragen. Vom 1. November bis zum 15. April gehörten zur Ausgangsuniform der Überzieher und vom 1. Dezember bis Ende Februar Wintermütze und Schal.

Die Ausgangsuniformen der Berufsunteroffiziersschüler, Berufsunteroffiziere, Fähnrichschüler, Offiziersschüler, Fähnriche, Offiziere und Admirale der Volksmarine entsprachen in ihrer Zusammenstellung, allerdings in der marinetypischen Ausführung, denen der Berufssoldaten der anderen Teilstreitkräfte. Berufssoldaten bis zum Kapitän zur See trugen vom 1. Mai bis zum 30. September weiße, Admirale cremefarbene Mützenbezüge. Weibliche Angehörige ergänzten ihre Ausgangsuniform im gleichen Zeitraum mit der weißen Kappe bzw. einem weißen Schiffchen. Sie trugen ansonsten eine blaue Kappe.

Die Paradeuniformen

Die Paradeuniform wurde zu Paraden und Ehrenwachen, in Ehrenformationen und bei Kranzdelegationen, zu Appellen an Staatsfeiertagen, zum Tag der NVA und zu militärischen Zeremoniellen befohlen. Soldaten im Grundwehrdienst, Soldaten und Unteroffiziere auf Zeit und im Reservistenwehrdienst trugen diese Uniform auch zum Standortstreifendienst und zu Dienstreisen.

Bei den Wehrpflichtigen sowie den Soldaten und Unteroffizieren auf Zeit gehörten zur Paradeuniform in allen Trageperioden Uniformjacke, Uniformhose, in die Halbschaftstiefel eingeschlagen, graues Oberhemd mit Binder und Lederkoppel mit Schloß. In der Regel war

Eine Ehrenformation der NVA in der Paradeuniform (Sommer) in Berlin, Unter den Linden, anläßlich des 175. Jahrestages der Befreiungskriege 1813/1814.

Der Minister für Nationale Verteidigung der DDR, Armeegeneral H. Keßler, verleiht der 9. Panzerdivision den Ehrennamen „Heinz Hoffmann" und die zur Fahne gehörende Schleife. Das Fahnenkommando trägt die Paradeuniform Nr. 3 (Winter).

Weibliche Absolventen der Luftstreitkräfte erhalten zur Ernennung zum Leutnant seit 1988 den Ehrendolch, hier durch Generaloberst W. Reinhold, Stellvertreter des Ministers für Nationale Verteidigung der DDR und Chef der LSK/LV der NVA. Ebenfalls seit August 1988 tragen alle weiblichen Offiziere auch die Achselschnur an der Paradeuniform.

der Stahlhelm, nur auf Befehl die Schirmmütze, aufzusetzen. Im Winter vervollständigten Uniformmantel und Wintermütze die Paradeuniform.

Besonderheiten gab es in der Paradeuniformierung der Fallschirmjäger und der Wachregimenter der NVA. Soldaten und Unteroffiziersdienstgrade auf Zeit der Fallschirmjäger trugen zur Parade- und Ausgangsuniform die orangefarbene, zur Felddienst-, Dienst- und Arbeitsuniform die dunkelgraue Baskenmütze. Zur Parade- und Dienstuniform wurden Keilhose, zur Felddienst-, Dienst- und Paradeuniform anstelle der Halbschaftstiefel Sprungschuhe angezogen. Alle Angehörigen der Wachregimenter waren wie Berufssoldaten mit genarbten Schaftstiefeln, Stiefelhosen und Lederkoppel mit Schnalle ausgestattet. Sie trugen deshalb zur Felddienst-, Dienst- Paradeund Arbeitsuniform genarbte Schaftstiefel, zur Felddienst-, Dienstund Paradeuniform die Stiefelhose anstelle der Uniformhose und zur Parade- und Ausgangsuniform das braune Lederkoppel mit Schnalle.

Zur Paradeuniform Nr.1 der Matrosen im Grundwehrdienst, Unteroffiziersschüler, Matrosen und Maate auf Zeit gehörten die Tellermütze mit weißem oder blauem Mützenbezug, Kieler Hemd mit Kieler Kragen und Kieler Knoten, Klapphose auf Befehl mit halbem Schlag, Halbschaftstiefel und schwarzes Lederkoppel mit Schloß. In der Übergangszeit wurde die Paradeuniform Nr. 2 befohlen, die gegenüber der ersteren durch Überzieher mit umgelegtem Lederkoppel und Wirkhandschuhe ergänzt wurde. Im Winter gehörte zur Paradeuniform Nr. 3 die Wintermütze.

Die Paradeuniform für Berufssoldaten bestand aus Schirmmütze (auf Befehl Stahlhelm), Uniformjacke, Stiefelhose, weißer Hemdbluse bzw. weißem Hemd, Binder und glatten Schaftstiefeln. Offiziere hatten dazu Feldbinde, Achselschnur und Ehrendolch anzulegen. In der Übergangsperiode ergänzten Uniformmantel und Lederhandschuhe, im Winter die Wintermütze die Paradeuniform für Offiziere. Berufssoldaten ohne Offiziersdienstgrad schnallten anstelle der Feldbinde ihr Lederkoppel mit Schnalle um. Die Paradeuniform der Berufssoldaten der Volksmarine glich in ihrer Zusammenstellung der der anderen Teilstreitkräfte, nur daß anstatt der Stiefelhose die lange Uniformhose und anstelle der Schaftstiefel Halbschuhe oder Zugstiefel angezogen wurden.

Mit der Bekleidungsvorschrift von 1986 wurde erstmals auch eine Paradeuniform für weibliche Armeeangehörige allerdings ohne Feldbinde und Ehrendolch reglementiert ,eine umstrittene Neuerung, in der Kritiker eine frauenuntypische Uniformierungsvariante sahen (siehe nachfolgende Tabelle).

Die Paradeuniform weiblicher Armeeangehöriger

Artikel	Nr. 1 So	Nr. 2 Üb	Nr. 3 Wi
Kappe	+	+	
Wintermütze			+
Uniformmantel		+	+
Uniformjacke	+	+	+
Uniformrock	+	+	+
Hemdbluse, weiß	+	+	+
Binder	+	+	+
Schaftstiefel, glatt	+	+	+
Lederhandschuhe		+	+

Generale und Admirale erschienen zu Paraden und Ehrenwachen, in Ehrenformationen und Kranzdelegationen, zu militärischen Appellen und Zeremoniellen in Paradeuniform. Im Sommer bestand diese aus Schirmmütze (auf Befehl Stahlhelm), Uniformjacke ohne Arabesken an den Ärmeln, bei Generalen aus Stiefelhose, bei Admiralen aus langer Uniformhose, aus glatten Schaftstiefeln bzw. Halbschuhen, weißem Oberhemd mit Binder, Feldbinde, Achselschnur und Ehrendolch. In der Übergangsperiode wurden darüber der Uniformmantel und dazu die Lederhandschuhe, im Winter anstelle der Schirmmütze die Wintermütze getragen. Admirale zogen dann anstatt der Halbschuhe Zugstiefel an.

Die Gesellschaftsuniformen der Offiziere, Generale und Admirale

Die Gesellschaftsuniform, die nur den Offizieren, Generalen und Admiralen vorbehaltene Uniformart, gab es seit 1983 als Kleinen und Großen Gesellschaftsanzug. Die Bekleidungsvorschrift von 1986 ließ das Tragen der hellgrauen Bluse durch alle männlichen, der weißen Hemdbluse durch die weiblichen Offiziere sowie der cremefarbenen Hemdbluse durch Generale und Admirale als Bestandteil der Gesellschaftsuniform anstelle der Gesellschaftsjacke nicht mehr

Gesellschaftsuniformen der Offiziere, Generale und Admirale

Artikel	No.1 So	Nr. 2 Üb	Nr. 3 Üb	Nr. 4 Wi	No.1 So	Nr. 2 Üb	Nr. 3 Üb	Nr. 4 Wi
Schirmmütze	+	+	+		+	+	+	
Wintermütze				+				+
Uniformmantel		+		+		+		+
Sommermantel	(+)		+		(+)		+	
Gesellschaftsjacke	+	+	+	+	+	+	+	+
Uniformhose	+	+	+	+	+	+	+	+
Oberhemd, weiß	+	+	+	+	+	+	+	+
Hemdbluse, weiß	(+)	(+)	(+)	(+)	(+)	(+)	(+)	(+)
Binder	+	+	+	+	+	+	+	+
Lederhandschuhe		+	(+)	+		+	(+)	+
Halbschuhe/Lackschuhe	+	+	+	+	+	+	+	+
Achselschnur					+	+	+	+
Dolch					+	+	+	+

Die in Klammern angekreuzten Artikel konnten zusätzlich oder anstelle gleichartiger Bekleidungsstücke getragen werden.

zu. Für alle verbindlich war nun sowohl zum Kleinen als auch zum Großen Gesellschaftsanzug die Gesellschaftsjacke. Sie war für Offiziere der Landstreitkräfte und der LSK/LV der NVA, der Grenztruppen und der Zivilverteidigung der DDR aus graugrüner, für Offiziere der Volksmarine der NVA und der 6. Grenzbrigade Küste aus cremefarbener sowie für Generale und Admirale aus hellgrauer Gabardine gefertigt.

Offiziere, Generale und Admirale konnten die Gesellschaftsuniform als Großen oder Kleinen Gesellschaftsanzug vierfach variieren. Dazu kombinierten sie die Uniformstücke, wie in der obigen Tabelle dargestellt.

Generalmajor Prof. Dr. R. Brühl, Direktor des Militärgeschichtlichen Instituts der DDR, mit Offizieren der NVA im Kleinen Gesellschaftsanzug, Mitte der 1980er Jahre.

Admirale trugen in der Zeit vom 1. Mai bis 30. September zur Gesellschaftsuniform einen hellgrauen, Offiziere der Volksmarine und der 6. Grenzbrigade Küste einen cremefarbenen Mützenbezug auf der Schirmmütze.

Die Gesellschaftsuniform weiblicher Offiziere sah, da diese Achselschnur und Ehrendolch nicht führten, keine Unterscheidung zwischen Großem und Kleinem Gesellschaftsanzug vor. Ihre Gesellschaftsuniform bestand zu allen Jahreszeiten aus der Gesellschaftsjacke aus gleichem Uniformtuch wie für männliche Offiziere, Uniformrock, weißer Hemdbluse mit Binder und Halbschuhen. Weibliche Offiziere der Landstreitkräfte und der LSK/LV der NVA sowie der Grenztruppen und der Zivilverteidigung der DDR trugen dazu im Sommer und in den Übergangszeiten die graue Kappe, Angehörige der Volksmarine der NVA in der Zeit vom 1. Mai bis 30. September die cremefarbene, sonst die dunkelblaue Kappe. In der Zeit vom 1. März bis 15. April und vom 1. bis 30. November vervollständigten entweder der Sommermantel oder der Uniformmantel die Gesellschaftsuniform der weiblichen Offiziere. Im Winter gehörte zum Uniformmantel die Wintermütze. Diese war seit 1. Dezember 1986 wieder ohne Schirm gefertigt.

Offiziere, Generale und Admirale erschienen im Großen Gesellschaftsanzug zu Festveranstaltungen und Empfängen anläßlich des Nationalfeiertages der DDR, zu Jubiläumsveranstaltungen und Empfängen anläßlich des Tages der NVA, zu Auszeichnungsveranstaltungen im Staats- und Ministerrat der DDR und zur Verleihung von Preisen. Der Kleine Gesellschaftsanzug galt als feierliche Uniformierung zu Festveranstaltungen und Empfängen, zu Theater- und Konzertbesuchen und zu familiären Festlichkeiten.

Die Arbeitsuniformen

Die Arbeitsanzüge waren für alle Dienstgradgruppen zweiteilig und aus einem sehr strapazierfähigen dunkelgrauen Mischgewebe gearbeitet. Der Arbeitsanzug (Winter) bot durch die Wirrvlieseinlage den erforderlichen Kälteschutz. Die Jacke des Arbeitsanzuges, die eine Tasche mit Patte und zwei Knöpfen auf der linken Seite aufwies, hatte eine verdeckte Knopfleiste und einen schmalen Bund. Die Hose war körpernah geschnitten und mit Knöpfen verstellbar zu schließen. Sie wurde über den Stiefeln getragen. Auf den Arbeitsanzügen wurden mattgraue Schulterklappen oder Schulterstücke angebracht. Auch die Arbeitsuniform konnte in den Trageperioden in ihrer Zusammenstellung variiert werden.

Entsprechend den festgelegten Trageperioden war die Zusammenstellung der Arbeitsuniform im Sommer und im Winter eindeutig durch den entsprechenden Arbeitsanzug bestimmt. In der Übergangszeit wurde entweder der Sommer- oder der Winterarbeitsanzug befohlen. Als Kopfbedeckung diente den Angehörigen der Landstreitkräfte und der LSK/LV der NVA sowie der Grenztruppen und der Zivilverteidigung der DDR die Feld- oder die schwarze Arbeitsmütze, denen der Volksmarine der NVA und der 6. Grenzbrigade Küste das Bordkäppi oder die Arbeitsmütze und den weiblichen Armeeangehörigen und den Fallschirmjägern die dunkelgraue oder dunkelblaue Baskenmütze. Halbschaftstiefel, bei Berufssoldaten genarbte Schaftstiefel und bei weiblichen Armeeangehörigen Schaftstiefel bildeten das strapazierfähige, zur Arbeitsuniform gehörige Schuhwerk. Angehörige der Volksmarine trugen zur Arbeitsuniform an Bord anstelle der Halbschaftstiefel bzw. der genarbten Stiefel Bordschuhe. Im Winter gaben Vierfingerhandschuhe und Kopfschützer zusätzlich Kälteschutz.

Armeeangehörige in ihrer wattierten Felddienstuniform im Braunkohletagebau Nochten im Winter 1985.

Die Arbeitsuniform wurde von Soldaten im Grundwehrdienst sowie Soldaten, Unteroffiziersschülern und Unteroffizieren auf Zeit zur Ausbildung an der Technik, zum Park- und Arbeitsdienst, zum Waffen- und Revierreinigen und auch zur Verbüßung von Arreststrafen angezogen. Die gleiche Bekleidungsordnung galt für Berufsunteroffiziers-, Fähnrich- und Offizierschüler. Berufsunteroffiziere, Fähnriche und Offiziere trugen die Arbeitsuniform zur Ausbildung an der Technik und zum Parkdienst. Weibliche Armeeangehörige reinigten ihre Waffen und Reviere ebenfalls in der Arbeitsuniform.

Über Waffenfarben, Dienstgradabzeichen und Kennzeichnungen

Die Waffenfarben als uniformkundliches Traditionselement waren an den Schulterklappen und –stücken sowie z.T. an den Kragenspiegeln sichtbar und sollten die Zuordnung der Armeeangehörigen zu den Teilstreitkräften, Waffengattungen, Spezialtruppen und Diensten erleichtern. In begrenztem Umfang konnten dabei auch die Biesenfarben helfen. Biesen befanden sich an den Uniformjacken und Uniformhosen aller männlichen Soldaten sowie an den Schirmmützen. Die Uniformstücke weiblicher Armeeangehöriger waren generell ohne Biesen gearbeitet. Die Biesenfarben waren bei den Landstreitkräften und der Zivilverteidigung weiß, den LSK/LV hellblau und den Grenztruppen hellgrün. Seit 1986 galten die in der nachfolgenden Tabelle aufgeführten Waffenfarben.

Waffenfarben der NVA

Landstreitkräfte	
mot.Schützen und Aufklärer	Weiß
Raketentruppen, Artillerie, raketen- und waffentechnischer Dienst sowie Truppenluftabwehr, Mechanisierung und Automatisierung der Truppenführung	Ziegelrot
Panzer und Panzerdienst	Rosa
Pioniere, chemische Dienste, Kraftfahrzeugdienst, militärtopographischer Dienst und Militärtransportwesen	Schwarz
Nachrichten	Gelb
Fallschirmjäger	Orange
rückwärtige Dienste, Militärjustiz- und Finanzorgane	Dunkelgrün
Bausoldaten	Oliv
Fliegerkräfte	Hellblau
nicht genannte Waffengattungen und Dienste	Weiß
LSK/LV	
Luftstreitkräfte	Hellblau
Luftverteidigung	Hellgrau
Volksmarine	
Volksmarine	Dunkelblau
Fliegerkräfte	Hellblau
6. Grenzbrigade Küste	Grün
Grenztruppen der DDR	
Grenztruppen	Grün
Fliegerkräfte	Hellblau
Zivilverteidigung der DDR	
Zivilverteidigung	Malinorot

Soldaten, Matrosen, Unteroffiziersschüler, Unteroffiziere, Fähnrichschüler und Offiziersschüler trugen auf Uniformmänteln, Sommermänteln, Überziehern, Uniformjacken, Bordjacken, Hemdblusen und grauen Oberhemden sowie Uniformkleidern und –westen Schulterklappen aus Uniformtuch mit einer Biesenumrandung in der jeweiligen Waffenfarbe. Unteroffiziersschüler waren an Schulterklappen aus Uniformgewebe mit einer Biesenumrandung und einem 9 mm breiten Querstreifen in der jeweiligen Waffenfarbe zu erkennen.

Zusätzlich zu den Schulterklappen waren bei den Unteroffizieren am Kragen der Uniformjacke, Angehörigen dieser Dienstgradgruppe der Volksmarine am Kragen des Überziehers, 6 mm vom äußeren Rand entfernt, eine 9 mm breite Litze aus Aluminium-Gespinsttresse aufgenäht. Die Litze und die Buchstaben auf den Schulterklappen waren silberfarben, bei der Volksmarine goldfarben. Die Sterne aller

Unteroffiziersdienstgrade waren silberfarben und vierzackig mit einer Kantenlänge von 12 mm.

Die Schulterstücke der Fähnriche und Offiziere bestanden aus Silberplattschnüren bis Dienstgrad Hauptmann in Reihe, ab Stabsoffizier vom Major bis zum Oberst in geflochtener Ausfertigung auf einer Tuchunterlage in der Waffenfarbe. Die Sterne waren goldfarben und vierzackig mit einer Kantenlänge von ebenfalls 12 mm. Generale und Admirale trugen fünfschlaufige silber-gold-farbene dickgeflochtene Schulterstücke mit silberfarbenen fünfzackigen Sternen in einer Reihe. Attribute eines Marschalls der DDR waren vierschlaufige, ebenfalls silber-gold-farbene Schulterstücke mit einem großen fünfzackigen vergoldeten Stern mit eingelassenem Rubin.

Ärmelstreifen der Fähnriche, Offiziere und Admirale der Volksmarine

Fähnrich	eine 7 mm breite Tresse
Oberfähnrich	zwei 7 mm breite Tressen
Stabsfähnrich	drei 7 mm breite Tressen
Stabsoberfähnrich	vier 7 mm breite Tressen
Unterleutnant	eine 14 mm breite Tresse
Leutnant	wie vorher, darüber eine 7 mm Tresse
Oberleutnant	zwei 14 mm breite Tressen
Kapitänleutnant	wie vorher, darüber eine 7 mm Tresse
Korvettenkapitän	drei 14 mm breite Tressen
Fregattenkapitän	vier 14 mm breite Tressen
Kapitän zur See	eine 50 mm breite Tresse
Konteradmiral	wie vorher, darüber eine 14 mm Tresse
Vizeadmiral	wie vorher, darüber zwei 14 mm Tressen
Admiral	wie vorher, darüber drei 14 mm Tressen
Flottenadmiral	wie vorher, darüber eine 7 mm Tresse

Auf Felddienst- und Arbeitsuniformen sowie auf Kradanzügen befanden sich bei den Angehörigen der Landstreitkräfte und der LSK/LV der NVA sowie der Grenztruppen und der Zivilverteidigung der DDR Schulterklappen und -stücke auf steingrauer Tuchunterlage mit mattgrauen Litzen bzw. Plattschnüren und mattgrauen Sternen. Angehörige der Volksmarine und der 6. Grenzbrigade Küste hatten auf Felddienst- und Arbeitsuniformen Schulterklappen und Schulterstücke farbiger Ausführung wie bei den anderen Uniformarten. Matrosen sowie Unteroffiziere auf Zeit und im Reservistenwehrdienst trugen an der Arbeitsuniform alter Form, außer am Arbeitsanzug (Winter), keine Schulterklappen.

Die Knöpfe zu den farbigen Schulterklappen und -stücken waren bei den Angehörigen der Landstreitkräfte und der LSK/LV der NVA sowie der Grenztruppen und der Zivilverteidigung der DDR bis einschließlich Oberst silberfarben, bei Generalen goldfarben. Zu mattgrauen Schulterklappen und -stücken gehörten mattgraue Knöpfe. Die Angehörigen der Volksmarine der NVA, einschließlich der Admirale, hatten goldfarbene Ankerknöpfe. Der Durchmesser aller Knöpfe betrug 16 mm.

Unverändert führten Obermatrosen, Unteroffiziersschüler und Maate auf Zeit an den Überziehern, Kieler Hemden, den Blusen des Arbeitsanzuges alter Form und des weißen Bordanzuges Ärmelabzeichen, die auf blauem Uniformstoff goldfarben und auf weißem Uniformstoff blau waren.

Obermatrosen waren an einer 5 mm langen und 7 mm breiten goldfarbenen oder blauen Tresse, Stabsmatrosen an zwei der genannten Tressen zu erkennen. Unteroffiziersschüler der Volksmarine trugen einen nach oben offenen Winkel von 140° aus 7 mm breiter goldfarbener oder blauer Tresse, Maate einen goldfarbenen oder blauen Anker mit Dienstlaufbahnabzeichen als Symbol. Obermaate trugen zusätzlich zur Kennzeichnung der Maate unter dem Anker einen nach oben offenen Winkel. Die Länge der Winkelschenkel betrug 5 cm. Die Dienstlaufbahnabzeichen befanden sich in der Mitte des linken Ärmels des Überziehers und des Kieler Hemdes, der obere Rand des Abzeichens war 14 mm von der Schulternaht entfernt. An den Uniformen der Berufsunteroffiziersschüler, Berufsunteroffiziere, Fähnrich- und Offiziersschüler der Volksmarine befanden sich keine Ärmelabzeichen und Ärmelstreifen.

Fähnriche, Offiziere und Admirale der Volksmarine sowie Fähnriche und Offiziere der 6. Grenzbrigade Küste und der Grenzbootgruppen der Grenztruppen besaßen zur Dienstgradkennzeichnung zusätzlich nach wie vor Ärmelstreifen an ihren Uniformjacken. Diese Ärmelstreifen wiesen eine Länge von 10 cm auf und befanden sich 9 cm über dem Ärmelsaum. An der Gesellschaftsjacke gingen die Ärmelstreifen von Naht zu Naht. Weibliche Offiziere der Volksmarine trugen keine Ärmelstreifen (siehe Tabelle links).

Völlig neu und einheitlich gestaltet waren die Dienstgradabzeichen, die Angehörige der Fliegerkräfte der drei Teilstreitkräfte und der Grenztruppen an Flieger- und Technikeranzügen verwendeten. Diese neuen Dienstgradabzeichen waren in eine steingraue Tuchunterlage von 9 cm mal 6 cm eingewebt und wurden auf der Mitte der linken Brusttasche der Jacke des Fliegeranzuges 5 cm oberhalb der Seitentasche, an der Jacke des Technikeranzuges 1 cm oberhalb der Taschenklappe und an der Latzhose des Technikeranzuges 2 cm unterhalb der oberen Kante des Latzes angebracht (siehe nachfolgende Tabelle).

Dienstgradabzeichen an Flieger- und Technikeranzügen

Soldat/Matrose	ohne aufgestickte Tresse
Gefreiter/Obermatrose	eine 4 mm breite silberfarbene Tresse, waagerecht aufgestickt
Stabsgefreiter/Stabsmatrose	zwei derartige Tressen
Unteroffiziersschüler	eine 12 mm breite silberfarbene Tresse, senkrecht aufgestickt
Unteroffizier/Maat	wie vorher, aber waagerecht aufgestickt
Unterfeldwebel/Obermaat	wie vorher, darüber eine 4 mm Tresse
Feldwebel/Meister	eine 12 mm breite Tresse, waagerecht aufgestickt, darüber ein silberfarbener Stern
Oberfeldwebel/Obermeister	wie vorher, aber zwei Sterne
Stabsfeldwebel/Stabsobermeister	wie vorher, aber drei Sterne
Fähnrichschüler, 1. Studienjahr	eine 4 mm breite goldfarbene Tresse, senkrecht aufgestickt

Fähnrichschüler, 2. Studienjahr	zwei derartige Tressen
Fähnrich	eine 12 mm breite silberfarbene Tresse, waagegerecht aufgestickt, darüber ein goldfarbener Stern
Oberfähnrich	wie vorher, aber zwei Sterne
Stabsfähnrich	wie vorher, aber drei Sterne
Stabsoberfähnrich	wie vorher, aber vier Sterne
Offiziersschüler, 1. Studienjahr	eine 12 mm breite goldfarbene Tresse, senkrecht aufgestickt
Offiziersschüler, 2. Studienjahr	zwei derartige Tressen
Offiziersschüler, 3. Studienjahr	drei derartige Tressen
Offiziersschüler, 4. Studienjahr	vier derartige Tressen
Unterleutnant	eine 12 mm breite silberfarbene Tresse, waagegerecht aufgestickt, darüber eine 4 mm breite silberfarbene Tresse, darüber ein goldfarbener Stern
Leutnant	wie vorher, aber zwei Sterne
Oberleutnant	wie vorher, aber drei Sterne
Hauptmann/ Kapitänleutnant	wie vorher, aber vier Sterne
Major/ Korvettenkapitän	zwei 12 mm breite silberfarbene Tressen, darüber ein goldfarbener Stern
Oberstleutnant/ Fregattenkapitän	wie vorher, aber zwei Sterne
Oberst/ Kapitän zur See	wie vorher, aber drei Sterne
Generalmajor/ Konteradmiral	eine 20 mm breite goldfarbene Tresse, waagegerecht aufgestickt, darüber ein fünfzackiger silberfarbener Stern
Generalleutnant/ Vizeadmiral	wie vorher, aber zwei Sterne
Generaloberst/ Admiral	wie vorher, aber drei Sterne
Armeegeneral/ Flottenadmiral	wie vorher, aber vier Sterne
Marschall der DDR	eine 20 mm breite goldfarbene Tresse, waagegerecht aufgestickt, darüber der große goldfarbene Marschallstern mit rubinroter Einlage

Das Tragen von Dienstlaufbahnabzeichen wurde mit der 1986er Vorschrift wesentlich eingeschränkt und begrenzte sich auf Angehörige der Volksmarine, Angehörige der Musikkorps, Spielleute und Militärmusikschüler sowie auf Armeeangehörige des Militärjustizorgane und des medizinischen Dienstes. An Felddienst-, Bord- und Arbeitsuniformen gab es keine Dienstlaufbahnabzeichen mehr. Admirale trugen auf beiden Ärmeln der Uniform- und Gesellschaftsjacke oberhalb der Ärmelstreifen weiterhin den Seestern mit umkränztem DDR-Staatsemblem.

Die Dienstlaufbahnabzeichen der Volksmarine bestanden für Matrosen aus gelber Stickerei auf blauer oder blauer Stickerei auf wei-

Auf die innere Ordnung und die Erhaltung der Uniformen wurde fast bis zum Ende der NVA, vor allem durch die Unteroffiziere, geachtet. Aufnahme April 1983.

ßer runder Tuchunterlage von 6 cm Durchmesser; für Berufsunteroffiziersschüler und Berufsunteroffiziere waren sie aus goldfarbenem Metall, 2 cm hoch und 2 cm breit, geprägt. Fähnrichschüler, Offizierschüler, Fähnriche, Offiziere nähten sich Dienstlaufbahnabzeichen aus goldfarbener Stickerei auf blauer oder cremefarbener runder Tuchunterlage mit einem Durchmesser von 4 cm mittig auf beide Ärmel der Uniformjacke zwei Zentimeter über den Ärmelstreifen.

Die Dienstlaufbahnabzeichen der Militärjustizorgane, des medizinischen Dienstes, der Militärmusiker und Militärmusikschüler waren aus silbergrauer Stickerei auf ovaler Tuchunterlage gefertigt. Äskulapstab und Lyra bestanden für Offiziere aus goldfarbenem, für Soldaten und Unteroffiziere aus silberfarbenem Material. Auf den Schulterstücken der Generale des medizinischen Dienstes befanden sich ein silberfarbener geprägter Äskulapstab.

Die Schwalbennester der Angehörigen der Musikkorps und der Spielleute an der Paradeuniform waren aus Aluminiumgespinsttresse auf halbrunder steingrauer oder blauer Tuchunterlage gefertigt. Ihr Durchmesser betrug 20 cm. Schwalbennester der Mitglieder der Stabsmusikkorps unterschieden sich von denen der übrigen Musikkorps, sie wurden durch 5 cm lange silberfarbene Fransen abgeschlossen.

Soldaten, Unteroffiziersschüler, Unteroffiziere, Fähnrichschüler und Fähnriche der Landstreitkräfte und der LSK/LV der NVA sowie der Grenztruppen und der Zivilverteidigung der DDR nähten die Dienstlaufbahnabzeichen in der Mitte des linken Ärmels der Uniformjacke,12 cm vom Ärmelsaum entfernt, auf.

Offiziere des medizinischen Dienstes (außer der Volksmarine der NVA) waren an Dienstlaufbahnabzeichen auf den Schulterstücken zu erkennen. Auch Berufsunteroffiziersschüler und Berufsunteroffiziere der Volksmarine befestigten ihre Dienstlaufbahnabzeichen auf den Schulterklappen. Fähnrichschüler, Offiziersschüler, Fähnriche und Offiziere dieser Teilstreitkraft dagegen führten ihre Dienstlaufbahnabzeichen auf beiden Ärmeln der Uniformjacke, 2 cm über den Ärmelstreifen, in der Mitte der Ärmel. Weibliche Offiziere, Offiziersschüler und Fähnrichschüler, die an den Uniformjacken keine Ärmelstreifen hatten, befestigten ihre Dienstlaufbahnabzeichen 8 cm vom Ärmelsaum entfernt. Militärmusikschüler trugen ihre Dienstlaufbahnabzeichen an der Dienstuniform am linken Unterarm. Die Lyren befanden sich auch auf den Schulterklappen des Uniformmantels und der Hemdbluse; an der Uniformjacke ersetzten sie die Kragenspiegel.

Nach Sonderlehrgängen mit abgeschlossener Prüfung hatten Matrosen, Unteroffiziersschüler und Maate auf Zeit das Recht, bis zu zwei Abzeichen für Sonderausbildungen zu tragen. Sie bestanden aus roter Stickerei auf blauer oder weißer Tuchunterlage mit einem Durchmesser von 7 cm und waren in der Mitte des linken Ärmels des Überziehers und des Kieler Hemdes, 2 cm unter dem Dienstlaufbahnabzeichen, anzubringen.

Zur Kennzeichnung ihres Dienstverhältnisses trugen Soldaten, Matrosen, Unteroffiziere und Maate auf Zeit auf dem rechten Unterärmel der Uniformjacke oder des Kieler Hemdes sowie des Uniformmantels oder des Überziehers einen nach oben offenen stumpfen Winkel. Die Winkel der Landstreitkräfte und der LSK/LV waren aus 15 mm breiter Aluminiumgespinsttresse auf steingrauer Tuchunterlage gefertigt, die der Volksmarine für blaue Bekleidung aus goldfarbenem Gespinst auf blauem Tuch und für weiße Bekleidung aus blauer Wollstickerei auf weißem Nessel.

Neben den Schulterstücken waren Fähnriche an wappenförmigen Ärmelabzeichen mit dem Staatswappen der DDR auf steingrauer Tuchunterlage mit silberfarbiger Umrandung, bei der Volksmarine auf blauer Tuchunterlage mit goldfarbener Umrandung auf dem linken Oberärmel der Uniformjacke und des Uniformmantels zu erkennen. Als Hauptfeldwebel bestätigte Unteroffiziere und Fähnriche offenbarten ihre Dienststellung durch umlaufende Ärmelstreifen aus 15 mm breiter silberfarbener Gespinsttresse an beiden Ärmeln der Uniformjacke und des Uniformmantels. Die 13 cm vom Ärmelsaum aufgenähte Gespinsttresse war bei der Volksmarine goldfarben.

Die Angehörigen der Wachregimenter, der Grenztruppen der DDR (außer Grenzbrigade Küste), der Zivilverteidigung der DDR, des Erich-Weinert-Ensembles und Militärmusikschüler trugen am linken Ärmel der Uniformjacke und des Uniformmantels Ärmelstreifen aus 30 mm breitem steingrauen oder blauen Grundgewebe, bei den Grenztruppen aus hellgrünem und bei der Zivilverteidigung aus malinofarbenem Stoff. Die silberfarben eingefaßten Ärmelstreifen trugen die gestickten Schriftzüge

- WACHREGIMENT FRIEDRICH ENGELS
- NVA-WACHREGIMENT
- GRENZTRUPPEN DER DDR
- ZIVILVERTEIDIGUNG
- ERICH-WEINERT-ENSEMBLE („Weinert" auf rotem Rhombus)
- MILITÄRMUSIKSCHÜLER .

Zur Trageweise der Auszeichnungen

Für alle Armeeangehörigen galt die Vorschrift, verliehene Auszeichnungen an der Parade-, Ausgangs- und Gesellschaftsuniform anzulegen. Berufssoldaten hatten auch an der Dienst- und Stabsdienstuniform entsprechende Interimspangen und Abzeichen anzubringen.

Die 1986er Vorschrift begrenzte die Trageweise der Interimsspange auf maximal vier Reihen mit insgesamt 16 Auszeichnungen. Wenn die Anzahl der verliehenen Auszeichnungen diese Zahl überstieg, durften nur die 16 höchsten Auszeichnungen angelegt werden, es sei denn, der Minister für Nationale Verteidigung der DDR erteilte eine Ausnahmegenehmigung. Für den Großen Gesellschaftsanzug galt die Festlegung, daß nur die vier höchsten Orden und Medaillen am Band in einer Reihe anzulegen waren. Für die Paradeuniform setzte die Vorschrift die obere Grenze auf acht Orden und Medaillen am Band in zwei Reihen fest. An der Hemdbluse wurde die Interimsspange mit den vier höchsten verliehenen Auszeichnungen in einer Reihe über der Patte der linken Brusttasche befestigt. Weibliche Armeeangehörige brachten an der Hemdbluse und am Uniformkleid keine Auszeichnungen an.

Generale der NVA mit traditioneller sowjetischer Trauerbinde am linken Oberarm an der aufgebahrten Leiche des Ministers für Verteidigung der UdSSR, Marschall der Sowjetunion D.F. Ustinow, am 23. Dezember 1984.

Zusätzlich war es möglich, über der Interimsspange auf der linken Seite der Uniformjacke den Karl-Marx-Orden, die Medaille „Goldener Stern" zum Ehrentitel „Held der DDR", die Medaille zum Ehrentitel „Held der Arbeit" und den Vaterländischen Verdienstorden zu

Trageweise von Abzeichen und Auszeichnungen durch Soldaten und Unteroffiziere seit den 1970er Jahren bis 1990

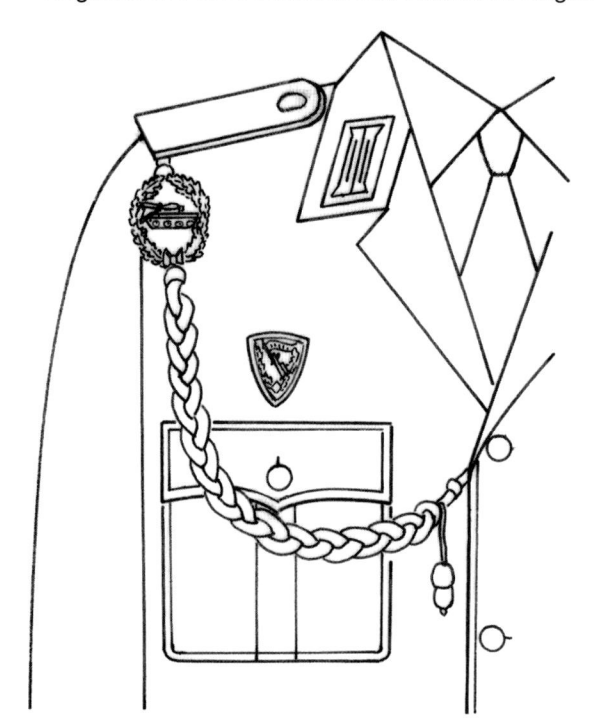

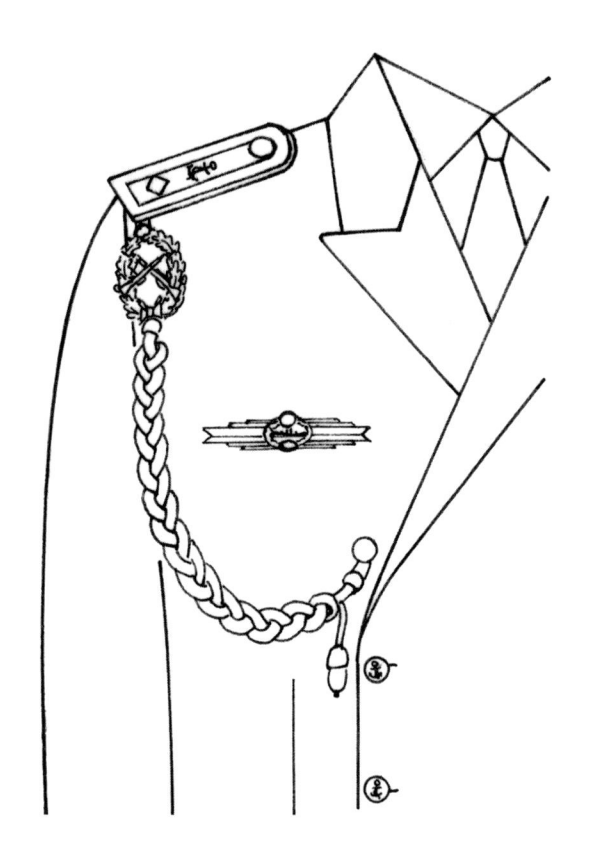

links oben
Uniformjacke offener Fasson: neues Bestenabzeichen und neue Schützenschnur (ab 1.12.1985), wie vorher angelegt.

rechts oben
Zu besonderen Anlässen herausgegebene Abzeichen (hier zum 30. Jahrestag der NVA 1986) und Plaketten durften zehn Tage vor und zum betreffenden Anlaß auf dem Taschenaufschlag der linken Brusttasche bzw. an analoger Stelle getragen werden (galt seit den 1950er Jahren).

links unten
Ausgangs-/Paradejacke: neues Klassifizierungsabzeichen und neue Schützenschnur (ab dem 1.12.1985), wie vorher getragen.

Trageweise von Abzeichen und Auszeichnungen durch Berufsunteroffiziere, Fähnriche, Offiziere, Generale und Admirale seit den 1970er Jahren bis 1990

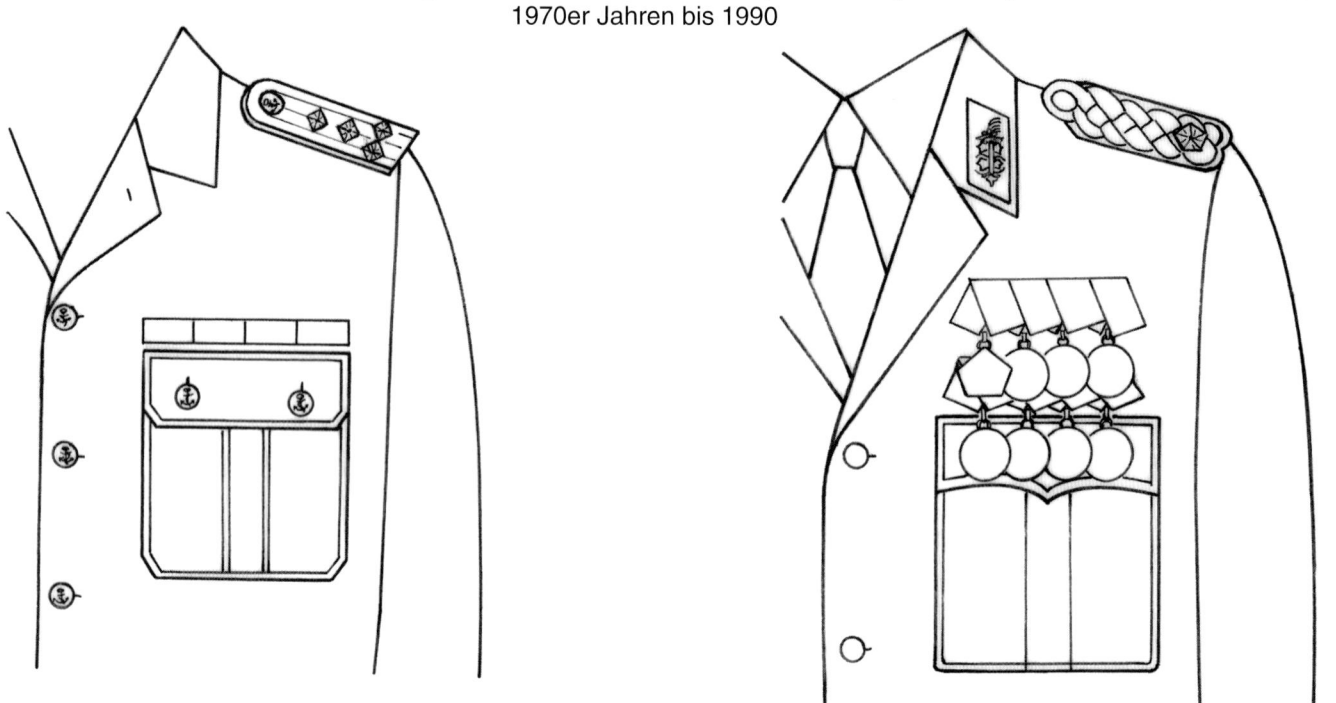

links - Uniformhemdbluse: seit 1980 die vier höchsten Auszeichnungen in einer Reihe 5 mm über dem Taschenaufschlag der linken Brusttasche.
rechts - Paradejacke: seit 1983 höchstens acht Orden und Medaillen am Band in zwei Reihen.

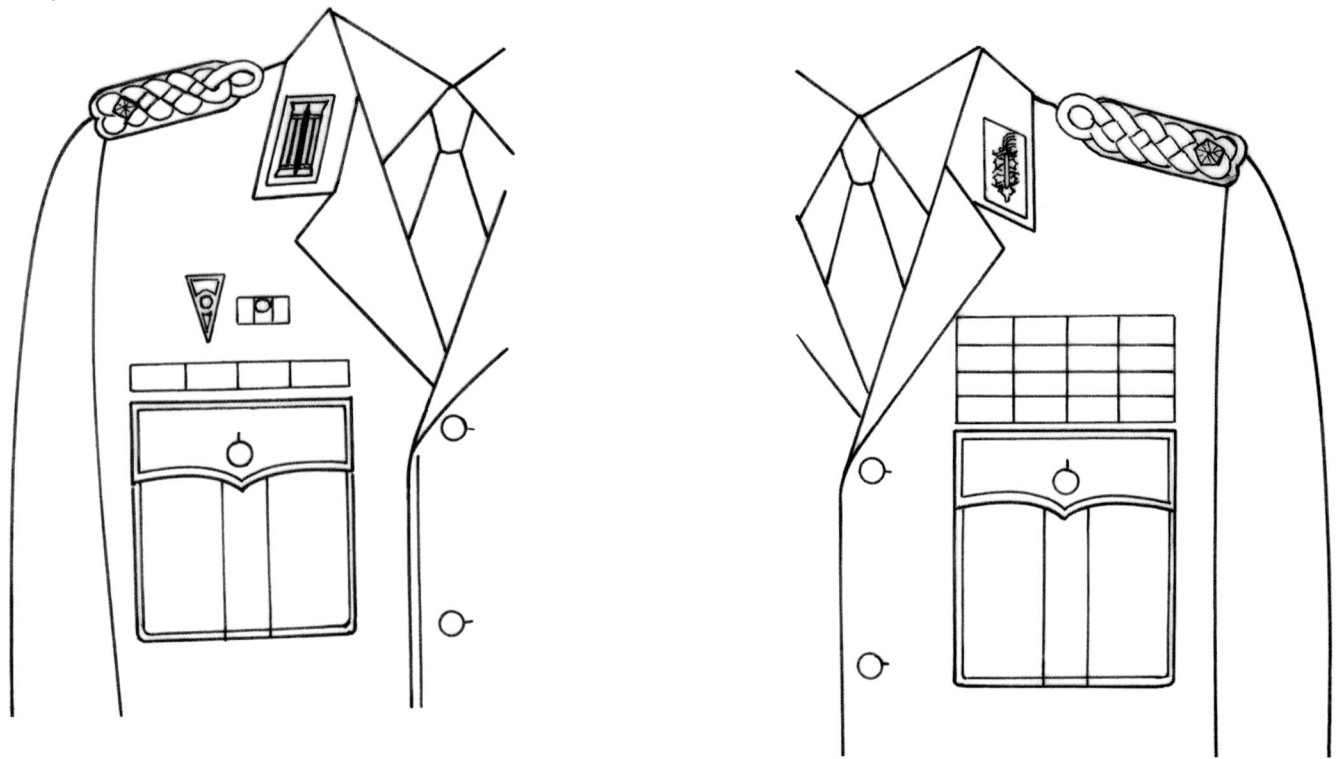

links - Seit den 1950er Jahren waren auf der rechten Seite – entsprechend der Entwicklung – an den Uniformarten über der Brusttasche die nichtstaatlichen Auszeichnungen der DDR (hier als Interimsspange), darüber bestimmte staatliche Auszeichnungen (hier der Nationalpreis) und weitere Abzeichen zu führen.
rechts - Seit 1986 waren Interimsspangen nur in vier Reihen zu je vier Auszeichnungen (die höchsten) zu tragen; abweichende Festlegungen traf der Minister für Nationale Verteidigung der DDR.

Trageweise von Auszeichnungen durch Offiziere, Generale und Admirale an der Gesellschaftsuniform 1986.

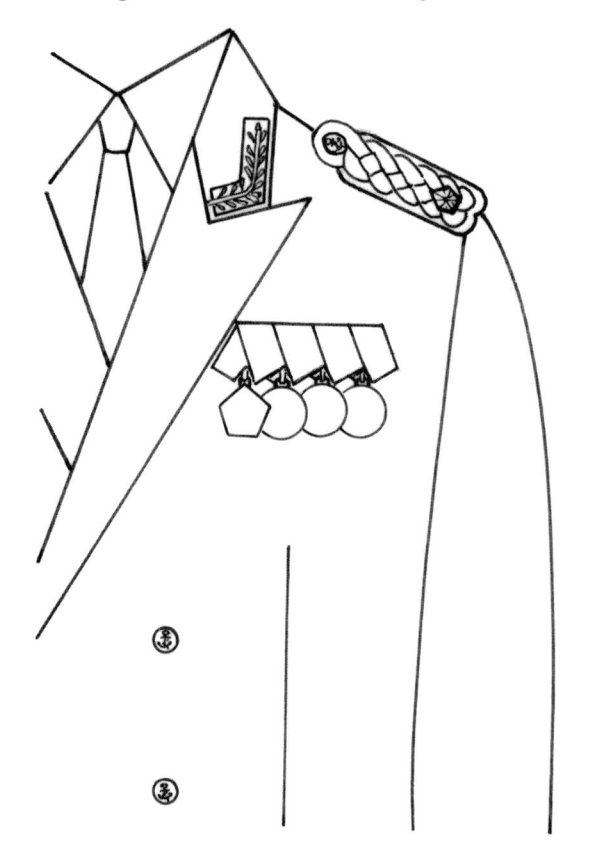

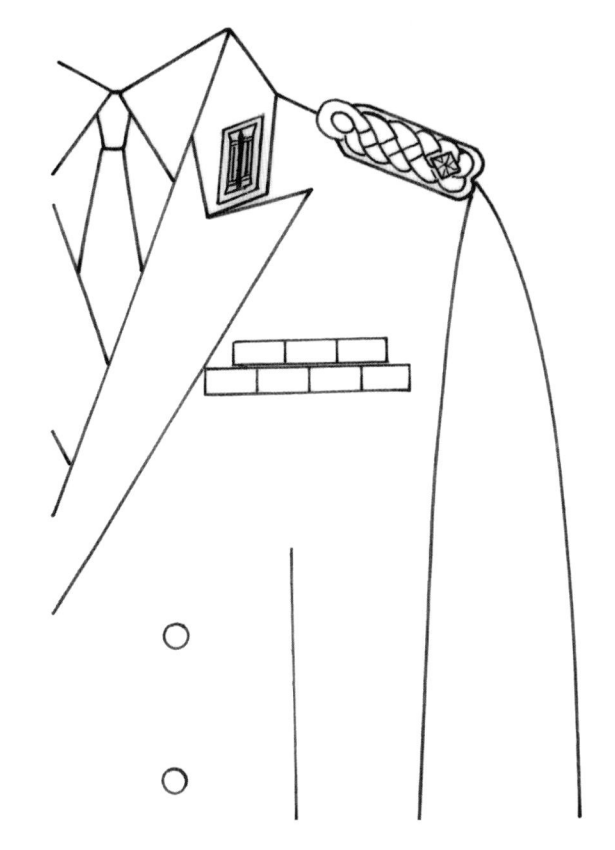

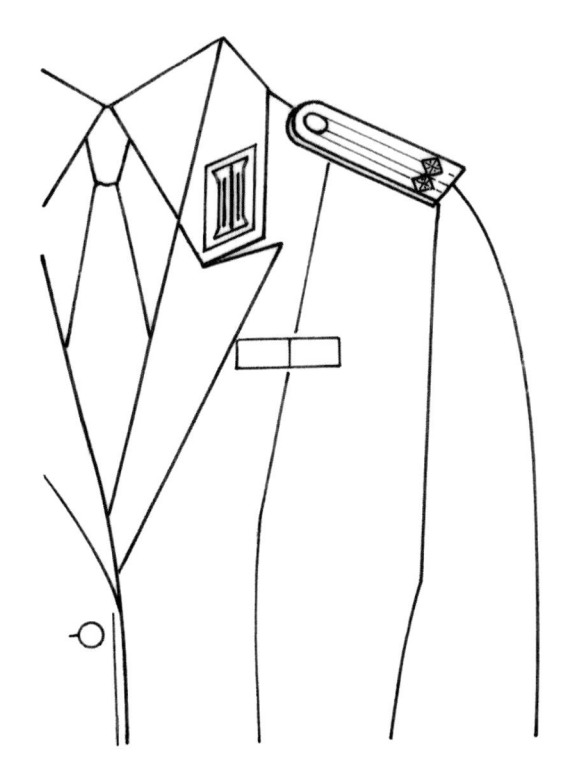

links oben
Großer Gesellschaftsanzug: die vier höchsten Orden und Medaillen am Band in nur einer Reihe.

rechts oben
Kleiner Gesellschaftsanzug: Interimsspangen in höchstens vier Reihen zu je vier Auszeichnungen; abweichende Festlegungen traf der Minister für Nationale Verteidigung der DDR.

links unten
Gesellschaftsjacke weiblicher Offiziere: je nach Befehl analoge Trageweise, hier als Interimsspange.

tragen. Darunter konnten dann die 16 höchsten Auszeichnungen von rechts nach links eingereiht werden. Dafür war folgende Reihenfolge vorgesehen:

- Scharnhorst-Orden
- Kampforden „Für Verdienste um Volk und Vaterland"
- Orden „Banner der Arbeit"
- Orden anderer Staaten
- Medaille für Teilnahme an den bewaffneten Kämpfen der Arbeiterklasse in den Jahren 1918-1923
- Medaille für Kämpfer gegen den Faschismus 1933-1945
- Hans-Beimler-Medaille
- Clara-Zetkin-Medaille
- Verdienstmedaille der DDR
- Ehrentitel der NVA, der Grenztruppen der DDR und der Zivilverteidigung
- Ehrentitel der DDR
- Verdienstmedaille der NVA, der Grenztruppen der DDR und der Zivilverteidigung
- Ehrenzeichen „Für Verdienste in der Reservistenausbildung"
- andere Verdienstmedaillen der DDR
- Ehrentitel „Aktivist der sozialistischen Arbeit"
- Ehrentitel „Kollektiv der sozialistischen Arbeit"
- Verdienstmedaillen anderer Staaten
- andere Medaillen der DDR
- Medaillen für treue Dienste der NVA, der Grenztruppen der DDR und der Zivilverteidigung
- Medaille der Waffenbrüderschaft der NVA
- Medaillen der Waffenbrüderschaft und militärische Erinnerungsmedaillen anderer Staaten
- Jubiläumsmedaille „30 Jahre NVA"
- Medaillen für treue Dienste der NVA, der Grenztruppen der DDR und der Zivilverteidigung
- Medaillen für treue Dienste anderer Bereiche

Weiterhin bestand die Möglichkeit, auf der rechten Brustseite, über allen anderen staatlichen Auszeichnungen, die Abzeichen zum Ehrentitel „Fliegerkosmonaut der DDR" und darunter zum „Hervorragenden Wissenschaftler des Volkes" sowie zum Nationalpreis der DDR, zum Friedrich-Engels-Preis, zum Theodor-Körner-Preis und zu anderen Preisen der DDR anzubringen.

Nichtstaatliche Auszeichnungen fanden unter den staatlichen Auszeichnungen auf der rechten Seite der Uniformjacke ihren Platz. Über allen Auszeichnungen wurde das Absolventenabzeichen der höchsten absolvierten Bildungseinrichtung befestigt. Rechts neben oder unter den obengenannten Auszeichnungen wurden auf der rechten Brustseite das Leistungsabzeichen der NVA, das Bestenabzeichen der NVA, Klassifizierungsabzeichen, Fallschirmsprungabzeichen, Reservistenabzeichen und andere Auszeichnungen der Parteien und gesellschaftlicher Organe oder Organisationen der DDR eingeordnet. Besaß der Armeeangehörige mehrere Klassifizierungsabzeichen oder ein Abzeichen in mehreren Stufen, steckte er nur die höchste Stufe des Abzeichens an.

Mitglieder der FDJ hatten die Möglichkeit, das FDJ-Abzeichen auf der rechten Brusttasche oder bei Uniformhemden ohne Brusttasche auf gleicher Höhe anzustecken, was selten getan wurde. Das Militärsportabzeichen oder das Sportabzeichen der DDR kam auf die Falte der rechten Brusttasche.

Staatliche und nichtstaatliche Auszeichnungen anderer sozialistischer und befreundeter Staaten, die an Bürger der DDR für Verdienste im Kampf gegen Faschismus, für den Frieden und für den Aufbau des Sozialismus verliehen wurden, durften auch an der Uniform getragen werden. Sie waren dann ihrer Bedeutung gemäß nach den Auszeichnungen der DDR einzuordnen.

Die Ordens- und Abzeichen-Inflation in der DDR und den Warschauer-Vertragsarmeen führte vor allem bei hohen Stabsoffizieren im Ministerium für Nationale Verteidigung der DDR zu grotesken Auswüchsen. So erhielt der Minister für Nationale Verteidigung der DDR, Armeegeneral H. Hoffmann, stattliche 141 DDR-und ausländische Auszeichnungen, wovon er immerhin die 52 höchsten an seiner zweireihigen Dienstuniformjacke trug. Nach der Einführung der einreihigen Uniformjacke offener Fasson verkleinerte sich der Platz für Auszeichnungen über der linken Tasche. Um seine zwölfreihige Ordensspange tragen zu können, ließ sich deshalb Armeegeneral H. Keßler eine Uniformjacke schneidern, die nur eine rechte Brusttasche eingearbeitet hatte, damit auf der linken Seite genug Platz für das Vorzeigen der erworbenen Meriten war.

Armeegeneral H. Keßler mit der Sonderanfertigung seiner Uniformjacke im Mai 1989.

Die Entwicklung neuer Uniformteile und ihre Erprobung im Truppenversuch von 1985 bis 1990

Aus den zunehmenden Schwierigkeiten der DDR–Volkswirtschaft resultierende Sparzwänge und natürlich auch militärische Zweckmäßigkeitserwägungen begünstigten konkrete Entwicklungsarbeiten auf dem Uniformsektor.

Ab 1985 wurde vor allem an einer Funktionalisierung der Felddienstuniform gearbeitet und mit veränderten Uniformvarianten

Das letzte Mal an einem Jahrestag der DDR - Abmarsch des Großen Wachaufzuges des Wachregimentes der NVA am 7. Oktober 1989.

größere Trageversuche durchgeführt. Offiziell begründet wurden die angestrebten Veränderungen der Felddienstbekleidung mit den komplizierten Bedingungen des modernen Gefechts, der hohen Technisierung der Armee, der Dynamik der Handlungen der Truppen und der Forderung nach größerer Beweglichkeit des Kämpfers auf dem Gefechtsfeld. Verbessert werden sollten vor allem die Trageweise und die Mitführung individueller Bekleidung und Ausrüstung. Die Kosten für die Veränderung der Felddienstanzüge, die Einführung einer neuen Feldmütze und flexibler Effekten sowie die Anpassung der Ausrüstung an veränderte Uniformdetails wurden immerhin mit 17 Millionen Mark veranschlagt.

Der neuentwickelte Felddienstanzug Sommer wirkte insgesamt militärisch–zweckmäßiger. Die neue Feldmütze mit Schirm und ovaler Dienstgradkennzeichnung unter der Stoffkokarde, der Wegfall der Schulterklappen bzw. Schulterstücke und deren Ersatz durch flexible Dienstgradkennzeichnungen am linken Ärmel oberhalb der Ärmeltasche, das neue Gurtkoppel ohne Koppelschloß mit einer strapazierfähigeren Schnalle sowie die neuen Laschen-Schnürschuhe, über die die Hosen geschlagen wurden, verbesserten die Funktionalität und die Trageeigenschaften des Felddienstanzuges erheblich.

Zum Felddienstanzug Winter gehörten weiterhin die bewährte Winterpelzmütze ohne Dienstgradkennzeichnung und der Webpelzkragen. Die Jacke war ohne Schulterklappen bzw. Schulterstücke, die Dienstgradkennzeichnung neuer Art befand sich wie beim Felddienstanzug Sommer am linken Oberarm. Darunter wurde ein steingrauer Unterziehanzug getragen. Gurtkoppel neuer Art und Halbschaft – bzw. Schaftstiefel ergänzten den Felddienstanzug Winter. Die gesamte Ausrüstung am Mann wurde an einem neuentwickelten Tragegestell befestigt .Die Trageweise des Feldspatens war verändert worden und die Schutzausrüstung befand sich nun in einer neuentwickelten Tragetasche, die körpernah befestigt war. Der neue Felddienstanzug Sommer/Winter bewährte sich und sollte bis 1991 eingeführt werden.

Größere Veränderungen waren auch für die Parade-, Ausgangs-, Dienst– und Gesellschaftsuniformen in Vorbereitung und im Truppenversuch. Sie waren insgesamt durch die Absicht geprägt, Schirmmützen und Feldmützen alter Art generell wegfallen zu lassen. Ersetzt werden sollten diese Kopfbedeckungen durch Baskenmützen in den entsprechenden Farben der Teilstreitkräfte. Für die Landstreitkräfte war die Farbe dunkelgrau, für die Fallschirmjäger wurde orange beibehalten, die Angehörigen der Luftstreitkräfte und der Luftverteidigung trugen hellblaue und die Grenztruppen dunkelgrüne Baskenmützen.

Eine weitere große Änderung war der Wegfall der Stiefelhose und der Stiefel und die Einführung eines Schnürstiefels für alle Armeeangehörigen (außer weiblichen Armeeangehörigen) zur Dienst-, Parade-, Felddienst- und Arbeitsuniform. Neben erheblichen Kostenersparnissen wurden diese Änderungen damit begründet, daß Stiefelhosen unter aktuellen Bedingungen ein überholtes Kleidungsstück seien und gemeinsam mit der Baskenmütze kein geschlossenes und ästhetischen Bild boten. Der Schnürstiefel besaß gegenüber den in der NVA verwendeten Schaft- bzw. Halbschaftstiefel besonders für die Kampfuniform bessere Gebrauchswerteigenschaften. Er gab dem Fuß besonders im Gelenk einen festeren Halt. Die Einführung wurde ebenfalls für 1991 vorbereitet.

Mit einer weiteren Änderung wurden die grauen Oberhemden, unter der Uniformjacke angezogen, in Frage gestellt und generell angeregt, nur noch die graue Uniformbluse auch unter der Uniformjacke zu tragen. Damit diese Regelung auch für die Ausgangs-, die Parade- und die Gesellschaftsuniform Anwendung finden konnte, wurde eine weiße, im Schnitt der grauen Uniformbluse gleichen Uniformbluse in Auftrag gegeben. Diese Abänderung wurde bereits 1987 truppenwirksam.

Eine weitere Neuerung beinhaltete den Wegfall der zweireihigen Uniformjacke, die Generale zur Stabsdienst- und Ausgangsuniform trugen.. Zu allen Uniformarten sollten Generale nunmehr die einreihige Uniformjacke tragen, wobei bei der Paradeuniform auch die Arabesken auf den Ärmeln wegfielen. Auch dadurch wollte die Armeeführung Kosten sparen und eine weitere Vereinheitlichung der Uniformierung vorantreiben.

Die Trage- und Truppenversuche gestalteten sich insgesamt sehr positiv, beschränkten sich aber auf die Landstreitkräfte und die LSK/LV der NVA sowie die Grenztruppen der DDR. Die Volksmarine der NVA und Zivilverteidigung der DDR blieben davon zunächst unberührt. Neben den Truppenversuchen mit den abgeänderten Uniformteilen wurden die neuen Uniformen bereits von den NVA-Manöverbeobachtern zu Manövern im westlichen Ausland und im Rahmen von Inspektionsreisen in NATO-Länder getragen. Generell war die Einführung der neuen Uniformen produktionstechnisch und finanziell bedingt erst für 1987 bis 1991 mit gleitender Ablösung der alten Uniformstücke vorgesehen. Ab 1987 gab es aber schon ein begrenztes Nebeneinander von alten und neuen Uniformteilen in einer für einzelne Truppenteile reglementierten Form.

6.3 Über die „Nachwendeuniformen" der Monate von Mai bis September 1990

Vier Tage vor den ersten freien Wahlen in der DDR, die am 24. März 1990 abgehalten wurden, unterschrieb der letzte Minister für Nationale Verteidigung der DDR, Admiral Th. Hoffmann, die Bekleidungsvorschrift für die NVA, mit der die Uniformgeschichte der Armee endete.

Die letzte Uniformvorschrift der NVA

Diese neue Vorschrift war nur bedingt das Ergebnis von weiterführenden Überlegungen zur Uniformentwicklung. Hauptsächlich handelte es sich um den Versuch, die seit dem November 1989 auch in den Streitkräften ablaufenden basisdemokratischen Reformversuche auf dem Uniformsektor noch zu verwirklichen. Unmittelbar nach seinem Amtsantritt als Minister hatte Admiral Th. Hoffmann auf einer Kommandeurstagung eine umfassende Militärreform der DDR–Streitkräfte ausdrücklich gebilligt.

Diese Reform sollte insbesondere auf die Umwandlung der bewaffneten Organe der DDR weg von einer Parteienarmee hin zu einer wirklich dem Volk verbundenen Verteidigungsarmee wirken und auch die Dienst– und Lebensbedingungen der Armeeangehörigen verbessern. Reformergebnisse, die zum Teil auch noch umgesetzt wurden, waren die Reduzierung der Dauer der Wehrpflicht auf zwölf Monate und der Dienst von Zeitsoldaten auf zwei Jahre, die Abschaffung der Politischen Hauptverwaltung und aller armeeinternen Parteistrukturen, die Beseitigung der generellen Anrede „Genosse" in der Armee sowie die Aussetzung der ständigen Gefechtsbereitschaft. Angestrebt wurde die Fünf-Tage-Arbeitswoche für alle Armeeangehörigen.

Für die Uniformierung war gefordert worden, alle äußerlichen Attribute einer stalinistisch geprägten Parteienarmee sowie unzeitgemäße Elemente militärischen Pomps und des „roten Preußentums" abzuschaffen. Der Versuch der Umsetzung dieser Reformforderungen wurde mit der neuen DV 010/0/005 – Uniformarten und ihre Trageweise - gemacht. Die Durchsetzung fiel dem ehemaligen Bausoldaten der NVA und seit den Märzwahlen 1990 zum Minister für Abrüstung und Verteidigung avancierten ersten zivilen Minister im Verteidigungsressort der DDR, R. Eppelmann, zu. Er übernahm die im März erlassene Vorschrift vollinhaltlich und setzte sie am 1. Mai 1990 in Kraft.

Diese 1990er Bekleidungsvorschrift trat an Stelle der von 1986 und galt für alle Armeeangehörigen im aktiven Wehrdienst und im Reservistenwehrdienst. Da die Grenztruppen und die Zivilverteidigung der DDR zu diesem Zeitpunkt bereits aus dem Verteidigungsministerium ausgesteuert worden waren, wurde deren Uniformierung nicht mehr erwähnt.

Die allgemeinen Bestimmungen der Nachwendevorschrift waren straffer gestaltet, entsprachen aber im wesentlichen den Vorgängerbestimmungen. Auf die Benennung von Trageperioden wurde allerdings verzichtet. Die einschneidendste Veränderung gegenüber den früheren Uniformvorschriften war eine drastische Reduzierung der Uniformarten. Da künftig viele militärische Anlässe und Zeremonielle wegfallen oder anders gestaltet werden sollten und sich das Bild der Uniformträger in der Gesellschaft veränderte, gab es auch keinen Bedarf mehr für Gesellschafts- und Paradeuniformen. Stiefelhose und Schaftstiefel entfielen für die meisten Armeeangehörigen ebenso wie Gesellschaftsjacke und Repräsentationsschnur. Auch Feldbinde und Offiziersehrendolch gehörten der Vergangenheit an. Die verbleibenden Uniformteile wurden in den vorgegebenen Uniformarten zweckmäßiger kombiniert und in ihrer Trageweise weniger reglementiert.

Die Nachwendeuniformen waren in ihrem Gesamterscheinungsbild schlichter und zweckmäßiger, zum Teil individueller und auf Grund der drastischen Reduzierungen kostengünstiger .Bereits entwickelte und vorproduzierte Uniformteile wie Feldmützen, Baskenmützen und Schnürstiefel für alle Uniformarten und Dienstgradgruppen konnten nicht mehr eingeführt werden, da die bereits produzierten Vorräte noch nicht für alle Armeeangehörigen ausgereicht hätten. Durchgesetzt wurde der bereits in den 1980er Jahren angedachte Wegfall von Stiefelhosen und Stiefeln durch den Wegfall der Paradeuniform.

Von den sieben Uniformarten der 1986er Uniformvorschrift der Landstreitkräfte und der LSK/LV der NVA verblieben nur noch die Ausbildungsuniform, die kombinierte Dienst- und Ausgangsuniform und die Arbeitsuniform. Die Felddienstuniform, Stabsdienstuniform, Paradeuniform und Gesellschaftsuniform fielen als eigenständige Uniformarten weg. Auch bei der Volksmarine der NVA gab es keine Parade- und Gesellschaftsuniformen mehr. Die Gefechtsuniform, die Borddienstuniform, die Dienst- und Ausgangsuniform und die Arbeitsuniform der Volksmarine wurden stark modifiziert.

Ausnahmen von den vorgenannten Uniformarten zu protokollarischen Anlässen und zu Ehrungen regelte eine Protokoll- und Ehrungsordnung. So war der Stadtkommandant von Berlin ebenfalls berechtigt, die Trageweise der Uniformen der Ehrenkompanien und der anderen eingesetzten Kräfte zur Erfüllung von Repräsentationsaufgaben festzulegen.

Durch die Chefs, Kommandeure und Leiter war das vorschriftsmäßige Tragen der Uniformen durchzusetzen, wobei zu Ausbildungsmaßnahmen sowie zu Veranstaltungen in geschlossenen militärischen Formationen eine einheitliche Uniformierung verbindlich war. Zu allen anderen Anlässen konnten die Armeeangehörigen im Rahmen der jeweiligen Uniformart die Bekleidung und Ausrüstung tragen, die für die jeweiligen Witterungsbedingungen am zweckmäßigsten waren. Die Webpelz-Wintermütze war nur bei niedrigen Temperaturen und auf Befehl der Regimentskommandeure aufwärts gestattet.

Die Uniformen der Land – und Luftstreitkräfte sowie der Truppen der Luftverteidigung

Aus den Uniformarten Felddienstuniform Sommer und Winter wurde die Ausbildungsuniform kombiniert, die zu allen Jahreszeiten, zu allen Ausbildungsmaßnahmen, zum Wachdienst und zu Kontrollen der Ausbildung anzulegen war. Zur Ausbildungsuniform für Armeeangehörige im Grundwehrdienst und auf Zeit gehörten die Uniformteile Feldmütze, Wintermütze, Felddienstanzug Sommer, Felddienstanzug Winter, Webpelzkragen, Schal, Pullover, Kopfschützer, Handschuhe, Halbschaftstiefel und Gurtkoppel. Die Berufssoldaten verfügten über Feldmütze, Wintermütze, Regenumhang, Felddienstanzug Sommer und Winter, Webpelzkragen, Schal, Pullover, Kopfschützer, Handschuhe, Schaftstiefel und Gurtkoppel in der dienstgradgruppentypischen Ausführung. Die weiblichen Armeeangehörigen trugen im Rahmen der Uniformart Ausbildungsuniform die Baskenmütze, Wintermütze, Regenumhang, Felddienstanzug Sommer oder Winter, Webpelzkragen, Schal, Schaftstiefel, Handschuhe und Gurtkoppel. Das Mitführen und Tragen des Stahlhelms wurde extra angewiesen. Bei entsprechender Witterung war es möglich, unter dem Felddienstanzug die Uniformjacke, die Uniformhose und die Hemdbluse mit Binder zu tragen.

Aus den Uniformteilen der vormaligen Dienst-, der Stabsdienst-, der Ausgangs- und der Paradeuniform wurde die neue Uniformart Dienst- und Ausgangsuniform zusammengestellt. Sie wurde zum täglichen Dienst außer zu allen Ausbildungsmaßnahmen, zum Tagesdienst, zu militärische Zeremoniellen und wenn gewollt zum Ausgang und im Urlaub getragen. Zum Ausgang und für den Urlaub gab es jetzt allerdings eine immer geltende Zivilerlaubnis. Diese Dienst- und Ausgangsuniform bestand bei Grundwehrdienstleistenden und bei Soldaten auf Zeit aus folgenden Uniformteilen, die entsprechend dem Trageanlaß und der Witterung zu kombinieren waren: Feldmütze, Wintermütze, Uniformmantel, Uniformjacke, Uniformhose, Oberhemd bzw. Hemdbluse, Binder, Schal, Pullover, Handschuhe, Halbschuhe und Lederkoppel.

Berufssoldaten verfügten über: Schirmmütze, Wintermütze, Uniformmantel, Sommermantel, Hemdbluse, Binder, Schal, Handschuhe, Halbschuhe, Zugstiefel und Lederkoppel.

Weibliche Armeeangehörige kombinierten zur Dienst- und Ausgangsuniform Kappe, Wintermütze, Uniformmantel, Sommermantel, Regenumhang, Uniformjacke, Uniformhose, Uniformrock, Hemdbluse, Binder, Schal, Pullover, Handschuhe, Halbschuhe oder Stiefel mit Absatz. Erstmals wurde festgelegt, daß weibliche Armeeangehörige zum Uniformrock braune, graue oder schwarze Strümpfe zu tragen hatten.

Zu militärischen Zeremoniellen hatten die Berufssoldaten die weiße Hemdbluse zu tragen. In der Zeit vom 1. April bis zum 31. Oktober konnte die Hemdbluse bzw. das Oberhemd mit Schulterstücken auch außerhalb von Gebäuden getragen werden. Das Lederkoppel war von den Grundwehrdienstleistenden zum Uniformmantel, zur Uniformjacke bzw. zur Uniformhose ohne Uniformjacke umzulegen bzw. einzuziehen. Für Zeitsoldaten und Berufssoldaten war das Lederkoppel immer nur in Verbindung mit der Pistole zu tragen.

Zum Arbeits- und Parkdienst und zum Waffen- und Revierreinigen war die Arbeitsuniform anzuziehen Bei Grundwehrdienstleistenden und Zeitsoldaten bestand sie aus einer Arbeitsmütze, dem Arbeitsanzug Sommer oder Winter, Halbschaftstiefeln, Arbeitshemd, Vierfingerhandschuhen und dem Schal.

Berufssoldaten kombinierten zum Arbeitsanzug ebenfalls die Arbeitsmütze, den Arbeitsanzug Sommer oder Winter, Schaftstiefel, Arbeitshemd, Handschuhe und Schal. Die Arbeitsuniform der weiblichen Armeeangehörigen bestand aus den gleichen Uniformteilen.

Die Uniformen der Volksmarine

Die Gefechtsuniform bestand für alle Volksmarineangehörigen einheitlich aus Bordkäppi, Wintermütze, orangefarbenen Kampfanzug der Volksmarine, Kopfschützern, Handschuhen und Gummistiefeln. Diese Gefechtsuniform war nur an Bord von Schiffen und auf Befehl zu tragen. Auf besondere Anweisung war der Stahlhelm aufzusetzen und konnten die Gummistiefel durch Halbschaftstiefel oder Schaftstiefel ersetzt werden. Abhängig von der Witterung war es gestattet, unter den Kampfanzug den Borddienst- oder Arbeitsanzug zu ziehen. Je nach Arbeitsaufgabe konnten Gummi-, Vierfinger-, Wirk- oder Lederhandschuhe getragen werden.

War keine andere Uniformart befohlen, trugen die Volksmarine-Angehörigen an Bord der Kampf- und Versorgungsschiffe sowie der Boote den Borddienstanzug. Grundwehrdienstleistende und Marineangehörige auf Zeit konnten auch den Bordanzug weiß mit Gurtkoppel und Überzieher tragen .

Für Marineangehörige im Grundwehrdienst und auf Zeit bestand der Borddienstanzug ansonsten aus Bordkäppi oder Wintermütze, dem Borddienstanzug Sommer oder Winter, dem Webpelzkragen, Seemannshemd, Pullover mit Rollkragen, Wirkhandschuhen, Halbschaftstiefeln oder Bordschuhen. Die Berufssoldaten kombinierten zur Borddienstuniform ebenfalls das Bordkäppi oder die Wintermütze, den Borddienstanzug Winter oder Sommer, Webpelzkragen, silbergraue Hemdbluse, Binder, Pullover, Lederhandschuhe Schaftstiefel oder Bordschuhe oder Zugstiefel.

Grundwehrdienstleistende Matrosen und Zeitsoldaten der Volksmarine stellten ihre Ausbildungsuniform (Land) aus folgenden Uniformteilen zusammen: Bordkäppi oder Wintermütze, Felddienstanzug Sommer oder Winter, Webpelzkragen, Seemannshemd, Schal, Pullover, Kopfschützer, Handschuhe, Halbschaftstiefel und Gurtkoppel. Berufssoldaten der Volksmarine trugen als Ausbildungsuniform (Land) Bordkäppi oder Wintermütze, Regenumhang bei Bedarf, Felddienstanzug Winter oder Sommer, Webpelzkragen, Schal, Pullover, Kopfschützer, Handschuhe, Schaftstiefel und Gurtkoppel.

Diese Uniform bestand für die weiblichen Volksmarineangehörige aus der Baskenmütze oder der Wintermütze, dem Regenumhang, dem Felddienstanzug Sommer oder Winter, dem Webpelzkragen, dem Schal, den Schaftstiefeln, den Handschuhen und dem Gurtkoppel.

Die Ausbildungsuniform (Land) war zur Ausbildung an Land, zum Wachdienst und bei Kontrollen der Ausbildung zu tragen .Das Tragen des Stahlhelms bedurfte eines gesonderten Befehls. Bei entsprechendem Wetter durfte unter dem Felddienstanzug die Uniformjacke oder das Kieler Hemd blau, die Uniformhose oder Klapphose und die Hemdbluse mit Binder getragen werden.

Die Dienst- und Ausgangsuniform der Volksmarine stellte eine Kombination aus Uniformteilen der vormaligen Uniformarten Dienstuniform, Ausgangsuniform und Paradeuniform dar. Sie war zum täglichen Dienst außer zu Ausbildungsmaßnahmen, zum Tagesdienst zu militärischen Zeremoniellen und auf eigenem Wunsch zum Ausgang und im Urlaub zu tragen. Zu militärischen Zeremoniellen und zum Ausgang war die weiße Hemdbluse vorgeschrieben.

In der Zeit vom 1. April bis zum 31.Oktober konnte die Hemdbluse silbergrau oder weiß mit Schulterklappen oder Schulterstücken ohne Uniformjacke getragen werden. Volksmarineangehörige im Grundwehrdienst und auf Zeit trugen zu militärischen Zeremoniellen die Tellermütze sowie das Lederkoppel über dem Überzieher. Dazu konnte statt des Kieler Hemdes blau das Kieler Hemd weiß befohlen werden. Auch im Ausgang und im Urlaub gehörte die Tellermütze zur vorschriftsmäßigen Uniform. Sie konnte auch zur Dienstuniform befohlen werden. Grundwehrdienstleistenden und Soldaten auf Zeit war es auch gestattet, das weiße Kieler Hemd, im Ausgang und im Urlaub zu tragen. Obermatrosen in der Ausbildung zum Maat und Maate konnten zum Dienst an Bord die weiße Bordhose mit Lederkoppel durch die Schlaufen gezogen anziehen. Auch für weibliche Volksmarineangehörige war die Strumpffarbe braun, grau oder schwarz zum Uniformrock vorgeschrieben.

Berufssoldaten trugen das Lederkoppel nur in Verbindung mit der Pistole.

Zur Dienst – und Ausgangsuniform der Volksmarineangehörigen im Grundwehrdienst und auf Zeit gehörten das Bordkäppi oder die Wintermütze, Überzieher und Kieler Hemd, blau, Klapphose, Kieler Kragen, Kieler Knoten, Seemannshemd, Schal, Pullover, Handschuhe, Halbschuhe und Lederkoppel.

Berufssoldaten kombinierten zur Dienst- und Ausgangsuniform Schirmmütze mit blauem oder weißem Bezug, Wintermütze, Uniformmantel, Sommermantel, Regenumhang, Uniformjacke, Uniformhose, Hemdbluse, Binder, Schal, Handschuhe, Halbschuhe oder Zugstiefel. Weibliche Volksmarineangehörige trugen zum Dienst und im Ausgang Schiffchen oder Kappe, Wintermütze, Uniformmantel oder Sommermantel, Regenumhang, Uniformjacke, Uniformhose, Uniformrock, Hemdbluse, Binder, Halstuch, Pullover, Handschuhe, Halbschuhe oder Stiefel mit Absatz.

Die Arbeitsuniform der Volksmarine war zu Arbeitsdiensten aller Art zu tragen. Sie bestand für männliche und weibliche Volksmarineangehörige aller Dienstgradgruppen einheitlich aus Arbeitsmütze, Arbeitsanzug Sommer oder Winter, Arbeitshemd, Handschuhen und Schal. Dazu trugen Grundwehrdienstleistende und Zeitsoldaten die Halbschaftstiefel, Berufssoldaten und weibliche Volksmarineangehörige die Schaftstiefel. An Bord von Schiffen und Booten war es gestattet, statt der Stiefel die Bordschuhe zu tragen. Für Grundwehrdienstleistende und Soldaten auf Zeit war es auch möglich, den Pullover mit Rollkragen anzuziehen. Ergänzt werden konnte die Arbeitsuniform bei Bedarf durch Vierfingerhandschuhe, Wirkhandschuhe oder Lederhandschuhe.

Zur Trageweise der Bekleidung und Ausrüstung und der Auszeichnungen

Die verbliebenen Uniformstücke wurden in neuer Zusammenstellung nach dem gleichen Reglement wie in den Vorgängervorschriften getragen. Auch die Waffenfarben der in Verantwortung des Ministeriums für Abrüstung und Verteidigung verbliebenen Teilstreitkräfte, Waffengattungen und Dienste wurden beibehalten.

Auch bei den Dienstgradabzeichen und Kennzeichnungen gab es keine gravierende Veränderungen. Lediglich die Schulterklappen der Gefreiten in der Ausbildung zum Unteroffizier erhielten zusätzlich zur Überfangschlaufe eine Querlitze wie Gefreite. Bei den Berufssoldaten änderte sich bis auf den Wegfall der Dienstgrade Marschall der DDR und Flottenadmiral nichts. Auch die Systeme der Ärmelabzeichen und Ärmelstreifen der Volksmarine und der Luftstreitkräfte Luftverteidigung an den Flieger- und Technikeranzügen wurden bei Wegfall nicht mehr existenter Dienstgrade unverändert beibehalten. Das gleiche traf für die Gestaltung der Kragenspiegel, Schirmmützen, Dienstlaufbahnabzeichen, der Schützenschnüre und Ärmelstreifen zu.

Im Gegensatz zur Vorwendezeit, wo es Pflicht war, verliehene staatliche und nichtstaatliche Auszeichnungen an der Uniform zu tragen, war es 1990 nunmehr möglich, Auszeichnungen nach persönlichem Ermessen anzulegen oder nicht.

Staatliche Auszeichnungen waren jetzt nur noch als Interimsspange auf der linken Brustseite in maximal zwei Reihen zu je vier Orden oder Auszeichnungen zu tragen. Nichtstaatliche Auszeichnungen waren auf der rechten Brustseite zu befestigen. Das Absolventenabzeichen der höchsten abgeschlossenen Bildungseinrichtung war über der rechten Brusttasche anzubringen. Darunter, auf der Taschenfalte konnte das Militärsportabzeichen angesteckt werden.

Mit dem Wegfall von Paradeuniform und Großem Gesellschaftsanzug gab es entsprechend der 1990er Vorschrift keine Möglichkeit mehr, verliehene Orden am Band an der Uniform zu tragen.

Rückblickend kann durchaus festgestellt werden, daß die großen und kleinen Änderungen in der Uniformierung der Nachwendestreitkräfte der DDR von der Öffentlichkeit oftmals gar nicht und selbst von den Streitkräfteangehörigen nur zögerlich wahrgenommen und auch umgesetzt wurden. Will man sich also die Enduniformierung vor Augen führen, sind deshalb immer die Festlegungen der 1986er und der 1990er Bekleidungsvorschriften heranzuziehen.

Im Zusammenhang mit der neuen Eidesformel, die alle Armeeangehörigen auf Wunsch des Ministers für Abrüstung und Verteidigung der DDR, R. Eppelmann, abzulegen hatten, entschied in seiner Abwesenheit der amtierende Minister, Staatssekretär W. Ablaß, daß alle Armeeangehörigen eine neue schwarz-rot-goldene Kokarde ohne das DDR-Staatsemblem für Schirm- und Felddienstmützen erhalten sollten und diese am 20. Juli 1990, dem Tag der Eidesablegung, erstmals zu tragen hatten.

Auf dieser Grundlage erging die letzte Weisung zur Abänderung der NVA-Uniform, die Admiral Th. Hoffmann in seiner Funktion als Chef der NVA unterzeichnete. Darin wurde festgelegt: 1. Austausch

	Spruch-Nr. (Нр-Телегр.)	Erhalten: (принята)	Datum/Uhrzeit (Дата/Время)		GVS/VVS СОВ. СЕКР./СЕКР.
(A/E)		Quittung: (Расписка)	Unterschrift des Empfängers (подпись)		VS-Nr.: ___ Ausfertigung ___ Blatt Dringlichkeit (Сроч.)

(A/E)	**Fernschreiben/Funkspruch** (Телеграмма)				Leitweg: H.6c, Zi.116 Dringlichkeit (Сроч.) GVS/VVS СОВ. СЕКР./СЕКР.
Von (Rufzeichen/Tarnname) (из/позывной)	Spruch-Nr. (Нр-Телегр.)	Anzahl d. Gr./Wo. (количество групп/слов)	Datum/Tag (Дата)	Aufgabezeit Stunden, Minuten (время подачи)	VS-Nr.: ___ Ausfertigung ___ Blatt + Mitleseblatt ___ Blatt Gesamt ___ Blatt
Dienstvermerke: (служ. отметка)					ausgearb. Oberst Szalek
Dringlichkeit (Срочность)	Empfänger (кому)	SAKAS, RULETKA, SUBILO, KWARZIT, STUDIA, ÜBERRASCHUNG 750			geschrieben Fiedler
					geschlüsselt
	Absender (откуда)	WOSTOK 750			gesendet/empfangen

Auf der Grundlage einer Entscheidung des Ministers für Abrüstung und Verteidigung weise ich an:

Im Zusammenhang mit der Vereidigung am 20. 7. 1990 sind folgende Veränderungen an Uniformstücken vorzunehmen:

1. Austausch der Kokarden an den Feldmützen der Soldaten im GWD und auf Zeit und der Kokarden an den Schirmmützen der Berufskader sowie an den Kappen für weibliche Armeeangehörige gegen solche in schwarz-rot-goldener Ausführung.

2. Austausch der Uniformknöpfe an den Uniformjacken und -mänteln für Generale in neutrale goldene sowie für Admirale in Ankerknöpfe.

3. Austausch der Seesterne an den Uniformjacken der Admirale gegen solche in neutraler Ausführung.

Die Vereidigung ist in Dienst-/Ausgangsuniform mit Uniformjacke (Berufskader mit weißer Hemdbluse) ohne Koppel durchzuführen.

Mit der Organisation und Vorbereitung dieser Maßnahme wird WOSTOK 432 beauftragt.
Dazu haben Sie Ihre 432 zur Einweisung und Übernahme der entsprechenden Effekten am 11. 7. 1990, um 10.00 Uhr zur MSW-2 nach BERLIN zu kommandieren.

Sie haben die Durchsetzung dieser Festlegungen innerhalb der Versorgungsbereiche bis zum 19. 7. 1990 zu gewährleisten.

O. U., den 5. 7. 1990

Hoffmann
Admiral

der Kokarden an den Feldmützen der Soldaten im Grundwehrdienst und auf Zeit und der Kokarden an den Schirmmützen der Berufssoldaten sowie der weiblichen Armeeangehörigen gegen solche in schwarz-rot-goldener Ausführung ohne DDR-Staatsemblem; 2. Austausch der Uniformknöpfe der Admirale gegen solche in neutraler Ausführung ohne Staatsemblem der DDR und 3. Auswechseln der bisherigen Seesterne an den Uniformjacken der Admirale gegen solche in neutraler Ausführung.

Die Vereidigung, eines der letzten zentralgesteuerten militärischen Zeremonielle der DDR-Streitkräfte, erfolgte in Dienst-/Ausgangsuniform mit Uniformjacke (Berufssoldaten mit weißer Hemdbluse darunter) und ohne Koppel. Die am 20.Juli 1990 von den Berufs- und Zeitsoldaten zu schwörende Eidesformel lautete:

„Ich schwöre, getreu dem Recht und dem Gesetz der Deutschen Demokratischen Republik meine militärische Pflicht stets diszipliniert und ehrenhaft zu erfüllen. Ich schwöre, meine ganze Kraft zur Erhaltung des Friedens und zum Schutz der Deutschen Demokratischen Republik einzusetzen."

Dieser Eid wurde zehn Wochen vor dem schon festgelegten und bekanntgegebenen Wiedervereinigungsdatum geschworen. Zu diesem Zeitpunkt bestanden schon keine Zweifel mehr darüber, daß es die NVA in einem vereinten Deutschland nicht mehr geben würde. Sie war eine Armee mit einer widersprüchlichen Vergangenheit, aber ohne Zukunft. Mit dem Verlöschen der DDR und ihrer Streitkräfte fand auch die Uniformgeschichte der bewaffneten Organe dieses Staates ihren friedlichen Abschluß.

Die NVA ist Geschichte - meisterhafte Zinnminiaturen von Dr. Peter Hoch, Potsdam.

KLEINES UNIFORMLEXIKON

In der Folge werden ausgewählte, nur zur Uniformierung der NVA gehörende Bezeichnungen von Bekleidungs- und Ausrüstungsstücken sowie entsprechende Begriffe kurz erläutert. Aufgrund der häufigen Wandlungen gerade hinsichtlich der Benennungen, der Formgestaltung und auch der Abmessungen ist eine nochmalige vollständige Darstellung der historischen Entwicklung dieser Details nicht möglich und auch nicht beabsichtigt.

Abzeichen für Sonderausbildung für Matrosen und Maate:

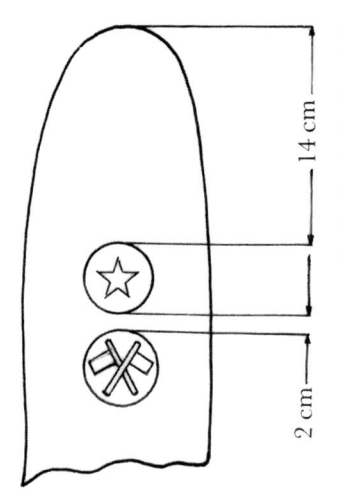

rote Stickerei auf blauer oder weißer Tuchunterlage – bis 1965 mit 6 cm, dann mit 7 cm Durchmesser; von Matrosen und Maaten der Seestreitkräfte/Volksmarine bei bestandener Prüfung unter dem →Dienstlaufbahnabzeichen getragen; bis zu zwei Abzeichen waren gestattet.

Achselschnur:
dekoratives Geflecht zweier starker Schnurschlingen und zwei schmaler Schnüre aus silber- oder goldfarbenem Metallgespinst, die in zwei versilberten bzw. vergoldeten Metallspitzen auslaufen; von männlichen Offizieren und von Generalen und Admiralen seit 1976 zur Parade- und Ausgangsuniform sowie zum Großen Gesellschaftsanzug der Gesellschaftsuniform angelegt.

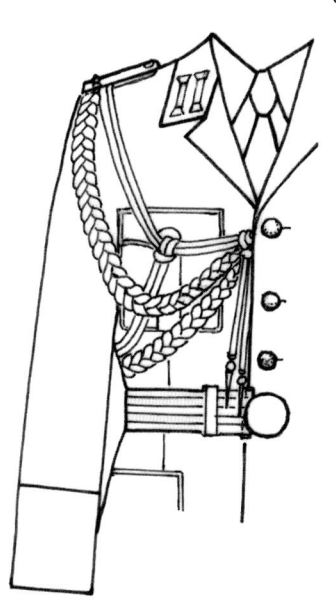

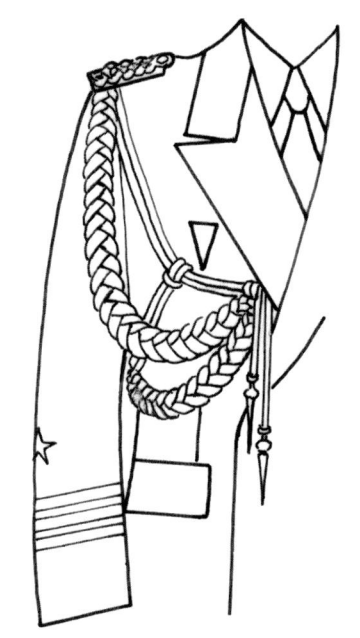

Leutnant, Paradeuniform;
Korvettenkapitän, Großer Gesellschaftsanzug

Anker, klarer und unklarer:
Symbolik der Seestreitkräfte/Volksmarine, insbesondere für die Gestaltung der → Dienstlaufbahnabzeichen genutzt.

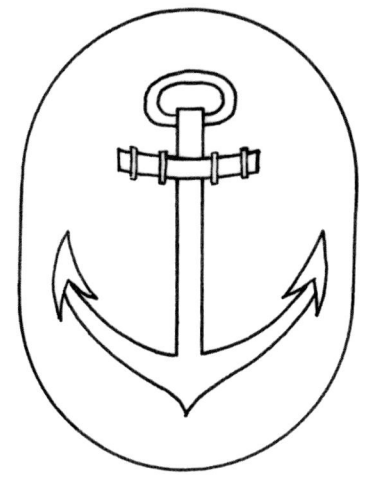

klarer Anker  *unklarer Anker*

Ankerknopf:
besondere Prägung der Knöpfe an den Uniformen der Seestreitkräfte/Volksmarine in Gestalt des unklaren →Ankers.

Arabeske:
rankenförmige Verzierung aus goldfarbenem Gespinst, paarweise in die Ärmelaufschläge der Ausgangsuniform für Generale (bis 1981) und in die der Paradeuniform für Generale (bis 1986) eingestickt bzw. eingeprägt.

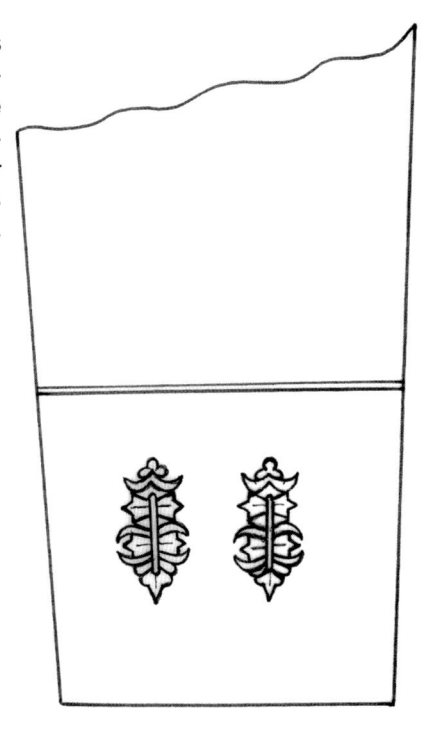

Ärmelabzeichen:
a) Kennzeichnung des Dienstgrades in den Seestreitkräften/Volksmarine, auch als → Ärmelstreifen bezeichnet; seit 1983 deutliche Trennung in Ä. für Matrosen, Unteroffiziersschüler (nicht Berufsunteroffiziersschüler) und Maate in goldfarbener Ausführung für die blaue Uniform und in blauer Ausführung für die weiße Uniform, in der Mitte des linken Oberärmels des → Kieler Hemdes und des → Überziehers angebracht, sowie in Ärmelstreifen für männliche Fähnriche und Offiziere sowie für Admirale an beiden Unterärmeln der Uniformjacken;

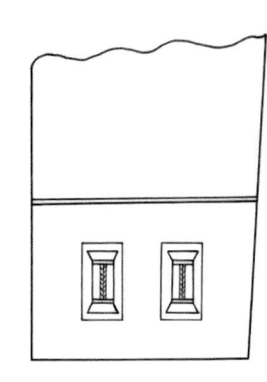

Ärmelpatte Soldat und Offizier

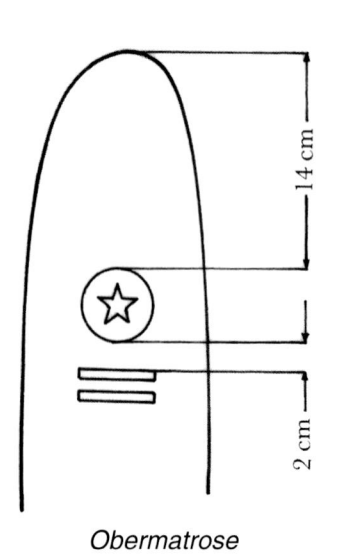

Obermatrose 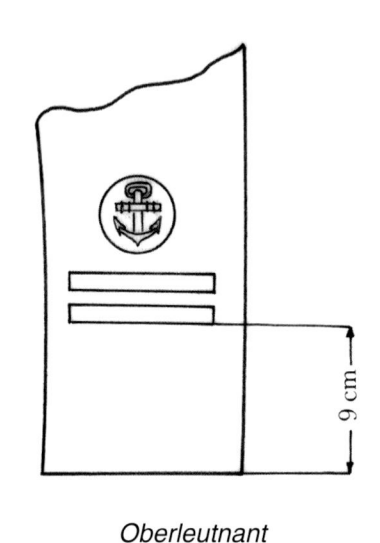   *Oberleutnant*

b) Kennzeichnung der Fähnriche der NVA zusätzlich zu den → Dienstgradabzeichen; aus Uniformtuch gewebt und mit dem Staatsemblem der DDR versehen; zusätzlich bis 1979 ein bis drei Sterne für mehr als 10-, 15- bzw. 20jährige Dienstzeit; am linken Oberärmel der Uniformjacken und –mäntel aufgenäht.

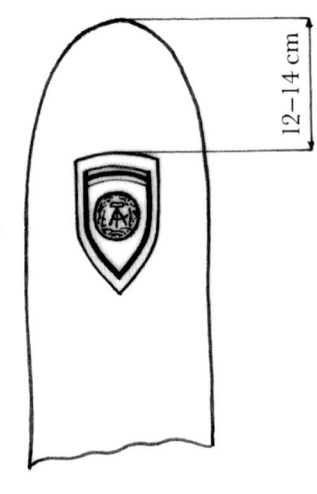

Ärmelpatte:
bei den Landstreitkräften und den LSK/LV (ab 1961) bis 1981 auf den Ärmelaufschlägen der Parade-/Ausgangsjacke paarweise angebrachtes Zierelement; für Soldaten, Unteroffiziersschüler, Unteroffiziere und Offiziersschüler als silberfarbene Stickerei und mit einem Mittelstreifen in der → Waffenfarbe (seit 1980 in den Landstreitkräften generell Weiß bzw. Orange für Fallschirmjäger) auf Uniformtuch; für Fähnriche und Offiziere als silberfarbene Stickerei mit einer Kantillenfüllung (→ Kantille) in der Waffenfarbe (seit 1977 in den Landstreitkräften Weiß bzw. Orange für die Fallschirmjäger).

Ärmelstreifen:
a) Kennzeichnung für die in der Dienststellung Hauptfeldwebel bestätigten Unteroffiziere und Meister (seit 1974 auch Fähnriche) aus 15 mm breitem Aluminium- bzw. Goldgespinst; bis 1960 10 cm, danach 13 cm vom Ärmelsaum entfernt an beiden Unterärmeln der Uniformjacken und –mäntel aufgenäht;

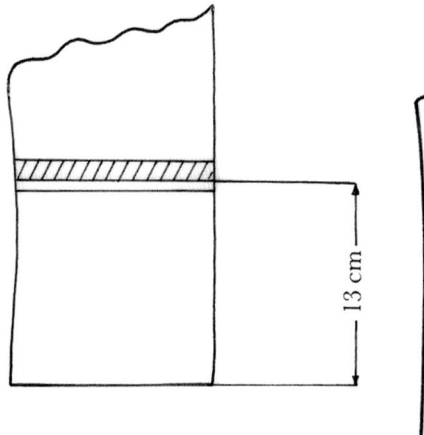

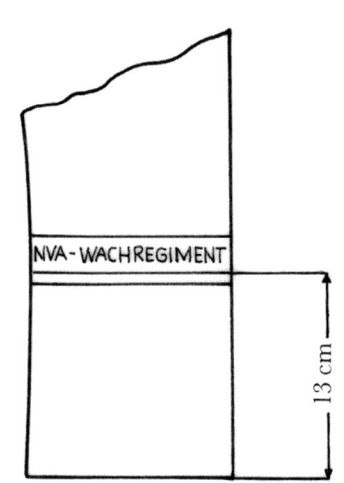

b) Kennzeichnung der Angehörigen der Wachregimenter der NVA, des Erich-Weinert-Ensembles und der Militärmusikschüler sowie aller Angehörigen der Grenztruppen der DDR und der Zivilverteidigung der DDR aus einem 3 cm breiten Grundgewebe, gestickten Kanten und entsprechenden Aufschriften; 13 cm vom Ärmelsaum entfernt auf dem linken Unterärmel der Uniformjacken und –mäntel angebracht.

Äskulapstab:
In der Antike wurde Äskulap (Asklepios), der Gott der Heilkunde, mit einem großen knotigen Stab dargestellt, um den sich eine Schlange windet; Symbolik der → Dienstlaufbahnabzeichen für Angehörige des medizinischen Dienstes der NVA.

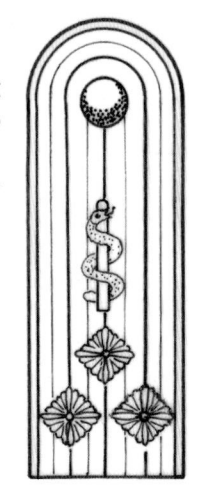

Oberleutnant, medizinischer Dienst

Baskenmütze:
Kopfbedeckung weiblicher Armeeangehöriger bis 1962 (seit 1983 in zeitgemäßer Form wieder zur Felddienstuniform gehörend) und der Fallschirmjäger; jeweils in unterschiedlicher Form und Farbgebung.

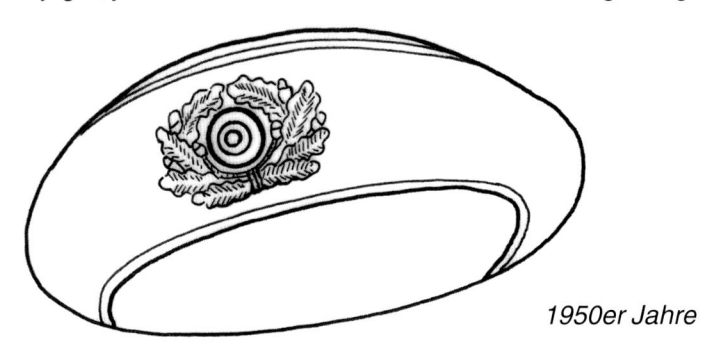

1950er Jahre

Bekleidungs- und Ausrüstungsdienst (B/A-Dienste) der NVA:
Teil der rückwärtigen Dienste der NVA, der die Truppen mit Uniformen, Unterkunftswäsche, Zelten einschließlich Einrichtungen, Büromaschinen und –materialien versorgte sowie Schiffe und Boote mit Flaggen austattete.

Bordkäppi:
Kopfbedeckung der Angehörigen der Seestreitkräfte/Volksmarine in Form der → Feldmütze.

Dienstgradabzeichen:

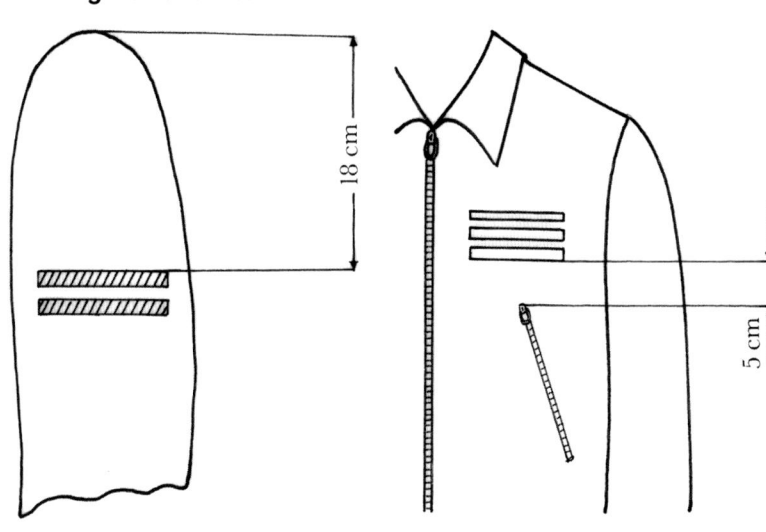

Feldwebel, Sonderbekleidung (bis 1978, am Kampfanzug bis 1965)

Major, Jacke des Fliegeranzuges (1978-1986)

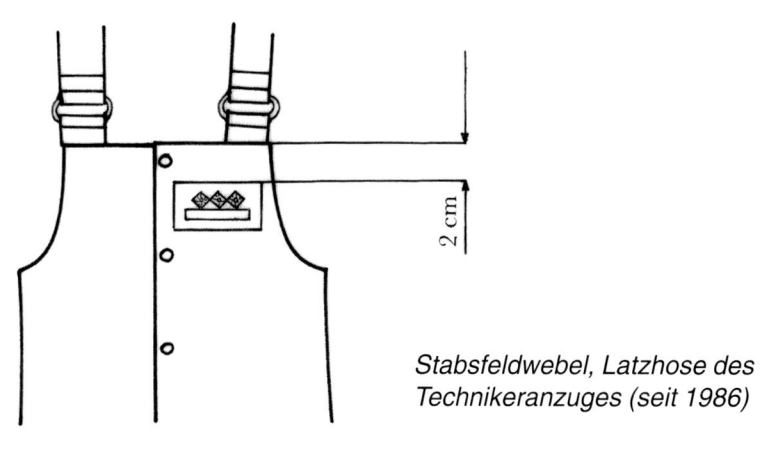

Stabsfeldwebel, Latzhose des Technikeranzuges (seit 1986)

Dienstlaufbahnabzeichen:

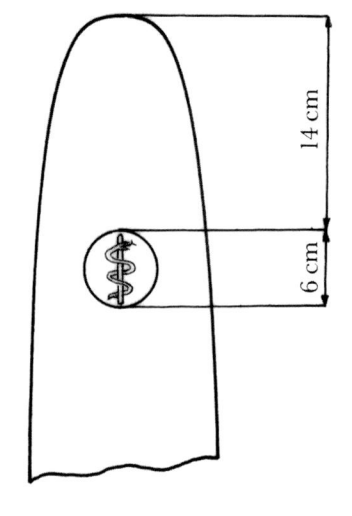

seit 1957 besondere Kennzeichnung vor allem für Soldaten und Unteroffiziere, z.T. aber auch für Fähnriche und Offiziere, die über eine abgeschlossene Spezialausbildung verfügen und entsprechend eingesetzt werden; in den Landstreitkräften, den LSK/LV und den Grenztruppen der DDR bis 1965 in farbiger Ausführung, dann in silberfarbener Stickerei auf steingrauer Tuchunterlage, teilweise auch auf den → Schulterklappen und → Schulterstücken (Musik- und Sanitätsdienst); in beiden Teilstreitkräften und in den

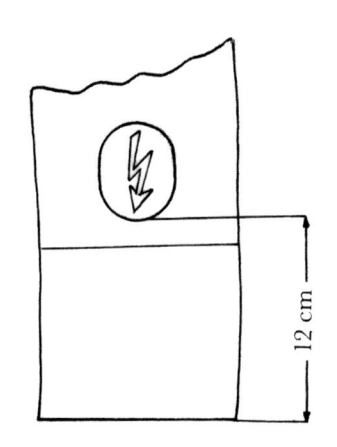

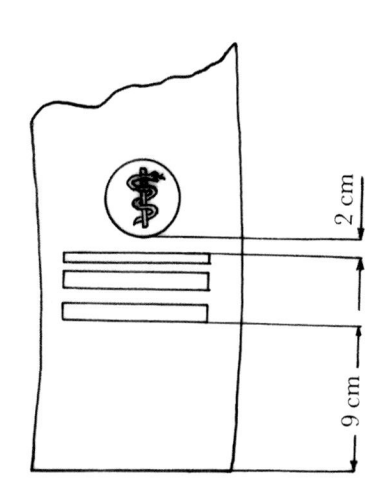

gewebte, geprägte oder gestickte Kennzeichnungen an der Uniform zur Bestimmung des militärischen Ranges in Gestalt von → Ärmelabzeichen, → Schulterklappen, → Schulterstücken; auch als System von Streifen in Tressenform (→ Tresse) vor allem am → Kampfanzug (im Flächendruck), an der Sonder- und Sportbekleidung, Flieger- und Technikeranzügen sowie seit 1986 als ein System von Streifen und Sternen in silber- und goldfarbener Ausführung auf der Brustseite der Flieger- und Technikeranzüge vorhanden.

oben - Matrose, Volksmarine, medizinische Laufbahn
links - Soldat, Landstreitkräfte und LSK/LV, Nachrichten
rechts - Kapitänleutnant, Volksmarine, medizinische Laufbahn

Grenztruppen der DDR bis 1986 zahlenmäßig stark reduziert, in der Volksmarine und in der Grenzbrigade Küste nahezu unverändert in blauer bzw. goldfarbener Ausführung.

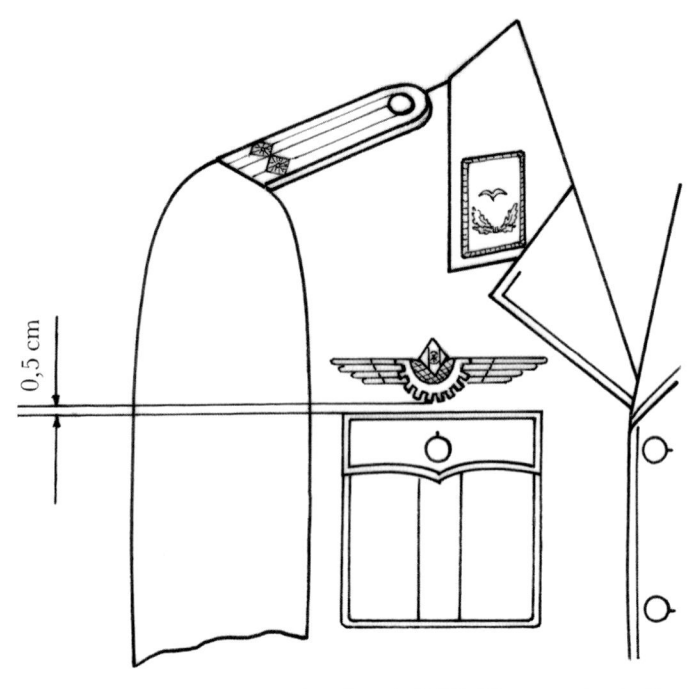

Leutnant, LSK, Flugzeugtechniker

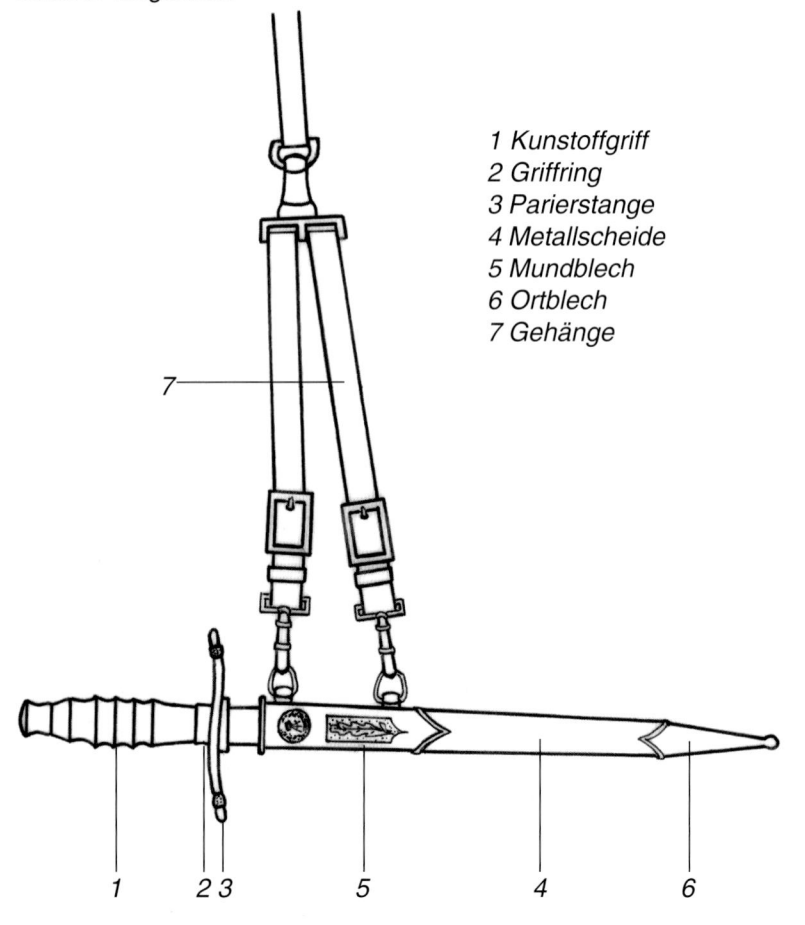

Fallschirmjägerschnürstiefel:
spezielle, auf die Belastung beim Sprung ausgerichtete Fußbekleidung der Fallschirmjäger.

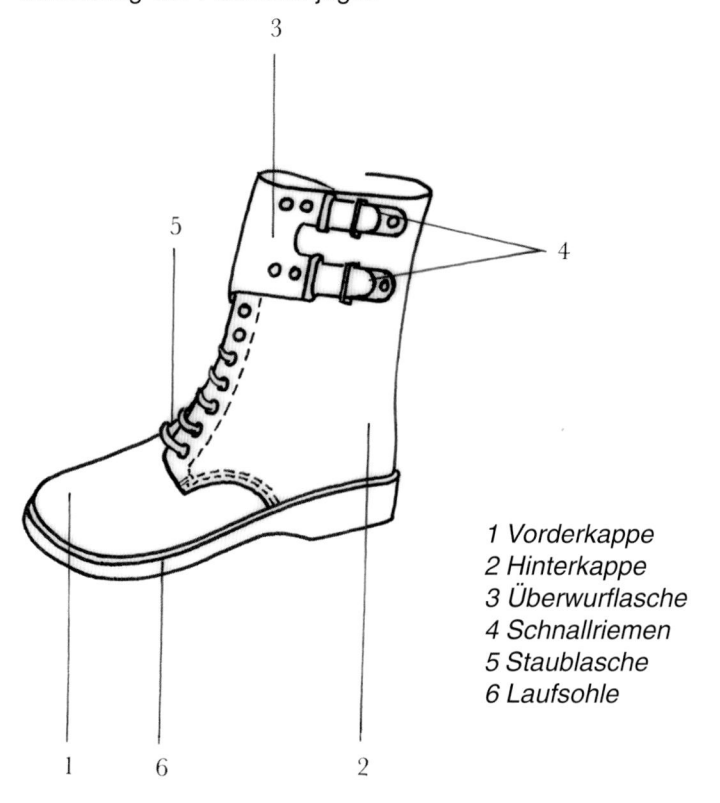

1 Vorderkappe
2 Hinterkappe
3 Überwurflasche
4 Schnallriemen
5 Staublasche
6 Laufsohle

Ehrendolch:
1961 eingeführte repräsentative Seitenwaffe der männlichen Offiziere sowie der Generale und Admirale in unterschiedlicher Material- und Farbausführung; zur Ausgangs-, Parade- und Gesellschaftsuniform mitgeführt.

1 Kunstoffgriff
2 Griffring
3 Parierstange
4 Metallscheide
5 Mundblech
6 Ortblech
7 Gehänge

Fasson:
Bezeichnung für a) den allgemeinen Schnitt eines Bekleidungsstückes oder b) die Vorderseite der Uniformjacke, bestehend aus Kragen und Revers.

Feldbinde:
um die Hüfte getragenes breites Tressenband (→ Tresse) zur Paradeuniform; silberfarbene Ausführung für männliche Offiziere, goldfarbene für Generale und Admirale.

Feldmütze:
leichte, niedrige Kopfbedeckung aus Uniformgewebe für alle Dienstgrade aller Teilstreitkräfte (bei den Seestreitkräften/Volksmarine als → Bordkä[ppi] bezeichnet).

Deckteil
Paspel
Mützenklappe
Kokarde

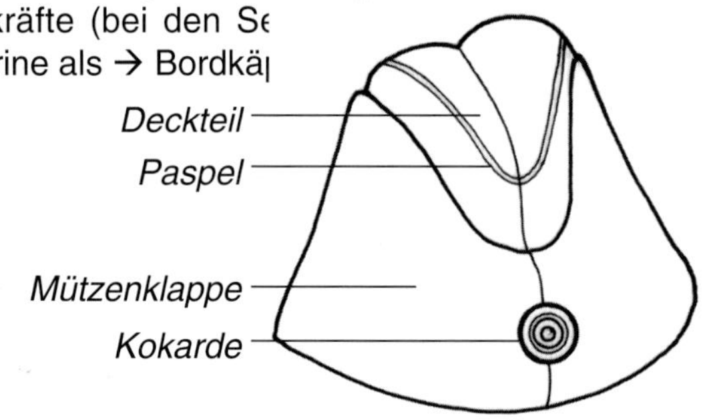

Grisuten:
Bezeichnung für Polyesterfaserstoffe.

Halbschaftstiefel:
lederne Fußbekleidung für Soldaten und Unteroffiziere zur Dienst-, Drillich-, Felddienst- und Paradeuniform.

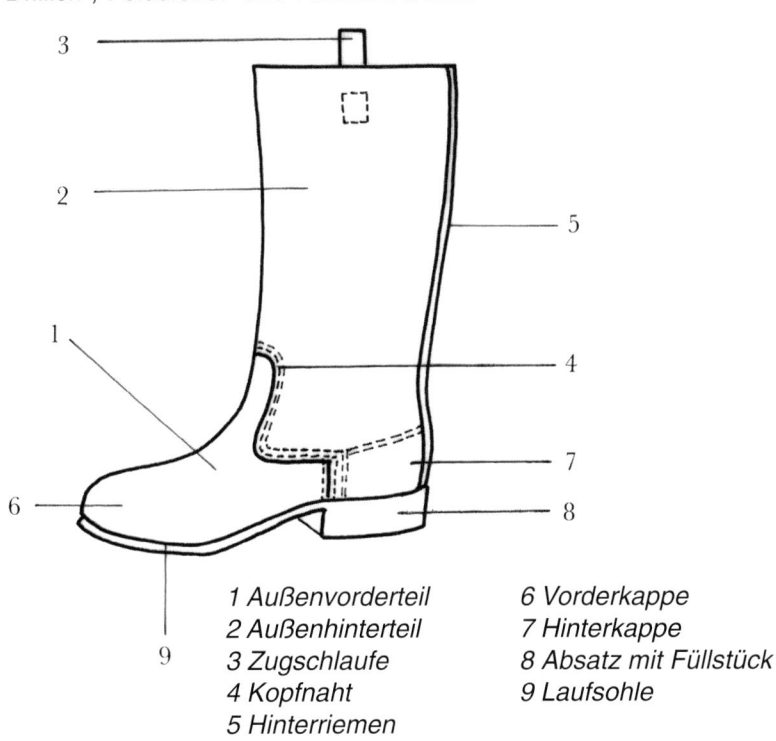

1 Außenvorderteil
2 Außenhinterteil
3 Zugschlaufe
4 Kopfnaht
5 Hinterriemen
6 Vorderkappe
7 Hinterkappe
8 Absatz mit Füllstück
9 Laufsohle

Hydrophobieren:
Veredelung von Textilien durch Hilfsmittel zu einer wasserabweisenden Imprägnierung.

Interimsspange:
in eine rechteckige Form gebrachtes Band einer Auszeichnung, bis 1973 aus textilem Gewebe, dann Kunstdruckpapier, geschützt durch eine Plastabdeckung; bestimmt für die Bord-, Dienst-, Stabsdienst-, Ausgangs- und Gesellschaftsuniform (Kleiner Gesellschaftsanzug).

Kammgarn:
feines, langfaseriges Wollgarn, das sich vom → Streichgarn durch eine größere Gleichmäßigkeit und glattere Oberfläche unterscheidet; Material für die Uniform vor allem der Offiziere.

Kampfanzug:
bestimmender Teil der Felddienstuniform (seit 1965 als Felddienstanzug bezeichnet) in einer unterschiedlichen Ausführung für die Sommer-, Übergangs- (seit 1983) und Wintertrageperiode; bis Mitte der 1960er Jahre für Handlungen in der Gefechtsausbildung bestimmt, danach aber von Soldaten und Unteroffizieren auf Zeit auch im täglichen Dienst getragen.

Kantille:
feines, spiralig gedrehtes Gespinst, für die Fertigung von → Ärmelpatten und → Kragenspiegel verwendet.

Kapok:
pflanzliches Polstermaterial, u.a. für Kopfkissen.

Kappe:
1962 eingeführte Kopfbedeckung weiblicher Armeeangehöriger zur Dienst-, Stabsdienst-, Ausgangs- und Gesellschaftsuniform in der für die Teilstreitkräfte typischen Farbgebung.

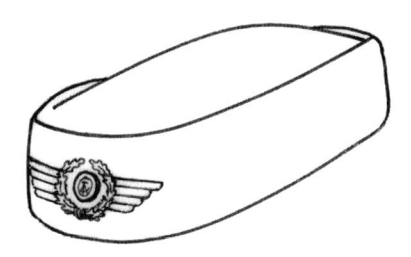

Kieler Hemd:
in Erinnerung an den Kieler Matrosenaufstand vom 3. November 1918 gewählte Bezeichnung der spezifischen Uniformbluse der Matrosen und Maate in einer blauen und weißen Ausführung; bei der Dienst-, Ausgangs- und Paradeuniform zusammen mit dem schwarzseidenen Halstuch und dem Kieler Kragen getragen.

Kokarde:
an der Kopfbedeckung befindliches kreisförmiges Abzeichen, das die Zugehörigkeit zu den Streitkräften bzw. zu anderen bewaffneten Organen des Landes kennzeichnet; in der NVA zunächst nur schwarz-rot-gold, seit 1962/1963 mit dem Staatsemblem der DDR versehen und ab 20. Juli 1990 wieder schwarz-rot-gold.

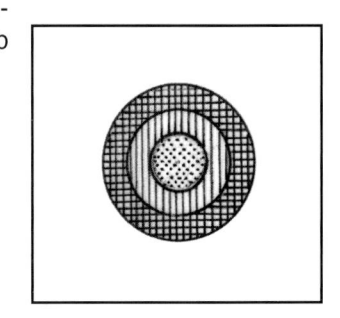

Feldmütze (bis 1962/1963)

Offizier, Landstreitkräfte (seit 1962/1963)

Koppel:
Leibriemen; für Soldaten und Unteroffiziere auf Zeit aus schwarzem Leder (oder Gurt zur Felddienstuniform, dann auch für Berufssoldaten) mit Koppelschloß, für Berufssoldaten aus braunem Leder mit Schnalle.

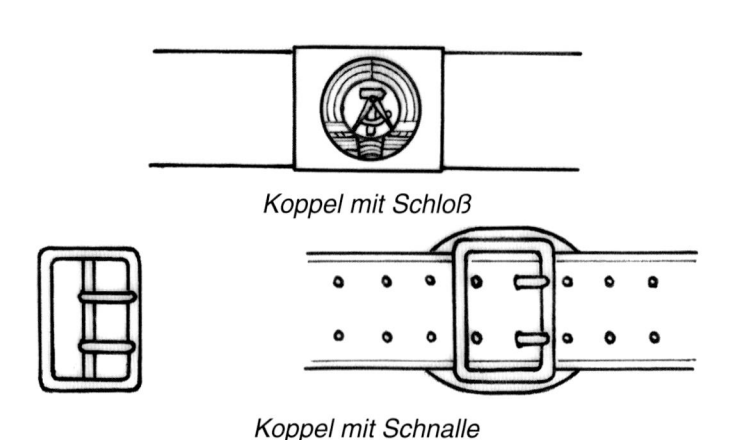

Koppel mit Schloß

Koppel mit Schnalle

Kragenbinde:
zur Schonung des Kragens bei Uniformjacken bzw. Jacken des →Kampfanzuges/Felddienstanzuges eingeknöpfter Stoffstreifen.

Kragenspiegel:
vor allem auf den Uniformjacken aller Uniformarten der Landstreitkräfte, der LSK/LV, der Grenztruppen der DDR und der Zivilverteidigung der DDR (außer am → Kampfanzug/Felddienstanzug) sowie z.T. bei den Seestreitkräften/Volksmarine angebrachtes Zierelement unterschiedlicher Ausführung:
a) für Marschälle und Generale aus Biesentuch in der → Waffenfarbe mit Stickerei in Gestalt der → Arabeske; auch auf den Uniformmäntel getragen,
b) für Admirale aus goldfarbenem geprägtem Eichenlaub;

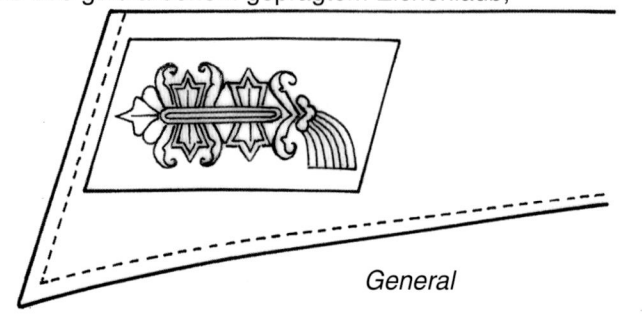

General

c) für Fähnriche und Offiziere der Landstreitkräfte, Luftverteidigung, Grenztruppen der DDR und Zivilverteidigung der DDR aus steingrauem Uniformgewebe mit silberfarben geprägter Doppellitze und weißer (bis 1977 in der Waffenfarbe) bzw. hellgrauer Kantillenfüllung (→ Kantille); für Fallschirmjäger seit 1970 aus orangefarbenem Biesentuch mit silberfarbener Kordelumrandung, symbolisiertem Fallschirm und Schwinge; bis 1986 auch am Uniformmantel getragen,

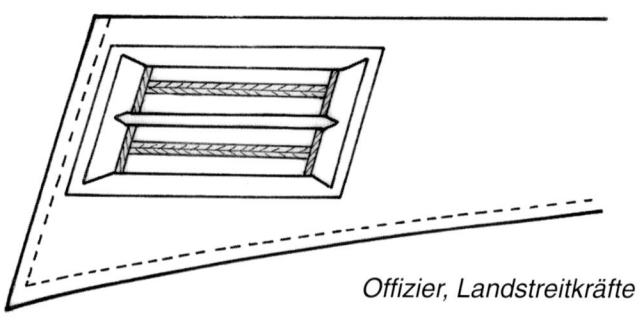

Offizier, Landstreitkräfte

d) für Fähnriche und Offiziere der Luftstreitkräfte aus hellblauem Biesentuch mit silberfarbener Kordelumrandung, silberfarbener Schwinge und offenem bzw. geschlossenem Eichenlaubkranz (nur Stabsoffiziere); bis 1986 auch am Uniformmantel getragen;
e) für Soldaten, Unteroffiziere, Unteroffiziers-, Fähnrich- und Offiziersschüler der Landstreitkräfte und der Luftverteidigung aus steingrauem Uniformgewebe mit silberfarben gewebter Doppellitze, weißem (bis 1980 in der Waffenfarbe) bzw. hellgrauem Mittelstreifen und zwei Außenstreifen; Fallschirmjäger seit 1970 analog der für Offiziere,

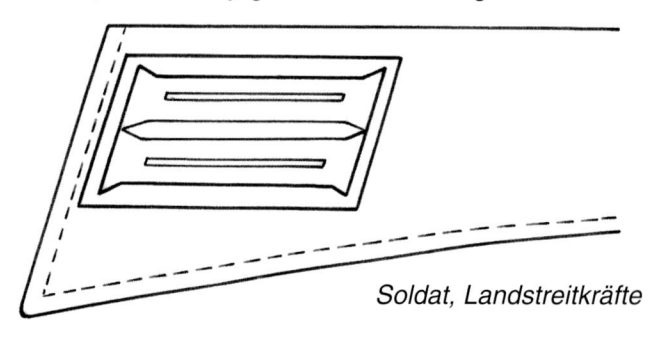

Soldat, Landstreitkräfte

f) für die unter e) genannten Dienstgrade der Luftstreitkräfte aus hellblauem Biesentuch mit silberfarbener Schwinge; bis 1986 auch am Uniformmantel getragen;
g) für Matrosen, Unteroffiziersschüler und Maate aus kornblumenblauem Biesentuch für den → Überzieher.

Laminieren:
mit Schaumstoffolie aus dem sythetischen Material Polyuretan beschichtetes Gewebe für Uniformmäntel der Berufssoldaten.

Lampassen:
rote, hellgrüne oder hellblaue Tuchstreifen an den Uniformhosen der Generale; ursprünglich der zivilen Herrenmode Anfang des 19. Jahrhunderts entlehnt. (siehe nebenstehende Zeichnung)

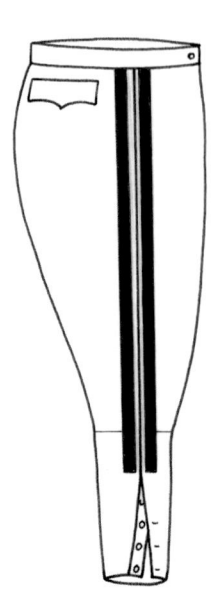

Lyra: altgriechisches Zupfinstrument; Symbolik der → Dienstlaufbahnabzeichen für Angehörige des Musikdienstes der NVA; auch auf → Schulterklappen und → Schulterstücken, für Militärmusikschüler auf den Kragen der Uniformjacken.

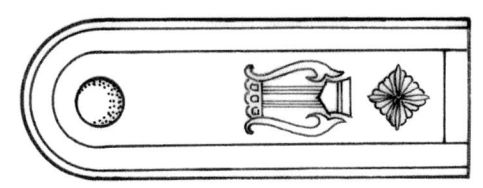

Feldwebel, Musikdienst

Matrosenmütze:
auch Tellermütze; Kopfbedeckung der Matrosen und Maate der Seestreitkräfte/Volksmarine zur Dienst-, Parade- und Ausgangsuniform; je nach Trageperiode mit weißem oder blauem Mützenbezug versehen.

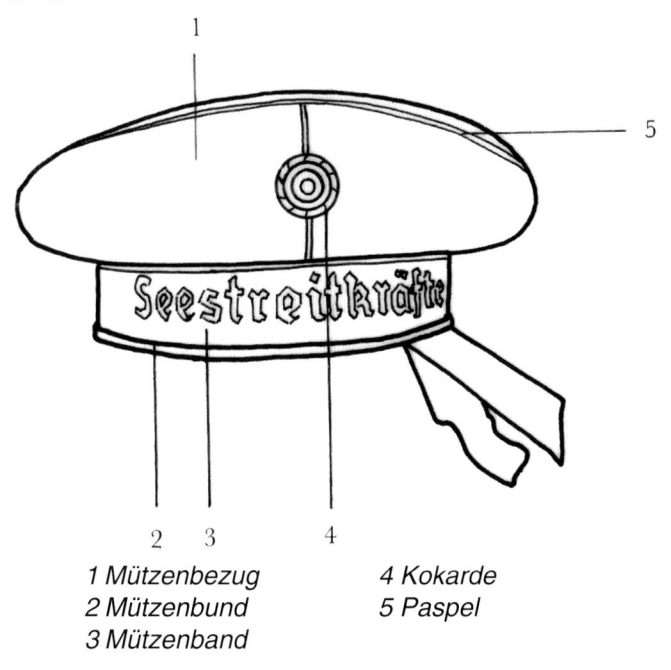

1 Mützenbezug
2 Mützenbund
3 Mützenband
4 Kokarde
5 Paspel

Paspel, Paspelierung:
auch Biese, in die Nähte der Uniform eingenähter schmaler Stoffstreifen, der als andersfarbiger (meist in der → Waffenfarbe) Vorstoß sichtbar ist.

Pumps:
ausgeschnittener Damenhalbschuh mit mittlerem bis höherem Absatz, ohne Spangen und Verschnürungen.

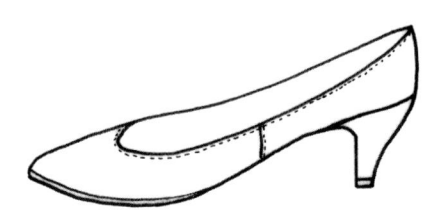

Repräsentationsschnur:
dekoratives Geflecht silberfarbener Schnüre für Angehörige der Ehrenkompanien, des Zentralen Orchesters der NVA, des Stabsmusikkorps Berlin und seines Spielmannszuges; seit 1976 zu zentralen militärischen Zeremoniellen angelegt (außer von Offizieren, die die → Achselschnur tragen).

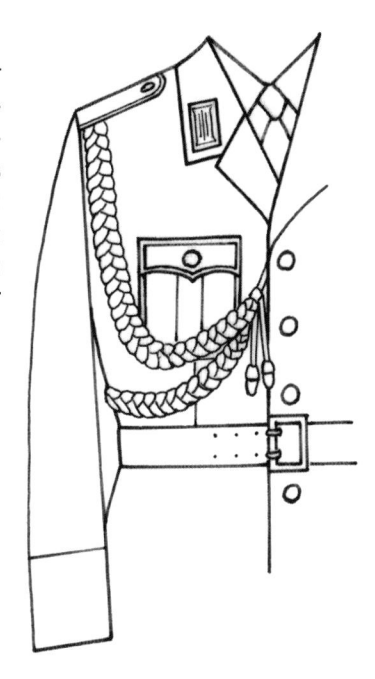

Soldat, Ehreneinheit

Rinksgurt:
Gürtel des Sommermantels der Berufsunteroffiziere, Fähnriche, Offiziere und Generale/Admirale; kommt von Rinken – mundartlich für Schnalle.

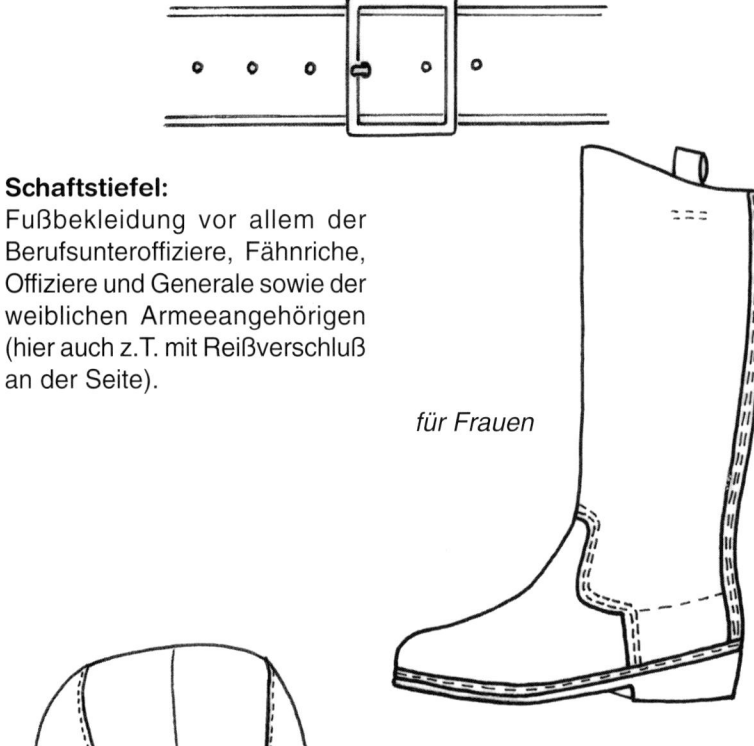

Schaftstiefel:
Fußbekleidung vor allem der Berufsunteroffiziere, Fähnriche, Offiziere und Generale sowie der weiblichen Armeeangehörigen (hier auch z.T. mit Reißverschluß an der Seite).

für Frauen

Schiffchen:
1962 eingeführte und bis Anfang der 1980er Jahre verwendete käppiartige Kopfbedeckung weiblicher Armeeangehöriger in der für die Teilstreitkräfte typischen Farbgebung.

Schirmmütze:
Kopfbedeckung männlicher Armeeangehöriger für nahezu alle Uniformarten; unterschiedliche Ausführung für Dienstgradgruppen und Teilstreitkräfte.

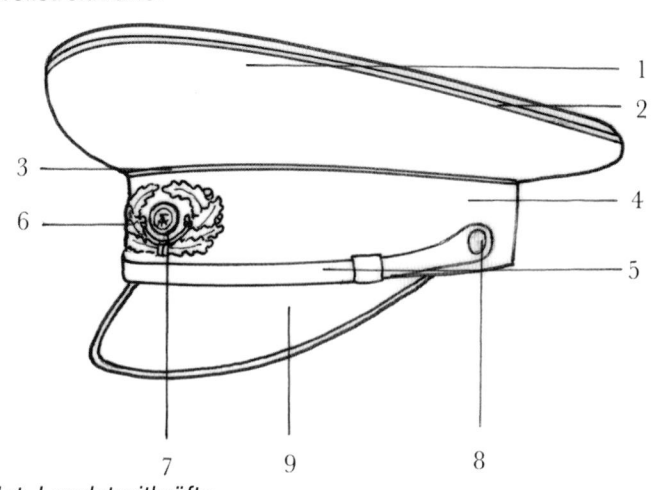

Soldat, Landstreitkräfte
1 Mützendeckel 4 Mützenbund 7 Kokarde
2 Deckelbiese   5 Lackriemen 8 Splintknopf
3 Buntbiese   6 Mützenkranz 9 Mützenschirm

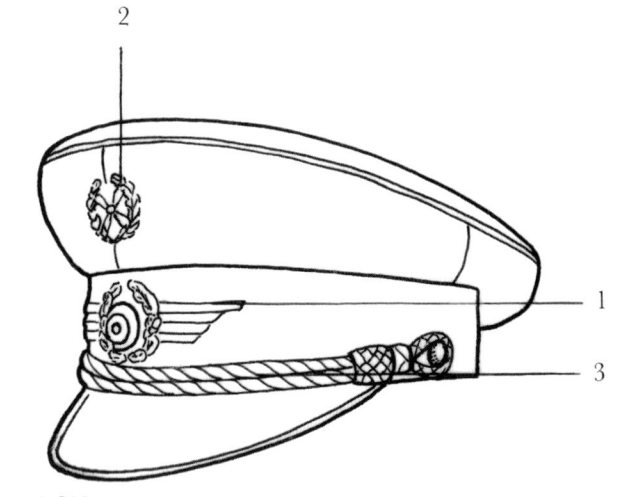

Offizier, LSK
1 Schwinge   2 Propeller   3 Mützenkordel

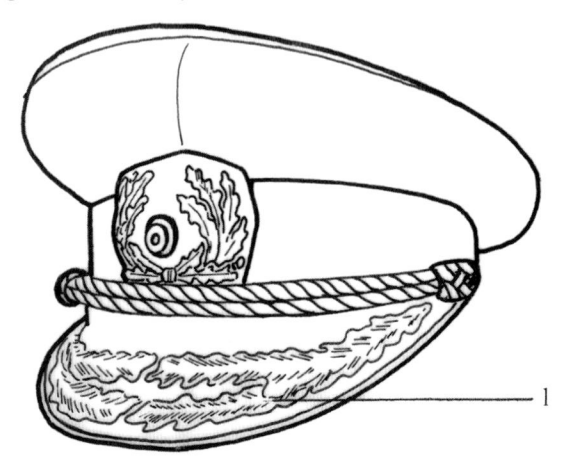

Admiral
1 doppelte Eichenlaubranke

Schulterklappen:
spezifische Form der →Dienstgradabzeichen; auf den Schulterpartien der Uniform befestigte Stoffklappen, die die Dienstgrade der Soldaten und Unteroffiziere sowie der Unteroffiziers-, Fähnrich- und Offiziersschüler, durch die → Paspelierung auch die Zugehörigkeit zu einer Teilstreitkraft, Waffengattung, Spezialtruppe oder zu einem Dienst kennzeichnen.

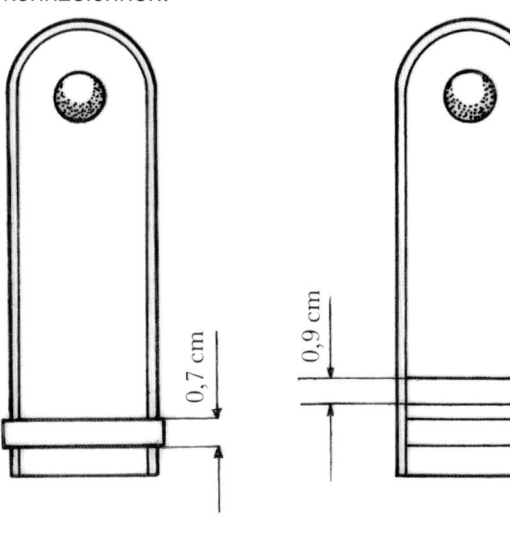

Unteroffiziersschüler *Stabsgefreiter*

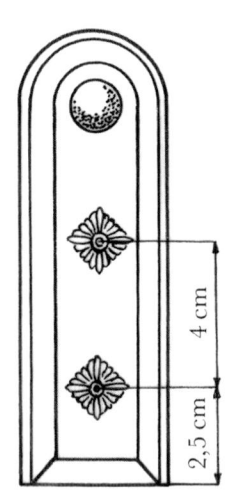

Oberfeldwebel (bis 1980) 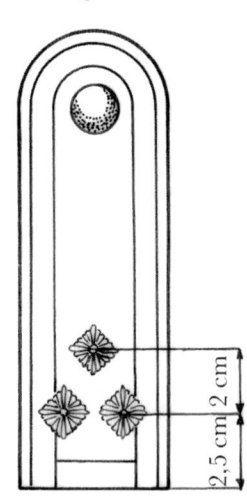 *Stabsfeldwebel (nach 1980)*

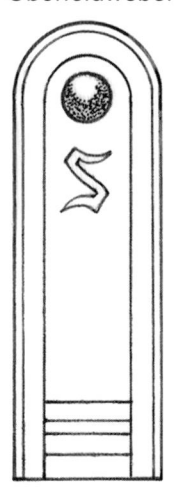

Offiziersschüler, 2. Lehrjahr

Lyra: altgriechisches Zupfinstrument; Symbolik der → Dienstlaufbahnabzeichen für Angehörige des Musikdienstes der NVA; auch auf → Schulterklappen und → Schulterstücken, für Militärmusikschüler auf den Kragen der Uniformjacken.

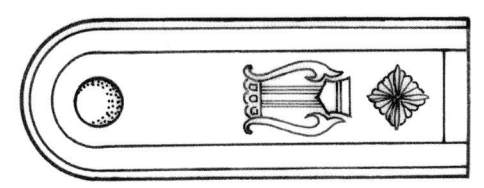

Feldwebel, Musikdienst

Matrosenmütze:
auch Tellermütze; Kopfbedeckung der Matrosen und Maate der Seestreitkräfte/Volksmarine zur Dienst-, Parade- und Ausgangsuniform; je nach Trageperiode mit weißem oder blauem Mützenbezug versehen.

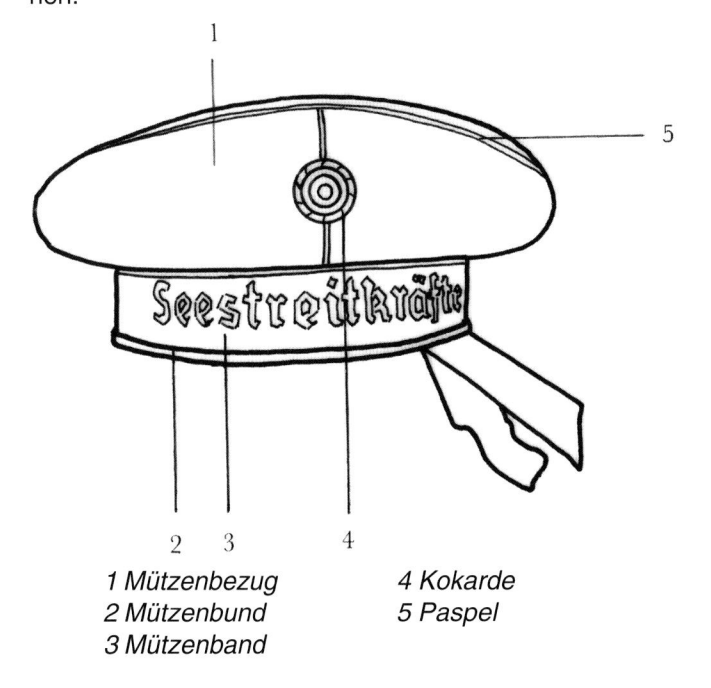

1 Mützenbezug
2 Mützenbund
3 Mützenband
4 Kokarde
5 Paspel

Paspel, Paspelierung:
auch Biese, in die Nähte der Uniform eingenähter schmaler Stoffstreifen, der als andersfarbiger (meist in der → Waffenfarbe) Vorstoß sichtbar ist.

Pumps:
ausgeschnittener Damenhalbschuh mit mittlerem bis höherem Absatz, ohne Spangen und Verschnürungen.

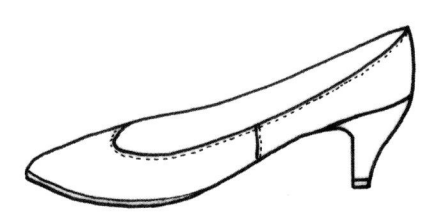

Repräsentationsschnur:
dekoratives Geflecht silberfarbener Schnüre für Angehörige der Ehrenkompanien, des Zentralen Orchesters der NVA, des Stabsmusikkorps Berlin und seines Spielmannszuges; seit 1976 zu zentralen militärischen Zeremoniellen angelegt (außer von Offizieren, die die → Achselschnur tragen).

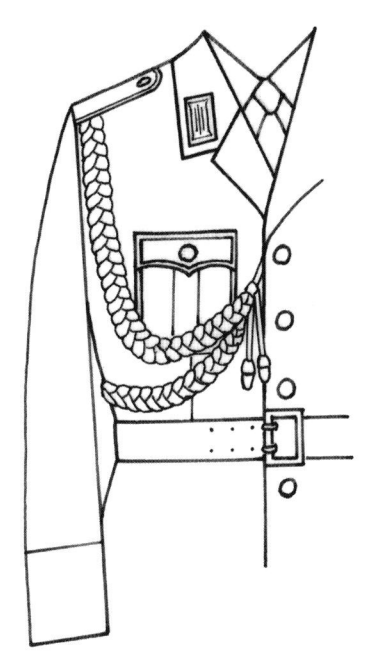

Soldat, Ehreneinheit

Rinksgurt:
Gürtel des Sommermantels der Berufsunteroffiziere, Fähnriche, Offiziere und Generale/Admirale; kommt von Rinken – mundartlich für Schnalle.

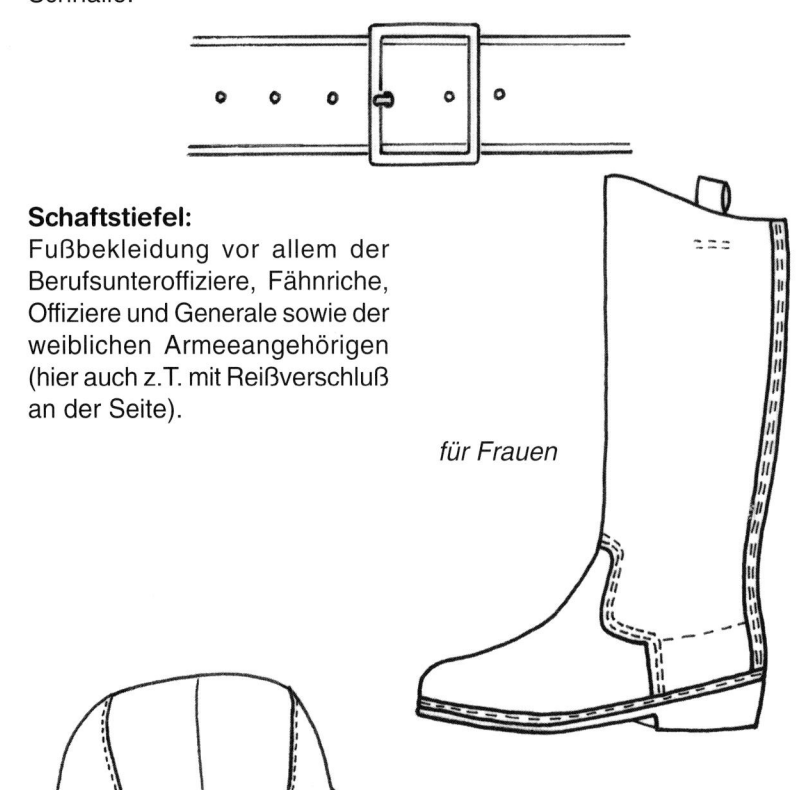

Schaftstiefel:
Fußbekleidung vor allem der Berufsunteroffiziere, Fähnriche, Offiziere und Generale sowie der weiblichen Armeeangehörigen (hier auch z.T. mit Reißverschluß an der Seite).

für Frauen

Schiffchen:
1962 eingeführte und bis Anfang der 1980er Jahre verwendete käppiartige Kopfbedeckung weiblicher Armeeangehöriger in der für die Teilstreitkräfte typischen Farbgebung.

Schirmmütze:
Kopfbedeckung männlicher Armeeangehöriger für nahezu alle Uniformarten; unterschiedliche Ausführung für Dienstgradgruppen und Teilstreitkräfte.

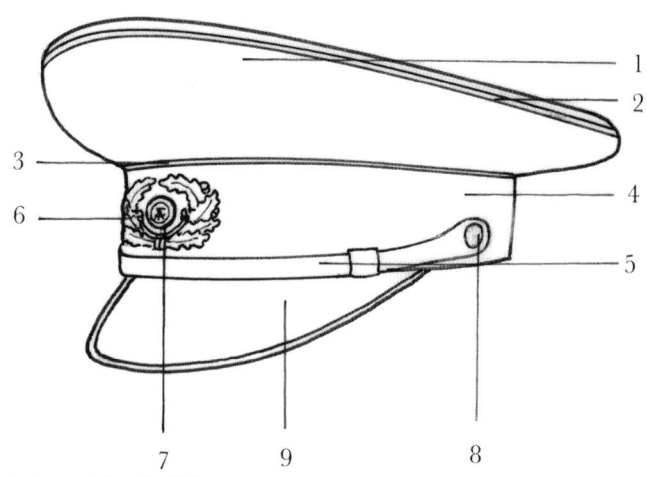

Soldat, Landstreitkräfte
1 Mützendeckel   4 Mützenbund   7 Kokarde
2 Deckelbiese   5 Lackriemen   8 Splintknopf
3 Buntbiese   6 Mützenkranz   9 Mützenschirm

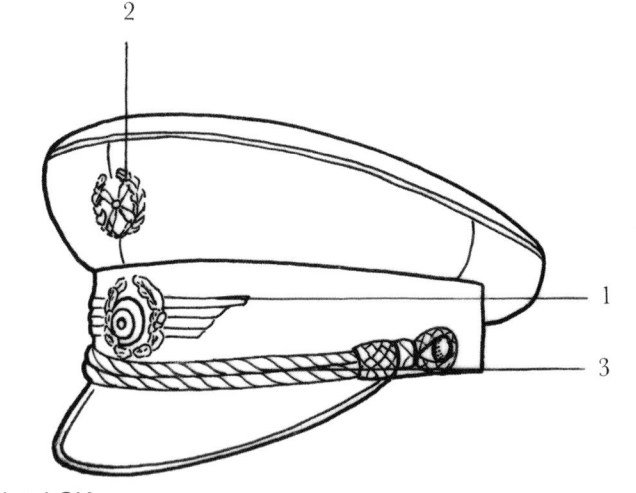

Offizier, LSK
1 Schwinge   2 Propeller   3 Mützenkordel

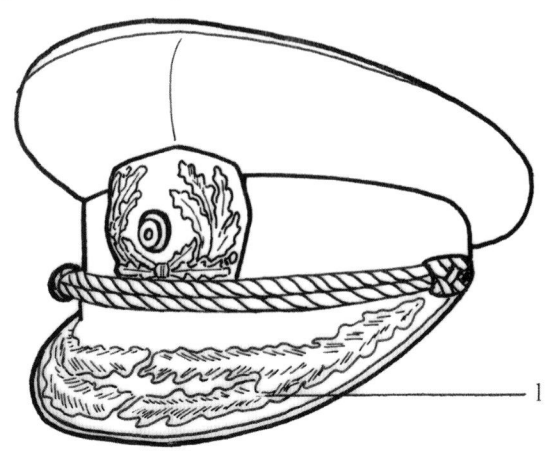

Admiral
1 doppelte Eichenlaubranke

Schulterklappen:
spezifische Form der →Dienstgradabzeichen; auf den Schulterpartien der Uniform befestigte Stoffklappen, die die Dienstgrade der Soldaten und Unteroffiziere sowie der Unteroffiziers-, Fähnrich- und Offiziersschüler, durch die → Paspelierung auch die Zugehörigkeit zu einer Teilstreitkraft, Waffengattung, Spezialtruppe oder zu einem Dienst kennzeichnen.

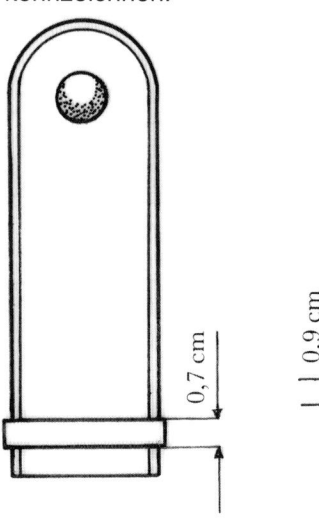

Unteroffiziersschüler 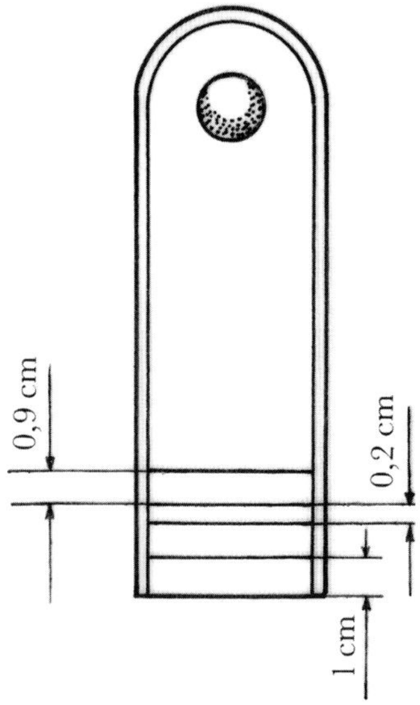   *Stabsgefreiter*

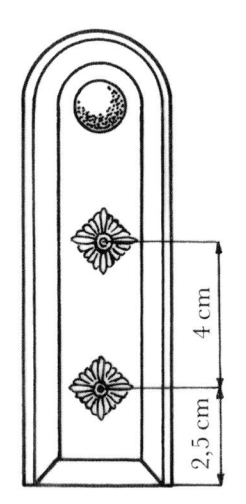

Oberfeldwebel (bis 1980) 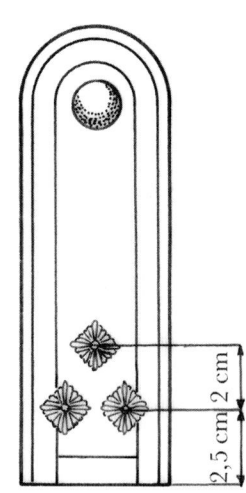   *Stabsfeldwebel (nach 1980)*

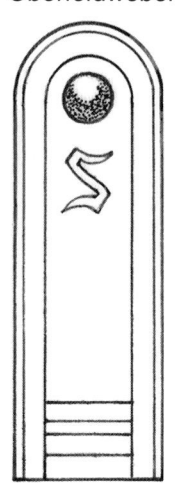

Offiziersschüler, 2. Lehrjahr

228

Schulterstücke:
spezifische Form der → Dienstgradabzeichen; auf den Schulterpartien der Uniform befestigter Tressenbesatz (→ Tresse) bzw. befestigtes Schnurgeflecht; dient der Kennzeichnung der Dienstgrade der Fähnriche, Offiziere, Generale und Admirale sowie des Marschalls der DDR.

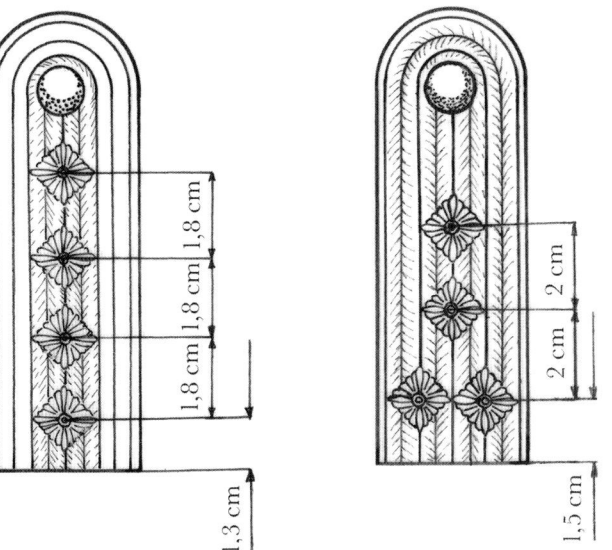

Stabsoberfähnrich

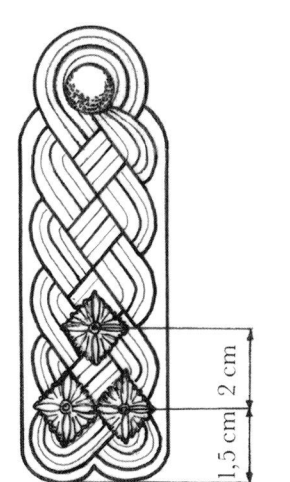

Hauptmann

Oberst

Generalleutnant (nach 1982)

Schwalbennester:
besondere Kennzeichnung der Angehörigen des Zentralen Orchesters der NVA sowie der Stabsmusikkorps (mit angebrachten silberfarbenen Fransen) und der Musikkorps der Landstreitkräfte, LSK/LV und Grenztruppen der DDR; historisch entstanden aus den Achselwülsten (einer Verstärkung des Oberärmels); befestigt an beiden Oberärmeln der Uniformjacken.

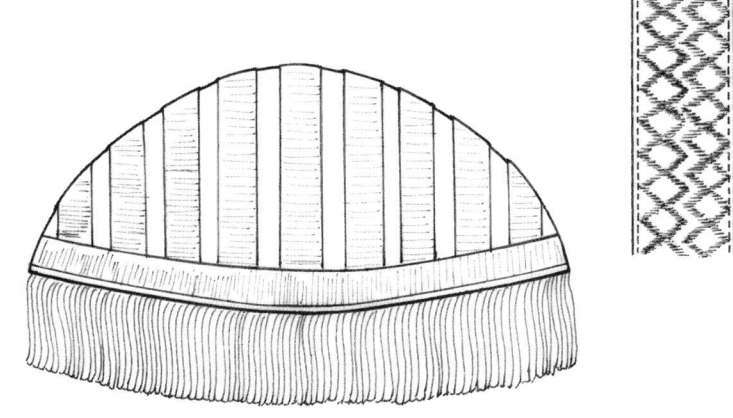

Stabsmusikkorps, Vorderseite

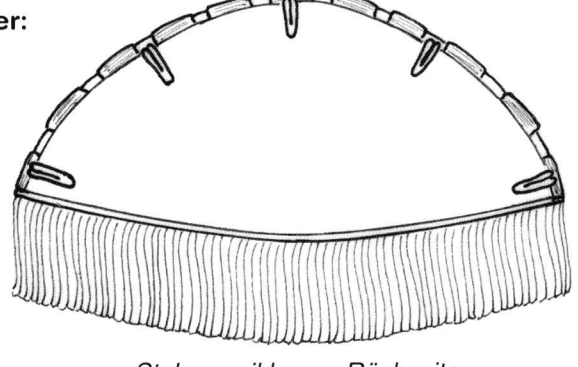

Stabsmusikkorps, Rückseite

Seestern:
gewissermaßen das → Dienstlaufbahnabzeichen der Admirale; gestaltet mit dem Staatsemblem der DDR; an beiden Unterärmeln der Uniformjacken, 2 cm über den → Ärmelabzeichen aufgenäht.

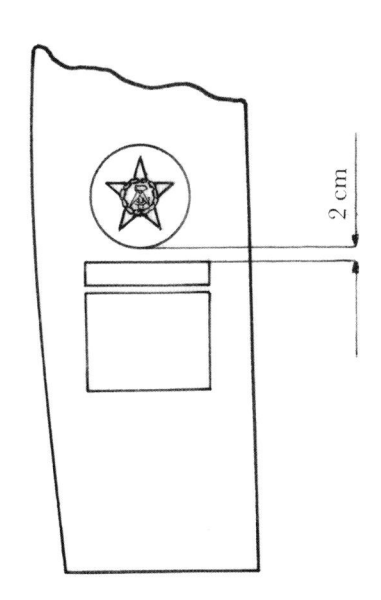

Konteradmiral

Serge:
Futter- und Kleiderstoff aus verschiedenen Faserstoffen.

Slingpumps:
weit ausgeschnittener Damenhalbschuh, im Unterschied zu den → Pumps mit Fersenriemen.

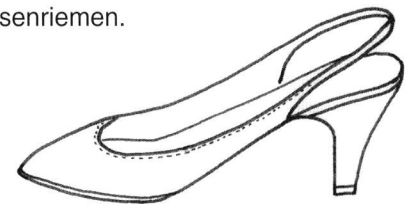

Sporta:
Damenhalbschnürschuh.

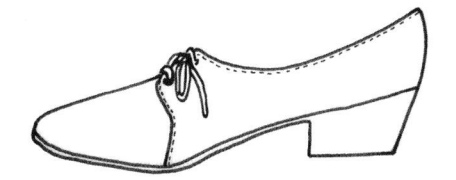

229

Stiefelhose:
besonders gefertigte Beinbekleidung der Berufsunteroffiziere (seit Mitte der 1960er Jahre), Fähnriche, Offiziere und Generale der Landstreitkräfte und LSK/LV der NVA sowie der Grenztruppen der DDR und Zivilverteidigung der DDR für die Dienst- und Paradeuniform.

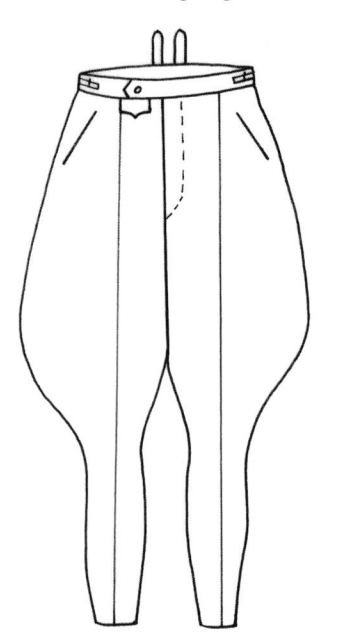

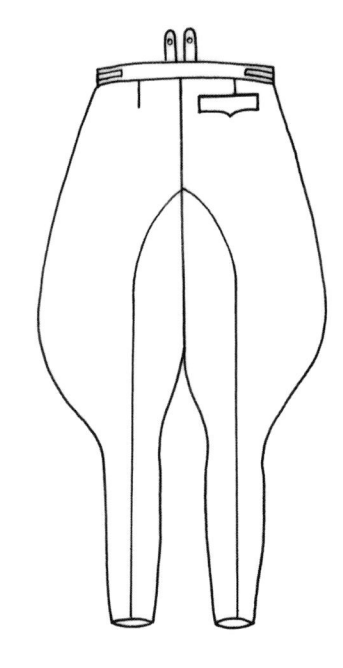

Streichgarn:
aus kurzen, ungleichmäßigen Fasern (Wolle, Baumwolle oder Chemiefasern) hergestelltes, schwach gedrehtes Garn; fülliger und rauer als → Kammgarn; Material vor allem für die Uniformen der Soldaten und Unteroffiziere auf Zeit.

Tellermütze:
→ Matrosenmütze.

Tombak:
Kupfer-Zink-Legierung, gut verformbar; als Goldimitation zur Fertigung von Effekten verwendet.

Tresse:
schmales, durchbrochenes, gewebtes silber- bzw. goldfarbenes Band oder Borte; vielfach bei Uniformstücken verwendet, z.B. bei den → Schulterklappen der Unteroffiziere.

Überzieher:
Uniformjacke der Matrosen und Maate.

Matrose, seemännische Laufbahn

Waffenfarbe:
farbige Kennzeichnung der Teilstreitkräfte, Waffengattungen, Spezialtruppen und Dienste der NVA vor allem an → Schulterklappen, → Schulterstücken und → Kragenspiegeln, auch an → Schirmmützen und lange Zeit an den → Ärmelpatten; im Laufe der Entwicklung der NVA vielfach modifiziert.

Winkel:
verschiedenartige Kennzeichnung der Dauer der Zugehörigkeit zur NVA bzw. seit 1965 eines Dienstverhältnisses; bei Soldaten und Unteroffizieren angewandt; stets am linken Unterärmel der Uniformjacken bzw. –mäntel aufgenäht. Abb. 66 und 67.

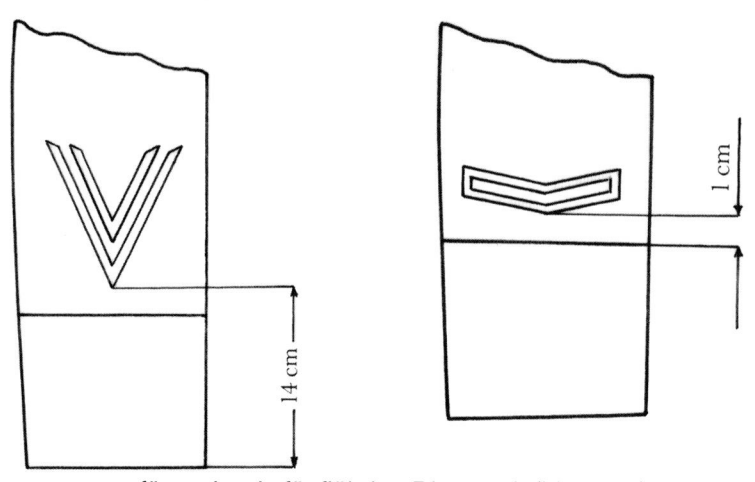

für mehr als fünfjährige Dienstzeit (bis 1964)
Soldat bzw. Unteroffizier auf Zeit (seit 1965)

Wintermütze:
Bezeichnung für verschiedenartige spezielle Kopfbedeckungen der Armeeangehörigen innerhalb der Wintertrageperiode.

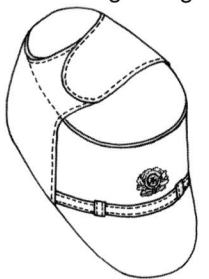

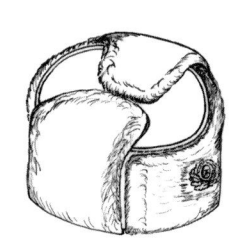

v.l.n.r.: bis 1962/63, seit 1962, für Frauen 1983 - 1988

Wirrvlies:
Faserschicht mit gleichmäßigen Festigkeits- und Dehnungseigenschaften nach allen Richtungen; die Fasern liegen wirr (zufallsmäßig) durcheinander.

Wolpryla:
Bezeichnung für Polyakrylnitrilfaserstoff.

Zugstiefel:
Fußbekleidung der Fähnriche, Offiziere, Generale und Admir zur Dienst-, Stabsdienst und A gangsuniform.

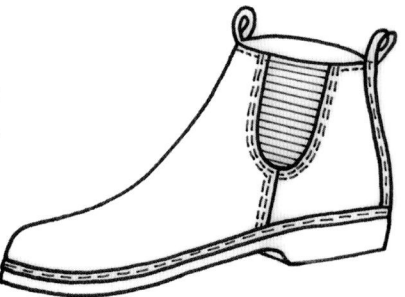

QUELLEN- UND LITERATURVERZEICHNIS

a) Quellen

Anordnung- und Mitteilungsblatt des Ministeriums für Nationale Verteidigung, Berlin 1956 ff.

Anschauungstafeln für die wehrpolitische Erziehung, Berlin o.J.

DV-10/5. Vorläufige Bekleidungsordnung der Nationalen Volksarmee, Berlin 1957.
DV-10/5. Bekleidungsvorschrift der Nationalen Volksarmee, Berlin 1961 und 1965.

DV-010/0/005. Uniformarten und ihre Trageweise. Berlin 1972 und 1977.

DV-010/0/005. Uniformarten und ihre Trageweise. Bekleidungsvorschrift, Berlin 1980, 1983, 1986 und 1990.

DV-96/4. Die Normen und Tragezeiten für Bekleidung und Ausrüstung der Nationalen Volksarmee, Berlin 1957.

DV-98/4. Bekleidungs- und Ausrüstungsnormen der Nationalen Volksarmee, Berlin 1960 und 1965.

Dokumente und Archivalien des Ministeriums für Nationale Verteidigung der DDR, der Teilstreitkräfte der NVA, der Grenztruppen der DDR und der Zivilverteidigung der DDR sowie des Militärarchivs der DDR, heute: Bundesarchiv/Militärarchiv.

Dokumente und Musealien des Armeemuseums der DDR, heute: Militärhistorisches Museum der Bundeswehr.

Gesetzblatt der Deutschen Demokratischen Republik, Berlin 1955 ff.

K 063/3/001. Bekleidung und Ausrüstung. Normen, Berlin 1980, 1983 und 1986.

R 063/8/001. Nachweisführung der materiellen Mittel des Bekleidungs- und Ausrüstungsdienstes, Berlin 1985.

b) Literatur

Armeerundschau. Soldatenmagazin, Berlin 1956 ff.

Bartel, Frank,
Auszeichnungen der Deutschen Demokratischen Republik von den Anfängen bis zur Gegenwart, Berlin 1979.

Berger, Ulrich/Wünsche, Wolfgang,
Jugendlexikon Militärwesen, Berlin 1986.

Bluth, Oscar,
Uniform und Tradition, Berlin 1956.

Brühl, Reinhard u.a.,
Armee für Frieden und Sozialismus. Geschichte der Nationalen Volksarmee der DDR, Berlin 1987.
Brühl, Reinhard u.a.,
Wörterbuch zur Deutschen Militärgeschichte, Berlin 1987.

Buddrus, Michael,
Die Organisation „Dienst für Deutschland". Arbeitsdienst und Militarisierung in der DDR, Weinheim/München 1994.

Diedrich, Torsten/Wenzke, Rüdiger,
Die getarnte Armee. Geschichte der Kasernierten Volkspolizei der DDR 1952 bis 1956. Herausgegeben vom Militärgeschichtlichen Forschungsamt, Berlin 2001

Im Dienste der Partei. Handbuch der bewaffneten Organe der DDR. Im Auftrag des Militärgeschichtlichen Forschungsamtes herausgegeben von Torsten Diedrich, Hans Ehlert und Rüdiger Wenzke, Berlin 1998.

Erhart, Kurt,
Uniformen der Armeen des Warschauer Vertrages. Nationale Volksarmee, Sammelbildserie 111, Reichenbach 1976.

Feder, Klaus H./Feder, Uta,
Auszeichnungen der Nationalen Volksarmee der Deutschen Demokratischen Republik, Rosenheim 1994.
Diess.,
Auszeichnungen im Ministerium für Staatssicherheit der DDR, Rosenheim 1996.

Feder, Klaus/Wagner, Jürgen/Swoboda, Ralf,
Militärische Abzeichen der Deutschen Demokratischen Republik, Berlin 1988.

Froh, Klaus/Wenzke, Rüdiger,
Die Generale und Admirale der NVA. Ein biographisches Handbuch, 4. Aufl., Berlin 2000.

Getreu dem Fahneneid. Bilddokumentation über die Nationale Volksarmee der Deutschen Demokratischen Republik, Berlin 1981.

Hanisch, Wilfried u.a.,
Die NVA in der sozialistischen Verteidigungskoalition. Auswahl von Dokumenten und Materialien 1955/1956 bis 1981, Berlin 1982.

Hormann, Jörg M.,
Die Bundeswehr und ihre Uniformen. 30 Jahre Bekleidungsgeschichte, Friedberg 1987.

Lachmann, Manfred/Kunz, Manfred/Turra, Axel,
Das militärische Erbe, seine Bewahrung, Pflege und Anwendung. Beilage zur Zeitschrift „im Klub" Nr. 17, Berlin 1986.

Marinekalender der DDR, Berlin 1973 ff. (1965 bis 1972 Deutscher Marinekalender).

McNab, Chris,
Militärische Uniformen seit 1945 in Farbe, Stuttgart 2002.

Militärlexikon, Berlin 1973.

Müller, Heinrich/Kunter, Fritz,
Europäische Helme aus der Sammlung des Museums für Deutsche Geschichte, Berlin 1984.

Nationale Volksarmee. Dienstgradabzeichen (Bildkartensammlung), Berlin 1984.
Nationale Volksarmee. Ehrentitel, Orden, Medaillen, Preise, Abzeichen (Bildkartensammlung), Berlin 1980.
Nationale Volksarmee. Uniformen (Bildkartensammlung), Berlin 1985.
Nationale Volksarmee. Uniformen 1956 bis 1985 (Bildkartensammlung), Berlin 1985.

Nelles, Toni u.a.,
Zeittafel zur Militärgeschichte der Deutschen Demokratischen Republik, 1949 bis 1984, Berlin 1986.

NVA-Kalender, Berlin 1957 ff.

Rosignoli, Guido,
Rang- und Ehrenabzeichen der Armee seit 1945. England, Polen, USA, Italien, BRD, DDR, UdSSR, Belgien, München 1975.

Rückwärtige Dienste, Berlin 1962-1971.

Schnitter, Helmut u.a.,
Vom Bauernheer zur Volksarmee. Fortschrittliche militärische Traditionen des deutschen Volkes, Berlin 1979.

Soldaten des Volkes (Bildband), Berlin 1986.

Stein, Hans-Peter,
Symbole und Zeremoniell in den deutschen Streitkräften vom 18. bis zum 20. Jahrhundert, Bonn 1984.

Taschenkalender der Nationalen Volksarmee, Berlin 1957-1959.

Visier. Zeitschrift der GST für Sportschießen und Waffenkunde, Berlin 1982 ff.

Volksarmee, Berlin 1956 ff.

Walther, Klaus,
Uniformeffekten der bewaffneten Organe der DDR. Spezialkatalog, Band I. Ministerium des Innern 1949-1990, Berlin 1993.
Ders.,
Uniformeffekten der bewaffneten Organe der DDR. Spezialkatalog, Band II. Ministerium für Nationale Verteidigung 1956-1990. Ministerium für Staatssicherheit 1957-1989, Berlin 1994.
Wiener, Friedrich,
Felduniformen 1. UdSSR, Bulgarien, DDR, Polen, CSSR, Ungarn, Rumänien, Jugoslawien, Koblenz/Bonn 1975.

Zentner, Rolf-Leonhard,
Deutsche Militärhelme 1895-1975, Koblenz/Bonn 1980.

Zeitschrift für Heereskunde. Wissenschaftliches Organ für die Kulturgeschichte der Streitkräfte, ihre Bekleidung, Bewaffnung und Ausrüstung, für heeresmuseale Nachrichten und Sammlermitteilungen, 1956 ff.

Zienert, Josef,
Unsere Marineuniform, Hamburg 1970.

ABKÜRZUNGEN

a.D. = außer Dienst
B/A = Bekleidungs- und Ausrüstungs-
DDR = Deutsche Demokratische Republik
DGP = Deutsche Grenzpolizei
d.R. = der Reserve
DGP = Deutsche Grenzpolizei
DV = Dienstvorschrift
DvdI = Deutsche Verwaltung des Innern
DVP = Deutsche Volkspolizei
FDJ = Freie Deutsche Jugend
Fla = Fliegerabwehr
FT = Funktelegrafie
GSSD = Gruppe der Sowjetischen Streitkräfte in Deutschland
GST = Gesellschaft für Sport und Technik
GT = Grenztruppen
HO = Handelsorganisation
HVA = Hauptverwaltung für Ausbildung
HVS = Hauptverwaltung Seepolizei
KD = Kommandantendienst
KPP = Kontrollpassierpunkt
KSS = Küstenschutzschiff
KTS-Boot = Kleines Torpedoschnellboot
KVP = Kasernierte Volkspolizei
LSK = Luftstreitkräfte
LSK/LV = Luftstreitkräfte/Luftverteidigung
LV = Luftverteidigung

MdI = Ministerium des Innern
mech. = mechanisiert
MfS = Ministerium für Staatssicherheit
MG = Maschinengewehr
mot. = motorisiert
MPi = Maschinenpistole
NVA = Nationale Volksarmee
PK = Polit-Kultur
SBZ = Sowjetische Besatzungszone
SED = Sozialistische Einheitspartei Deutschlands
SFL = Selbstfahrlafette
SMAD = Sowjetische Militäradministration in Deutschland
So = Sommerperiode
SPW = Schützenpanzerwagen
TS-Boot = Torpedoschnellboot
Üb = Übergangsperiode
UdSSR = Union der Sozialistischen Sowjetrepubliken
VP = Volkspolizei
VP-Luft = Volkspolizei Luft
VP-See = Volkspolizei See
VVN = Vereinigung der Verfolgten des Nazi-Regimes
Wi = Winterperiode
z.b.V. = zur besonderen Verfügung
ZK = Zentralkomitee
ZV = Zivilverteidigung
z.S. = zur See

BILDNACHWEIS

Alle Bildvorlagen, Fotos und fotografierte Originalstücke, befinden sich im Militärhistorischen Museum der Bundeswehr in Dresden, außer die nachfolgend aufgeführten Abbildungen.

Hans-Georg Asmus: 18
Atelier für Porträt- und Historienmalerei: 134
Bundesarchiv/Militärarchiv Freiburg i. Br.: 1
Klaus H. Feder: 9
Militärgeschichtliches Forschungsamt Potsdam: 2
Landesarchiv Berlin, Fotosammlung: 2
Polizeihistorische Sammlung Berlin: 1
Wehrtechnische Studiensammlung Koblenz: 1
Dr. med. Wilhelm Zoller: 2

BILDTAFEL-VERZEICHNIS

Dienstuniformen der Hauptverwaltung für Ausbildung 1950-1952	33
Uniformen der Hauptverwaltung Seepolizei sowie Sonderbekleidung von HVA und HVS	34
Uniformen der Kasernierten Volkspolizei und der Volkspolizei-Luft 1952-1956	35
Uniformen der Kasernierten Volkspolizei, der Volkspolizei-Luft und der Volkspolizei-See 1952-1956	36
Uniformen der Volkspolizei-See 1952-1956	37
Uniformen der Kasernierten Volkspolizei und der Volkspolizei-Luft 1952-1956	38
Volkspolizei-See 1952-1956	39
Dienstgradabzeichen der Kasernierten Volkspolizei und der Volkspolizei-Luft 1952-1956	40
Effekten der Volkspolizei-Luft 1952-1956	41
Die Waffenfarben der Soldaten und Unteroffiziere der Kasernierten Volkspolizei an Mütze und Kragenspiegel sowie Einfassung der Schulterklappen 1952-1956	42
Die Waffenfarben der Offiziere der Kasernierten Volkspolizei an Mütze, Kragenspiegel und als Untergrund der Schulterstücke sowie als Uniformbiese 1952-1956	43
Die Waffenfarben der Generale der Kasernierten Volkspolizei an Mütze, Kragenspiegel und als Untergrund der Schulterstücke sowieals Uniformbiese 1952-1956	44
Mützenabzeichen der Kasernierten Volkspolizei 1952-1956	44
Dienstgradabzeichen und Waffenfarben der Volkspolizei-See 1952-1956 für Matrosen, Maate und Meister sowie Offiziersschüler	45
Dienstgradabzeichen und Waffenfarben der Volkspolizei-See 1952-1956 für Offiziere, Generale und Admirale	46
Die Kopfbedeckungen der Angehörigen der Volkspolizei-See 1952-1956	47
Dienstgrade und Dienstgradabzeichen im Dienst für Deutschland	48
Trageweise von Abzeichen und Auszeichnungen durch Soldaten und Unteroffiziere in den 1950er Jahren	73
Trageweise von Auszeichnungen durch Offiziere, Generale und Admirale in den 1950er Jahren	74
Trageweise der Ehrendolche 1964	96
Entwürfe von NVA-Uniformen für die Sitzungen des Kollegiums der KVP Ende 1955	97
Entwürfe von NVA-Uniformen für die Sitzungen des Kollegiums der KVP Ende 1955	98
Uniformen für Soldaten und Unteroffiziere der Land- und Luftstreitkräfte 1956	99
Uniformen für Soldaten, Unteroffiziere und Offiziere der Land- und Luftstreitkräfte 1956	100
Uniformen für Offiziere und Generale der Landstreitkräfte 1956	101
Uniformen für Offiziere und Generale der Luftstreitkräfte 1956	102
Uniformen für Matrosen, Maate und Meister der Seestreitkräfte 1956	103
Uniformen für Maate, Meister und Offiziere der Seestreitkräfte 1956	104
Uniformen für Offiziere und Admirale der Seestreitkräfte 1956	105
KVP-Uniformen in der NVA 1956-1958 sowie Sonderbekleidung der Land-, Luft- und Seestreitkräfte der NVA 1956	106
Sportbekleidung der NVA und Felddienstbekleidung der Landstreitkräfte der NVA 1959/1960	107
Verschiedene Uniformarten Anfang 1960er Jahre	108
Uniformen der Volksmarine und Sonderbekleidung erste Hälfte der 1960er Jahre	109
Paradeuniformen (Sommer) für Ehreneinheiten und Militärmusiker 1962 sowie Uniformen für Berufsunteroffiziere zweite Hälfte der 1960er Jahre	110
Uniformen für Fallschirmjäger sowie Felddienst- und Arbeitsuniformen in den Landstreitkräften ab 1964	111
Dienst- und Felddienstuniformen für Armeeangehörige mit besonderen Ordnungs- und Sicherungsaufgaben 1966 sowie Felddienstanzüge 1973	112
Dienstgradabzeichen der Soldaten und Unteroffiziere der Landstreitkräfte ab 1956	113
Dienstgradabzeichen der Soldaten und Unteroffiziere der Luftstreitkräfte ab 1956	113
Dienstgradabzeichen der Offiziere und Generale der Landstreitkräfte ab 1956	114
Dienstgradabzeichen der Offiziere und Generale der Luftstreitkräfte ab 1956	114
Effekten von Offizieren und Generalen der Land- und Luftstreitkräfte ab 1956	115
Effekten von Soldaten und Unteroffizieren der Land- und Luftstreitkräfte ab 1956	116
Dienstgradabzeichen und Effekten für Sonderbekleidung der Land- und Luftstreitkräfte 1950er Jahre	116
Dienstgradabzeichen und Effekten der Matrosen, Maate und Meister der Seestreitkräfte ab 1956	117
Dienstgradabzeichen und Effekten von Offizieren der Seestreitkräfte ab 1956	118
Dienstgradabzeichen und Effekten von Admiralen der Seestreitkräfte ab 1956	119
Dienstlaufbahnabzeichen der Seestreitkräfte 1950er Jahre (Auswahl; jeweils für blaue und weiße Uniform)	120
Dienstlaufbahnabzeichen der Landstreitkräfte und der LSK/LV sowie Abzeichen für Sonderausbildung der Seestreitkräfte 1950er Jahre (Auswahl)	121

Dienstgrad- und Dienstlaufbahnabzeichen sowie Effekten der NVA Ende der 1950er/Anfang der 1960er Jahre	122
Dienstlaufbahnabzeichen der Landstreitkräfte und LSK/LV sowie neue Abzeichen für Sonderausbildung für Matrosen und Maate (jeweils für blaue und weiße Uniform) ab Mitte der 1960er Jahre (Auswahl)	123
Besondere Dienstgradabzeichen und Effekten der Landstreitkräfte und Fallschirmjäger in den 1960er Jahren (Auswahl)	124
Abzeichen für Längerdienende und Berufsunteroffiziere ab 1965 sowie Armbinden für Diensthabende in der Volksmarine ab Mitte der 1960er Jahre (Auswahl)	125
Dienstgradabzeichen und Effekten der Grenztruppen der NVA 1962	126
Uniformen der Grenztruppen der NVA bzw. der DDR (Abbildungen aus den Dienstvorschriften von 1962 und 1980)	127
Die NVA in der zweiten Hälfte der 1950er Jahre	128
Trageweise von Abzeichen und Auszeichnungen durch Soldaten, Matrosen und Unteroffiziere in den 1960er Jahren	131
Trageweise von Abzeichen und Auszeichnungen durch Offiziere, Generale und Admirale in den 1960er Jahren sowie durch Berufsunteroffiziere ab 1965	132
Der Kampfanzug der NVA, Vorder- und Rückseite	161
Uniformen weiblicher Armeeangehöriger 1973	162
Uniformen für Fähnriche 1973 sowie Paradeuniformen für Offiziere und Generale 1974	163
Uniformen offener Fasson für Offiziere der Landstreitkräfte 1975	164
Uniformen und Sportbekleidung ab Mitte der 1970er Jahre	165
Gesellschaftsuniformen für Offiziere und Generale ab 1976	166
Sonderbekleidung der LSK/LV sowie Ausgangsuniformen der Landstreitkräfte zweite Hälfte der 1970er Jahre	167
Felddienstuniformen sowie Borduniform 1986	168
Dienstuniformen 1986	169
Dienst- und Stabsdienstuniformen 1986	170
Stabsdienstuniformen weiblicher Armeeangehöriger 1986	171
Stabsdienst- und Ausgangsuniformen 1986	172
Ausgangsuniformen 1986	173
Ausgangs- und Paradeuniformen 1986	174
Paradeuniformen 1986	175
Gesellschaftsuniformen 1986	176
Arbeits- und Borduniformen 1986	177
Vorschläge für neue Uniformen 1990	178
Vorschläge für neue Uniformen 1990	179
Dienstgradabzeichen und Effekten der Fähnriche 1973-1979 (Auswahl)	180
Dienstgradabzeichen und Effekten der Fähnriche ab 1979 (Auswahl)	180
Dienstgrad- und Dienstlaufbahnabzeichen sowie Effekten der Militärmusiker (Auswahl)	181
Dienstgradabzeichen und Effekten der Generale und Admirale sowie des Marschalls der DDR ab 1983 (Auswahl)	181
Ehrendolche der NVA	182
Paradesäbel und Ehrendolch der NVA	183
Dienstgradabzeichen und Effekten der Volksmarine ab 1986	184
Dienstgradabzeichen und Effekten der Volksmarine ab 1986	185
Dienstgradabzeichen für die Kennzeichnungen der Flieger- und Technikeranzüge ab 1986	186
Dienstgradabzeichen für die Kennzeichnungen der Flieger- und Technikeranzüge ab 1986	187
Dienstgradabzeichen und Effekten der Landstreitkräfte und LSK/LV ab 1986	187
Dienstgradabzeichen und Effekten der Landstreitkräfte und LSK/LV ab 1986	188
Dienstgradabzeichen und Ärmelbänder der Zivilverteidigung und der Grenztruppen der DDR sowie des Wachregiments „Feliks E. Dzierzynski" in den 1980er Jahren (Auswahl)	189
Schellenbaumträger	190
Paradeuniformen der NVA-Wachregimenter	191
Entwürfe für das Dienstgradabzeichen „Marschall der DDR" einschließlich eines Marschallsterns als „Halsorden"	192
Vorschlag für neue Dienstgradabzeichen der Landstreitkräfte und der LSK/LV 1990	192
Trageweise von Abzeichen und Auszeichnungen durch Soldaten und Unteroffiziere seit den 1970er Jahren bis 1990	210
Trageweise von Abzeichen und Auszeichnungen durch Berufsunteroffiziere, Fähnriche, Offiziere, Generale und Admirale seit den 1970er Jahren bis 1990	211
Trageweise von Auszeichnungen durch Offiziere, Generale und Admirale an der Gesellschaftsuniform 1986	212

Heeresgeschütze aus 500 Jahren

Band I: 1450–1920
ISBN 3-8132-0812-5

Band II: 1920–2004
ISBN 3-8132-0827-3

Die an der Geschichte der Artillerie Interessierten dürfen sich über eine exzellente Neuerscheinung auf ihrem im Allgemeinen recht stiefmütterlich behandelten Gebiet freuen. Die hier in zwei Bänden dargebotene Zusammenstellung von Geschützklassen und Typen aus der mehr als 500-jährigen Geschichte dieser Waffengattung hat den Charakter eines Nachschlagewerkes. Ohne den Anspruch auf Vollständigkeit zeigt der repräsentative Überblick fast 500 Geschütze aus Sammlungen von Artillerie- und Militärmuseen aus aller Welt, sowie weitere Geschütze aus privaten und firmeneigenen Kollektionen. Das umfangreiche Bildmaterial wird durch Archivfotos von Kriegseinsätzen und ausgewählte technische Zeichnungen und Grafiken ergänzt.

Koehler/Mittler
www.koehler-mittler.de

Ansichten einer Elitetruppe

Lang erwartet, jetzt endlich lieferbar! Im dritten Band der »Geschichte der Fallschirmtruppe der Wehrmacht« zeichnet der Autor, ehemaliger Fallschirmjäger und Generalstabsoffizier der Bundeswehr, das differenzierte Portrait dieser Waffengattung von ihrer Entstehung bis zum spektakulären Luftlandeangriff auf Kreta.

Band 1
Einsätze im Süden
466 Seiten
ISBN 3-8132-0851-6

Band 2
Einsätze im Osten und Westen
592 Seiten
ISBN 3-8132-0683-1

Wieder lieferbar: die beiden Bände von Hans-Martin Stimpel!

Band 3
Aufbau und Einsatz in den ersten Feldzügen der Wehrmacht
Zahlreiche Abbildungen
520 Seiten
ISBN 3-8132-0684-X

Koehler/Mittler
www.koehler-mittler.de

Militärgeschichtliche Reiseführer

Der heutige Zustand der damals umkämpften Gebiete ist Anlass für faszinierende Reisen in die Vergangenheit.

Militärgeschichtlicher Reiseführer Oberelsaß und südliche Vogesen (Karlheinz Deisenroth)

Einer Schilderung der Operationsplanungen beider Mächte am Oberrhein folgt eine Darstellung der Gefechte auf den Vogesenhöhen im Ersten Weltkrieg

208 Seiten
Broschur
ISBN 3-8132-0763-3

Hervorragend dargestellte Geschichte um das Schlachtfeld Verdun. Tolles Bildmaterial. Detailpläne, Routenvorschläge.

224 Seiten
Broschur
ISBN 3-8132-0748-X

Militärgeschichtlicher Reiseführer Normandie 1944 – Die Invasion (Horst Rohde)

Der Autor erkundet erhaltene Überreste des kriegerischen Geschehens und darauf bezogene Denkmäler, Museen und Soldatenfriedhöfe und montiert diese Eindrücke mit Augenzeugenberichten, Fotos und Kartenskizzen. Dargestellt wird auch der Verlauf der Invasion vom 6. bis 13. Juni 1944.

200 Seiten
Broschur
ISBN 3-8132-0828-1

Militärgeschichtlicher Reiseführer Verdun (Horst Rohde · Robert Ostrovsky)

Koehler/Mittler
www.koehler-mittler.de